国家社科基金
GUOJIA SHEKE JIJIN HOUQI ZIZHU XIANGMU
后期资助项目

平台生态系统治理

边界开放度、参与者能动与数字化新情境

Platform-based Ecosystem Governance

Boundary Openness, Complementor Agency, and Emerging
Digital Context

王节祥 等 著

中国人民大学出版社
·北京·

国家社科基金后期资助项目
出版说明

后期资助项目是国家社科基金设立的一类重要项目，旨在鼓励广大社科研究者潜心治学，支持基础研究多出优秀成果。它是经过严格评审，从接近完成的科研成果中遴选立项的。为扩大后期资助项目的影响，更好地推动学术发展，促进成果转化，全国哲学社会科学工作办公室按照"统一设计、统一标识、统一版式、形成系列"的总体要求，组织出版国家社科基金后期资助项目成果。

全国哲学社会科学工作办公室

推荐序一

在数字化、人工智能浪潮席卷全球的今天，平台经济作为一种新兴的经济组织形态，正以前所未有的方式深刻改变着我们的商业世界。无论是在信息传递、资源配置，还是在创新驱动和产业融合等方面，平台经济都发挥着日益重要的作用。从电子商务到共享经济，从智慧城市到智能制造，平台经济的影响无处不在。党的二十届三中全会明确提出："促进平台经济创新发展，健全平台经济常态化监管制度。"[①] 这表明推动平台经济创新发展不仅关乎经济发展本身，更是抢抓新一轮全球科技革命和产业变革的先机、培育新质生产力、推动中国经济高质量发展的关键所在。

在这一大背景下，由王节祥教授及其团队倾力撰写的《平台生态系统治理：边界开放度、参与者能动与数字化新情境》一书应运而生。正是基于当前平台经济发展所面临的多重挑战与机遇，本书提供了具有前瞻性、战略性与实践性的深刻洞察。如何在保持平台开放性与竞争力的同时确保其在激烈市场竞争中的稳定性与可持续性，如何在保障参与者利益的同时促进社会整体福利的提升，如何在全球化背景下实现平台治理的跨国协调与合作，都是我们亟待解决的重大课题。王节祥教授长期致力于数字平台生态系统研究，尤其在平台企业的业务边界治理、生态开放度治理和参与者治理等方面积累了丰富的经验。本书是王节祥教授及其团队深入剖析平台生态系统治理的多维度问题、全面展现平台治理的最新思考和前沿研究的成果。

这些研究成果是长期学术探索的结晶，不仅有利于推动平台理论的发展，也为中国乃至全球平台经济实践的复杂问题提供了深刻启发。特别是在平台赋能传统企业数字化转型的领域，本书的研究成果展现了对"数实融合"国家战略的积极回应，突出了平台经济对推动产业数字化转型、生

---

① 中共中央关于进一步全面深化改革 推进中国式现代化的决定. 新华社，2024 - 07 - 21.

态化创新的重要作用。值得注意的是，本书深入探讨了平台治理的不同层面，包括如何平衡平台的开放性与控制性、如何调动平台各方参与者的积极性与创造性，以及如何应对数字化时代日益复杂的生态变化。这些内容不仅对学术界具有极高的参考价值，也为实践者提供了切实可行的治理策略和行动指南。

在研究方法上，王节祥教授及其团队采用了多样化的研究方法，充分体现了学术研究的科学性与严谨性。从理论分析到案例研究，再到量化实证研究，书中的研究方法实现了"归纳＋演绎"的有机结合，既为平台治理的多维度分析提供了不同的视角，也增强了研究结果的可验证性和操作性。通过这种方法，读者既能全面理解平台生态系统治理的复杂性和系统性，也能在多重视角的交织下，获得对平台经济发展的深刻理解。这种方法不仅能够满足学术界对于理论创新的需求，也能够为政策制定者、企业管理者提供有益的启示。

本书的另一大亮点是其在管理启示和政策建议方面的贡献。王节祥教授及其团队的研究成果不仅在学术界引起了广泛关注，还通过内参报告等多种形式得到了国家相关部委的认可与采纳。之所以能够产生广泛的实践影响，正是因为本书的研究扎根于中国的实际情况，具有强烈的本土化特色。通过深度调研和多方研讨，王节祥教授及其团队努力构建具有中国特色的平台治理理论体系，并在此基础上提出了一系列具体的政策建议。

作为王节祥教授的结对导师，我祝贺他取得了这些成果。《平台生态系统治理：边界开放度、参与者能动与数字化新情境》一书为我们提供了一个系统、立体的平台生态治理框架，不仅为学术界指引了新的研究方向，也为中国乃至全球的政策制定和产业发展提供了重要启示。随着产业发展从数字化向智能化的迈进，平台经济将继续演变，如何通过创新的治理模式引领平台经济健康发展，现已成为我们每一位学者、企业家和政策制定者需要共同思考的课题。我相信，王节祥教授及其团队的研究将继续为平台治理提供更加丰富的理论成果与实践路径。

中国工程院院士陈晓红教授

推荐序二

　　数字平台的创新发展正深刻改变着全球商业格局,其影响力之广泛、变革之深刻,已成为学术界与产业界共同关注的热点。从全球范围来看,平台经济不仅重塑了产业结构、优化了资源配置,还推动了社会经济的发展和生活方式的变革。在这一进程中,平台治理作为一项重要议题,逐渐成为学术探讨的前沿领域。王节祥教授的新作《平台生态系统治理:边界开放度、参与者能动与数字化新情境》,正是在这一宏大背景下应运而生的,它站在时代变革的高度,为平台治理问题提供了新的视角与深刻的学术分析。作为长期从事创新管理研究的学者,我对于王节祥教授及其团队在数字平台与生态系统创新方面所取得的研究成果,深表祝贺。

　　阅读本书,我深受启发。书中不仅对平台创新与治理的理论脉络进行了系统梳理,更结合了大量案例分析,详细展示了平台企业在数字化转型浪潮中的实践挑战与治理智慧。值得注意的是,王节祥教授的研究不仅关注平台主体本身的创新,还关注到生态参与者,尤其是平台用户在创新过程中的能动作用。这一视角具有重要的启示意义,它提醒我们:在数字平台日益成为主流商业形态的今天,平台治理不能仅仅停留在对平台主体的管理与创新上,还应当聚焦于用户、开发者等生态参与者如何协同创新,共同塑造平台的未来发展。这一新思路为学界提供了值得深入探讨的新方向。

　　近年来,清华大学创新管理研究团队也在不断深化对这一领域的研究,特别是"用户主导、场景驱动、数据赋能"的创新范式已成为我们研究的重要命题。在这个范式下,平台不仅是技术创新的承载体,还是推动用户行为、促进多方参与和价值共创的生态系统。本书对平台用户、平台生态以及平台网络效应的分析,恰恰回应了这一创新范式,为学术界提供了重要的理论构建方法和实践案例。

　　令人印象深刻的是,本书着重探讨了平台企业在数字化转型中的关键角色，并提出了如何通过生态创新管理来应对不断变化的市场需求。随着数字化浪潮的不断推进，平台企业面临着前所未有的挑战与机遇。在这种新情境下，平台企业不仅要在开放与控制之间找到平衡，还要激发平台生态参与者的创造力和参与度，形成良性互动，进而推动平台的持续创新与健康发展。王节祥教授在书中提出的策略框架，不仅为学术界提供了宝贵的研究成果，也为企业管理者、政策制定者提供了实践指南。这与党和政府近年来在推动平台经济规范健康持续发展方面的政策目标高度契合，具有重大的现实意义。

王节祥教授自博士阶段起便专注于平台创新与治理的研究，这种深入、专注的学术耕耘精神，值得年轻学者学习。其研究并未停留在理论的抽象探讨上，而是注重将理论与实践紧密结合，并带领团队针对大量平台企业开展了细致的蹲点调研，探索了平台创新的现实路径。这种"顶天立地"的治学态度，是浙江大学创新学派的重要精神，也是这一学派的宝贵财富。我曾有幸从我的导师许庆瑞院士处汲取了学术营养。许院士作为浙江大学创新学派的创始人，他的研究成果和学术精神为包括王节祥教授在内的众多学者提供了深刻的启发与指导。

作为王节祥教授的人才项目导师，我对其在平台生态创新领域的学术进展深感欣慰。《平台生态系统治理：边界开放度、参与者能动与数字化新情境》一书为我们提供了一个系统而全面的框架，不仅为平台经济的学术研究指引了方向，也为实践者提供了可操作的治理路径。我坚信，这本书的出版将为平台治理与生态创新领域的学术研究带来新的突破，为我国及全球的平台经济发展贡献重要的智慧与力量。展望未来，平台经济无疑将在全球范围内继续扩展和演变，如何在变革中寻求创新、实现共赢，已成为各界共同面临的新命题。希望本书能够激发学术界和产业界的广泛关注与深入探讨，推动平台经济向更高层次、更广领域发展迈进。

清华大学陈劲教授

推荐序三

在数字化浪潮下，平台经济正在以惊人的速度重塑我们的世界。从购物时的"一键下单"到医疗中的"远程诊疗"，平台经济不仅是技术进步的催化剂，还是社会变革的驱动力。数据显示，2023 年全球平台经济的市场规模突破 10 万亿美元，2024 年中国平台经济的市场规模突破 6 万亿美元，成为推动经济增长的中坚力量。然而，这一发展也伴随着巨大的挑战：如何在开放与控制间取得平衡？如何在激烈的市场竞争中实现长期价值创造？如何在数据治理与隐私保护间找到最佳方案？

王节祥教授的新作《平台生态系统治理：边界开放度、参与者能动与数字化新情境》，恰如其分地捕捉了这一时代的脉搏。这本书绝非高高在上的理论堆砌，而是一本扎根于实践、又满载洞见的心血之作。从全球视野到中国实践，本书聚焦于平台企业边界治理、生态开放度治理、参与者能动性激发以及数字化转型的治理策略等关键议题，不仅为我们描绘了平台经济的发展图景，还揭示了如何破解治理难题的奥秘。

作为一名长期研究平台经济的学者，我深知这个领域的重要。在全球范围内，平台治理的复杂性与紧迫性日益凸显。从如何平衡开放与控制，到如何激发生态系统内多方参与者的创新活力，再到应对数据垄断与隐私保护的"双刃剑"，这些问题不仅引发了学术界的广泛激辩，也是产业界亟须解决的挑战。读完王节祥教授的这部新作，我深感其研究不仅与平台生态研究的国际前沿紧密接轨，还立足于中国平台企业的实践。此外，书中提出的"平台企业边界与生态开放度动态适配"理论让人眼前一亮。该理论不仅帮助我们理解了平台企业如何在不同发展阶段调整自身战略，还揭示了生态系统内的各方如何通过协作实现共赢。让我印象深刻的是书中提到的一个案例：某大型平台企业在扩张过程中，通过优化开放策略，成功激发了生态参与者的创新潜力。这不仅增强了平台企业的市场韧性，还通过与生态系统的共创，打造了难以复制的竞争优势。这样的实践让我们看到，平台经济的成功不仅依赖于技术和资本，而且需要完善的治理与协作。不言而喻，本书展示出来的研究深度和现实视角，正是中国学者在全球平台经济研究中不断取得成果的重要标志。

在国际学术界，平台生态系统的治理研究在战略、创新创业、企业出海等诸多学科领域都是争议热点。我的研究也指出：平台生态系统的发展需要关注平台跨国扩张、生态系统专有优势、数据网络效应等关键议题，王节祥教授的著作在这些议题上展现了有益的探索。这些研究成果不仅对学术界有启发，也为企业管理者和政策制定者系统展示了中国平台企业在数字化转型浪潮中面临的实践挑战，无疑具有重要的实践价值。这种对平台创新现实路径的描绘，也是中国学者尝试构建自主知识体系的优势所在。

放眼未来，平台经济的竞争与合作正交织成一幅复杂的画卷。从硅谷到深圳，从北京到杭州，平台企业不仅在争夺市场份额，也在定义未来的商业模式。如果说平台经济是一场永不停歇的接力赛，那么这本书无疑是一个接力棒，它既为我们打开了一扇理解平台治理的窗，也展现了中国学者在这一领域的贡献和风采。我期待这本书能启发更多的读者，让我们共同推动平台经济迈向更加健康、包容和富有创造力的未来。

新加坡管理大学陈亮副教授

前　言

平台生态系统（platform-based ecosystem）已成为日益重要的产业组织形态。第一次技术革命诞生的生产组织是工厂，第二次技术革命诞生的商业组织是公司，第三次技术革命正在催生平台生态系统这一新型组织。相对于工厂和公司，平台生态系统更加强调"协调"而非"控制"，因为平台生态系统中包含平台企业和广大的生态参与者，所以平台企业常常扮演着生态协调者（orchestrator）的角色，协调生态参与者一起去"征战沙场"，不断提升交易效率、创新服务模式，为生态用户创造价值。在数字中国、创新驱动发展、乡村振兴和共同富裕的各个领域，都可以观察到平台生态系统的重要作用。根据联合国发布的数字经济报告，数字平台生态已遍布全球，其中中美是平台经济大国。美国以 Google、Amazon、Meta 和 Apple 为代表；中国平台企业发展格局的演变更为迅速，目前由腾讯、阿里巴巴占据头部，京东、字节跳动、美团、拼多多等企业快速成长。

值得关注的是，平台经济正在进入下半场，即从消费互联网平台迈向产业互联网平台。消费互联网平台是对消费交易环节的数字化，要进一步发挥数据的价值，就需要利用数字技术推动营销、物流、仓储、制造、研发设计等产业全链路的互联互通和智能优化，也就是产业的数字化转型。与消费互联网平台领域的竞争格局相比，中国在产业互联网平台领域仍处于快速追赶阶段。欧洲以思爱普（SAP）平台为代表，美国以微软（Microsoft）平台为代表，它们都是全球产业数字化转型的领先服务生态。不过，中国面临着独特的信息化、移动化、云化和智能化的"多浪叠加"态势，这与西方逐一推进的数字化转型情境差异明显，其中潜藏着范式转换的追赶超越机遇。关键在于，我们能否把握住机会窗口，将消费互联网平台的领先优势与中国制造业的基础优势融合起来。

笔者所著的《平台生态系统治理：边界开放度、参与者能动与数字化新情境》正是基于上述发展背景，从 2013 年笔者攻读博士学位就开始探索，经历了近十年的思考和沉淀。总体而言，审视平台生态系统治理，可以从三个角度来看：一是从平台企业视角出发，它们是生态系统的协调者。为了生态繁荣，平台企业要进行治理策略的动态调适。其中，不仅涉及平台企业要如何选择自身的业务边界——哪些自己要介入、哪些则交给生态参与者，而且涉及生态开放度治理——开放度并非越高越好，平台企业需要考量哪些生态参与者可以进入平台生态。二是从生态参与者视角出发，生态参与者并不是简单被动地接受生态主导者的治理安排，而是具有能动性的主体（agent）。它们要思考的是如何为平台生态创造价值，同时又能从平台生态中获取价值，在此过程中需要管理好与平台企业的关系张力。三是进入产业数字化的新情境后，前述边界开放度治理和生态参与者治理问题会呈现出何种差异？随着消费互联网平台向产业互联网平台演进，边界开放度治理需要做何种改变？生态参与者又要如何与平台共同进取，一起服务好生态用户的新需求？厘清这些平台生态系统治理问题的内在逻辑，对推动平台经济、数字经济规范健康发展具有重要意义。

本书的理论贡献主要体现在以下方面：（1）本书在国内率先从战略管理视角剖析了平台生态系统治理问题。本书前三篇内容的主体是笔者的博士论文及其延展深化，此前的国内平台研究主要从双边市场经济学视角切入，对平台内部运作的剖析还有待加强，本书率先关注到平台生态系统的内部治理。截至 2024 年 5 月，笔者的博士论文在中国知网被下载超过 7 000 次。（2）本书开拓了国内平台生态系统中参与者战略的研究。以往的研究较多关注平台生态系统的主导者，即平台企业，而将生态参与者视为被动接受治理安排的同质个体。本书第四篇系统分析了生态参与者的成长战略，关注生态参与者的生存状况，这与平台"反垄断"、推动平台经济规范健康发展的政策导向不谋而合。（3）本书是国际上最早一批开展平台生态系统与产业数字化交叉融合研究的成果。中国的数字经济发展并不落后于欧美，甚至产生了诸多更加前沿的管理实践。本书第五篇正是对这一新情境开展的探索性研究，尝试揭示产业平台生态的治理机制。

本书理论研究的相关成果曾在第四届网络平台治理论坛暨第六届网络治理青年论坛、中国信息经济学会学术年会数字化转型与创新分论坛等做主题报告，在北京大学国家发展研究院、同济大学经济与管理学院、山东大学经济学院、安徽大学商学院、新疆大学经济与管理学院、浙江大学管理学院、浙江工业大学管理学院、宁波大学商学院等院校开展讲座 20 余场。本书的主要阶段性研究成果已公开发表在《管理世界》、《中国工业经济》、*IEEE Transactions on Engineering Management*、*Electronic Commerce Research and Applications*、*Industrial Management & Data Systems* 等国内外优秀期刊上，并被《新华文摘》、中国人民大学书报资料中心《企业管理研究》《产业经济》等转载多篇，获得蒋一苇企业改革与发展学术基金奖、中国企业管理案例与质性研究论坛最佳论文和《管理世界》优秀论文。这些研究成果不仅为平台生态系统治理奠定了理论基础，而且对更好地发挥平台生态系统作用具有重要参考价值。

在应用对策方面，本书每一篇都有专门的管理启示部分，体现出如下特点：（1）以深入细致的基层访谈支撑高质量咨政研究。笔者团队依托教育部人文社会科学重点研究基地、浙江省公共政策研究院、浙江省高质量哲学社会科学重点研究基地等机构，对企业、园区、产业集群开展了持续的走访调研和"解剖麻雀式"的个案分析，在此基础上撰写的咨政报告获得了国家部委、省委和省政府主要领导的肯定性批示。（2）研究的问题和前沿实践来源于企业，研究的成果服务于企业。围绕企业的平台生态系统实践，在开展深入剖析后，笔者团队尝试为管理实践界提供认知变革和实施要点上的框架及行动建议，并作为外部战略顾问陪伴企业持续成长。

笔者团队对于应用研究的相关成果既有发表在《光明日报》《中国社会科学报》《浙江日报》等报纸上，也有发表在面向企业实践界的《清华管理评论》等刊物上，并被《新华文摘》（网络版）、中国人民大学书报资料中心《企业家信息》等转载引用。笔者团队基于对阿里巴巴、携程、青团社、蘑菇街、洛可可、美特好和全球蛙等企业的持续跟踪调研，形成了数百万字的访谈记录。笔者撰写了多篇浙江省优秀研究生教学案例和全国百篇优秀管理案例，形成了"数字平台思维与创新发展案例""产业数字化转型的路径与方法论"等课程，并为多家企业和机构提供培训服务。本书的部分研究成果先后形成了系列专题研究报告。关于"发挥平台经济在促进形成强大国内市场"的思考和建议，获得国务院时任领导肯定性批示；关于"农村电商平台和物流发展"的建议，被商务部政策研究室采纳，并获得商务部时任部长肯定性批示；关于"行业产业大脑和工业互联网平台""国资运营平台建设和数字化监管""数字经济新业态与直播电商产业发展""供应链赋能平台建设"等政策建议，获得浙江省委省政府时任主要领导的肯定性批示。

本书获得了国家社科基金后期资助项目（20FGLB012）的支持，该项目主要资助人文与社会科学领域的基础研究成果，以学术专著为主。2020年提交评审的书稿本已完成80%，按原计划2021年可以出版，但秉持出版一部学术精品的初心，笔者根据课题立项和结项评审的专家意见，并征询多位同行的建议后，对书稿又进行了近3年的修改和完善。全书由王节祥负责出版策划、组织和统撰工作，邱毅和杨大鹏参与了对书稿框架构建的讨论和部分章节内容的撰写，参加各章节具体内容编写的成员有（以姓氏拼音为序）：蔡宁、陈威如、龚奕潼、郭斌、贺锦江、江诗松、李俊、刘双、刘永贲、娄淑珍、瞿庆云、盛亚、王笑言、王雅敏、夏季、熊雨欣、杨洋等。感谢研究生杨洋、龚奕潼、衡予婧、张烨、吴瑶瑶、陈晨等协助完成了大量书稿整理和校对工作，本书是"Wonder团队"共同努力的成果。

在本书研究和撰写的过程中，一直得到全国哲学社会科学工作办公室、国家商务部政策研究室、浙江省人大常委会、浙江省经济和信息化厅、浙江省科学技术厅、浙江省公共政策研究院、阿里巴巴研究院等有关组织和机构的支持，对于相关机构在书稿框架构建、资料收集和内容完善等方面给予的审阅、指导和帮助，在此一并表达诚挚的感谢。特别感谢师长们的持续关心和帮助，笔者就读硕士期间的盛亚教授、博士期间的蔡宁教授和郭斌教授、博士毕业后的陈威如教授等，在理论、方法和产业洞察上一直给予细致的指导，先生们的治学之风始终指引笔者奋力前行。浙江工商大学和工商管理学院的领导、同事对笔者的研究工作亦给予了大量支持。此外，还要特别感谢出版社编辑团队，正是他们专业的付出，保证了本书的顺利出版。

数十万字书稿的背后，隐含着对家人的诸多亏欠，感谢妻子的包容、家人的支持。尽管本书内容是笔者在数字平台生态领域持续深耕的成果，但囿于理论基础不够扎实，加之实践发展瞬息万变，难免存在认识和理解的不足之处，敬请各位读者批评指正。

王节祥

2024年8月于荷兰鹿特丹

目　录

绪论 平台生态系统治理的研究框架

数字技术革命催生了平台经济新模式，涌现出一批世界级企业。据统计，市值排名世界前 100 强的企业，它们 60％的业务收入来自平台市场（Cennamo and Santaló，2013）。在平台模式成为产业热点的同时，平台生态系统如何治理也成为实践难题。本章从平台生态系统的产业实践出发，梳理研究其现状和趋势，提炼出值得深入研究的问题：作为生态系统的主导者，平台企业应该如何选择业务边界，是只做平台还是兼做自营？在迈向生态系统的过程中，平台企业又应该如何主导生态开放度治理？如何激励生态参与者加入共创和升级？在产业数字化的新情境下，相关治理策略又该如何演进和适配？这些实践难点理应成为学术研究的关注点和切入点。本书着眼于以上场景构建研究框架，探讨平台生态系统有效治理的模式和策略，期望为产业实践、政府监管提供有益参考。

第一节 平台生态系统的产业实践

平台是一种在技术、产品和交易系统中具有基石作用的区块（building block），通过界面（interface）联系，使得原本处于不同市场和领域的主体在该区块内可以开展分工协作。平台企业是借助数字技术，通过搭建基础区块来促进多边用户的交易和创新活动效率的组织。依托基础区块，平台可以采用开放架构，吸引互补品供应商加入，由此形成能为用户提供多样化产品和服务的生态系统。平台生态系统的产业实践呈现出如下态势：

一、数字技术促使平台企业蓬勃发展

在数字经济背景下，平台企业成为"弄潮儿"。随着大数据、云计算和人工智能技术的快速发展，现代商业逻辑不断被颠覆和重构。以数字技

术为基础的平台模式无疑占得先机，不断创新与迭代基于用户需求的产品和服务，将数据转化为实质性的竞争优势。一般来说，本地生活服务平台（团购、外卖）以数字技术撬动供需关系，迅速做大市场规模（get bigger fast, GBF），并通过网络效应形成较为坚实的竞争壁垒。根据联合国贸易和发展会议发布的《2021 年数字经济报告》①，数字平台企业遍布全球，而且整体利润增长呈上升趋势。其中，在全球市值排名前 100 的平台中，美国企业的数量占据了 41%，包括苹果、微软、亚马逊等能够带来巨大价值的企业，它们在 2020 年的利润同比增长了 21.1%。亚洲企业的数量占据了 45%，尽管它们整体创造的价值仅占 100 家企业价值总量的 29%，但在 2020 年的利润同比增长高达 78%。

不过，平台企业的发展也并非易事。根据《2020 年度中国电商平台"死亡"数据报告》②，2020 年电商平台"死亡"数就高达 181 家，同比增长 49.6%。受新型冠状病毒疫情（简称"新冠疫情"）和国际关系的影响，部分行业开始步入"资本寒冬"，平台停业、破产或被收购事件更是呈上升趋势。平台企业的运营模式亦日趋分化，不同平台在"选择什么由平台自己做，什么由第三方提供"的问题上呈现出较大的差异。例如，阿里巴巴坚持尽量不涉足供方业务，而亚马逊的自营业务则在不断增加（Zhu and Liu，2018）。特别是对于产业的后进入者而言，更容易面临平台企业的业务边界选择难题，即确定哪些应该自己做、哪些要交给市场。

二、平台企业不断迈向平台生态系统

平台企业天然就具有跨界属性，伴随规模扩张会逐步走向生态系统。基于用户数据的价值挖掘，平台企业特别容易从现有业务中感知用户的延伸需求，进而跨界渗透其他业务领域，再利用数字技术实行所谓的"降维打击"。平台企业通过构建开放架构，吸引平台用户和具有互补属性的参与者进入，从单一企业逐步成长为复杂生态系统（Jacobides et al.，2018；McIntyre et al.，2021），再通过协调参与者共创，提升整个生态系统的价值。新兴数字技术的广泛应用更是推动了上述过程，使平台跨界竞争现象愈发频繁（Burgelman and Grove，2007；Rietveld and Schilling，2021），企业间竞争逐渐演化为生态

① 联合国贸易和发展会议. 2021 年数字经济报告：跨境数据流动与发展：数据为谁流动. 2021 - 09 - 29.

② 电子商务研究中心. 2020 年度中国电商平台"死亡"数据报告，2021 - 01 - 19.

间竞争。

　　然而，平台企业在跨界扩张过程中仍应警惕平台规模可能引发的"负效应"。作为平台生态系统基础区块的提供商，平台企业天然扮演着整个生态的治理者角色。一部分平台企业选择高开放度策略，认为生态数量和多样性是发展的必要条件。另一部分平台企业则认为不设置门槛将使生态系统陷于过度竞争和恶性竞争，因"劣币驱逐良币"而引发低端锁定，最终导致整个生态系统的崩溃。两派均有成功案例的支撑（如 Android 和 iOS），如何确定平台企业的生态开放度，已成为实践界的战略迷思。

三、平台生态系统成为创新创业基础设施

　　平台生态系统在生产和消费领域占据越来越重要的位置，成为支撑创新创业活动的基础设施（Nambisan，2017；Chen et al.，2022）。例如，来自数据调查公司（Statista）的报告显示[①]，全球移动程序总体下载量从 2018 年的 1 925 亿次上升至 2022 年的 2 550 亿次，参与移动程序开发的创新创业公司达到 844 147 家。对于绝大多数的企业而言，自建平台是一个成本高、周期长的风险决策。为了获取平台生态快速发展的红利，加入平台成为生态参与者不失为明智之举（Cenamor et al.，2013；王节祥等，2021）。平台企业确实需要与能提供多样化互补品的参与者共创，才能最大化满足用户需求，进而通过打造底层基础设施来赋能广大生态参与者。

　　然而，平台内权力高度不对称，生态参与者（简称"参与者"）需要充分发挥其能动性才能获得"生存空间"。现实情境中，一方面，存在大量参与者取得成功的案例，如率先拥抱安卓平台的三星手机；另一方面，大量参与者挣扎在盈利边缘，乃至无奈退出，或曾创造辉煌却难逃"过气"命运（Zhu，2019）。部分参与者过度依赖平台生态系统，但在脱离平台生态系统后就会迅速衰落。无论是早期蘑菇街被淘宝"封杀"，还是曾经沸沸扬扬的文创 UP 主"独家合约"问题，参与者与平台企业的关系问题被推上了"风口浪尖"。对此，参与者应如何发挥自身能动性，摆脱对单一平台的依赖，从而实现自主发展？

四、产业数字化与平台生态系统拓展

　　伴随数字技术从消费领域向产业领域渗透，产业数字化成为平台生态

---

　　① Ceci L，Number of Mobile App Downloads Worldwide from 2016 to 2023，2024 - 04 - 05.

系统治理的新情境。根据《中国产业数字化发展报告 2020》①，产业数字化是指在新一代数字科技的支撑和引领下，以数据为关键要素，以价值释放为核心，以数据赋能为主线，对产业链上下游的全要素进行数字化升级、转型和再造的过程。其核心在于全场景、全链路的数字化协作，并带动整个行业转型升级，是中国经济未来增长的重要引擎。

此前的平台实践以消费互联网平台为主，即关注交易两端的撮合，并以中介形式促进买家与卖家的信息交换和交易服务（Gawer，2009）。然而，消费互联网平台介入的价值环节有限，随着数字技术的应用延伸，平台企业开始对更长的价值链进行系统化重构，产业互联网平台应运而生。产业互联网平台通过与参与者互补和共创（Jacobides et al.，2018；陈威如和王节祥，2021），将数字技术与业务经验（know-how）深度融合，进而赋能整个行业的数字化转型。上述转变趋势推动平台生态系统的主导者思考，要如何进行治理策略的变革，从而激励广大参与者的加入，并带领他们一起"打仗"，推动整个平台生态系统的价值更新。

综上所述，在经济高质量发展的时代背景下，由新兴技术加持的平台企业不仅有着丰富的管理实践，同时也涌现出大量亟待理论阐释的治理问题。平台生态系统治理内涵丰富，平台企业不仅要思考"做什么、不做什么"，还要思考整个生态的繁荣发展问题；对于参与者而言，加入平台生态系统并不是"一劳永逸"之举，如何与平台共创，谋取对自己更为有利的发展空间，都是战略挑战。下面介绍学界是如何处理这些挑战的。

第二节　平台生态系统的研究主题

文献梳理可以帮助我们了解平台生态系统治理研究的现状，并识别出现有研究的缺口所在。在综述方法上，本章将综合使用文献计量和内容分析方法。前者的优点是能够全景呈现研究主题的发文现状、研究领域以及热点和趋势等，而后者可以在文献计量的基础上进行深入洞察和分析。具体来说，本章的文献计量分析包括描述性统计、引文分析（citation analysis）和共词分析（co-word analysis）等。

① 国家信息中心信息化和产业发展部，京东数字科技研究院. 携手跨越重塑增长：中国产业数字化报告 2020，2020 - 06 - 30.

在综述内容上，本章将围绕平台生态系统理论研究的现状和趋势，对国内外文献开展系统梳理。针对英文文献，本章遵照一般规则，采用管理研究中最常使用的 ISI Web of Knowledge 数据库为检索平台，限定 Social Sciences Citation Index（SSCI）索引期刊为文献来源，涵盖 1998 年至今的相关文献（截至 2024 年 4 月 30 日），通过关键词"platform"或"two-sided market(s)"进行搜索，精炼提取在经济（economic）、管理（management）和商业（business）三个领域的文献 3 057 篇。针对中文文献，鉴于"平台"在中文语境下是一个十分泛化的概念，本章采用重点期刊检索方法来搜集文献，以国家自然科学基金委员会认定的"管理学"期刊目录（30本）为基础，并结合平台的跨学科特征增加了《经济研究》、《经济学》（季刊）、《财贸经济》和《外国经济与管理》四本期刊，然后以"平台"为题名或以"双边市场"为关键词开展文献检索，精炼提取文献 1 256 篇。

在此基础上，本章对于平台生态系统研究现状，采用文献计量对中英文文献进行描述性统计，辅以高被引文献精读，做出研究现状判断。与现有研究基于主观思辨划分研究流派不同，本章采用引文聚类方法，从文献共引中识别出平台研究流派，并辅以流派代表性文献精读，识别出各流派关注的理论问题、切入视角和主导方法等。最后，本章采用关键词分析，结合综述性文献精读，提出平台生态系统研究的未来趋势和值得进一步研究的主题。

一、平台生态系统研究的整体概览

立足文献计量方法对平台生态系统研究数量以及期刊、机构对其引用情况的分析，结合作者对平台生态系统文献的阅读和积累，本章从文献总量、文献结构和文献内容三个方面出发，得出相应的三点判断。主要观点与对应的判断依据见表 1。

表 1　研究现状判断及其依据

维度	主要观点	判断依据
文献总量	平台生态系统研究历经三次浪潮	国内外文献年度发文量呈现波浪式递增
	国内平台生态系统研究起步较晚，但增长较快	国内"第一波"发文量少且增长缓慢，但"第二波"和"第三波"的增长迅猛
文献结构	平台生态系统研究的学术"圈子"正在形成	高发文期刊和高发文机构集中凸显；专题性学术会议大量召开
	国内平台生态系统研究"圈子"规模小但集聚度高	进入分析的国内文献总量少，但高发文期刊、机构的数量和作者的发文量却比国外多

续表

维度	主要观点	判断依据
文献内容	平台生态系统研究中普遍由双边市场经济学占据主导	高发文期刊的关注领域、高发文作者的研究领域和高被引文献的研究内容
	国内平台生态系统研究中的产业和区域创新平台相比国外占据更大比重	关注该领域的期刊在高发文期刊中占据四席，在高发文作者中亦占据四席

　　从文献总量上说，平台生态系统研究历经"三次浪潮"，国内研究起步晚但增长快。如图1所示，平台生态系统研究从20世纪90年代起步，一直处于增长周期。伴随着产业实践的发展，"平台"不断被赋予新的内涵而受到持续关注。在2000年之前，平台生态系统研究聚焦于企业内部，主要关注基于平台提升产品开发效率（Meyer and Utterback，1993）；2005年前后，针对网络通信、银行卡和门户网站等产业实践的兴起，有关平台经济的研究文献增长迅速；进入21世纪，随着互联网从"垂直"走向"生态"，对于平台战略、组织和创新的相关研究竞相涌现，且增长幅度相比前两次更高。国内平台生态系统研究并未赶上第一波浪潮，但得益于电子商务和"互联网＋"的快速发展及推进，在第二波浪潮和第三波浪潮中已迎头赶上。2016年，国内外平台生态系统研究文献开始激增，此后更是每年保持高增长率，特别是2020年新冠疫情后，与数字技术相关的平台生态系统理论研究更是层出不穷。同时，这进一步印证了平台生态系统研究领域的巨大发展潜力。

　　从文献结构上说，平台生态系统研究的学术"圈子"正在形成，国内平台生态系统研究"圈子"规模小但集聚度高。根据Kuhn（1970）的阐述，学术共同体（"圈子"）是产生科学知识的科学家集团，集团内成员有充分的学术交流，他们在研究上有共同的范式（paradigm）。学术"圈子"的外在表现是共同的协会组织、期刊和交流活动。本章分析发现：平台生态系统研究的重要期刊、交流会议和学源关系正在涌现。在表2展示的高发文中英文期刊中，*Management Science*、*Journal of Business Research*、《中国管理科学》和《管理评论》等持续刊发了大量平台生态系统研究论文。自行检索相关数据可以发现：从高发文机构来看，美国无疑是平台生态系统研究的大国，这与其数字经济发展水平密切相关。国外的哈佛大学、帝国理工学院和国内的清华大学、上海交通大学等成为平台生态系统研究的重镇。平台研究的专题学术会议开始程序化召开（platform strategy research symposium)。此外，该领域内学源关系和师徒关系屡见。加韦（Gawer）博士是同属高发文量作者的麻省理工学院库苏马诺（Cusumano）教授的学生，师徒二人先后出版的书籍 *Platforms*，*Markets and Innovation*（2009）和 *The Business of Platforms*：*Strategy in the Age of Digital Competition*，*Innovation*，*and Power*（2019）已然成为平台生态系统研究的重要参考。国内高发文学者与上海地区高校的学源关系紧密，上海交通大学、复旦大学等高校学者率先开展了双边市场相关研究。

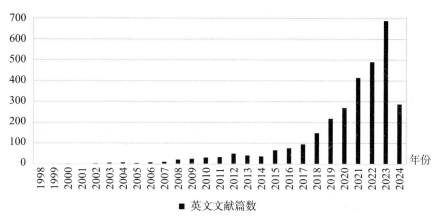

■ 英文文献篇数

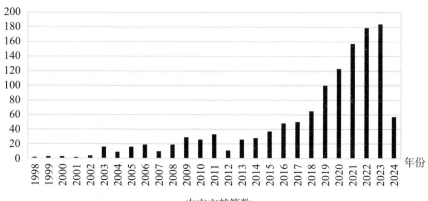

■ 中文文献篇数

图 1　年度发文量

注：数据收集截止时间为 2024 年 4 月 30 日。

表 2　高发文中英文期刊

序号	英文期刊	发文量	中文期刊	发文量
1	*Management Science*	132	《中国管理科学》	152

续表

序号	英文期刊	发文量	中文期刊	发文量
2	*Journal of Business Research*	104	《管理评论》	90
3	*Technological Forecasting and Social Change*	100	《管理学报》	78
4	*Information Systems Research*	83	《系统工程理论与实践》	76
5	*International Journal of Industrial Organization*	67	《科学学与科学技术管理》	70
6	*IEEE Transactions on Engineering Management*	60	《科学学研究》	57
7	*Electronic Commerce Research*	49	《中国工业经济》	52
8	*MIS Quarterly*	47	《研究与发展管理》	52
9	*Journal of Management Information Systems*	42	《科研管理》	52
10	*Strategic Management Journal*	39	《工业工程与管理》	48

从文献内容上说，平台生态系统研究普遍由双边市场经济学占据主导。从文献发表脉络看，平台生态系统研究最早并非由经济学主导，而是关注产品和技术平台的研究。但随着网络经济学的兴起（Katz and Shapiro，1985），双边市场日益成为主导研究领域，这从高发文期刊、作者和高被引文献等均可观察到。在双边市场经济学研究中，尤以"定价（pricing）策略"的出现频次最高（Rochet and Tirole，2003），表明该领域的研究问题颇受关注。表 3 所示（英文引用来自谷歌学术、中文引用来自中国知网）的高被引中英文文献演进情况表明，产品平台、技术平台和平台战略等主题也得到了越来越多的关注。

特别地，国内研究对于数字技术催生的新兴平台主题的关注度极高，这使得发表于 2014 年的 P2P 平台文献在短时间内跃升到引用量第一。值得注意的是，相对国外而言，国内平台生态系统研究中存在一支不同的重要力量，即关注产业和区域创新平台研究（薛捷和张振刚，2006），这甚至成为国内最早对"平台"一词形成概念认识的基础。其优点是较早地把平台从内部向外部拓展，提升了平台的功能定位；但缺点是缺乏对微观平台架构的剖析，助长了"平台"一词在中文语境下的概念泛化现象。当然，平台生态系统研究在国内外文献中都存在一定程度的概念泛化，因而相关研究在增长迅速的同时略显繁杂，有必要识别其中隐含的研究流派。

表3 高被引中英文文献

序号	英文文献	数量	中文文献	数量
1	Platform Competition in Two-Sided Markets	7 808	《中国P2P网络借贷平台信用认证机制研究》	956
2	Two-Sided Markets：A Progress Report	4 421	《平台经济学初探》	743
3	Strategies for Two-Sided Markets	3 009	《平台商业模式创新研究——基于互联网环境下的时空契合分析》	555
4	Industry Platforms and Ecosystem Innovation	2 892	《网络外部性下的电子商务平台竞争与规制》	447
5	Bridging Differing Perspectives on Technological Platforms：Toward an Integrative Framework	2 304	《用户部分多归属条件下的双边市场定价策略》	318
6	The Digital Platform：A Research Agenda	2 101	《平台型网络市场"平台-政府"双元管理范式研究——基于阿里巴巴集团的案例分析》	307
7	The Economics of Two-Sided Markets	1 955	《双边市场及其定价策略研究》	305
8	Crowd-funding：Transforming Customers into Investors Through Innovative Service Platforms	1 843	《组内网络外部性对双边市场定价的影响分析》	301
9	Planning for Product Platforms	1 677	《共享经济背景下的动态价值共创研究——以出行平台为例》	296
10	How Open is Open Enough? Melding Proprietary and Open Source Platform Strategies	1 410	《具有双边市场特征的产业中厂商定价策略研究》	253

二、平台生态系统研究的流派识别

为了更好地理清平台生态系统研究流派的发展脉络，本章通过引文聚类的方法识别出现有平台研究存在的理论流派，并对其代表性文献进行精读。本章引文聚类采用Citespace软件（限于技术原因，本章引文聚类样本为英文文献），得到表4所示的前三大共被引聚类。

　　其中，第一大聚类的标签是"Pricing"，活跃文献是韦尔（Weyl）发表在顶级经济学期刊 *American Economic Review* 上对平台定价的研究（Weyl，2010）。该研究进一步考虑了双边网络市场中用户异质性与定价的关系，承袭的是 Rochet 和 Tirole（2006）对双边市场研究的传统。第二大聚类的标签为"Design Product Platform"，活跃文献是 Tatikonda（1999）发表在 *Journal of Product Innovation Management* 上的论文。其研究系统地考虑了产品平台及其衍生产品项目的成功率、印象因素以及管理工具等，承袭的是 Meyer（1997）对产品开发平台研究的传统。第三大聚类的标签为"Network"，活跃文献是 Boudreau（2010）发表在 *Management Science* 上关于开放平台策略的研究，承袭的是 Gawer 和 Cusumano（2002）对平台战略和创新研究的传统。由此，引文聚类分析较为清晰地得出了平台生态系统研究的三个理论传统。综上所述，结合引文分析和文献初步阅读，本章较为稳健地给出了平台生态系统研究的三大流派划分，即产品开发平台、双边交易平台和战略创新平台。

表 4　共被引聚类结果（TOP3）

聚类号	标签	年份均值	活跃文献
#0	Pricing	2002	（Weyl，2010） A Price Theory of Multi-Sided Platforms
#1	Design Product Platform	1992	（Tatikonda，1999） An Empirical Study of Platform and Derivative Product Development Projects
#2	Network	2001	（Boudreau，2010） Open Platform Strategies and Innovation：Granting Access vs. Devolving Control

　　为了深入认识平台生态系统研究的三大流派，有必要对代表性文献开展精读。为体现完整性，本章选择中英文代表性文献各一篇。英文代表性文献直接来自共被引聚类结果（见表 4），聚类分析较好地保证了其代表性。中文代表性文献选择把握一个原则，即它发表在各流派发展的中后期，在研究内容上既有继承又有发展，从而有助于快速了解其全貌。结合期刊水平和论文引用率，各流派代表性文献具体选择结果见表 5～表 7。

表 5 各派的代表性文献一览表（产品开发平台）

流派	代表文献	研究问题	对话文献	研究方法	研究结论	小结
产品开发平台	An Empirical Study of Platform and Derivative Product Development Projects	如何在新产品开发平台中同时实施两种工程类型：Platform Projects vs. Derivative Projects（对应激进和改良）	(Meyer et al., 1997; Wheelwright and Clark, 1992)	对 108 个新产品开发项目进行问卷调查和统计分析	两种工程类型的任务特征存在显著差异，但项目成功的要求和实施路径相似；项目成功的影响因素存在一定差异，但无须完全差异化的管理	现有研究关注了为什么要实施平台（why），平台如何成功（how）和平台从何处来（where）的问题，该文问平台是什么（what）
	《多平台下的参数化产品族多目标智能优化》	在不预知平台参数的情况下，如何进行多平台配置	(Simpson et al., 2001; Farrell and Simpson, 2003)	设定约束条件，进行数理建模求解，再开展仿真实验	针对多平台产品族多目标优化问题，本章提出了一种多平台产品族双层多目标协同优化方法	深化多平台协同管理的两类问题，并对多平台协同管理的具体方法做出拓展

表 6 各派的代表性文献一览表（双边交易平台）

流派	代表文献	研究问题	对话文献	研究方法	研究结论	小结
双边交易平台	A Price Theory of Multisided Platforms	此前价格模型的前提是以平台价格变量为参数，设定复杂定价的模式下难以适用，如何放松初始价格设定的约束条件	(Rochet and Tirole, 2003; Rochet and Tirole, 2006; Spence, 1975)	抽象平台实践，设定参数，公式并求解，再进行多模型比较和条件放松	提出一种新的定价策略（insulating tariff）；其社会最优定价是平台为一边提供服务增加的一个用户模型的成本减去这个用户常给另一边的外部性。	建立垄断平台定价的一般框架；解决了"跷跷板原理"的两大难题——价格概念和适用情境；对市场规制力测度和价格规制亦有相应启示

续表

流派	代表文献	研究问题	对话文献	研究方法	研究结论	小结
双边交易平台	《用户部分多归属条件下的双边市场定价策略》	现实情境中不仅大量存在用户单归属或多归属，而且并存在用户部分多归属。针对这一前提，如何进行平台定价	(Caillaud and Jullien, 2003; Armstrong and Wright, 2007; Poolsombat and Vernasca, 2006)	考虑平台竞争差异化，建立博弈论模型求解，并对现实案例进行简单验证	在均衡状态下，平台应对单归属用户的一边收取高价，深化对多归属用户的部分多归属一边实行免费；部分多归属降低了平台定价和利润；平台差异化程度存在交互作用	拓展了用户异质性对平台定价的影响研究，深化了对用户部分多归属因素的研究，引入了平台竞争因素交互影响

表 7　各流派的代表性文献一览表（战略创新平台）

流派	代表文献	研究问题	对话文献	研究方法	研究结论	小结
战略创新平台	Open Platform Strategies and Innovation: Granting Access vs. Devolving Control	平台开放与创新的关系已是热点话题，但对于开放度没做类型区分，并且多是案例研究且缺乏经验证据	(Katz and Shapiro, 1985, 1994; West, 2003; Chesbrough, 2003)	手动收集掌上电脑领域 1 706 个观测值的非平衡面板数据，开展统计分析	实证测度了两类开放策略，即许可进入和移交控制；许可进入与创新绩效同存在倒 U 形关系，移交控制与创新绩效的关系为正，但边际效应较小	将开放度这一经典议题引入平台领域，关注多主体平台生态治理，并将开放度进行了细化，建立起平台研究与创新领域的紧密联系
	《平台型网络市场"平台-政府"双元管理范式研究——基于阿里巴巴集团的案例分析》	平台型网络市场作为一种混合治理形式，治理主体是谁、如何开展治理活动，以处理个体性与公共性之间的关系	(Eisenmann et al., 2006; 陆伟刚, 2013; 王勇和朱雨辰, 2013)	收集二手数据和访谈数据，对阿里集团开展单案例理论建构研究	平台型网络市场存在平台管理和政府管理的混合；平台管理涉及资源配置、定价、税务监管等；两者存在交互又耦合并动态演化	立足混合治理形式，关注企业与社会的互动关系；剖析了平台企业（运营商）与外部政府主体对平台生态的协同治理模式

结合引文聚类和代表性文献精读，本章总结出平台研究三大流派及发展脉络，见表8。

(1) 产品开发平台是在平台企业内构建基础区块，用于解决客户定制与大规模生产的矛盾，主要涉及平台内涵、绩效、设计和实施等议题。平台基础区块共享可以有效实行大规模定制。对于基础区块的内容，经历了从物理构件、软件再到模块产品的演进（王毅和袁宇航，2003）。此外，考察平台绩效及其影响因素是产业最佳实践的迫切需求，其中涉及管理方式和动态适应等多个方面（Tatikonda，1999）。诚然，平台并非天然存在或一蹴而就，如何设计和实施产品平台成为后续研究的重要分支（Mäkinen et al.，2014；王克喜等，2011），特别是多产品平台的复杂协调问题也是研究热点和难点。该流派研究的理论视角较为庞杂，主要包括模块化理论、核心能力理论和产品生命周期理论等（Frandsen，2017），早期的研究方法以案例为主，辅以问卷调查，后期的研究方法出现了明显的建模仿真数理化倾向（Farrell and Simpson，2003）。

(2) 双边交易平台是从企业内走向市场的交易治理形式，关键是立足多边架构内化网络外部性，主要涉及平台定价、竞争和规制等议题。双边市场为降低交易成本而生。由于双边主体的网络外部性，用户定价不单纯取决于边际成本，导致传统单边市场定价机制难以适用（特别是"鸡生蛋"难题）（Caillaud and Jullien，2003），因而定价也成为该流派的核心关切。相关的研究发展是伴随着一系列约束条件的放松，从用户同质到用户异质（Rochet and Tirole，2003）、从垄断平台到多平台竞争（Armstrong，2006）、从用户单归属、多归属到部分多归属（纪汉霖，2011）等。其中，多平台竞争不仅会影响定价策略，其本身也是产业实践关心的重要议题，故竞争策略成为一个重要分支。除涉及一般定价、歧视定价、补贴和折扣等，竞争策略还涉及非价格策略，包括业务重叠、差异化和平台兼容等（张凯，2010）。此外，承接网络经济学的研究，平台市场势力、社会福利和垄断规制等亦受到广泛关注（曲创和刘重阳，2016）。在具体研究中，主要使用了网络外部性理论（Katz and Shapiro，1985；黄纯纯，2011）、产业组织理论（江小涓，2017）和市场设计理论（Roth，2008）等，研究方法则以博弈论建模为主，辅以案例印证。

(3) 战略创新平台是立足多边架构对组织生产和创新活动的重构，同时关注企业与产业和区域的跨层面互动，涉及多主体和多重逻辑的复杂生态治理等议题。实际上，产业和区域创新平台研究早已有之，特别是2005年

表 8　平台研究流派及发展脉络

流派	核心议题	基础理论	主导研究方法	发展分支及演进脉络
产品开发平台	在产品和项目层面协调客户定制需求与大规模生产之间的矛盾	模块化理论、核心能力理论、产品生命周期理论等	案例研究、建模优化及仿真实验	③产品平台设计 ●产品平台模块设计 ●产品平台参数优化 → ①产品平台内涵 ●平台共享内容的差异 ●产品平台的类型划分 → ②产品平台绩效 ●绩效评价方法 ●绩效影响因素；④产品实施 ●平台实施与能力培育 ●多平台协同管理模式
双边交易平台	双边市场作为一种减少交易成本的治理形式，其成功关键是以价格机制在多种网络情境下内化网络外部性	网络外部性理论、产业组织理论、市场结构理论、市场设计理论、规制经济学等	博弈论建模、案例研究（简单印证）	①双边市场内涵 ●双边市场特征内涵 ●双边市场类型划分 → ②平台定价策略 ●单平台垄断定价 ●多平台竞争定价 → ③平台竞争策略 ●竞争行为与定价 ●非价格竞争策略；④平台垄断规制 ●市场势力与垄断界定 ●平台规制策略与政策

续表

流派	核心议题	基础理论	主导研究方法	发展分支及演进脉络
战略创新平台	平台组织治理、平台商业模式、生态系统开放与创新	竞争优势理论、企业理论、生态系统理论、制度理论等	案例研究（理论建构式）、大样本实证分析	

注：图中的①、②、③、④代表演进脉络，但具体研究存在时间交叉，并非完全循序推进。

前后在国内受到广泛关注（薛捷和张振刚，2006）。但是，彼时的研究对平台的界定十分泛化，较少涉及"多边架构和网络效应"等关键特征。这也成为战略创新平台流派兴起的背景，该流派响应"微观化"研究趋势、聚焦平台组织与战略议题（Felin et al.，2015），以竞争优势理论和企业理论为基础开展平台商业模式和竞争优势构建机理研究（Gawer and Cusumano，2008；蔡宁等，2015；刘林青等，2015）。传统产业转型的需求，催生了平台型组织内涵、转型路径及相应战略决策的研究（Zhu and Iansiti，2012；井润田等，2016）。微观研究的深化也反过来影响了宏观产业和区域研究（Gawer and Cusumano，2014；吴义爽和徐梦周，2011）。生态系统日益成为平台研究的重要视角，特别是在生态内部主导者和参与者等多个主体、商业和公益等多重逻辑成为研究的难点和趋势后（Gawer and Phillips，2013；汪旭晖和张其林，2015）。随着产业实践样本的累积，研究方法正在从个案逐渐走向以大样本实证分析为主（Kapoor and Agarwal，2017）。

三、平台生态系统研究的趋势判断

共词分析可以通过文献关键词的共现频次，明晰平台理论研究的热点领域。本章采用 Citespace 开展关键词共词分析，以此识别研究领域的热点问题。本章还通过软件聚类，挖掘不同流派平台研究呈现的热点。

针对产品开发平台，目前对战略和创新视角的交叉研究正在兴起，这从创新、架构和竞争（Innovation/Architecture/Competition）等关键词可以发现。虽然平台经济（双边市场）研究仍占据主流（表现在发文量上），但关注平台组织和战略管理的微观化趋势日趋明显。针对双边交易平台，相关的竞争研究正在从价格策略转向非价格策略。以往的研究较多关注以定价为基础的平台竞争，现在的研究则转向关注平台中的关系、信任、口碑和运营策略（Relationship/Trust/Word of Mouth/Operation Strategy）等研究，研究方法也在转向大样本实证分析。针对战略创新平台，现有研究趋向关注多主体生态及其治理问题，这从买卖关系、治理和许可（Buyer Seller Relationship/Governance/Access）等关键词可以观察到。如何处理好主导者与参与者以及多层平台互动之间的关系已成为未来研究的重要方向。

充分吸纳和借鉴平台综述类文献的成果是构建平台研究框架的重要基础。通过对五篇综述类文献的提炼（Gawer，2014；Thomas et al.，

2014；McIntyre and Srinivasan，2017；张小宁，2014；龚丽敏和江诗松，2016），可以发现它们提到的未来平台研究的共性方向包括：（1）视角交叉和理论对话。现有平台研究存在技术、经济和战略等多个视角，未来研究需要更多地与微观组织理论对话。（2）多层次平台研究。平台类型众多，特别是存在多种层次，未来研究需要关注多层次平台及其演化动力。（3）平台生态系统治理研究。生态系统视角日益重要，需要重点关注平台主导者治理决策和参与者行为决策等议题。

四、平台生态系统研究的主题凝练

基于上述文献计量和内容分析，可提炼出平台生态系统研究未来值得进一步深入的主题。

（一）平台企业的业务边界治理

鉴于平台商业模式在当前经济环境下发挥的重要影响力，平台企业自身的业务边界选择尤其需要被重视（Gawer，2021）。其考虑因素不仅有传统的交易成本和资源、能力因素，还有同边和跨边网络效应的影响。在平台双边架构中，当资产专用性分析向三边（供方、需方与平台运营商）拓展时，传统逻辑的解释力可能减弱，不能仅仅从交易成本理论来分析平台企业的业务边界，而是要进一步考虑平台的创新和交易二重性，以此甄选出最适合企业未来发展的业务范围。例如，平台可以由市场提供资产专用性较低的业务，但是，如果该业务对于平台核心能力的培育至关重要，同时为了激发网络效应来解决"冷启动"问题（Parker et al.，2016），平台需要采取自制而非购买策略。此外，为了促使核心能力业务更好地发展，平台可以适度向互补品提供商分享企业内部专业知识，引导并推动该市场竞争发展（Ozalp et al.，2018）。然而，上述议题均是提出了初步的问题，没有在理论和方法层面进一步深化。

（二）平台企业主导的生态开放度治理

伴随着平台组织逐渐成为生态创新的重要架构（Rong et al.，2013），平台企业主导的生态开放度治理是影响平台竞争的关键战略点。由于网络效应的存在，生态主导者（一般为核心企业）需要解决"冷启动"和"生态化"问题：低开放度不能迈过激发网络效应所需的临界规模（critical mass），高开放度则可能带来竞争拥挤和管理协调问题。如何处理好平台开放与封闭的张力，需要理论研究中的机理剖析。这类研究可以与传统的企业开放度治理研究对接（West et al.，2014），探究影响平台生态开放度治理的因素、平台生态开放的具体机制以及平台生态开放与其创新绩效的关系等。此外，平台生态开放度还需要结合平台生态系统的生命周期进行迭代调整（Cennamo，2018；Cenamor and Frishammar，2021）。一般而言，早期阶段可采用高开放度，并在用户规模增加后降低开放度；需要注意的是，现实中不乏早期就采取低开放度的平台，如电商领域的网易严选。未来，可以进一步探索分析哪些情境因素会影响平台企业主导的生态开放度治理策略。

（三）平台参与者与平台企业的关系治理

平台参与者对于平台生态系统的价值创造有着重要意义（Cennamo，2018）。一方面，平台参与者为平台生态系统提供了重要的互补品（Boudreau and Jeppesen，2015），可以提高整个平台的商业价值；另一方面，平台参与者会协同平台主导者对平台生态系统进行更新与升级（Cennamo，2018；Rietveld et al.，2019），应当给予充分的关注。但是，现有研究主要从平台主导者（核心企业或平台运营商）视角出发，忽视了平台参与者的能动性，因而基于平台参与者视角的研究还存在大量有待开垦的“处女地”。具体而言，平台参与者在平台生态系统内的行为选择机理亟待研究关注，比如平台参与者是否进入平台、进入何种平台、单归属还是多归属以及在什么情况下会抛弃平台等（Huang et al.，2013），未来可以开展对此类行为策略选择的前因条件和绩效影响的系统分析。此外，在平台生态系统内也需要注意平台参与者的异质性，因为既存在能够激发网络正效应的平台参与者，也存在容易形成网络负效应的平台参与者，其行为机理需要区别研究，而且在特定情境下平台参与者的网络正效应和负效应可能出现转化。例如，高品质的平台参与者可能对平台主导者形成颠覆威胁。未来，平台生态系统治理研究可以基于平台特征属性，在平台生态系统情境下开展平台主导者与平台参与者的多视角分析，探索双方之间的关系治理机制。

（四）产业数字化新情境与平台生态系统治理的演进

随着大数据、云计算、人工智能等数字技术在工业领域的渗透，越来越多的传统企业认识到数字化转型的重要性，但由于资源、技术等固有弊端，绝大多数传统企业难以突破转型前期的“冷启动”困境。为此，一部分企业选择加入大平台生态，借力数字平台赋能实现转型。另一部分企业选择自建平台生态，通过提炼并输出自身沉淀的行业经验，带动整个行业转型。上述平台实践不同于传统消费领域内的交易撮合平台（杜华勇等，

2021），它通过数字技术和数据要素的结合，提供了赋能服务（王节祥等，
2024），支持平台参与者的价值活动开展（Yoo et al.，2012；刘洋等，
2020；Jovanovic et al.，2022），催生出平台研究的产业数字化新情境。
学术界越来越关注产业互联网平台的构建机理和治理策略。此外，目前数
字化转型研究仍聚焦于概念与理论框架的构建（Yoo et al.，2012；Vial，
2019），少量研究考察了单个组织内部的数字化转型过程（Sandberg et
al.，2020），尽管这些研究极具价值，但没有体现出当下数字化转型更本
质的特征，即从企业内部管理协同走向更大范围的产业链多主体协同。具
体而言，企业数字化转型研究需要与平台生态系统治理相结合，考察平台
生态系统内多主体的复杂协同挑战，以及与平台参与者共同保持平台生态
系统的竞争优势。未来的研究可以进一步挖掘平台主导者与平台参与者之
间的关系互动、共创成长等。

（五）组织平台化转型及其内部治理问题

伴随着产业实践的发展，大量企业变革原有组织架构，正在朝组织平
台化的方向转型（江积海和王烽权，2017）。作为微观组织分析的重要议
题，组织结构设计至关重要，而平台型组织设计却与传统组织结构设计差
异显著。该视角主要围绕组织平台化转型后员工在数字平台上的能力、对
平台的认知与态度、工作关系、工作绩效等方面的变化展开分析。具体而
言，组织平台化为内部员工和团队提供了一套无边界的组织支持平台，对
个体行为、员工关系、内部领导力等方面都提出了新型要求。这种打破组
织内外部边界的平台化转型模式，影响甚至颠覆了传统的组织管理行为方
式（Teece，2018）。此外，伴随数字技术演进，包括阿里巴巴、海尔等在
内的大型平台企业正在探索"数字中台"的新型组织架构，即通过提供分
层模块化架构（Gawer，2014），实现前端业务的快速响应创新。如何设计
并完善数字中台背景下的组织内部治理问题是新时代的组织管理议题。由
此可见，平台组织的内部机制和内部治理研究已受到重视（井润田等，
2016；Altman et al.，2022），但尚未得到充分揭示。

（六）数字平台基础设施及其履责问题

在逆全球化竞争加剧、扎实推进共同富裕等新背景下，数字平台履责
成为当下的新议题。实践表明，数字平台通过打造并迭代具有赋能效用的
基础区块，将不同类型的平台参与者聚集于商业生态圈内，形成相互交
织、相互嵌套、相互耦合的共生共演关系网络（肖红军和李平，2019；余
江等，2017）。这使得相关研究在关注平台生态系统的商业价值之外，开

始思考如何发挥其作为基础设施所应尽到的社会价值。鉴于平台生态系统对平台参与者的创新活动以及产业经济活动的强力支持（Cennamo，2021），民众对数字化新情境下平台企业如何承担更大的社会责任提出了更高的要求。与此同时，平台企业发生的社会责任事件越来越表现为同谋而非个案，呈现为群体间的利益博弈（汪旭晖和张其林，2015）、情境和内容维度的双元属性（肖红军和阳镇，2020），展现出主体多元性、隐蔽性等特征（阳镇和陈劲，2020）。平台企业因涉及多个利益主体，对其治理逐渐由单边走向多边，联合监督和共同治理成为主要的治理机制，企业的社会责任异化行为在平台生态系统内部不断强化，协同治理（李三希和黄卓，2022）、跨生态位网络化共治、多中心规范治理（汪旭晖和张其林，2015）已成为平台生态系统治理演化的未来新动向（肖红军和李平，2019；O'Mahony and Karp，2022）。

第三节　本书的研究框架与章节安排

本书将聚焦于六大主题的前四个开展分析，原因在于：（1）"平台企业边界治理"和"平台企业主导的生态开放度治理"议题本质上是经典的企业边界治理问题在平台生态系统情境下的独特呈现。与传统企业类似，平台企业需要对自身业务边界进行治理。与此同时，平台企业还是整个平台生态系统的治理主体，需要决定平台生态系统的边界，即对生态开放度进行治理。（2）"生态参与者治理"议题是现有研究的重要缺口，生态参与者亦是能动主体，仅仅从平台企业来分析平台生态系统治理问题是不全面的，而从生态参与者视角出发的分析，能够丰富平台生态系统治理体系。（3）"数字化新情境"议题是产业实践的热点问题。伴随数字技术的应用，消费互联网平台向产业互联网平台发展演进，而在新情境下传统平台生态系统治理议题会出现何种演变，是亟待理论剖析的重要议题。（4）尽管"组织平台化转型"和"数字平台履责"也是近年来学术界颇为关注的议题，但由于其涉及主体更复杂（政府、公众参与等），而且核心议题并不局限于平台生态系统治理层面（组织治理），因此本书未将其纳入分析框架。

鉴于上述原因，本书围绕这四大主题，系统阐释了平台企业边界治理、平台企业主导的生态开放度治理、生态参与者治理以及在数字化新情境下前三大治理议题的演变。本书在推动理论发展的同时，尝试提供有益的管理启示。

第一篇是"平台企业边界治理"专题，包括第一章至第四章。在数字经济时代，平台企业"做什么与不做什么"成为抉择难点。本书将平台企业边界治理定义为平台企业选择"只做平台"还是"兼做自营"。首先，该篇从经典企业理论的发展脉络分析开始，围绕交易成本理论和资源基础理论阐述平台企业边界治理的内在机制，并以此为基础提出了平台企业边界治理的分析框架。其次，选择阿里巴巴和携程两个案例作为研究对象，深入探讨了平台企业选择"只做平台"或"兼做自营"的不同战略决策和关键逻辑，而后提出了平台企业边界治理的主导解释机制。再次，采用定性比较分析方法针对平台情境下的交易成本理论和资源基础理论对平台企业边界治理的机制影响开展了量化分析。最后，以理论分析、案例研究和量化分析为基础给出了管理启示。

第二篇是"平台企业主导的生态开放度治理"专题，包括第五章至第八章。伴随平台逐渐迈向生态系统，平台企业主导的生态开放度治理愈发重要。本书将平台企业主导的生态开放度治理定义为平台企业如何设置平台参与者进入平台生态系统的门槛水平。首先，该篇从经典治理理论的发展脉络分析开始，梳理了企业开放度与绩效的关系等内容，并拓展讨论了平台企业主导的生态开放度治理及相关理论缺口。其次，选择钱报有礼等多个案例作为研究对象，跨案例比较平台企业主导的生态开放度治理差异，立足平台企业交易与创新的二重性特征，剖析了平台企业主导的生态开放度治理模式与平台情境的匹配。再次，对平台企业主导的生态开放度治理开展了量化分析。最后，本篇给出了管理启示。

第三篇是"平台企业边界与生态开放度治理的动态适配"专题，包括第九章至第十二章。该篇关注平台企业边界治理和平台企业主导的生态开放度治理策略在平台不同发展阶段呈现出的新特点，是第一篇和第二篇内容在平台生命周期中的动态延伸。首先，该篇回顾了平台生态系统与网络效应的关系，以及平台生态系统的生命周期和临界规模等内容，为后续讨论做好了理论铺垫。其次，选取浙报集团、环境医院等案例进一步探讨在消费生态和产业生态中平台企业边界治理与平台企业主导的生态开放度治理的动态适配。最后，本篇得出了结论模型并提出了相应的管理启示。

第四篇是"平台生态系统中的参与者治理"专题，包括第十三章至第十六章。以往平台生态系统治理的研究，主要从平台企业视角出发，较少关注参与者及其能动性。首先，该篇明确了平台生态系统中参与者与平台主导者权力高度不对称的情形，所以有必要构建起"互补-依赖"的整合分析框架。其次，通过蘑菇街、韩都衣舍和云集的多案例分析，提出参与者在平台生态系统中的关系治理，可以采取"多重身份"、"多栖定制"和"平台镶嵌"三大战略，以此可以实现互补和依赖关系的解耦，即提升互补并降低依赖。再次，采取大样本实证分析方法，考察了参与者战略与绩效的关系以及平台特征的调节效应，系统回答了在特定的平台生态系统治理结构中，参与者要如何管理与平台企业的关系。最后，本篇立足研究结论提出了相应的管理启示。

第五篇是"数字化新情境与平台生态系统治理"专题，包括第十七章至第二十章。产业数字化是发展的重要趋势，在此过程中，平台生态系统发挥了重要作用。本书将产业数字化定义为传统企业利用数字技术对经营活动进行系统重构的过程，并在该情境下对平台企业边界治理、平台企业主导的生态开放度治理和平台生态系统中的参与者治理等议题进行了拓展分析，重点考察了平台企业如何利用数字技术对业务边界和生态开放度进行综合治理，以及参与者如何利用数字技术进行生态业务创新。首先，该篇回顾了数字技术特征和传统企业数字化转型等相关研究内容，为细化数字化新情境的内在特征奠定了基础。其次，选取青团社和洛可可两个案例，进一步探讨了数字化新情境下平台企业边界治理、平台企业主导的生态开放度治理和平台生态系统中的参与者治理的新变化，以及相应的管理启示。

本书的"结语"是对平台生态系统发展新趋势和研究新机遇的展望。结合平台生态系统的管理新实践，未来值得关注的平台生态系统新议题有哪些？本章在总结核心观点与创新之处的基础上，围绕实践现象，从组织、生态和公共设施三个角度进行了展望分析，探讨了平台化组织、平台生态作为一种元组织、平台生态成为创新创业基础设施等重要议题，并以此作为本书的结尾。具体研究框架与章节安排如图2所示。

总之，平台生态系统正在成为中国管理学者做出重大学术贡献的"热土"，本书是一个初步尝试。未来，平台生态系统治理研究必将迎来蓬勃发展，以回应产业实践的方兴未艾。

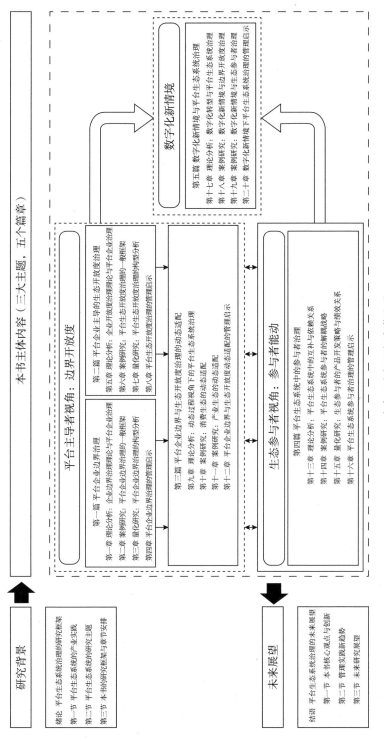

图2　本书研究框架与章节安排

研究背景

绪论　平台生态系统治理的研究框架
第一节　平台生态系统治理的产业实践
第二节　平台生态系统治理的研究主题
第三节　本书的研究框架与章节安排

本书主体内容（三大主题，五个篇章）

平台主导者视角：边界开放度

第一篇　平台企业边界治理
第一章　理论分析：企业边界治理理论与平台企业治理
第二章　案例研究：平台企业边界治理的一般框架
第三章　量化研究：平台企业边界治理的构型分析
第四章　平台企业边界治理的管理启示

第二篇　平台生态主导者的生态开放度与平台企业治理
第五章　理论分析：企业生态开放度理论与平台企业治理
第六章　案例研究：平台生态开放度治理的一般框架
第七章　量化研究：平台生态开放度的构型分析
第八章　平台生态开放度治理的管理启示

第三篇　平台企业边界与生态开放度治理的动态适配
第九章　理论分析：动态治理视角下的平台生态系统治理
第十章　案例研究：消费生态的动态适配
第十一章　案例研究：产业生态的动态适配
第十二章　平台企业边界与生态开放度动态适配的管理启示

生态参与者视角：参与者能动

第四篇　平台生态系统中的参与者治理
第十三章　理论分析：平台生态系统中的互补与依赖关系
第十四章　案例研究：平台生态系统参与者的解锁战略
第十五章　量化研究：生态参与者的产品开发策略与绩效关系
第十六章　平台生态系统参与者治理的管理启示

数字化新情境

第五篇　数字化新情境与平台生态系统治理
第十七章　理论分析：数字化转型与平台生态系统治理
第十八章　案例研究：数字化新情境与平台生态边界治理
第十九章　案例研究：数字化新情境与生态参与者治理
第二十章　数字化新情境下平台生态系统治理的管理启示

未来展望

结语　平台生态系统治理的未来展望
第一节　本书核心观点与创新
第二节　管理实践新趋势
第三节　未来研究展望

第一篇　平台企业边界治理

为什么有些平台企业选择"只做平台",而将产品和服务交由参与者提供。另一些平台企业会"兼做自营",亲自下场为用户提供产品和服务。此前,大家似乎觉得真正的平台企业就应该采取轻资产的运营模式,做交易撮合而不是自己下场。但是,"只做平台"和"兼做自营"的平台都有成功的范例,如何解释这些现象?

本篇将平台企业边界治理定义为平台企业选择"只做平台"还是"兼做自营",并涵盖以下四章内容:第一章通过回顾经典的企业边界治理理论,为分析平台企业这一新组织形式的边界治理奠定了理论基础;第二章是平台企业边界治理的案例研究,主要采用嵌入式案例研究方法对边界治理问题开展探索性分析,揭示平台企业边界治理背后的机制;第三章是平台企业边界治理的量化研究,主要采用定性比较分析(qualitative comparative analysis,QCA)方法对企业边界治理问题开展研究;第四章是基于理论分析、案例研究和量化研究的结论,为产业实践中的平台企业边界治理提供管理启示。

第一章 理论分析：
企业边界治理理论与平台企业治理

对于平台企业而言，"只做平台"还是"兼做自营"的策略选择之争，实际就是经典的企业边界治理问题（make or buy）。以往的企业边界治理用于解决企业在某一业务上是自制（make）还是购买（buy）的问题（Coase，1937；Zenger et al.，2011），比如通用汽车公司是否对费雪车身公司实施一体化的案例（Klein et al.，1978）。站在平台企业的角度，该问题就是对供方业务实施自制，还是完全交由第三方商家通过市场化提供。为回答上述问题，本章对现有的理论研究进行了回顾。首先是理清了经典企业边界理论的发展脉络，随后分析了两种不同理论视角下的边界治理机制，最后引入了平台情境，以挖掘研究缺口、提炼研究问题。

第一节 企业边界理论的发展脉络

企业理论由科斯（Coase）创立，经由威廉姆森（Williamson）、阿尔奇安（Alchian）和德姆塞茨（Demsetz）等人的发展，形成以交易成本为核心概念的理论体系，在经济学和管理学的多个领域得到广泛应用。企业边界是企业理论的核心问题，并且在理论研究中逐渐形成了两大视角：一是交易成本理论（transaction cost economics，TCE）视角下的企业边界，它将企业视为交易主体，关注不确定性、有限理性和投机行为下的企业一体化决策问题（Williamson，1985）；二是资源基础理论（resource-based view，RBV）视角下的企业边界，它注重企业的生产和创新，关注资源和能力对于企业一体化决策的影响（Ahmadjian and Lincoln，2001）。对此发展脉络做系统回顾，有利于推进平台企业边界研究与经典企业边界理论的结合。

科斯于 1937 年发表的《企业的性质》一文是整个企业边界理论提出和发展的基石。基于企业理论的后续研究均需对科斯经典文章做详细回顾，以明晰理论发展的脉络，夯实研究基础。科斯（1937）的主体部分阐述了市场与企业的边界，主要基于经济学的成本分析。市场价格机制的弊端是需要发现价格的成本、每次交易契约签订的谈判成本以及签订长期契约的不确定性、纳税以及市场配额管制等，而企业可以将原来的大量契约变成一个用来限定企业家权力使用的契约。利用企业家权威来配置资源，可以节省市场成本。在说明企业为什么存在的问题后，还需要确定企业的规模。在交易成本的视角下，企业规模的临界点是内部生产的成本（管理成本递减＋小企业优势）等于市场成本或者另一企业生产的成本。当内部生产的成本大于市场成本时，企业倾向于缩小规模；反之，则倾向于扩大规模。

科斯指出企业的本质是一个"结合"（combination）和"整合"（integration）的安排。"结合"是指多个个体创业者组织的交易被一一替代；"整合"是指市场上的交易变成了企业内部交易。以往对企业规模的论述是以成本曲线为准则，边际成本等于边际收入。但是，这一分析局限于单一产品，当企业分析多个产品时，成本曲线分析就不再奏效，但交易成本分析仍具有解释力，因为它的分析单元是一类交易而非产品。此外，科斯考察了"主人与仆人"和"雇主与雇员"关系的不同。主人与仆人的关系在于主人会控制仆人如何工作、如何提供服务，而雇主不会控制雇员的工作，只是以"契约"的形式得到工作成果（权威也只是使这种"契约"履行得更加流畅）。可见，得益于交易成本概念的引入，科斯建立起了针对企业与市场两种制度的比较分析框架，其核心就是企业的边界问题。

在科斯创立企业理论的过程中，为了保持该理论与其他研究的必要区分，就在理论视角上进行了一定取舍，这也为企业理论的后续发展埋下了伏笔。交易成本不仅是一个成本的概念，而且是一个包含"摩擦"意味的概念，需要将制度成本（交易成本）和生产成本结合起来考虑，交易成本低可能是没有交易，有交易往往就意味着有成本。总体而言，科斯意识到在市场经济中进行交易是有成本的，交易是发生在企业内还是企业外，取决于成本比较。在理论发展上，科斯就曾指出：自己论文的最大缺陷是套用雇佣关系解释企业，可能会导致片面理解，忽视了内部运营，企业是"有血有肉"的实体，并非简单的骨架。在后续的企业理论研究中，Alchian 和 Demsetz（1972）对此做出了重要深化，并指出：企业不仅是交易主体，更是生产或创新主体。

第二节 企业边界治理的机制分析

企业边界研究的理论视角十分庞杂（Santos and Eisenhardt，2005），主要存在两大主导解释机制：一是交易成本机制，源自交易成本理论，认为交易成本最小化是决定企业边界的关键动因（Williamson，1985）。交易成本主要来自资产专用性和信息不对称所引发的机会主义行为。二是资源机制，源自资源基础理论及其发展（包括资源及资源配置能力）（Sirmon et al.，2007），认为组织的资源和能力在塑造自身边界问题上扮演着至关重要的角色（Ahmadjian and Lincoln，2001）。例如，出于培育关键资源和资源配置能力的考虑，对于交易成本低的业务，企业不一定要从外部购买，而是由企业自制（Argyres and Zenger，2012），这不是交易成本机制所能解释的。由此，交易成本机制和资源机制构成了对企业边界治理的两大解释机制。

一、边界治理的交易成本机制

交易成本理论的核心逻辑是交易属性决定交易成本，治理结构则是要实现交易成本最小化。如前所述，交易成本理论由科斯的"企业为什么存在"问题而起，逐渐成为企业边界研究的主导解释机制（Coase，1937；Zenger et al.，2011）。Williamson（1985）的重要贡献是细化了交易属性的维度，包括不确定性、交易频率和资产专用性等。在三个基本维度中，资产专用性最为重要。随着资产专用性水平的提升，企业的内部成本会低于市场成本，企业倾向于自制而非购买。

需要注意的是，围绕交易成本这一概念，新制度经济学形成了多个理论流派，包括以科斯和威廉姆森为代表的交易成本经济学流派以及以哈特（Hart）为代表的合同理论流派（Hart and Moore，1990）。合同理论重点阐述了由于信息不对称，存在道德风险和逆向选择的问题。为了解决这类交易成本，需要进行事前的产权统一配置，即实行自制（一体化）决策。由此，资产专用性和信息不对称从不同侧面共同构成了交易成本的来源（Anderson and Schmittlein，1984）。

尽管交易成本理论研究的广度与深度有目共睹，但在交易成本可操作化和理论应用方面并没有得到普遍认同。著名学者西蒙（Herbert Simon）就曾抱怨：交易成本"纯粹是用漫不经心的方式引入到研究中来的……"好在相关理论发展很快迎来了转机，特别是基于资产专用性的企业一体化边界问题得到了经验证据的广泛支持。克莱因等人的论文《纵向一体化、可占用租金和竞争性缔约过程》，通过对通用汽车公司和费雪车身公司案例的考察，阐释了资产专用性所导致的敲竹杠式的机会主义行为及其所带来的交易成本，是这两家企业走向一体化的本质原因。这篇论文也成为交易成本经济学领域被引频率颇高的经典之作（Klein et al.，1978）。

此后，经验实证方式方兴未艾，从生产过程中的自制或购买决策转向分销与营销活动的前向一体化（Anderson and Schmittlein，1984）。该文利用调查数据证明了当有效的销售需要销售人员的专用人力资本时，制造商确实更愿意使用雇佣的销售人员而不是独立的销售人员。亦有研究对于交易成本理论中交易属性影响交易成本和组织形式选择这一基本原理给出了完整的经验实证（Masten et al.，1991）。Boerner 和 Macher（2001）对 600 多份 TCE 实证研究的系统梳理表明：资产专用性与组织形式选择之间具有强相关关系。总体而言，威廉姆森以资产专用性为主来刻画交易成本，建立起对市场、科层和混合组织的结构选择分析法，该方法逐渐成为一门可以检验的实证科学，深化了对组织边界的理解（聂辉华，2004）。

在 TCE 视角下，企业边界理论的核心有两个方面：一是核心概念（即资产专用性），该理论基于资产专用性分析交易成本，进而选择企业治理结构；二是核心机制（即成本机制），该理论基于市场交易成本与组织成本的比较，解释企业治理结构的选择（Williamson，1981）。基于实践和理论的双重审视，这一分析框架存在两大缺陷：一方面，对于核心概念资产专用性的分析，资产专用性在实践中广泛存在，但机会主义行为并没有广泛发生，进而一体化决策也没有实施（Lui et al.，2009）。对此，现有研究尝试从关系交换理论、社会网络理论（Granovetter，1985）和资源依赖理论做出补充解释（Casciaro and Piskorski，2005；Gulati and Sytch，2007）；亦有研究尝试对资产专用性概念做出细化（De Vita et al.，2011），即区分单边资产专用性和双边资产专用性（Teece，1986）。另一方面，企业并不只是一个交易主体，因而对于企业边界仅仅从交易成本予以分析，显然过于片面。回到企业理论发展的经典文献，虽然 Alchian 和 Demsetz（1972）对 Coase（1937）的发展没有直接针对企业边界问题，但已充分表明 TCE 的企业边界阐释存在一定片面性，它对生产和创新视角的关注不够是重要不足（Jacobides and Winter，2005）。

二、边界治理的资源机制

管理学对企业边界的研究与经济学视角的不同在于对企业属性认识的差异。科斯和威廉姆森等是主流经济学的异化者，他们一反新古典经济学视微观企业为黑箱、视市场交换为自然过程的惯例，关注主体交换中存在的交易成本及其引发的治理结构选择问题。尽管他们关注微观企业，但对于企业内部的分析与管理学者还是存在较大区别，管理学更加强调企业的内在结构，注重其生产和创新的功能。

西蒙曾明确指出：现代经济更应该是关于组织的经济而不是关于市场的经济，新制度经济学对于组织经济行为的分析过度关注交易成本、机会主义、信息不对称等概念，而忽视了一些关键的组织机制，如权威（authority）、身份（identification）和协调（coordination）等，因而是不完整的（Simon，1991）。实际上，管理学领域对企业边界研究的自主理论早已有之（Penrose，1959；Grant，1996），只是因受到的重视程度不够而缺乏影响力。随着产业实践的发展，TCE 视角下的企业边界分析受到越来越多的挑战，因而构建更具解释力的整合性企业边界分析框架就成为研究热点（Fabrizio，2012）。

资源机制逐渐成为解释企业边界治理的重要基础。在资源基础理论方面最重要的学者当属彭罗斯（Penrose），作为经济学家，她却将关注点从传统经济学模型转向企业成长这一现实问题。当然，这与她和产业界的密切联系相关。彭罗斯提出企业"资源束"（the bundle of resources）的观点（Penrose，1959）。在此基础上，新制度经济学家沃纳菲尔特（Wernerfelt）从产业组织理论分析的核心问题"竞争壁垒"出发，阐述了要素市场资源（而非产品市场）是竞争优势的本源（Wernerfelt，1984）。RBV 前期的核心观点包括企业异质性和企业竞争优势来源于内部资源，后续则主要围绕资源概念的界定和资源属性的研究。对于资源概念的界定实际上是在不断拓展的，资源既包括企业内部的资源也包括外部产业的资源（Amit and Schoemaker，1993），既包括要素资源也包括能力（Miller and Shamsie，1996）。对于资源属性的研究，最全面的是巴尼（Barney）对资源的 VRIN（valuable rare inimitable non-substitutable）〔后发展为 VRIO（value rarity inimitability organization）〕属性界定（Barney，1991；Barney and Clark，2007），从而推进了 RBV 的理论化。

尽管资源基础理论从提出开始，其核心问题并没有直接指向企业边界治理问题，而在于解释企业为什么成长和如何获得竞争优势，但资源基础理论在论述逻辑中隐含了企业边界问题，即企业成长的重要支撑就是企业边界的扩张。对此，资源基础理论有两大重要贡献（Barney et al.，2011）：一是企业边界扩张的重要性在于资源的运用收益，而不只是节省成本，通过资源的协调和组合运用能够相对市场提高收益。二是突出了企业资源异质性的作用。为什么大企业会出现？因为它们掌握了具有异质性的资源和能力，能够实现边界的扩张。资源基础理论继承了交易成本理论在比较成本分析上的传统，同时又发挥了管理学更加关注微观、突出企业内资源收益增加的方面，从而使得理论分析更加完整。

第三节　平台企业边界治理分析

从企业边界理论的发展脉络出发，综合 TCE 和 RBV 对企业边界研究的后续进展，可以形成两点共识：一是对企业边界的研究核心是对企业性质的认识。对此，需要综合交易和生产（创新）两方面，在 TCE 内部以科斯和阿尔奇安为代表，RBV 则偏向于生产方面。二是对企业边界分析的解释机制基于成本和收益的结合。Zenger 等（2011）提出了分析市场与组织边界要从成本和收益两个方面进行的整体框架，具体包括交易成本、激励强度、信息处理等多个维度，而成本和收益共同决定了企业边界。上述两点共识充分体现出结合生产和交易两个视角进行企业边界研究的必要性，已有少量研究对此开展探索。雅各比德斯（Jacobides）是对这一问题开展探索的代表，他考察了产业变革背景下企业边界的解释机制（Jacobides，2005；Jacobides and Billinger，2006）。Argyres 和 Zenger（2012）指出：企业的一体化决策需要考虑交易成本和企业自身能力的相互影响。为了降低当前的交易成本，企业选择自制，企业在自制后培养了能力，从而能够监管外部生产，使得交易成本降低，再选择外购。

因此，从短期来看，为了培养能力，企业会在低交易成本的情况下选择自制，也可能为了培养外部供应商的能力，在高交易成本的情况下选择外购（Argyres and Zenger，2012）。Fabrizio（2012）实证分析了制度环境所代表的交易成本与企业自身能力对治理决策的交互影响，在制度环境好的情况下，生产能力低的企业会更多选择外购而不是自制；亦有学者从更为微观的学习和认知角度探索了 TCE 与经验和认知偏差之间的结合（Weber and Mayer，2014；Mulotte，2014）。综上所述，企业边界研究已进入一个多视角整合的阶段（Leiblein，2003）。

在对平台研究的脉络梳理中，已经表明平台的内涵已从新产品开发平台和交易平台向创新平台演进。平台研究正在从宏观产业组织向微观战略和组织治理问题细化（Gawer，2009；Chen et al.，2022），而平台企业已成为学者们日益关注的研究对象。平台企业具有不同于传统科层组织的新特征，其两大核心特征为"多边架构"和"网络效应"（王节祥和蔡宁，2018）。正是由于这两大特征，使得平台企业的战略决策与一般企业呈现出重大差异（Cennamo and Santaló，2013）。

这主要表现在两个方面：一是平台企业的多边架构使其成为一种区别于传统科层组织的新治理形式（吴义爽和徐梦周，2011；McIntyre，2021）。平台服务战略决策的考虑前提需要从单边走向多边关系治理，其常常扮演着整个生态的治理主体角色（焦豪，2023；依绍华和梁威，2023）。二是网络效应使得传统理论不能完全解释平台组织领域的一些新现象。例如，出于激发跨边网络效应的需要，原本由市场提供的业务，可能需要内化到平台企业中。此外，由于"冷启动"、临界点和网络锁定效应的存在，导致平台发展呈现出明显的阶段特征（李雷等，2016）。因此，在平台发展生命周期上，平台企业边界治理呈现出何种规律，亦有待进一步研究揭示（Cennamo，2018）。

平台企业边界治理研究整体处于框架构建的初步阶段，亟须加强与经典组织边界理论的对话。Gawer 和 Henderson（2007）以英特尔（Intel）的平台战略为例，通过案例研究指出：平台企业做出自制或购买决策不能仅从成本出发，更要考虑这一决策对于平台互补厂商创新的影响。该研究为后续分析奠定了将合作伙伴和互补资产纳入平台企业边界分析的基调。Tiwana（2014）对平台企业边界的一体化问题进行了初步划分，但对其解释和理论探索尚未展开。

最近比较重要的一项研究来自哈佛大学朱峰及其合作者对亚马逊是否选择自营这一决策的考察，这篇论文采用大样本数据挖掘分析了亚马逊选择进入其尚未自营的领域及其对平台绩效的影响（Zhu and Liu，2018）。但是，现有研究对平台企业边界治理前因的实证考察极少，仅有的少量分析也没有引入对平台企业动态过程的考察（李琪等，2020；Gawer，2021）。在国内学者中，罗珉和李亮宇基于租金理论视角考察了平台模式及其跨界特征，但未明确分析平台企业的边界问题；蔡宁等（2015）将种群生态学中多样性与稳定性平衡的观点引入平台企业的边界研究中，但该考察与自制或购买决策具有区别，属于横向边界而非纵向边界的范畴（Tiwana，2014）。

可见，平台企业边界治理机制仍是重要的研究缺口，而弥补这一缺口需要明晰交易成本机制、资源机制和网络效应在具体情境中如何作用。交易成本机制考虑的是外部成本最小化，资源机制考虑的是内部收益最大化，这两大机制从内外不同视角给出了对企业边界治理的解释。社会现象是复杂的，在管理实践中，这两种解释机制都可能进入相关决策者的视野，具体决策结果不是对某一种机制非此即彼式的决定，而是综合作用的结果。因此，理论分析的重点是要明确在特定战略情境下，平台企业边界治理的结果更可能由哪一种机制主导。后文将从两个方面细化"特定战略情境"：一是平台企业独有的情境，该情境与传统企业的最大不同是平台用户间存在跨边网络效应（Gawer，2009；Aganval et al.，2023），出于激发网络效应的考量，平台企业可能会呈现出不同于传统企业的边界选择；二是平台企业的过程情境，在平台发展的不同阶段（Cennamo，2018），其战略目标存在显著差异，这也将影响平台企业边界治理。

第二章 案例研究：
平台企业边界治理的一般框架

以往的平台研究较为关注交易视角下的双边市场分析，而对平台的创新属性关注不够。这导致对于平台企业边界的思考较多遵循交易成本机制，缺乏对资源机制的关注和整合。在平台交易和创新两个视角下，对边界研究的两大机制进行整合分析有助于系统地阐释平台企业边界治理问题。本章将通过案例研究归纳和构建平台企业边界治理的一般框架，明确在不同情境下边界治理的主导解释机制。

第一节 案例现象

平台企业正在成为日益重要的组织形式。平台企业是指以数字技术作为基础，通过构建基础区块来支撑多边用户之间的交易和创新活动，进而利用网络效应提升交易和创新效率的基础区块提供商。据此，世界上市值最大的几家公司（如苹果、谷歌、微软和脸书等）均属于平台型企业。在中国，平台企业是以电商、支付、共享出行为主，以阿里巴巴、腾讯为代表的平台企业快速成长，并超越了传统企业。根据德勤的研究数据，中国平台经济的规模将在 2030 年实现 100 万亿元的突破。平台企业在成为经济增长新动能的同时，也产生了大量有争议的问题，其中包括平台企业"只做平台"还是"兼做自营"的治理选择。

对此，实践界存在两种截然不同的观点：一部分厂商认为，平台企业关键是提供基础区块，使得供需直接相连，而产品和服务的提供应该交给市场参与者，即"只做平台"。比如易贝（eBay）和淘宝作为撮合买卖双方的中间平台，不参与售卖商品的进销存活动，全权交由入驻平台的商家经营。平台仅仅承担交易撮合的中介角色，一方面为商家提供展示产品的平台，另一方面为消费者提供各种产品。双方成员在平台上的汇聚减少了信息差，平台也能依靠交易数据的积累通过算法推送产品来促成交易。这种模式能够有效地节约平台企业早期发展需要的资源，可以充分依靠第三方商家来开拓业务、积累用户。另一部分厂商则认为，为了快速实现平台启动，有必要实施对供方产品和服务的自制，即"兼做自营"。采取"兼做自营"的平台企业的典型代表是亚马逊（Amazon）和京东，这两家平台企业均提供统一的仓储、物流、品牌营销等一站式服务，以强大的自建资产和服务能力来满足用户需求。相较于"只做平台"的模式，"兼做自营"能够在发展早期为第三方商家制定入驻的标准，同时通过自营提升平台上的产品质量，以吸引消费者加入。但是，这种方式的初期投入成本较大，而且与其他商家形成了竞争，可能会阻止第三方进入平台。

　　"只做平台"和"兼做自营"对应的理论问题就是平台企业边界治理，即企业的业务运作范围。平台是一种介于市场和科层之间的组织形式。平台企业的边界决策问题主要是决定对供方业务采取自制还是交由第三方成员通过市场化提供。为何不同的平台企业选择不同的边界治理策略，既是本章关注的管理现象，也是我们尝试提炼和解决的理论问题。

第二节　研究设计

　　本章提出的问题是，平台企业选择不同边界治理策略背后的内在逻辑是什么？考虑到研究情境的新颖性和研究问题的探索性，下面选择案例研究进行分析。这些案例来自阿里巴巴和携程下的六个业务单元，然后通过多案例比较来解释内在机制。

一、方法选择

　　本章是在一个新情境下探讨经典研究问题，所以采用案例研究是合适的（Graebner and Eisenhardt，2004）。案例方法十分适合对新兴领域的探索性研究，或者是在成熟领域引入新视角的分析，特别是在分析复杂现象内部的过程机理方面具有突出优势。本章在平台企业这一新情境下讨论企业边界治理这一经典问题，同时开展了平台企业边界治理模型构建的探索性分析，因而与案例研究方法的适用情形比较契合。

　　本章采用了嵌入式案例研究方法。嵌入式案例研究是从整体出发提出研究问题，通过对次级分析单位的研究，最终回归到主分析单位得出结论的方法（Yin，2009）。本章的研究问题是平台企业边界治理，分析单元是平台企业细分业务的边界治理，而通过业务层面的边界选择可以归纳出平台企业发展过程中边界治理的主导解释机制演变，因此嵌入式案例研究方法极为适合这种情形。此外，嵌入式案例本身是一种多案例研究设计，能够在分析中控制住一些可能出现干扰的变量，可以帮助提升研究结论的稳健性。

二、案例选择

遵照理论抽样的原则，本章选择了来自两家平台企业的六个案例样本（如表2-1所示，每家平台企业内嵌三个业务单元）。嵌入式的多案例选择能为理论建构提供更丰富的素材，而且不同分析单元间的组合亦能有效提升研究的信效度（Yin，2009）。案例选择能够满足：（1）案例典型性。互联网平台企业发展的一个重点领域就是电子商务，电商平台连接买卖双方用户，利用网络效应能够实现快速成长。阿里巴巴和携程均是各自领域的龙头企业，它们的发展策略属于业内模仿标杆，具有极强的典型性。（2）案例适配性。阿里巴巴案例的业务单元包括"淘宝"、"天猫"和"阿里百川"，携程案例的业务单元包括"携程酒店"、"全球购"和"智慧旅游"（见表2-1）。本章所选案例在平台企业边界治理结果、交易成本、资源能力优势和网络效应等方面均存在一定差异，而各种差异之间的组合有利于进行跨案例比较分析，以揭示案例内的因果联系（冯永春等，2016）。（3）数据可获得性。案例研究需要实地访谈和广泛的资料收集，因而数据获取十分关键。本章所选案例或位于作者所在城市，能够通过各种途径获取到一手资料；或是知名上市公司，它们公开的二手资料十分丰富，能够有效保证数据的可获得性和可靠性。

表2-1　案例分析单元信息表

企业层	业务层	业务简介	推出时间	用户量级	边界选择
阿里巴巴平台	淘宝	与国际巨头竞争，快速做大，成为中国有代表性的电子商务平台	1999年，在初创过程中推出的业务	少量B2B业务导流	只做平台
	天猫	应对消费升级，提升用户体验，谋求进一步增强用户黏性	2008年，在成长过程推出的业务	千万级	兼做自营
	阿里百川	打破业务瓶颈，依靠中小创业群体，实现持续创新发展	2014年，在扩张过程推出的业务	亿级	兼做自营

续表

企业层	业务层	业务简介	推出时间	用户量级	边界选择
携程平台	携程酒店	从旅游市场切入，快速做大，成为中国最大的旅游电子商务平台	1999 年，在初创过程推出的业务	几乎为零	兼做自营
	全球购	应对新兴消费需求，围绕旅游消费场景，增强用户黏性	2012 年，在成长过程推出的业务	千万级	只做平台
	智慧旅游	推动多部门整合，服务创业群体，实现线上线下持续创新	2015 年，在扩张过程推出的业务	亿级	兼做自营

注：①阶段划分是指细分业务推出时平台企业自身的总体发展阶段。其中，用户量级是阿里巴巴和携程在企业层面的用户，来自易观科技官网公布的年度电商用户排行榜数据。

②关于"只做平台"和"兼做自营"案例选择的非平衡样本问题，本章案例选择是基于理论建构的需要，虽然平台企业的业务边界决策结果非平衡，但在适用的理论解释机制上是对称的，满足模式匹配分析的需要。

三、数据收集

数据收集过程遵循 Yin（2009）"三角验证"的要求，涵盖一手访谈资料、二手资料和参与式观察三个主要方面，如表 2-2 所示。

表 2-2　案例数据收集一览表

案例企业	分析单元	编号	一手访谈资料			二手资料	参与式观察
			访谈对象	访谈人次	转录文本		
阿里巴巴平台	淘宝	A1	淘宝网业务经理、卖家	3	4.3 万字	财务年报（美国）；招股说明书；阿里研究院报告；行业研究报告；文献资料	以普通用户身份体验阿里电商业务
	天猫	A2	天猫业务经理、阿里技术支持部门	3	3.6 万字		
	阿里百川	A3	项目负责人、阿里研究院专家	2	2.7 万字		调研创业企业
携程平台	携程酒店	B1	携程网高层管理者、酒店业务运营经理、商家	3	3.4 万字	财务年报（美国）；招股说明书；行业研究报告；文献资料	以普通用户身份体验携程电商业务
	全球购	B2	全球购业务经理、平台商家	2	2.1 万字		
	智慧旅游	B3	旅游创业企业、投资人	2	1.9 万字		调研创业企业

资料来源：作者根据调研企业的信息整理，其中有关发展阶段和边界决策的界定将在后文给出。

数据收集的过程主要包括以下三个步骤：（1）以二手资料为先导，主要涵盖公司的财务年报、招股说明书、行业研究报告、文献和媒体资料等方面，建立对案例企业的初步了解。（2）在此基础上，利用社会网络和相关横向课题机会，对案例企业开展实地或线上访谈（包括邮件和微信等）。访谈对象包含了案例企业的中高层管理者，从而能够接触到企业的战略决策信息。访谈采用半结构化方式展开，分为三个部分：第一，询问工作经历以及对企业边界决策的认识；第二，详细阐述企业边界治理的考虑过程，包括舍弃替代方案的原因；第三，关注一些共性因素、结构和思考框架。考虑到数据收集的充分和完整，每家企业都进行了多次调研，而且每次调研尽量间隔一段时间，以保证观察的稳健性。（3）考虑到互联网平台企业特点，充分利用用户身份开展"参与式观察"（下载 App 进行功能体验），形成更加直观的经验证据。综上所述，数据收集就在这三个方面的资料间形成了交叉验证，保证了数据的信效度。

四、数据分析

数据分析分为四个阶段：（1）围绕边界治理整理案例数据。数据包括三类（访谈数据、二手数据和观察数据）。（2）案例内分析。对边界治理过程中的数据进行提炼，对接现有理论文献给构念命名，寻找合适的构念水平测度依据（见表2-3）和相应证据。（3）跨案例分析。通过单案例分析结果之间的比较，根据"差异找相似、相似找差异"模式匹配原则，寻找案例所呈现的共性规律，建立起因果逻辑。（4）建立框架，呈现案例分析结果。本章分析发现：平台企业在发展不同阶段的边界治理所考虑的战略情境和决策重点不同，会导致主导决策机制的差异，具体的决策逻辑涉及两大机制和平台网络效应特征。由此，本章形成了基于平台企业发展过程的边界治理分析框架，然后以此框架为基础呈现各过程的跨案例分析结果。

表2-3 分析涉及构念的测度依据

研究构念	测度依据	参考文献
资产专用性	为平台提供产品或服务，需要投入大量的人员、设备、厂房、培训和关系维护等方面的专用性资产	（Cannon and Perreault，1999；王国才等，2011）
信息不对称	对供方提供产品或服务的质量缺乏衡量标准，平台搜寻合适的供方产品或服务的成本极高	（Corbett and Groote，2000；陈仕华等，2013）

续表

研究构念	测度依据	参考文献
平台能力优势	平台企业在服务当前客户的供方业务上，相比同类企业具有明显的资源和资源配置能力优势（技术、运营和市场等方面）	（Li and Meyer，2009；Danneels，2016）
平台能力培育	平台的供方业务有利于企业更好地服务用户，对培育进入新业务领域的资源和资源配置能力十分重要（技术、运营和市场等方面）	（Li and Meyer，2009；Danneels，2016）
网络效应	平台注册用户规模在行业内处于领导地位，供方用户与需方用户之间的黏性高，处于正反馈周期	（Suarez，2005；Afuah，2013）

注：平台能力优势和平台能力培育概念中的"能力"意涵源自资源基础理论及其拓展，涵盖资源和资源配置能力，即惯例（routine）和流程（process）。因此，本章的资源和能力与此一脉相承，在后续概念使用上存在交叉。

第三节　案例分析

本章对两家案例企业的六个业务单元开展分析，研究发现：平台企业边界治理与该平台的发展过程及特征关联紧密。对于不同的战略情境，边界治理的主导解释机制存在差异。因此，首先按照发展过程构建起案例分析框架，将平台发展过程分为突破临界规模阶段、强化用户黏性阶段和开拓生态系统阶段，然后分析每一个阶段内平台企业边界治理的战略情境和关键逻辑。

结合 Gawer（2009）和李雷等（2016）对平台发展过程中用户规模和网络效应等特征的分析，本章认为：平台发展亦会经历初创、成长和扩张等不同阶段，而且不同发展阶段的战略侧重点不同。平台初创时期的首要任务是做大用户基数；平台成长时期业务战略决策的重点是强化用户黏性，激发网络效应；平台扩张时期业务战略决策的重点是注重培育和利用长期可跨情境应用的平台能力，以实现生态的可持续发展。

一、平台突破临界规模情境的边界治理

第一类平台企业边界治理发生在企业开始涉足新业务领域时，该阶段的边界治理呈现出三大特征：一是作为新创型互联网平台企业，除发展理

念和风险资本优势外，并不存在行业资源和能力方面的突出优势；二是在发展理念上，平台企业追求的是轻资产模式，关键是连接供需，除非特殊需要，一般会限制自身的业务范围；三是追求成长速度，平台企业需要快速形成用户规模，以谋求资本市场认可。

（一）战略情境：突破临界规模

淘宝业务和携程酒店业务作为两大电商平台的初创业务，如何突破临界规模是它们面临的共同挑战。1999 年阿里巴巴上线 Alibaba. com（外贸）和 1688. com（内贸），从事 B2B 电商贸易。与零售市场不同，批发市场的交易金额大、交易对象相对固定，既难以向卖家收取交易佣金，也制约了付费用户数的增长。在互联网发展浪潮渐起的大环境下，国内外互联网企业逐渐增多，阿里巴巴"跑马圈地"迫在眉睫。基于此，阿里巴巴上线淘宝，正式进军 C2C 零售业务。淘宝时任 CEO 孙彤宇曾说：我们的目标就是要做网商老大，免费政策三年内不会变……我们的所有工作都会围绕市场规模展开。与易贝照搬海外市场佣金收费模式不同，淘宝从一开始就坚持免费政策，旨在快速吸引大量卖家入驻。淘宝业务经理在访谈中说道：我们虽然后续分拆出天猫平台，但淘宝业务还将一直坚持店铺模式，我们承诺不开设直营店，要将淘宝做成我们的基础用户池。

同期，携程于 1999 年在上海成立，将旅游产业作为主攻方向，并选择以酒店网络预订作为切入口，期望快速成为国内该领域的领军企业。沈南鹏在回顾创业的自述中说道：携程聚焦在酒店预订上，因为在当年支付和配送不是特别发达的情况下，这个产品能够让公司跑得比较快，能够快速建立起市场规模，对初创期非常重要。在正式开展酒店业务后，携程面临的最大问题是缺乏相应资源，既没有客户，也缺乏商务酒店资源。携程酒店业务运营经理指出：如家酒店的创办不只是发现了市场商机，我们的网站特别缺这块资源，要快速发展就要突破这一瓶颈。

（二）关键逻辑：交易成本

遵循"边界治理结果—前因构念—关键逻辑"的分析步骤对案例资料进行梳理，淘宝和携程酒店业务边界决策的案例分析结果如表 2 - 4 所示。

表 2-4 初创阶段平台企业边界治理的案例分析

案例	战略情境	交易成本机制	资源机制	网络效应	边界决策
A1 淘宝	初创阶段需要大量中小商家入驻淘宝平台	**资产专用性** 淘宝采取免费策略，并且为卖家提供简便的系统设计，覆盖了卖家的部分专用性投入 传统 B2B 业务向 B2C 业务发展时，已有部分资产的沉没投入，增加的新投入相对较少 **信息不对称** 淘宝对厂商并无特别要求，产品和服务的多样性需求极高，该发展阶段的重点是对卖家的获取 通过平台的评价和投诉机制设计，可以有效解决买方对产品和服务的品质衡量问题	**平台能力优势** 不具备向消费者直接提供产品和服务的能力 **平台能力培育** 店铺业务本身并不是阿里巴巴发展的重要能力。需要培育服务供需用户的能力	阿里巴巴新创期的用户基础较少，B2B 部分导流	**只做平台** 不开设直营店铺，由外部主体提供产品和服务
B1 携程酒店	初创阶段需要大量线下酒店进入在线预订系统	**资产专用性** 酒店资源有限，为了实现网络销售，需要在实时管理系统和专业运营人员培训上进行大量投入 提升携程平台用户体验，要求对接入的大量酒店进行重新装修，并增加服务人员和设施 **信息不对称** 在早期阶段对酒店服务的衡量缺乏明确标准，服务品质参差不齐，容易出现逆向选择 高质低价的酒店资源十分匮乏，部分酒店的线下销售情况良好，携程集聚卖家的搜索成本很高	**平台能力优势** 缺乏专业酒店经营和客户服务经验 **平台能力培育** 酒店业务本身并不是携程发展的重要能力，需要培育服务供需用户的能力	携程新创期的用户基础较少，未达临界规模（获客成本高/增长缓慢）	**兼做自营** 携程自建如家等高品质经济型酒店

1. 边界治理结果

通过对淘宝和携程酒店案例的参与式观察及访谈素材梳理，不难发现：淘宝秉承的是"只做平台"的理念。淘宝业务经理提道：我们一直在吸引外部主体线上开店，并且为商铺提供大量免费服务，我们不干涉商铺的经营自由，也不开设自营店铺。因此，淘宝边界治理的结果是"只做平台"。与淘宝不同，携程为了实现酒店业务的快速发展，采取了两大策略来推进平台运营：一是收购传统电话酒店预订商"现代运通"，以迅速获得酒店和客户资源。携程酒店业务运营经理提醒我们注意——与电商交易不同，现代运通与酒店直接存在长期契约关系，这与市场购买形式完全不同。二是携程开始着手创建自营经济型酒店，如家酒店（曾用名"唐人"）等极大地支撑了携程酒店的业务发展。因此，携程酒店边界治理的结果是存在自制，即本章所定义的"兼做自营"。

2. 前因概念水平

在初创阶段，阿里巴巴和携程的用户基数很少，尚未达到能够激发跨边网络效应的临界规模。这一点在访谈素材中体现为"我们获取新客户的成本很高，平台用户增长十分缓慢（携程），广告效果不是很明显（阿里巴巴）"。因此，网络效应构念在该阶段的水平极低。类似地，作为行业新进入者，阿里巴巴在零售店铺和携程在酒店业务上均不存在能力优势，它们并不具备开展供方业务自制的战略资产，即平台能力优势构念水平较低。对于"平台能力培育"构念，从表面上看，涉足供方业务对培育平台能力具有重要意义。但访谈材料表明："作为平台，需要提升的是我们自身的服务能力，这种能力是服务供需双方的……我们不是要直接提供产品（淘宝）。"由此可见，平台能力的要义是连接供需，特别是能够跨情境应用的能力，而开店铺提供产品是情境化的能力，并不是平台发展的目标所在。因此，平台能力培育构念水平亦较低。平台谋求突破临界规模，需要解决"鸡生蛋"问题，淘宝"不仅率先实施免费开店，还为商家提供指导，提供一些基础的管理程序培训和服务，为那些感兴趣的年轻人提供创业培训"（淘宝业务经理）。这使得卖家入驻的专用性资产投入大幅下降。此时，线下店铺已经多如牛毛，传统 B2B 业务也在谋求向 B2C 业务拓展，"相对线下厂商，B2B 厂商已经完成了学习积累，这一块业务的拓展成本会大幅下降"（淘宝网业务经理），从而降低了平台搜寻优质卖家的难度。此外，借助淘宝的商品评价机制和支付机制，平台可以对卖家的产品和服务质量进行有效监管。由此，淘宝案例中的交易成本构念水平较低。

类似地，针对携程案例展开分析，呈现出的则是另一番景象。"我们的业务推广极其困难，高品质的酒店有自己的销售渠道，低品质的旅馆加入平台可能会产生副作用……还有一些酒店想做但没有合适的人"（携程酒店业务经理）。由此可见，传统线下酒店要接入线上平台，需要进行信息系统改造，投入人力资本等专用性资产。与此同时，早期的线上预订用户多为商务人士，他们在经济发展水平约束下的消费能力并不算高，但对酒店品质本身又有较高要求，而市场上大量充斥着非标准化经营的旅馆，平台要搜寻优质商家很难。由此，携程酒店交易成本构念水平较高。

　　3. 关键解释逻辑

　　对比分析三大构念在淘宝和携程酒店上的水平差异，不难发现：两大案例中边界治理的差异主要来自交易成本构念水平的差异，淘宝的交易成本低，故其业务边界选择是"只做平台"，而携程酒店的交易成本高，故其业务边界选择是"兼做自营"。这从相关案例素材中也能找到印证。阿里巴巴创始人马云在公开演讲时曾说道：阿里巴巴的宗旨是让天下没有难做的生意……我们的目标是服务好中小商家，让商家能够更好地服务消费者……我们坚持做平台，不侵害中小商家的利益。淘宝某业务经理在访谈调研中谈道："做平台是我们的基因，我们希望让供需用户在平台上直接交互……我们不会涉足供方业务，比如开设直营店。我们也没必要那么做，除非市场服务不好消费者，必须要我们自己去做，或者我们在这一方面真的很有优势。"携程创始人沈南鹏在财经访谈节目中也提道："创办如家酒店的初衷是我们发现市场上标准化经营的经济型酒店十分缺乏……携程要发展，就要充分满足用户需求，经济型酒店是一个市场空白……我们创办如家酒店能极大地促进线上预订业务的发展，掌握一定话语权。"

　　综上所述，初创阶段平台企业边界治理的关键逻辑如下：淘宝寻求突破临界规模，所以需要吸引外部卖家进入，而卖家为了网络销售，并不需要进行大量专用性资产投入，因为淘宝实施免费策略并提供开店基础服务支持，故平台搜寻卖家的成本低，而且可以通过评价体系降低供方信息不对称，因而淘宝采取购买而非自制策略，即"只做平台"。与淘宝不同，携程酒店网络销售业务的资产专用性和信息不对称程度较高，为降低市场交易成本、迅速做大平台供方，携程在酒店业务上实施自制，即"兼做自营"。

二、平台强化用户黏性情境的边界治理

　　第二类平台企业边界治理发生在企业进入新业务并持续成长阶段。该阶段边界治理呈现出的特征包括：一是平台企业不再是单一业务经营，而是提供多样化产品和服务，以满足用户的多样化需求，强化用户黏性，进一步激发网络效应；二是平台发展中的关键难点是要持续满足用户需求，一旦某用户需求的供方用户不足，将引发网络负反馈机制，导致需方用户的快速流失；三是由于平台企业已经在行业内经营了较长时间，积累了异

质性的资源和能力，因此在是否涉足供方业务上，平台具有更大的自主权，同时也会给供方用户带来对平台"自制"的更大担忧。

（一）战略情境：强化用户黏性

天猫和全球购作为两大平台成长阶段业务，它们面临的关键问题是如何进一步强化用户黏性、激发网络效应。阿里巴巴在淘宝平台上依靠免费开店政策和基于支付宝的信任体系建设等举措，成功击退易贝。"然而，低门槛店铺模式也给我们带来了产品重复陈列、卖家质量参差不齐、假货横行等诸多问题，导致业务增长缓慢、难以盈利"（天猫业务经理）。在此背景下，2008 年阿里巴巴上线淘宝商城（2012 年 1 月更名为"天猫"），并且以"天猫超市"的形式对部分产品实施自营策略，从而提升了平台的整体品质。时任天猫 CEO 张勇指出："从 2010 年以来，我们一直大力进行市场的升级，希望给消费者提供更有确定性的高品质的产品和服务……天猫将始终坚持用户至上，对于品质和服务的追求不会改变。"在出境游不断增长的趋势下，携程在 2012 年开始筹备上线"全球购"项目。"全球购项目是为适应出境游爆发式增长的趋势，我们希望构建起以用户出境旅游消费场景为中心的消费圈，为用户提供多样化服务，从而提升用户体验，进一步锁定其消费习惯"（全球购业务经理）。在全球购项目上，携程一反惯常的自营策略，采取了商家入驻模式。

（二）关键逻辑：网络效应

遵循"边界治理结果—前因构念水平—关键解释逻辑"的分析步骤对案例资料进行梳理，天猫和全球购边界治理的案例分析结果如表 2-5 所示。

1. 边界治理结果

通过对天猫和全球购案例的参与式观察及访谈素材梳理可以发现：全球购业务并没有采取其惯常采用的供方高度一体化策略，而是采取了店铺入驻模式。"为了快速吸引商家入驻，我们进行了不少推广……为商家提供基础支撑服务，鼓励外部商家入驻全球购平台"（全球购业务经理），即全球购边界治理的结果是"只做平台"。同样地，天猫也一反常态，突破了阿里巴巴一贯坚持的"平台思维"，开始对供方业务大量实施自制。这种自制按照程度划分为两种情形：一是天猫业务延伸。"天猫基于已有的能力累积，与供方用户进行紧密合作，帮助供方用户进行店铺运营、库存管理等"（天猫商家）。二是天猫直接开设直营店。"对那些用户消费频次极高的日常生活品和需要特殊资质的商品（如酒类业务）实施自营"（天猫业务经理）。因此，天猫存在自制业务，其边界治理为"兼做自营"。

表 2-5　成长阶段平台企业边界治理的案例分析

案例	战略情境	交易成本机制	资源机制	网络效应	边界决策
A2 天猫	成长阶段需要应对消费品质升级，可以进一步提升用户黏性	**资产专用性** 提升供方产品和服务的品质，需要卖家改进生产渠道，增加库存管理系统等设备提升消费者的用户体验，需要加大"店小二"服务人员数量、增加培训和售后服务投入等 **信息不对称** 网上产品质量参差不齐，在庞杂的信息中，平台要搜索到符合要求的产品很慢大量产品和服务提供商存在短期供应不足，因为线下更赚钱，所以缺乏网上开店的激励	**平台能力优势** 利用淘宝的运营积累了一定的客户服务能力，了解了供应链的一般环节，能够把握客户的关键需求，但并不具备特定行业知识 **平台能力培育** 发展自营业务有利于平台进一步培育服务终端客户的能力，依托自营业务实现盈利也是天猫的重要目标	淘宝注册用户基数达到近一亿，天猫大量依靠淘宝用户导流，迅速做大 消费者需求品质提升，与以往低价寻求用户相比，天猫与高品质卖家的黏性极大地增强	**兼做自营** 涉足商家品牌管理服务等内容，并对酒类、生鲜等日常生活用品实施自营
B2 全球购	成长阶段需要应对出境旅游用户消费增长的趋势，可以进一步提升用户黏性	**资产专用性** 线下厂商或其他平台的厂商进驻全球购，只需新增部分全球服务投入 全球购会为入驻厂商提供大量基础支撑服务 **信息不对称** 线下厂商和其他平台的厂商数量众多，平台搜寻到合适供方的成本较低 电商购物已是成熟领域，相应的品质评价和监管体系完善，可以降低信息不对称	**平台能力优势** 作为新引入业务，全球购并不具备相应的资源积累和能力优势 在该市场领域，普遍处于探索阶段，不具备处于明显领先地位的服务商 **平台能力培育** 该业务作为平台拓展和盈利的需要，并不属于集团面向未来的战略性业务大量厂商均可直接提供该业务，所以市场竞争激烈，难以依靠其培育竞争力	全球购利用携程累积的5000万以上高端用户资源，具备快速做大的基础高端用户主要关注携程品牌和方便性，与低价寻求用户相比，可能形成较高的用户黏性	**只做平台** 由品牌厂商直接入驻，为消费者提供产品和服务

2. 前因构念水平

在成长阶段，阿里巴巴和携程的用户基数大幅增加，达到千万级水平，成为各自行业内的核心企业。因此，网络效应构念在该阶段的水平极高，消费者网上购物首先想到淘宝（淘宝商家），需要酒店订票则会打开携程（携程商家）。由于新创阶段与携程在酒店业务上选择兼做自营不同，阿里巴巴在淘宝业务上并没有实施自制，因此两者沉淀的平台能力优势不同，携程相对阿里巴巴更具自营能力优势。对于"平台能力培育"构念，全球购 CEO 高翔提道："全球购致力于为有出境购物需求的用户提供购物优惠等多重增值服务……满足每一位购物女王（shopping queen）越发多样化的需求。"可见，全球购是要在消费场景中提升用户黏性，其业务经营本身对未来能力提升而言并非重点。但天猫与全球购不同，"阿里巴巴需要更加紧密地连接终端用户，从而更好地构建起自身的商业模式，快速实现盈利"，故在"平台能力培育"水平上，天猫高于全球购。

在"交易成本"水平上，"天猫是为了应对消费升级，解决淘宝假货危机……天猫需要改变大量劣质产品以次充好的问题……天猫为了应对消费升级，开始经营较难进入线上销售的产品，如生鲜和酒类产品，而经营这类产品需要物流、经营资质等投入"（天猫业务经理），故天猫供方业务的交易成本较高。全球购只是将线下商铺线上化或者为了满足其他电商平台用户的多平台开店需求。"在跨境交易上，我们还会提供很多工具和流量支持，因此用户并不需要进行大量的前期投入"（全球购业务经理）。厂商数量决定了其市场搜寻并不困难，而且根据电商市场交易规则，信息不对称程度可以依靠品牌等信号措施消除，因此全球购供方业务的交易成本较低。

3. 关键解释逻辑

对比分析构念在天猫和全球购上的水平差异，可以发现：单纯依靠交易成本或平台能力均无法解释两大案例边界治理的不同，因此需要借助网络效应构念。由于两大案例的网络效应构念水平均较高，因此可以推断平台企业边界治理的差异或许来自网络效应构念与交易成本、平台能力构念的交互作用。这一点从相关案例素材中可以找到印证。正如天猫某业务经理在访谈中提道："假货报道和产品质量问题让我们处在风口浪尖……在消费升级趋势下，如果我们不能提供高品质的产品，很快就会进入恶性循环，自营平台的优势就是能够更好地做品控……而在面临盈利压力的背景下，我们也在想淘宝网上积累的能力如何进行输出，更好地服务用户……因而在推出新平台时考虑自营店铺模式就比较顺理成章了。"在对全球购的某入驻商家访谈中也谈及："我们一开始持观望态度……我们先不说携程能不能做大，更重要的是携程一直都是相对封闭的，很多能做的它们都自己做……我们累死累活把业务做起来之后，携程如果再开直营店，那样我们就很吃亏……最终选择进入跟它的服务条件有关，同时它们也一再强调，全球购将服务好商户。"

综上所述，成长阶段平台企业边界治理的关键逻辑如下：对于天猫来说，一方面，由于产品和服务品质要求提升，需要卖家投入设备、人员和培训等专用性资产；另一方面，高品质卖家不足、平台搜索成本上升，制约了平台供方的发展。此外，天猫涉足供方业务能够利用平台已经积累的能力，而且是直接面向终端客户，这对于天猫的能力培育十分重要。马云在多个场合均指出："我们的企业一定要了解用户，要多跟用户接触……我认为企业一定要自己做电商，这样才能接触到终端用户并服务好他们。"此外，在强网络效应作用下，如果平台需方的用户需求得不到满足，供需双方有可能形成负反馈，进而影响平台的整体发展。"彼时的阿里巴巴，面临着淘宝用户溢出，而提高卖家收费又会遭到围攻的困境"（天猫业务经理）。由此，网络效应与交易成本相互增强，即交易成本制约供方用户增长，从而增强了网络负反馈效应；网络负反馈效应引发用户流失，从而进一步增加了用户搜索成本，这使天猫在业务模式上对供方业务实施自制，即兼做自营。对于全球购来说，携程虽然具有一定的平台能力优势，并能促进平台能力培育，但假如携程像以往一样较多地介入供方业务，将极大地打击卖家的入驻激励，进而削弱可能形成的网络正反馈效应。为了维持网络正反馈效应，平台就不能介入，也就是不能急于提升自身的平台能力。因此，网络效应与平台能力的相互减弱，共同决定了全球购对供方业务实施购买，即"只做平台"。

三、平台开拓生态系统情境的边界治理

第三类平台企业边界治理发生在平台企业向更广业务领域进行扩张的阶段。该阶段的边界治理呈现出的特征为：一是平台企业已然在行业领域占据龙头地位，但与此同时，它们又极为担心后来者的冲击，必须进一步拓展和巩固自己的"生态帝国"；二是随着对平台商业逻辑理解的深入，平台企业逐渐意识到自身的竞争优势不再具有行业根植性特征，自身可以涉足的业务领域越来越多；三是平台企业在持续扩张中的关键，是要进一步积累和沉淀战略资源，对培育自身核心能力至关重要的业务要从战略上

提升掌控力。

（一）战略情境：开拓生态系统

阿里百川和智慧旅游作为两大电商平台的扩张阶段业务，开拓生态系统是它们希望实现的战略目标。2014 年，阿里巴巴搭建了阿里百川移动开放平台，以整合阿里巴巴集团内部资源为主，通过并购和吸引入驻相结合的方式，为创业主体提供包含电商场景对接、流量转化与变现、基础技术设施服务、场地及资金扶持等全链条的整体创业服务方案。时任阿里研究院专家田丰指出："阿里百川的目的是希望培育一批生长于阿里巴巴生态圈的小企业，以便在更大的商业生态中形成正反馈。通过构建'端'与'平台'之间的数据闭环，在正反馈的作用下，使整个商业生态系统得到不断优化。"阿里巴巴作为生态主导者，获得了可持续竞争优势。2015年，携程利用自身平台的大数据优势正式组建了智慧旅游公司。按照官方资料，"智慧旅游旨在依托携程网 2.5 亿用户构建商业生态圈。它基于大数据分析，以市场化导向、互联网思维为基础，孵化创业企业，共同打造以目的地及景区营销一体化为核心的智能一站式旅游服务体系"。智慧旅游的重点是资源整合，最终形成智慧旅游创业服务生态。

（二）关键逻辑：平台能力

遵循"边界治理结果—前因构念水平—关键解释逻辑"的分析步骤对案例资料进行梳理，阿里百川和智慧旅游边界治理的案例分析结果如表 2-6 所示。

1. 边界治理结果

通过对阿里百川和智慧旅游的访谈素材及二手资料梳理可以发现：两者在供方业务上大量实施自制。作为创业服务平台，在阿里百川和智慧旅游的供方业务中，大量由它们新建或并购的企业，向创业者提供金融资本、创业培训和行业资源等服务。例如，阿里百川利用已经积累的电商软件开发和运营经验，为创业者提供基础软件开发环境，以加快产品推出节奏。与此同时，基于阿里巴巴生态帮助创业者进行融资和商业模式变现等。"我们提供的这些服务受到创业者的极大欢迎……创业者也十分相信阿里巴巴，他们觉得阿里巴巴具备这种能力和资源，更相信阿里巴巴品牌，他们对第三方服务持怀疑态度"（阿里百川负责人）。智慧旅游会为创业者提供特定区域消费大数据，帮助创业者实现精准的产品和商业模式开发等。"我们依托的就是携程已有的资源优势，对中小旅游企业进行赋能"（智慧旅游负责人公开讲话）。由此可见，阿里百川和智慧旅游对供方业务大量实施了自制，即"兼做自营"。

表 2-6　扩张阶段平台企业边界治理的案例分析

案例	战略情境	交易成本机制	资源机制	网络效应	边界决策
A3 阿里百川	扩张阶段需要构建的生态将从电商交易业务向多主体协同创新转变，重点服务电商创业者	**资产专用性** 厂商进入阿里百川并不需要大量专用投入 **信息不对称** 高品质厂商的市场搜索成本较高	**平台能力优势** 阿里巴巴依靠淘宝和天猫等业务发展，已经积累了海量的用户数据资源 阿里巴巴在电商领域积累的技术、运营和市场经验，相对同类企业处于领先地位 **平台能力培育** 双创作为国家战略，是阿里巴巴未来重要的竞争力所在，大量创业企业更为相信阿里巴巴品牌 借助阿里百川服务的创业企业，阿里巴巴既可以共享数据，还可以进入大量新市场	用户差异大，导流效果不明显；整体用户数增长缓慢，推广获客成本增加	**兼做自营** 阿里巴巴自有资源和能力整合，收购友盟等服务商
B3 智慧旅游	扩张阶段需要构建的生态将从电商交易业务向多主体协同创新转变，重点服务旅游创业者	**资产专用性** 服务商进入智慧旅游不需要专用投入 **信息不对称** 旅游服务商的资源价值比较难以度量	**平台能力优势** 携程依靠酒店、票务和旅游度假等业务发展，已经积累了海量的用户数据和旅游资源 携程在旅游电商领域积累的技术、运营和市场经验，相对同类企业处于领先地位 **平台能力培育** 旅游是未来的国家重点产业。携程虽是最大平台，亦不能全面覆盖，必须借助开放培育生态 细分特性使得旅游创业企业不断涌现，而服务创业也是大型旅游平台未来发展的重要趋势	用户差异大，导流效果不明显；整体用户数增长乏力，推广获客成本较高	**兼做自营** 携程自有旅游资源和能力整合

注：从阿里百川和智慧旅游面向需方用户的服务平台看，两者是完全自营平台，但在后台存在大量协议供方或产品和服务提供商，只是没有独立品牌呈现。

2. 前因构念水平

在扩张阶段，尽管阿里巴巴和携程已经积累了亿级用户规模，但整体增长已经进入减缓期。市场已经走过了高速增长期，平台间竞争也在不断加强（携程）……我们要快速获取新用户的成本很高……用户内部的分层趋势明显（阿里巴巴）。由于阿里百川和智慧旅游作为企业级业务，与此前平台服务的终端市场供需用户存在根本不同，因此阿里百川和智慧旅游的网络效应相对较弱。"我们做的阿里百川已经不再是电商业务，我们的思维也在转变，我们的服务对象是创业者和第三方开发商"（阿里百川负责人）。阿里百川和智慧旅游的"平台能力优势"和"平台能力培育"构念水平都极高，原因是这两大业务推出的背景就是利用平台长期发展所沉淀的数据资源和运营能力进行输出变现。

同时，平台也希望通过业务扩张，向创业者"赋能"，吸引更多创业者加入生态，提升平台自我更新的能力。"如何更好地为中小企业赋能，是未来竞争的关键……竞争转向了生态之间的竞争"（阿里巴巴张勇公开演讲）。作为创业服务平台，虽然在特定行业资源上可能提供商较少，但在大量供方业务上，外部供应商进入并不需要进行较多专用性资产投入，而发达的供给市场也极大地消除了信息不对称。因此，阿里百川和智慧旅游供方业务的交易成本较低。阿里百川负责人提道："很多供应商想加入阿里百川，但我们设置了较高的门槛，我们有自己的长远考虑……要十分注重用户体验。"

3. 关键解释逻辑

对比分析三大构念在阿里百川和智慧旅游上的水平差异，不难发现：网络效应构念水平本身较低，按照交易成本逻辑，因为其水平低，故边界治理的结果应该是购买而不是自制。因此，两大案例边界治理的结果主要是由平台能力构念水平决定。由于平台对能力优势的利用和培育，所以平台对供方业务实施自制，这可以从案例素材中找到印证。在对阿里巴巴创新中心某高级专家的访谈中，他提道："阿里巴巴不只是一个电商平台，而是围绕淘宝、天猫形成的一个创新生态……我们未来要向各类群体进行赋能，阿里百川主要是向电商创业者进行赋能……创业者进入阿里百川更看重阿里巴巴的生态，也就是阿里巴巴能够为他们提供的资源，这也是我们长期积累的优势……我们也可以借助创业者来进一步丰富生态。"加入智慧旅游的创业者在访谈中也认为："就像大家经常说的，这是最好的时代，也是最坏的时代，我们要创业就要加入大平台，做旅游行业当然都希望能跟携程建立联系……比如携程积累的全国旅游用户数据，本身就是稀缺资源。"

综上所述，扩张阶段平台企业边界治理的关键逻辑为：阿里巴巴深耕电商生态累积的资源和能力具有重大优势，也是创业企业迫切需要的"能量"；接入更好的服务创业企业也是阿里巴巴未来希望培育的平台能力所在，故阿里百川采取"兼做自营"的边界策略。对于服务旅游创业企业来说，相对市场提供商，携程具有极强的能力优势，并且这一能力的培育对携程长远生态拓展至关重要，因而智慧旅游采取"兼做自营"的边界策略。

第四节　讨论与结论

本章采用嵌入式案例研究方法对平台企业动态边界治理开展探索性分析。该研究通过理论抽样的方式，选择两家平台企业的六个分析单元，开展了资料梳理、构念提炼，进而构建了理论框架。研究发现：在不同的发展时期，平台企业的主导解释机制不同，由此形成了平台企业边界治理的一般模型，并对比现有研究提出了本章的理论贡献。

一、平台企业边界治理的主导解释机制

本章通过理论抽样两家平台企业的六个分析单元，对应平台发展三个过程进行跨案例分析，探究在特定情境下平台企业动态边界治理的主导解释机制。跨案例分析结果汇总见表 2-7。

通过单案例的关键概念提炼，对于平台企业边界治理的前因而言，主要包括交易成本机制、资源机制和网络效应等。其中，交易成本机制的对应构念包括资产专用性和信息不对称，资源机制的对应构念包括平台能力优势和平台能力培育。案例 A1 和案例 B1 所呈现的边界治理结果不同，但在前因构念上，两个案例只在资产专用性和信息不对称两个构念水平上存在差异，因而有理由推断交易成本是这一阶段的主导解释机制。此外，结合案例分析和文献梳理，本章发现其内在逻辑是：平台初创期的战略重点是吸引多边用户进入，然后突破临界规模，平台是否涉足供方业务主要考虑供方的市场交易成本。如果厂商为平台提供产品和服务需要投入大量专用性资产（人员、设备和培训等），抑或是平台获得相应厂商服务的搜索成本高以及产品和服务的标准化程度低，均会导致平台企业实施自制策略。这与交易成本机制的解释逻辑十分吻合（Williamson，1985）。由此，本章得出如下命题 1。

表 2 - 7　平台企业边界治理的跨案例分析结果汇总

情境特征	案例	交易成本机制		资源机制		网络效应	边界决策	主导解释机制
		资产专用性	信息不对称	平台能力优势	平台能力培育			
突破临界规模 迫切需要增加供方用户数量	A1 淘宝	＋ 只需要少量的设备、人员和培训投入	＋ 产品物美价廉超出预期；平台机制可消除	N 不具备直接提供产品和服务的经验	＋ 淘宝业务是阿里巴巴发展的重要支撑	＋ 初创期用户基础较少，B2B部分导流	只做平台	交易成本机制
	B1 酒店	＋＋＋ 酒店需要进行大量的设备、人员和培训投入	＋＋＋ 高品质酒店产品和服务的搜索成本极高	N 缺乏酒店运营和服务经验	＋ 酒店业务是携程发展的重要支撑	＋ 初创期用户基础较少，未达临界规模	兼做自营	
强化用户黏性 满足用户新需求，增强用户黏性	A2 天猫	＋＋ 提供高品质的产品和服务需要专用性资产投入	＋＋ 产品和服务的品质及复杂度搜索成本高	＋ 利用淘宝积累一定产品和服务能力	＋＋ 阿里巴巴更好地服务客户、实现盈利的业务	＋＋＋ 利用淘宝导流、高品质用户黏性较大	兼做自营	网络效应与交易成本机制或资源机制的交互作用
	B2 全球购	＋ 电商业务成熟，只需新增部分全球服务投入	＋ 厂商数量众多，产品和服务趋于标准化	＋＋ 存在部分可借鉴的电商经验和能力积累	＋ 该业务本身并非关键战略目标	＋＋＋ 利用累积的用户资源、全球平台基数大	只做平台	

续表

情境特征	案例	交易成本机制		资源机制		网络效应	边界决策	主导解释机制
		资产专用性	信息不对称	平台能力优势	平台能力培育			
开拓生态系统主体能动性：扩展平台生态	A3 阿里百川	N 厂商进入阿里百川并不需要大量专用投入	+ 高品质厂商的市场搜索成本较高	+++ 阿里巴巴积累了大量技术、经验和资源	+++ 借助创业企业进入新市场，培育竞争力	+ 利用生态导流、基数大、品牌认可度高	兼做自营	资源机制
	B3 智慧旅游	N 服务商进入智慧旅游并不需要专用投入	+ 旅游服务商的资源价值比较难以度量	+++ 携程积累了大量数据和旅游资源	+++ 旅游服务进入新市场，培育竞争力	+ 利用生态导流、基数大、品牌认可度高	兼做自营	

注：图中阴影部分代表主导解释机制的关键构念。"+"的数量代表该构念水平，"N"代表该构念水平极低。

命题 1：平台突破临界规模战略决策的重点是增加用户数量并迈过临界规模，平台是否实施自制取决于供方业务的资产专用性和信息不对称程度。资产专用性和信息不对称程度越高，从市场引入高品质供方用户越难，则平台越倾向"兼做自营"；反之，则越倾向"只做平台"。

案例 A2 和案例 B2 所呈现的边界治理结果不同，从表面来看，交易成本机制和资源机制均存在不同，因而单一遵循交易成本机制或资源机制均不能解释两个案例边界治理上的差异。在该阶段两个业务的案例访谈中，网络效应被频繁提及，因而主导解释机制不能回避网络效应的作用。基于此，本章识别出两种网络效应发挥作用的情形：一是网络效应与交易成本机制的正增强（对应案例 A2），根据交易成本解释逻辑，在双边关系中由于资产专用性和信息不对称的存在，交易成本增加会带来锁定（lock-in）效应；当这一分析从双边走向三边时，在网络效应作用下锁定或套牢效应会进一步增强，从而促使平台企业采取自制策略。二是网络效应与资源机制的负减弱（对应案例 B2），根据资源解释逻辑，能够利用"平台能力优势"或是对"平台能力培育"十分关键的业务，应该采取平台自制策略。在网络效应作用下，一旦平台过多涉足供方业务，会极大地影响外部厂商提供服务的积极性和带来隐性焦虑（Ghazawneh and Henfridsson, 2013）。因此，平台会在网络效应约束下采取购买而非自制策略。由此可见，在平台成长期，相对起主导作用的是网络效应与交易成本机制或资源机制的交互作用。由此，本章得出如下命题 2。

命题 2：平台强化用户黏性战略决策的重点是提升用户体验，进一步激发网络效应，平台是否自制取决于业务特征与网络效应的交互作用。业务资产专用性和信息不对称程度高并与网络效应形成正增强，则平台倾向"兼做自营"；尽管业务对平台能力培育和利用来说比较重要，但与网络效应形成负减弱，则平台倾向"只做平台"。

案例 A3 和案例 B3 的跨案例分析结果表明：两者在边界治理结果上的相似主要来自资源机制的作用，因为交易成本机制和网络效应的水平均较低，即案例 A3 和案例 B3 边界治理由资源机制主导。结合访谈调研，进入平台扩张期，由于供需双方用户异质性的增强，平台网络效应的直接作用减弱，战略决策更加关注特定业务对于平台应对未来不确定性的影响（Cennamo，2018）。由此，本章推断资源机制是这一阶段的主导解释机制。案例 A3 和案例 B3 都是平台企业为适应未来发展需要，利用累积的资源能力优势，培育进入新兴或细分市场的能力，因而均采用了"只做平台"策略。由此，本章得出如下命题3。

命题3：平台开拓生态系统战略决策的重点是利用多主体的能动性，通过创业来满足用户的异质性需求。平台是否实施自制，取决于供方业务对平台核心能力培育和利用的重要程度。供方业务对平台能力培育和利用的重要程度越高，平台越倾向"兼做自营"；反之，则越倾向"只做平台"。

此外，需要强调的是，案例素材中印证了边界治理的结果具有唯一性（"只做平台"或"兼做自营"），但在具体过程中往往是多种机制的交互影响（Argyres and Zenger，2012）。比如在平台突破临界规模的过程中，边界治理的主导解释机制是交易成本机制，但资源机制可能表现出与交易成本机制同向或是反向的作用，只是影响有限。类似地，在平台开拓生态系统的过程中，边界治理的主导解释机制是资源机制，但交易成本机制也可能表现出与资源机制同向或是反向的作用。在平台强化用户黏性的过程中，交易成本机制和资源机制仍是底层的解释机制，但这两大机制到底何种更强，往往取决于网络效应对两者的增强或减弱作用。综上所述，案例分析结果如图2-1所示。

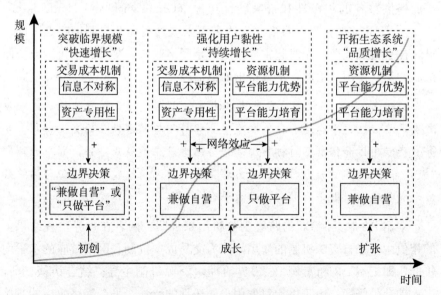

图2-1　平台企业边界治理的主导解释机制

注：强化用户黏性过程的双箭头叠加表示交易成本机制和资源机制的独立作用及其与网络效应的交互作用。

二、平台企业边界治理的一般模型

交易成本机制和资源机制对企业边界的解释逻辑差异本质上来自对企业属性（the nature of firm）认识的差异：一种认为企业是交易的集合（Coase，1937），另一种则认为企业是资源束（Penrose，1959）。科斯和威廉姆森对于企业性质的认识是从交易视角出发的，因而他们关注的核心是交易及交易成本；同时期的阿尔奇安和德姆塞茨则认为，企业不仅是一个交易主体，还是一个生产主体，它与市场最大的不同体现在其可以通过要素投入产生"1+1＞2"的结果（Alchian and Demsetz，1972）。对于企业属性的完整认识，应该是交易和生产（创新）的结合。同样地，对于平台企业属性的认识也需要回归企业传统理论。产业界和现有理论研究对于平台企业边界治理认识的争论，原因在于未能清晰地认识平台属性中"交易"与"创新"存在的二重性（Cusumano et al.，2019）。一方面，它们只看到了电子商务型的交易平台，而没有注意到大量创业创新平台的涌现，比如以海尔卡奥斯、树根互联等为代表的创业创新平台（孙新波和张明超，2023；王节祥等，2024）；另一方面，它们也没有注意到传统电商平台不再只是一个简单的交易市场，阿里巴巴围绕淘宝、天猫构建起阿里妈妈、菜鸟物流和阿里百川等为商家和创业者提供服务的创新平台，引入了多样化的用户群体，多主体在平台生态系统内实现了协同创新和价值共创。

实际上，对绝大多数平台而言，均兼具"交易"和"创新"二重性，差异在于其更偏向由哪种属性占据主导地位。交易属性和创新属性不是非此即彼的关系，而是一个连续体，见图 2-2。在本章中，淘宝和携程酒店业务偏向交易属性，更强调平台提供的交易产品多样性，因此边界治理更偏向由交易成本机制主导。阿里百川和智慧旅游则偏向创新属性，更强调平台协调好多主体创新并做大生态，平台只对影响其能力优势培育和利用相关的业务实施自制，因此边界治理更偏向由资源机制主导。天猫和全球购业务具有中等强度的交易和创新属性，更强调平台协调好业务关系和激发网络效应，因此边界决策更偏向由交互作用主导。由此，本章提出命题 4。

命题 4：平台企业边界治理的解释机制取决于平台由何种属性主导。更偏向交易属性的平台，可能由交易成本机制主导；更偏向创新属性的平台，可能由资源机制主导。处于中间状态的平台企业边界治理，可能由网络效应与交易成本机制或资源机制的交互作用主导。

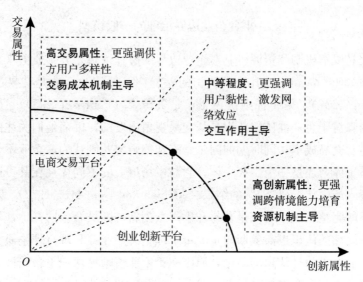

图 2-2　平台企业属性与边界治理解释机制的匹配

三、理论贡献

本章研究构建起一个平台企业边界治理决策的一般模型，其核心逻辑是"平台企业属性演变—主导解释机制切换—边界决策结果差异"。该模型对现有平台研究的贡献主要表现在两个方面：一是现有平台研究虽然已经注意到边界决策议题十分重要，但要么停留在理论概念和框架探讨阶段（Gawer，2021），要么并未聚焦到经典的企业边界决策前因问题，只是关注到平台企业对部分产品实施自营后的绩效影响（Zhu and Liu，2018），或者分析了平台企业在自建平台与加入平台之间的策略选择（万兴和杨晶，2017）。本章研究明确提出了"只做平台"还是"兼做自营"的平台企业边界治理决策问题。在具体分析中，本章研究立足平台企业交易和创新二重性这一前提（Argyres and Zenger，2012），并基于交易成本机制、资源机制和网络效应为平台企业边界治理决策构建起更为完整的前因机理框架。二是尽管现有研究对平台企业存在和发展过程的演进基本达成共识（Cennamo，2018），但在平台企业边界决策研究中并没有将不同发展过程战略情境的差异引入分析模型。本章研究指出：在平台企业突破临界规模、强化用户黏性和开拓生态系统的不同情境中，边界决策将由不同机制主导，这丰富了对平台企业的动态考察。此外，本章研究也响应了对微观平台进行组织和战略管理研究的呼吁（Gawer，2021），加强了平台研究与经典企业理论的对话。现有平台研究关注双边市场经济学分析，但从组织和战略管理理论开展的平台研究，仍然较为缺乏（McIntyre and Srinivasan，2017），特别是缺少与经典管理理论的对话。

本章研究拓展了对交易成本理论和资源基础理论适用边界的认识，既印证了经典企业边界理论对平台企业边界治理决策这一新情境仍有一定解释力，也指出了交易成本理论和资源基础理论适用的情境差异。一方面，对平台企业边界治理的研究表明，交易成本理论和资源基础理论起作用的具体情境存在不同。交易成本机制是在平台突破临界规模过程中，对边界决策起主导作用的机制。资源机制则是在平台开拓生态系统过程中，对边界决策起主导作用的机制。如果追溯到企业理论发展的早期（Alchian and Demsetz，1972），交易成本理论和资源基础理论适用的边界条件是平台企业交易和创新属性的相对强度。另一方面，本章研究指出：在平台企业边界治理决策中还需要引入网络效应这一情境特征。由于平台企业具有的网络效应特征，大量学者将其视为理论创新的"沃土"（McIntyre and Srinivasan，2017）。网络效应在平台企业边界治理决策中也扮演着不可或缺的作用。本章研究表明：在平台强化用户黏性过程中，交易成本机制和资源机制均不能完全解释案例企业的边界决策。由于网络效应的存在，本章的研究分析从二元走向三元，而网络效应与交易成本机制或资源机制的交互作用成为该情境下边界决策的主导解释机制。

四、案例的最新发展

本章的案例企业阿里巴巴和携程在后续的发展中，都在打造可持续发展的平台生态，如专栏1所示。一方面，两家企业都进一步提升了自营水平，比如在进军海外市场时，两家企业都选择了直营国际业务，这与国际市场的高交易成本和资源能力优势的培育关联紧密。同时，阿里巴巴和携程也在寻找策略刺激第三方商家入驻和吸引更多用户加入，比如内容孵化、社交网络推荐等，这与下一篇将要分析的平台企业主导的生态开放度治理关联紧密。

专栏1　阿里巴巴与携程案例的最新发展

阿里巴巴的业务边界演进

原有业务升级。 2018年11月，天猫事业群升级为"大天猫"，形成天猫事业群、天猫超市事业群和天猫进出口事业部三大板块。新设立的天猫超市事业群整合了原有的天猫超市与淘鲜达业务，并且与其他商超进行合作。作为支撑，饿了么配送服务能够帮助商超实现一小时送达。与此同时，阿里巴巴也拓展了自营新零售商超业务——盒马鲜生。天猫进出口事业部则包括天猫国际和天猫出海两大业务。截至 2018 年 9 月，天猫国际平台已连接了超过 75 个国家和地区的品牌，并通过保税仓、跨境仓库和跨境专线的方式，帮助这些海外商品在天猫上进行销售。这一措施帮助天猫开拓了市场，连接了更多国家、更多区域的商家。

赋能多方加入。2019 年，天猫国际宣布将推动三大战略：一是升级直营业务；二是打造海外仓直购新模式；三是与淘宝直播、微博、小红书等多渠道联合，扩宽内容触达渠道，与多机构建立达人机制，为全球品牌打造内容化营销阵地。

天猫国际的直营业务将增加更多的直营卖场和直营店。海外仓直购模式面向的是"小而美"的海外品牌，帮助海外的中小品牌在中国市场进行孵化。而与其他社交平台的合作，则是为了推进天猫国际的内容化战略，通过微博大 V、明星达人的推荐，扩充产品内容的触达渠道。这三大战略共同作用，以天猫的基础用户作为平台基础，整合了 B 端海外市场的小众品牌，为这些品牌商赋能天猫的销售渠道和物流系统，而社交平台上的内容产出则是挖掘了市场中的消费者需求，将这些小众品牌进行定向推荐，使平台生态具有了持续创新的能力。2020 年 5 月，在天猫超级品牌日，天猫推出了品牌超级 ZONE、TMAP、DeEP 等数字化平台引擎，帮助品牌商进行数字化营销、管理数据资产，推动品牌商的数字化进程。2024年 4 月，天猫联合生态优秀服务商共同启动"联合生态增长计划"，旨在通过服务商经营能力和效率的持续提升，为品牌商提供更好的经营服务，助力各大品牌在天猫实现高质量增长。

携程的业务边界演进

全球战略布局。2020 年 10 月，梁建章于携程全球合作伙伴大会上发言："近年来，携程不断从内容、产品、供应链和质量四个方向深耕国内旅游市场，并以深耕国内旅游市场为基础，实现全球战略的布局。"为此，携程不断发展"优雅而强大"的技术提供基础保障，并采取"一站式旅游服务平台"策略，迅速捕捉用户新需求，通过旅游相关的短视频、直播、攻略等内容完成用户与新产品连接，凸显内容深耕价值。此外，携程着重挖掘诸如精品民宿、特色玩乐等"小而美"的新一代旅游产品，并持续给予流量扶持。同时，携程试图打通供应链一端从内容到交易的闭环，覆盖产品、平台规则、排序、攻略、营销五个与供应商紧密相关的环节。"全球化"一直是携程的重点战略，携程不断加速全球化布局。截至2024年10月，携程已与全球200多万家酒店进行合作，机票也覆盖了全球200多个国家或地区，逐渐演变成一个国际化品牌。

赋能生态伙伴。 自2017年起，携程着手打造小程序生态，搭建连接用户与商家的"桥梁"，以实现赋能商户端，缓解了中小酒店面临的缺乏自有直销平台、推广效率低等诸多痛点。此外，小程序也可以给景区、航空公司及旅游局等合作伙伴赋能。对于微信用户，携程还推出了较大力度的优惠举措，如用户可通过"携程旅行"小程序预订享有折扣的酒店，并邀请好友砍价返现。因应AI发展热潮，携程在2023年推出了"AI、内容、ESG"三重创新计划，并研发了旅游行业首个垂直大模型产品"携程问道"，在住宿、商旅、客服等多个重要业务板块进行了深度应用，以更好地赋能自身生态伙伴。

第三章　量化研究：
平台企业边界治理的构型分析

在第二章案例研究的基础上，本章将对其中的边界选择问题开展量化分析。建构式案例分析能够识别出影响平台企业边界选择的多种因素，但对各因素之间的逻辑关系缺乏系统论证，不能解释在新的情境下为什么有的平台选择自制、有的平台选择购买的差异。本章开展了基于量化数据的实证分析，并基于 TCE 和 RBV 视角下的企业边界研究基础理论和平台特征构建起完整的概念框架，然后提出了相应假设，进而选用相适配的fsQCA 方法，对模型开展了研究。研究结论既有对现有理论分析的证实，也有在平台情境下对企业边界理论的进一步拓展。

第一节　理论假设

平台企业在"自制"与"购买"间的战略选择本质上是组织边界问题（Williamson，1985），聚焦于企业在某一业务上的战略选择（Coase，1937；Cánez et al.，2000）。交易成本理论考虑了组织与市场的交互，而资源基础理论则聚焦于组织自身成长，从而形成了用于解释组织边界的（内外互补的）两大机制（Holcomb and Hitt，2007；Leiblein，2003）。但是，平台企业由于存在网络效应，因而有别于传统组织（Gawer，2009），那么现有的边界视角是否仍然适用就值得进一步明确。根据前面两章的分析，本章基于 TCE 和 RBV 视角下的企业边界研究基础理论及平台特征构建了完整的概念模型，并提出了相应假设。

一、TCE 与平台企业边界治理

资产专用性是交易成本理论一体化决策的关键解释变量。交易成本理论的产生背景是围绕"企业为什么存在"而来的（Coase，1937），这本身就是一个市场与企业边界的问题。对于企业在何种情况下会实施对外部市场的一体化，交易成本理论对此的解释是资产专用性及其引发的机会主义行为。由于资产专用性的存在，投入专用性资产的一方会给交易对方提供占用租金的可能（准租），交易对方会实施包括欺骗、隐瞒和强制修改合同等多样化的主动或被动机会主义行为（Wathne and Heide，2000）来影响交易的顺利开展，即引发交易双方的套牢问题（Williamson，1985）。基于此，为解决交易中的套牢问题，专用性资产投入方会实施一体化决策。该逻辑得到了大量经验证据的支撑（Fabrizio，2012；Klein et al.，1978）。

合同理论关注到信息不对称是一体化决策的重要解释变量。交易成本理论的各流派间由于理论预设和关注问题的不同而存在差异（蔡宁和吴义爽，2006）。合同理论重点阐述了由于信息不对称的存在，将会存在道德风险和逆向选择的问题。为了解决这类交易成本，需要进行事前的产权统一配置，即实行自制（一体化）决策（Hart and Moore，1990；杨其静，2002）。这两个流派分析的侧重点不同，但核心逻辑都是基于交易成本。归结起来，交易成本主要有两大来源：一是资产专用性（De Vita et al.，2010）。资产专用性提供了通过机会主义行为来赚取准租的可能。二是信息不对称。由于信息不对称，主体间会存在逆向选择和道德风险问题（陈仕华和郑文全，2010）。对应到平台研究情境中，在交易成本视角下，平台企业是否选择对供方业务实施自制，存在两种解释逻辑：一是当交易的信息不对称程度较高时，由于市场提供该类产品或服务的搜寻成本（质量和询价等）较高，或是与外部产品和服务提供商合作过程中信息不对称带来的道德风险（以次充好、合同纠纷等）水平较高，将促使平台企业选择自制；二是当资产专用性水平较高时，作为平台供方的产品和服务提供商实施机会主义行为（隐瞒、欺骗和强制议价等）的倾向加强，从而促使平台企业选择自制。综上，本章提出了如下假设：

假设 H1a：供方业务的信息不对称水平会促使平台企业实施自制。

假设 H1b：供方业务的资产专用性水平会促使平台企业实施自制。

二、RBV 与平台企业边界治理

如前所述，TCE 在企业边界解释上面临挑战，因此有必要引入新的解释机制。由科斯和威廉姆森所创立的交易成本理论对企业的认识是将企业视为一个节约成本的契约装置，这一观点最早受到阿尔奇安和德姆塞茨的批判，他们指出：企业不是一个契约集合，而是一个生产主体（Alchian and Demsetz, 1972; Foss, 1996）。因此，对企业边界的研究不能单从交易成本予以考察，而是需要从企业用于构建竞争优势的资源和能力来分析。正如 Ahmadjian 和 Lincoln（2001）所指出的，在日本汽车产业集团的边界治理过程中，按照交易成本逻辑应该由市场提供的产品，企业却选择了自制，而应该自制的部件，企业却选择由市场提供。Argyres 和 Zenger（2012）针对 IT 外包行业中的边界治理，进一步阐述了企业在不具备成本优势的情况下，却采用自制策略，其目的是培育自身能力，而企业在具备成本优势的情况下，却采用市场提供策略，其原因是企业具有监管能力，能够有效降低交易成本。可见，对企业边界的研究也并非可由 TCE 这种单一机制完全解释（Weber and Mayer, 2014），因而存在另一种重要的解释逻辑，即基于资源和能力视角的解释。

基于 RBV 视角分析企业边界的背后是资源和能力（Barney et al., 2001; Prahalad and Hamel, 1990; Wernerfelt, 1984），具体包括利用和探索两种逻辑（March, 1991）。一方面，平台企业会考虑在某项业务上，它是否具有资源和能力方面的优势，如果自身优势明显，那么内化生产能够达到资源价值最大化（Santos and Eisenhardt, 2005）。另一方面，平台企业会考虑某项业务的战略重要性，若该项业务对于平台自身的能力培养十分重要，那么即便不具备优势或市场提供成本低，平台也会考虑实施自制策略（Argyres and Zenger, 2012; Brusoni et al., 2001）。可见，平台能力优势和平台能力培育构成了平台企业边界治理的两个重要解释变量。此外，平台能力优势和平台能力培育所指的具体能力内涵也存在一定差异。对于具体业务而言，平台能力优势是指平台企业在生产供方的产品和服务上，存在特定技术、市场资源或运营能力上的优势，这是一种情境化（context-specific）能力（Li and Meyer, 2009），也有学者称之为一阶能力（first-order）或者是特定资产（Amit and Schoemaker, 1993）。平台能力培育是对平台基础能力的培育，这种能力在未来能够支撑平台向其他业务的包络发展，是一种跨情境能力（Ahuja et al., 2013），也有学者称之为二阶能力（second-order）或者是通用竞争力（Danneels, 2016）。

由此，本章提出了两种不同的能力解释逻辑，其内在理论基础可以对应利用和探索两种情境。情境化能力是平台企业所具备能力的再利用，若平台企业在业务上具备比较优势，将会倾向于选择自制。跨情境能力是平台企业需要探索和培育的能力，某项业务对平台培育能力越重要，平台企业越倾向于选择自制。综上，本章提出了如下假设：

假设 H2a： 在供方业务上，平台能力优势会促使平台企业实施自制。

假设 H2b： 在供方业务上，平台能力培育会促使平台企业实施自制。

三、TCE、RBV 和平台跨边网络效应的交互作用

（1）TCE 和 RBV 两大视角对平台企业边界治理解释力的交互增强。回到企业理论研究的经典脉络，对企业的认识需要整合交易和生产两种观点（Leiblein，2003）。同理，对于平台企业的认识也需要抛弃传统二元论的认识（交易平台还是创新平台），平台企业兼具交易和创新属性（Gawer，2014），因而对于平台企业边界治理研究，虽然 TCE 和 RBV 均存在解释力，但在现实情境中往往是多种逻辑共同发挥作用，TCE 和 RBV 的整合对边界治理也更具解释力（Barney et al.，2001）。当信息不对称和资产专用性导致的供方业务交易成本变高，而平台企业在供方业务上存在比较优势，同时该供方业务对于平台企业能力培育又十分重要的情况下，平台企业倾向于选择自制。

（2）TCE 与跨边网络效应（network effect，NE）对平台企业边界治理解释力的交互增强。信息不对称和资产专用性导致的平台一体化决策，由于跨边网络效应的存在，其影响作用会得到进一步加强。这一增强的内在机制是在平台情境中，传统基于双边分析的交易成本逻辑转向三边关系（平台供方用户、平台需方用户与平台提供商）后，搜索成本和资产专用性带来的套牢效应及交易成本会显著增强（Argyres and Zenger，2012）。由于平台供方用户和平台需方用户间存在跨边网络效应，即存在严重的"冷启动"问题（Armstrong and Wright，2007），一旦平台供方用户不能提供优质的产品和服务，平台需方用户也难以得到有效集聚，进而又反作用于平台供方用户，进入负反馈周期（Shankar and Bayus，2003）。因此，在平台存在强跨边网络效应的情况下，由信息不对称和资产专用性导致的交易成本会显著增强，进而促使平台企业倾向于实施一体化决策。

（3）RBV 与跨边网络效应对平台企业边界治理解释力的交互增强。平台能力与跨边网络效应间存在交互影响：一方面，当跨边网络效应强时，由于平台能力优势的存在，一旦平台涉足供方业务就会显著提升平台产品和服务提供的数量及质量，使平台更快地达到临界规模（Fuentelsaz et al.，2015），从而与跨边网络效应产生交互作用。因此，跨边网络效应

和平台能力优势的交互作用，将会增加平台企业实施自制决策的倾向。另一方面，平台能力培育的关键在于对服务用户的经验和能力累积（Barreto，2010），而当跨边网络效应强时，平台供方用户与平台需方用户在产品和服务提供上会存在深化与锁定倾向，这一过程会加快平台的学习和惯例形成（Nelson and Winter，2002），使得平台能够更好地服务用户，反过来也进一步增强了平台一体化的倾向。跨边网络效应还显著增加了用户黏性（Afuah，2013），为平台进一步提供其他产品和服务奠定了基础。因此，跨边网络效应和平台能力培育的交互作用，将会促使平台企业实施自制决策。综上，本章提出了如下假设：

假设 H3：交易成本、平台能力和跨边网络效应的交互作用会促使平台企业实施自制。

基于如上假设，本章研究的概念模型如图 3-1 所示。该模型将探讨交易视角下的 TCE 逻辑和创新视角下的 RBV 逻辑在平台情境下对企业边界治理是否仍具有解释力，并且分析平台情境特征（跨边网络效应）与现有两大解释逻辑的交互作用对平台企业一体化决策的影响。

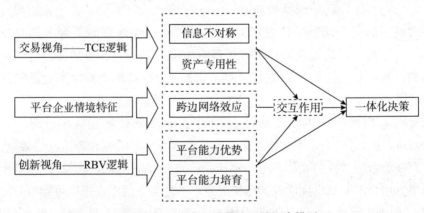

图 3-1　平台企业边界治理的概念模型

第二节　研究设计

根据前述概念模型，本章选择定性比较分析（qualitative comparative analysis，QCA）方法对模型开展实证检验。QCA 方法是一种将定性分析与定量分析相结合的方法，适用于新兴的平台研究情境。本章详细介绍了选择 QCA 研究方法的原因、样本筛选过程、变量赋值依据、数据收集与处理的过程。

一、方法选择

方法选择需要考虑三个方面的问题：一是要对相应构念开展定量测度；二是要能够收集有效数据开展实证分析；三是实证方法能够检验理论假设。对于构念测度，本章涉及的变量基本来源于现有理论，但需要将这些经典变量移植到平台情境中，比如平台能力优势和平台能力培育的理论基础是探索和利用二元性以及多阶竞争力，但在平台情境中对这类变量开展完全定量的测度是极为困难的。因此，本章研究的变量测度需要结合定性与定量数据。关于数据收集和分析，由于本章研究的样本是平台企业，而平台企业受网络效应和赢家通吃（winner takes all，WTA）的影响，再加上某一行业内的平台企业数量较为有限，导致基础样本量受限，因此本章的研究属于小样本量化分析。对于方法与理论问题的匹配而言，本章的理论创新点在于整合了 TCE 和 RBV 两大视角，改变了传统单一视角可能存在的缺陷。相应的理论假设也是一种"条件组合（交互作用）"，而非单一的变量显著性检验，这些都需要在方法上予以重视。

综上，本章选择定性比较分析方法的原因有三个：一是定性比较分析方法是一种将定性分析与定量分析相结合的方法（Ragin，2008）。在管理研究领域，从早期对定量实证的盲目崇拜到近年来案例研究影响力的不断提升，人们逐渐意识到定量分析与定性分析的各自优劣之处，其研究趋势将是定量分析与定性分析的结合，进而可以解决定量分析的深度不够和定性分析的外部效度缺乏问题。在此背景下，QCA 方法广受认同，相关论文相继发表在 *Academy of Management Journal* 和《管理世界》等国内外顶级期刊上（Misangyi and Acharya，2014；王凤彬等，2014）。二是 QCA 方法能够在方法上突破单一因素的路径分析而转向多种因素的条件组合（Fiss，2007）。这十分契合本章研究关注平台二重性而非二元性的整体思路，进而整合分析了 TCE 和 RBV 视角下的平台企业边界治理影响因素。三是 QCA 方法比较适合处于新兴领域的研究议题。平台研究作为一个新兴领域，其样本收集受限，而且缺乏完善的数据库系统，因而适合开展小样本分析的 QCA 方法与此很匹配。

二、样本筛选

本章研究的样本需要满足：符合平台企业特征（多边架构和网络效应

等），具有明确的边界，在二重性上有差异化表现。Zhu 和 Iansiti（2012）对平台类型的划分，涵盖计算机操作系统、搜索引擎、交友/招聘网站、信用卡和在线交易等多样化平台。但这一划分较为笼统，只是基于表象的分类，缺乏基于内在属性的再认识。结合平台二重性的研究视角，任一平台都兼具交易和创新属性，但现实情境中的交易和创新会表现出一定程度差异，由此可以将平台类型划分为创新型、交易型和中间型三种。平台类型及代表性案例如表 3-1 所示。

表 3-1　平台类型及代表性案例

平台类型	涉及领域	具体商业案例
创新型	计算机和手机操作系统、产品开发、众创空间等	Windows 和 Linux、IOS 和 Android、点名时间、淘富成真、阿里百川等
交易型	电子商务、信用卡、股票交易、P2P 平台等	eBay、淘宝、京东、携程、Visa、银联、同花顺、陆金所等
中间型	新闻传媒、游戏平台、社交平台、本地生活服务平台等	浙报传媒、浩方对战、腾讯微信、新浪微博、猪八戒网等

基于上述平台类型划分，本章研究开展了样本筛选。筛选依据为：一是成立一年及以上的平台企业，具有较为清晰的经营模式，这样可以避免样本选择分布上的偏差。若对企业成立时间要求过高，则会使样本企业的策略选择趋同，不利于分析差异，并进一步增加样本选择的困难。二是尽量获取一手资料，开展实地调研，因此本章的样本企业主要集中在长三角地区。三是兼顾样本差异性，根据平台二重性的类型划分，样本选择涵盖多种类型（创新型、交易型与中间型）。在此基础上，根据相关行业的企业目录、档案资料梳理和前期调研访谈，本章最终选择了如下企业样本，如表 3-2 所示。值得注意的是，样本中涉及阿里巴巴、携程和猪八戒网等大型企业集团，但在这些企业集团内存在不同的业务单元，它们的业务属性和一体化边界存在显著差异，因此本章研究根据理论采样需要，结合内部人员访谈资料，选取与研究主题相关的单个或多个业务单元纳入研究样本（比如从阿里巴巴 B2B、淘宝和天猫中选择了淘宝）。这也符合以交易作为分析单元的企业边界治理研究的一般惯例（Williamson，2008）。最终，本章研究的样本涵盖 6 家企业，合计 21 个分析单元。这一样本数量符合近期采用 QCA 方法发表文章的通常做法，即集中在 10~20 个分析单元（Greckhamer，2016）。

表 3-2　边界治理样本企业信息

编号	企业名称	简介	资料来源	分析单元	自制
1	阿里巴巴	以电子商务为基础，逐步发展出围绕电商服务的多个平台	访谈资料为主（借助"活水计划"和关系网，对电商、共享和阿里云等部门开展多次访谈）	淘宝	○是　◉否
2				天猫超市	◉是　○否
3				菜鸟	◉是　○否
4				阿里妈妈	◉是　○否
5	网盛生意宝	以信息服务起家，构建大宗商品平台交易和金融服务平台	访谈资料为主（借助导师独立董事关系，对企业多个部门进行蹲点调研）	化工网	○是　◉否
6				网盛大宗	◉是　○否
7				生意通	◉是　○否
8	携程	聚焦旅游市场，逐步拓展票务、酒店、租车和全球购等业务	档案资料为主（访谈与携程有项目合作的人员，结合梁建章个人讲话稿）	酒店	◉是　○否
9				票务	○是　◉否
10				用车	○是　◉否
11	猪八戒网	以创意服务社区起家，逐渐涵盖个人生活和企业管理等多个领域	档案资料为主（收集有关猪八戒网的分析报告，结合平台参与式体验）	八戒营销	◉是　○否
12				八戒智造	◉是　○否
13				八戒技术	◉是　○否
14	阿里百川	依托阿里巴巴生态资源和能力积累，为创业者（电商为主）提供多样化服务	访谈资料为主（借助"活水计划"对阿里百川负责人和空间内创业企业开展了多次访谈）	孵化空间	◉是　○否
15				金融投资	◉是　○否
16				创业培训	○是　◉否
17				产业资源	◉是　○否
18	润湾创客	依托华立集团资源和能力积累，为创业者（大健康产业为主）提供多样化服务	访谈资料为主（利用横向课题机会对润湾创客负责人和华立集团高管层开展了系统调研）	孵化空间	◉是　○否
19				金融投资	○是　◉否
20				创业培训	◉是　○否
21				产业资源	◉是　○否

三、变量赋值依据

针对本章涉及的变量，主要还是从核心参考文献中寻找测度方法，进而在平台情境中寻找相应的材料支撑。在具体运用时，模糊集定性比较分析需要根据样本信息，对模糊集变量进行赋值，即采用打分方式对每个样本的变量逐一进行赋值编码（Schneider and Wagemann, 2012）。对于具体赋值方法，通常有多重选择，如三值赋值"0、0.5、1"和四值赋值"0.00、0.33、0.67、1.00"。本章采用四值赋值，因为四值赋值相对三值赋值更为精细，其中"0.00"代表完全不隶属，"0.33"代表不隶属的程度大于隶属，"0.67"代表隶属的程度大于不隶属，"1.00"代表完全隶属。通过对样本数据资料的归类和整理，采用四值赋值能够更加精细地反映出样本数据间的差异。本章对相应变量赋值依据的具体设定如下：

（一）交易成本变量赋值

本章涉及交易成本理论的两大核心变量，即信息不对称（information asymmetry，IA）和资产专用性（asset specificity，AS）。其中，信息不对称主要是指在平台运营过程中由于信息不对称将导致供方产品和服务的搜索成本高，以及对产品或服务的提供质量缺乏有效衡量。因此，本章采用这两个方面来替代测量信息不对称的水平。如表3-3所示，供方产品或服务提供的市场搜索成本极高、产品或服务提供质量缺乏衡量标准，则信息不对称水平高；反之，则信息不对称水平低。因此，本章根据这两大测度指标水平的相对高低，确定信息不对称的中间水平。以往研究对资产专用性的刻画较为成熟，主要从专用性资产投入的类型和程度来衡量交易的资产专用性水平。其中，资产类型包括人员、设备、场地、培训和关系维护等，涉及类型越多则专用性水平越高。据此，平台供方业务资产专用性水平的赋值依据如表3-4所示。

表3-3　交易成本-信息不对称维度的赋值依据

分值	赋值依据	参考文献
1.00	供方产品或服务提供的市场搜索成本极高，产品或服务提供质量缺乏衡量标准	（Corbett and De Groote，2000；陈仕华等，2013）
0.67	供方产品或服务提供的市场搜索成本较高，产品或服务提供质量缺乏精细的衡量标准	
0.33	供方产品或服务提供的市场较为完善，产品或服务提供多数实现标准化	
0.00	供方产品或服务提供的市场十分成熟，产品或服务提供标准化程度极高	

表3-4　交易成本-资产专用性维度的赋值依据

分值	赋值依据	参考文献
1.00	相对于其他渠道的产品或服务提供，为平台提供产品或服务，需要投入大量的人员、设备、厂房、培训和关系维护等方面的专用性资产	（Cannon and Perreault，1999；Williamson，1985）
0.67	相对于其他渠道的产品或服务提供，为平台提供产品或服务，需要投入一定的设备、培训和关系维护等方面的专用性资产	

续表

分值	赋值依据	参考文献
0.33	为平台提供产品或服务，企业几乎不需要投入专用性资产，只需要增加一些衔接工作	(Cannon and Perreault，1999；Williamson，1985)
0.00	为平台提供产品或服务，企业不需要投入专用性资产，与常规产品或服务提供并无差异	

（二）平台能力变量

对平台能力变量的测度需要把握其理论基础。在本章理论模型构建中，平台能力分为平台能力优势（platform competence advantage，PCA）利用和平台能力培育（platform competence trairing，PCT）探索两个方面。基于此，其理论测度主要基于探索和利用的现有研究以及关于企业一阶能力和二阶能力区分的相关研究。本章对平台能力的测度主要参考了 Li 和 Meyer（2009）对于企业跨情境经验和能力以及 Danneels（2016）对于企业一阶能力和二阶能力的阐述及测度。Amit 和 Schoemaker（1993）曾指出：RBV 逻辑实际上存在资产（asset）和能力（competence）之分，前者强调企业显性的资源优势，后者强调借助经验和学习积累的能力。Li 和 Meyer（2009）有关能力的情境化与跨情境之分，其实也表达了类似意涵。Danneels（2016）指出：一阶能力主要是服务当前客户的客户能力和技术能力。客户能力主要包括关于客户和竞争对手的知识、品牌声誉或公司形象、分销渠道或销售力量和广告分销资源或技巧（相对于竞争对手）。技术能力主要包括生产运营或设备、专业技能、技术技巧和资源、工程技巧和资源（相对于竞争对手）等。二阶能力是市场能力（识别和进入新市场的能力）和 R&D 能力（识别和吸收新技术的能力）。其中，市场能力包括评价新市场潜力、在新市场的关系构建、组建新的销售力量、利用品牌声誉或形象进入新市场、研究新竞争者和新客户、开发新的广告或促销策略和开发新的定价策略等。R&D 能力包括设定和运营新的制造设备、学习没有使用过的新技术、评价新技术适用性、在不熟悉的技术领域招募工程师、识别有前景的新技术和实施新的生产流程等。基于此，本章针对平台企业的平台能力优势和平台能力培育变量进行测度，如表 3-5 和表 3-6 所示。

表 3-5　能力-平台能力优势维度的赋值依据

分值	赋值依据	参考文献
1.00	平台企业在服务当前客户的技术、运营、市场和资源上，相比同类企业具有明显优势	（Amit and Schoemaker，1993；Danneels，2016；Li and Meyer，2009）
0.67	平台企业在服务当前客户的技术、运营、市场和资源上，相比同类企业具有一定优势	
0.33	相比同类企业，平台企业在服务当前客户上，存在技术、运营、市场和资源等某一方面的优势	
0.00	相比同类企业，平台企业在服务当前客户上，并不存在技术、运营、市场和资源等方面的优势	

表 3-6　能力-平台能力培育维度的赋值依据

分值	赋值依据	参考文献
1.00	平台供方业务对于平台企业识别和进入新市场的能力（客户知识、定价和品牌等）以及识别和吸收新技术的能力（技术、人才和服务架构等）培育十分重要	（Amit and Schoemaker，1993；Danneels，2016；Li and Meyer，2009）
0.67	平台供方业务对于平台企业识别和进入新市场的能力（客户知识、定价和品牌等）以及识别和吸收新技术的能力（技术、人才和服务架构等）培育较为重要	
0.33	平台供方业务对于平台企业识别和进入新市场的能力（客户知识、定价和品牌等）或识别和吸收新技术的能力（技术、人才和服务架构等）培育的某方面较重要	
0.00	平台供方业务对于平台企业识别和进入新市场的能力（客户知识、定价和品牌等）或识别和吸收新技术的能力（技术、人才和服务架构等）培育并不重要	

（三）跨边网络效应

跨边网络效应是平台企业的核心特征，指的是供方用户与需方用户之间的正反馈（Fuentelsaz et al.，2015）。现有研究对于网络效应的测度主要是基于网络规模的替代测度（Shankar and Bayus，2003）。最新研究指出：网络效应不仅包括网络规模，还应考察网络主体属性和网络关系的强度（Afuah，2013）。本章研究的跨边网络效应测度除了考虑网络规模外，还将考虑平台双边用户之间的关系属性（Suarez，2005）。具体而言，网络规模是在平台注册的双边用户数量（相对于竞争对手的水平），网络关系是平台双边用户之间所能达到的正反馈效应强度（McIntyre and Subramaniam，2009）。一般来说，在电商平台中，需方用户与供方用户之间的跨边网络效应较强，而在特定领域的电商平台或者创新服务平台中，由于需方用户有效需求的约束，在供方用户增加到一定程度后，跨边网络效应并不会持续增加。根据这两个方面，本章制定的跨边网络效应赋值依据如表3-7所示。

表3-7　跨边网络效应的赋值依据

分值	赋值依据	参考文献
1.00	平台注册用户规模在行业内处于领导地位（前二），供方用户增加与需方用户增加之间的正反馈处于增长周期	（Afuah，2013；McIntyre and Subramaniam，2009；Suarez，2005）
0.67	平台注册用户规模在行业内处于领先地位（前五），供方用户增加与需方用户增加之间的正反馈处于增长周期	
0.33	平台注册用户规模在行业内处于一般水平，供方用户增加与需方用户增加之间的正反馈处于下降周期	
0.00	平台注册用户规模在行业内处于落后水平，供方用户增加与需方用户增加之间的正反馈处于下降周期	

（四）一体化决策

本章中的一体化决策（make or buy decision）是指平台企业是否涉足供方产品或服务提供，即选择自制还是购买。这一变量的赋值较为简明，即平台自身提供供方产品或服务则赋值为"1"，完全由市场提供产品或服务则赋值为"0"，如表3-8所示。需要注意的是，在自制和购买之间存在一定的混合形式，如加盟商、长期合约等。考虑到这种混合形式之所以被采用，其背后的解释逻辑与自制策略的选择存在很大的相似性，因此本章将这种混合形式统一认定为平台对供方业务实施了一体化决策。

表3-8　一体化决策的赋值依据

分值	赋值依据	参考文献
1.00	平台企业对供方业务实施自制	（Williamson，1985；Zenger et al.，2011）
0.00	平台企业没有对供方业务实施自制	

四、数据收集与处理

（一）数据收集

按照数据来源的不同，可以将数据分为一手数据和二手数据，本章采用一手数据和二手数据相结合的方法。二手数据较为客观，但不能完全测度本章的相关变量，需要一手数据的补充；同时，一手数据的真实性和深度更为可靠。基于此，本章主要从两个方面开展数据收集：

（1）对 21 个样本涉及的企业尽可能开展访谈调研（线上与线下结合）。该方式收集了样本总量的 80％以上，其中以实地调研为主。实地调研的具体开展包括三个方面，即借助课题研究（包括自然科学基金课题、企业咨询课题和阿里活水计划等）、行业会议和论坛（行业协会、互联网专业论坛等）以及关系网络（亲缘关系、朋友同学关系和政府关系等）开展调研，获取相应数据。在调研过程中，注意定性问题与定量问题的结合，设计开放访谈提纲（初次访谈以定性问题为主）和半开放提纲（后续访谈逐步涉及定量问题）。半开放提纲中各类问卷的反馈将作为变量编码和赋值的重要参考材料。

（2）收集整理案例企业的二手数据资料，特别是定量数据资料。其中，主要包括案例企业的官网、年报（主板或新三板上市企业）、内部文稿和行业研究报告，特别是针对互联网行业企业的研究报告日益成为券商的关注重点。一些研究和数据分析商（如艾瑞咨询、友盟和阿里研究院等）也为本章研究提供了重要素材。同时，我们注意了网站体验和 App 使用，即以参与式观察的方式收集资料。

（二）编码示例

数据编码处理需要严格进行交叉验证，以保证研究信度（寿柯炎，2015）。基于此，我们建立了编码团队（以姓氏首字母编号 W、Y、H），该团队成员在交易成本、企业理论和创新研究等领域具有较好的理论功底（在核心期刊上发表过相应论文），而且三人之间合作关系紧密，能够有效保证编码的信度和效度。在具体编码过程中，三人编码小组进行背靠背编码，两人一组进行数据的整理和编码（初期的资料处理由作者统一完成）。在分工上，考虑到作者对企业和研究问题较为熟悉，其编码效度较高，由其对所有企业进行编码，另两位编码成员各参与一半样本的编码工作。此外，由编码成员与未参与该案例编码的团队另一位老师一起，对不一致的结果进行讨论和校验，旨在从理论和现实结合的角度，最终确定一个合适的编码值。具体编码人员分工如表3-9所示。

表3-9　边界治理编码人员分工

编号	编码人员	校验人员	编号	编码人员	校验人员
1	W、Y	H	12	W、H	Y
2	W、Y	H	13	W、H	Y
3	W、Y	H	14	W、H	Y
4	W、Y	H	15	W、H	Y
5	W、Y	H	16	W、H	Y
6	W、Y	H	17	W、H	Y
7	W、Y	H	18	W、H	Y
8	W、Y	H	19	W、H	Y
9	W、Y	H	20	W、H	Y
10	W、Y	H	21	W、H	Y
11	W、Y	H			

注：此处的校验人员只负责对编码数值与编码依据的匹配进行校验，防止笔误等简单错误，并不涉及对客观真实性的校验。客观真实性由团队老师与编码成员一起校验和讨论。

　　根据编码分工安排和赋值依据，研究人员开展了编码工作，编码赋值示例如表3-10所示。边界治理研究的分析单元是具体业务，此处以润湾创客平台创业培训业务的边界治理为例，做编码赋值示例。编码需要明确变量赋值和具体编码依据，以及编码的一致性得分。两位研究人员对某一变量的编码赋值一致，则得1分，否则为0分，本章对单一样本编码一致性的最高得分为6分（6个变量全部一致）。

表3-10　边界治理编码赋值示例

变量	赋值	编码依据
IA	0.33	创业培训这一块，市场上做的人很多，既有传统做教育的，也有现在新出来的互联网教育平台，还有一些投资机构也在做，模式也很多，竞争十分激烈
AS	0.67	好的创业培训，关键是导师资源，要有针对性地提供创业培训，帮助企业设计商业模式，这也是众创空间与传统孵化器不同之处……不同空间倡导的创业培训的文化氛围也不同
PCA	0.67	我原来就是做人力资源的，我们还有自己的企业大学，这一块做起来很熟悉，现在省里都会跟我们合作对外的培训班

续表

变量	赋值	编码依据
PCT	0.67	我们现在也在看和学习国外一些孵化器的做法，我们觉得创业培训是一个重要竞争力，它培养的是人而不是项目，如果这些人失败了，不要紧，我们提供的能力可以让他们继续创业
NE	0.67	润湾的创立时间还比较短，但入驻的企业正在增加……更重要的是，我们创业培训不单单面向空间内的企业，外部企业也在加入
MOB	1	企业直接为入驻创客提供培训服务

注：编码人员为 W、H；编码时间为 2016 年 3 月 12 日；初次编码一致性得分为 5 分。

（三）编码信度检验

编码信度检验如表 3-11 所示，基础编码数据的最高一致性得分为 21×6＝126，其中初次编码的一致性实际得分为 109，一致性系数为 109/126×100％＝86.5％，表明编码信度较好。其中，编码不一致主要集中在构念能力培育和跨边网络效应。针对这一点，在编码校验过程中，团队成员对相关构念进行了进一步的学习和深化理解。在此基础上，团队成员再次分头对原始资料开展梳理，并对照变量编码赋值依据进行了细致讨论，最终确定了大家一致认可的数据集。

表 3-11　边界治理编码信度检验

分值	IA	AS	PCA	PCT	NE	MOB	合计
1	1	0	1	1	1	1	5
2	1	1	1	1	0	1	5
3	0	1	1	1	1	0	4
4	1	1	1	0	1	1	5
5	1	1	1	1	1	1	6
6	1	0	1	0	1	1	4
7	1	1	1	1	1	1	6
8	1	1	0	1	0	1	4
9	1	1	1	1	1	1	6
10	0	1	1	1	1	1	5
11	1	1	1	1	1	1	6
12	1	1	0	1	0	1	4
13	1	1	1	0	1	1	5

续表

分值	IA	AS	PCA	PCT	NE	MOB	合计
14	1	1	1	1	1	1	6
15	1	1	1	1	1	1	6
16	1	1	1	0	1	1	5
17	1	1	1	1	1	1	6
18	1	1	1	1	0	1	5
19	0	1	1	1	1	1	5
20	1	1	1	1	1	1	6
21	1	1	1	1	0	1	5
合计	18	19	19	17	16	20	109

第三节　数据分析

QCA 方法具体又可以分为清晰集定性比较分析（crisp-sets qualitative comparative analysis，csQCA）和模糊集定性比较分析（fuzzy-sets qualitative comparative analysis，fsQCA）。清晰集定性比较分析是对样本构念的赋值只存在"0"或"1"两种情形，"1"表示对集合的完全隶属关系，"0"表示对集合的完全非隶属关系。模糊集定性比较分析是对清晰集定性比较分析的一种拓展，它对变量的赋值是在"0~1"的区间内，允许"部分隶属关系"的存在。就本章而言，我们研究的变量赋值存在部分隶属关系，因此采用了模糊集定性比较分析方法。下面详细介绍了 QCA 方法的一般步骤和本章研究的具体操作过程。

一、QCA 方法的分析步骤

QCA 方法经过不断迭代，已经渐趋完善（Ragin，2008）。开展 QCA 方法的一般分析步骤如下：

首先，导入原始变量数据。将资料编码得到的数据，以 fsQCA 所能识别的 .dat/.csv/.raw/.txt 格式保存（一般是在 Excel 编码后可以直接另存为 .csv 格式），然后在软件中打开相应的数据集。

其次，开展必要条件检验。必要条件检验的目的在于发现解释条件及其反面条件（不存在）是否为结果变量的充分条件（存在影响），但又不是必要条件（单一变量就完全解释）。如此，方能凸显采用 QCA 方法开展条件组合分析的必要性（Marx and Dusa，2011）。这一检验的评判标准是软件汇报的各变量"Coverage"值，该值介于 0 到 1 之间（"0"值说明不是充分条件，"1"值说明是必要条件），模型变量的必要条件检验视为通过。

在此基础上，得到真值表（truth table）。真值表是用软件将原编码数据转换为集合内具有清晰隶属关系的样本值，是条件变量与结果变量之间存在的所有逻辑组合。由于 QCA 的定位是小样本分析，因此从理论上说，出现的各种组合情形不一定都能找到样本支撑。样本中没有出现的组合，其出现频次为 0。通过真值表还能计算出每一种组合的样本覆盖率（特定组合出现的样本数占总样本数的比）与一致性程度（特定组合出现时，在多大程度上能够推导出结果变量）。在具体操作上，通过打开 fsQCA 的菜单栏并设定"Outcome"和"Causal"，即可得到真值表。

再次，设定样本频次和一致性门槛值。在得到真值表后，选用哪些样本数据进入条件构型组合分析，需要设定一定门槛。门槛设定分为两个方面：一是样本频次的门槛设定，即某一条件组合在真实样本中实际出现的次数。由于 fsQCA 方法通常适用于小样本分析，因此样本门槛值设定为 1 及以上水平均是可以的，并可根据样本数量的大小而酌情增加。本章的样本数量较少，因此将样本门槛设定为 1，即没有在原始样本中出现过的组合将被删除。二是一致性门槛设定，即条件变量的组合对结果变量的解释力度。一致性的数值介于 0～1，越接近 1 代表解释力度越好（fsQCA 软件会给出三个一致性数据，即 Raw Consist、PRI Consist 和 SYM Consist，一般以 Raw Consist 为准）。研究表明，一致性的最低接受门槛值为 0.75，一般应将门槛值设定为 0.8 或高于 0.75 的值。本章遵循这一惯例，将一致性门槛值设定为 0.8。

最后，开展路径构型分析。在设定门槛值后，选择标准化分析，即可得到条件构型的结果路径。一般来说，在得到的结果中会包括三个结果，即 Complex Solution、Intermediate Solution 和 Parsimonious Solution。其中，需要进行结果汇报的是 Complex Solution 和 Parsimonious Solution。因此，需要制作一个构型结构表（Misangyi and Acharya，2014），而且表中采用不同符号代表条件类型。其中，路径的条数是由复杂路径结果的条数所决定的，如果出现复杂路径结果的条数多于简洁路径结果的条数，则说明存在多条复杂路径对应同一简洁路径的情形，这时出现路径 1a 和路径 1b 的情形（Greckhamer，2016）。在两种结果路径对应好后，如果复杂路径的条件变量在简洁路径中也有出现，则该条件变量属于核心条件，否则为外围条件，由此得到构型组合路径表。

二、必要条件检验

打开 fsQCA 软件，导入原始数据，并设定结果和条件变量，然后开展必要条件检验，检验结果如表 3-12 所示。该结果表明：条件变量对结果变量均具有一定解释力，表现为 Coverage 值均大于 0.6（Schneider and Wagemann，2012）。其中，平台能力培育（PCT）的 Coverage 值最高，达到 0.89，说明其对平台一体化决策的解释重要性较高。同时，所有条件的 Coverage 值均小于 1，说明这些条件变量并不能完全解释结果变量，即并非结果变量的必要条件，也就是只针对单一变量的分析不够，需要开展进一步的条件构型组合分析。综上，样本前因条件的必要条件检验获得通过。

表 3-12　平台企业边界治理影响条件的必要条件检验

必要条件检验		
结果变量：一体化决策		
测试条件	一致性	覆盖率
IA	0.520 000	0.806 202
~IA	0.480 000	0.719 101
AS	0.606 250	0.784 155
~AS	0.393 750	0.730 012
PCA	0.521 250	0.735 450
~PCA	0.478 750	0.792 961
PCT	0.646 875	0.886 130
~PCT	0.353 125	0.606 223
NE	0.670 000	0.801 196
~NE	0.330 000	0.692 913

三、条件构型分析

选择"Fuzzy Truth Table Algorithm"分析，根据分析步骤的相关标准，设定相应变量和门槛值（1 和 0.8），即可得到构型组合分析的路径结果，如

表 3-13 和表 3-14 所示。表 3-13 是平台企业边界治理影响条件的复杂路径结果（complex solution），最终得到三条路径，而且路径的一致性得分（Consistency）均超过了 0.8，表明其对结果变量的解释力度较好。表 3-14 是平台企业边界治理影响条件的简洁路径结果（parsimonious solution），最终得到两条简洁路径，表明存在多条复杂路径的简洁路径相同的情形。

表 3-13　平台企业边界治理影响条件的复杂路径结果

模型：MOB = f(IA, AS, PCA, PCT, NE) 算法：奎因-麦克拉斯基算法			
———复杂路径结果———			
频次门槛值：1.000 000			
一致性门槛值：0.812 854			
	原始覆盖度	唯一覆盖度	一致性
NE×PCT×AS	0.543 125	0.106 250	0.897 727
NE×PCT×PCA×～IA	0.353 125	0.021 250	0.850 904
NE×～PCA×AS×IA	0.415 000	0.041 875	0.870 249
解的覆盖度：0.606 250			
解的一致性：0.907 390			

表 3-14　平台企业边界治理影响条件的简洁路径结果

模型：MOB = f(IA, AS, PCA, PCT, NE) 算法：奎因-麦克拉斯基算法			
———简洁路径结果———			
频次门槛值：1.000 000			
一致性门槛值：0.812 854			
	原始覆盖度	唯一覆盖度	一致性
IA×～PCA	0.415 000	0.041 875	0.870 249
PCT×HE	0.564 375	0.191 250	0.901 198
解的覆盖度：0.606 250			
解的一致性：0.907 390			

根据平台企业边界治理影响条件的复杂路径和简洁路径结果表，结合相应的符号使用规范，可以得出表 3-15 所示的平台企业边界治理影响条件的构型组合。从结果中可以看出：平台能力培育和跨边网络效应是影响

边界治理的核心条件。在具体构型组合上，当供方业务的资产专用性水平高，相关业务对平台能力培育十分重要，并且存在高强度的跨边网络效应时，平台企业将实施一体化决策。同理，平台能力优势、平台能力培育和跨边网络效应的组合，以及信息不对称、资产专用性和跨边网络效应的组合，也将促使平台企业实施一体化决策。下面将对这一结果做进一步的分析和讨论，以明确本章的研究贡献。

表3-15　平台企业边界治理影响条件的构型组合

变量	一体化		
	路径1a	路径1b	路径2
信息不对称		⊗	●
资产专用性	•		•
平台能力优势		•	⊗
平台能力培育	●	●	
跨边网络效应	●	●	•
Consistency	0.897 727	0.850 904	0.870 249
Raw Coverage	0.543 125	0.353 125	0.415 000
Unique Coverage	0.106 250	0.021 250	0.041 875
Overall Solution Coverage	0.606 250		
Overall Solution Consistency	0.907 390		

注：●表示核心条件存在、•表示外围条件存在、⊗表示相关条件缺失。

第四节　讨论与结论

平台企业边界治理研究的量化分析结果，支持了假设H1a、H1b、H2a、H2b，并部分支持了假设H3。本章对实证分析结果的进一步讨论，一方面是为了明确结果的理论意涵，特别是对部分结果未得到支持的原因分析；另一方面则是要将这一结果与经典理论开展对话，以明确本章研究结果的理论贡献所在。特别是针对本章研究关于企业边界的议题，具有深厚的理论根基，更需要与经典理论进行比较分析。

一、平台情境下 TCE 与 RBV 的解释力

对于平台企业而言，经典的企业边界理论是否不再具有解释力？本章给出的答案是否定的。经典的企业边界理论的两大解释逻辑（交易成本机制和资源机制）在平台企业情境中仍有较强的解释力。只是这种解释力在与平台企业特征属性（跨边网络效应）结合后，会得到显著增强。

（一）TCE 对平台企业边界治理的解释力

从必要条件分析结果可以初步看出，信息不对称和资产专用性对平台企业一体化决策均具有一定解释力。最终路径分析结果也表明，信息不对称和资产专用性都是构型组合的条件之一。特别是信息不对称、资产专用性和跨边网络效应的结合，会极大提升对平台企业一体化决策的解释力度。实际上，这是将交易成本的双边分析在平台情境下推向了三边分析（Argyres and Zenger，2012）。具体而言，路径 2 表明：信息不对称导致平台企业的高搜索成本，因而供方业务提供成为短板，此时由于平台跨边网络效应的存在，会通过负反馈影响到需方用户的有效聚集（Thomas et al.，2014），进而反作用于供方用户，导致整个平台难以实现"冷启动"。

同理，路径 1a 表明：资产专用性水平高将导致平台与供方用户间难以实现有效合作，而机会主义行为导致的套牢问题（Das and Rahman，2010），将会由于跨边网络效应的存在，使需方用户卷入，进一步加剧套牢，因此平台企业不得不加快选择一体化决策。由此可见，交易成本机制在平台情境中仍具有解释力，特别是在跨边网络效应强的平台中，这种机制会得到进一步强化。这与产业实践十分符合，很多平台需要迅速做大，期望通过跨边网络效应实现赢家通吃。在这一过程中，市场提供的交易成本越高，平台企业选择一体化决策的动机越强。例如，典典养车出于专用性资产投入考虑，大量实施门店自营策略。携程网总裁梁建章也曾明确指出：携程网实施酒店自营策略的考虑是搜索成本和专用性资产投入较高（陈威如和王诗一，2016）。

（二）RBV 对平台企业边界治理的解释力

从必要条件分析结果也可以初步明确，平台能力优势和平台能力培育均对平台企业一体化决策具有解释力，而且平台能力培育的解释力很大，说明其是平台企业一体化决策的重要影响条件。路径 1b 表明：当平台企业在供方业务上存在显著的平台能力优势（Iansiti and Levien，2004），并且存在高强度的跨边网络效应时，平台企业为了实现平台的规模经济（刘江鹏，2015），选择一体化决策的可能性将大大提高。

路径 1a 表明：当供方业务对于平台企业的平台能力培育十分重要，并且存在高强度的跨边网络效应时，平台企业会选择自制决策而不是购买决策。其原因在于，平台企业的平台能力培育需要不断的试错和迭代，这需要一定的用户基数（Baldwin and Hippel，2011），当平台存在强跨边网络效应时，如果没有供方用户数支撑，需方用户也难以进入（Cennamo and Santaló，2015），进而导致平台能力培育受阻。为了打破这种负反馈，平台企业对供方业务实施自制的倾向大大提升。可见，RBV 对平台企业边界治理仍然具有解释力，而且在跨边网络效应的影响下，其作用机制会得到强化。比如阿里百川对产业资源的自制，很重要的一个原因就是能够培育与腾讯和百度创业服务平台不同的竞争力（王节祥等，2016）。

二、平台情景下 TCE 与 RBV 的整合

诚然，TCE 和 RBV 均对平台企业边界治理具有一定解释力，但实证分析结果表明：对结果变量的核心解释路径，均是 TCE 与 RBV 相应变量的组合。其中，最具解释力的路径（Over Solution Consistency 值超过 0.9）是路径 1a，即当平台供方业务的资产专用性水平高，对平台能力培育十分重要，并且存在高强度的跨边网络效应时，平台企业更倾向于对供方业务实施一体化决策。这一逻辑有力地解释了产业实践中的三种现象：一是很多平台企业供方业务的资产专用性水平高，但平台企业并没有实施一体化决策，原因在于该业务并非平台企业未来发展的核心优势所在，因此平台企业不选择自制，如阿里百川对创业培训业务的边界治理。二是很多平台企业供方业务对平台能力培育十分重要，但平台企业并没有实施一体化决策，原因在于该业务的资产专用性水平低，市场完全可以标准化提供，平台企业不存在此类风险，如润湾创客对金融投资业务的边界治理。三是很多平台企业供方业务的资产专用性水平不高，对平台能力培育也不是十分重要，但平台企业却选择实施一体化决策，原因在于平台企业在该业务上的跨边网络效应强，平台企业为了实现正反馈，因而实施一体化决策的必要性加强。

可见，TCE 和 RBV 与平台企业核心特征（跨边网络效应）的条件组合，是平台企业边界治理的核心解释机制。这也从侧面印证了需要转变对平台企业属性的认识。在有关平台企业的现有研究脉络中，双边市场流派和新产品开发流派分别侧重于平台企业的交易和创新属性（Gawer，2014）。依此开展平台企业的边界研究，则前者强调 TCE，而后者更强调 RBV。本章研究表明：从平台企业整体而言，TCE 和 RBV 的整合视角是

更具解释力的，因此对于平台企业属性的认识，也不应割裂交易和创新二重性（Amit and Zott，2001）。当然，这种理想型分析并不否定在现实世界中分别存在偏交易和偏创新的平台企业，也不否认在交易型平台企业边界治理中 TCE 可能更具解释力，而在创新型平台企业边界治理中 RBV 可能更具解释力。因此，进一步细化研究情境，探讨主导解释机制是未来研究的重要方向。

三、理论贡献

平台企业边界治理是平台企业研究中的重要课题，但边界决策机制尚未被探索。本章研究与现有研究的对比如表 3-16 所示。

表 3-16　平台企业属性研究比较

维度	平台企业属性		
	平台企业交易属性	平台企业创新属性	平台企业交易和创新属性
代表性文献	Williamson（1985）	Ahmadjian 和 Lincoln（2001）	本章研究
边界关注焦点	交易成本	资源与资源分配能力	交易和创新
自制或外购	自制	自制	取决于条件
情境变量	无	无	跨边网络效应
战略影响	关注信息不对称和机会主义行为带来的成本	关注企业竞争优势和长期战略规划	关注平台企业二元性并结合跨边网络效应检验边界决策

本章的理论贡献主要表现为以下三点：第一，将 TCE 和 RBV 与跨边网络效应相结合。分析结果表明，经典的 TCE 和 RBV 在平台情境下依然具有解释力，这也体现出经典理论的生命力（Suddaby，2014）。第二，现有研究大多忽略了平台企业的双边属性，而仅仅将其视为交易平台企业（Hagiu，2009）或创新平台企业（Cenamor et al.，2013），并以单一的机制解释边界决策。但本章研究发现，复杂的实践现象使得用单一的机制不能解释平台企业的情境。因此，本章构建了一个综合 TCE 和 RBV 的理论框架，并引入了平台企业的情境，体现了新情境对现有理论的拓展和深化（Wagner and Berger，1985）。第三，TCE 和 RBV 的解释变量与平台企业跨边网络效应的条件组合，是平台企业边界治理决策的核心解释机制，这从侧面印证了平台企业具有交易和创新二重性。针对平台企业的后续研究也需要对二重性视角予以重视，避免二元分立的认知偏误。

第四章 平台企业边界治理的管理启示

本章希望回答的问题为：对平台企业边界治理的理论梳理、案例研究和量化分析所形成的结论，对企业实践有什么样的启发？在政策监管和服务层面有何参考价值？

第一节 战略认知：打破对平台企业边界的刻板印象

一、打破对平台企业就应"只做平台"的刻板印象

"只做平台"和"兼做自营"并无绝对的优劣之分，只是在特定情境下的治理选择。在垄断竞争格局已成形的市场上，新创企业不应盲目追求"只做平台"，而要认识到"兼做自营"也是平台企业可行的边界治理策略。不少产业实践者认为："只做平台"能够以"轻资产"方式快速做大，这才是"正宗"的平台经济。然而，现实情况却是，分别采用这两种模式的企业在同一个行业内均可能取得成功。例如，淘宝作为撮合供需两端交易的中介，奉行典型的平台策略，而早期的京东为建设全国范围内的物流体系，坚持实施商品自营。两者在电商领域各显身手，并分别取得了骄人的业绩。此外，即便是在同一个平台内，针对不同业务也可以采取完全不同的经营模式。例如，携程对酒店业务实施自制，对全球购业务却采取购买策略。之所以采用了不同策略，是因为自营优质酒店对平台未来的能力提升至关重要，而且酒店业务很难通过市场购买来快速介入；相反，开展全球购业务的主要目的在于激励更多商户入驻平台，但为打消商户疑虑，携程就必须减少自营，实施逐步开放的平台策略。

本章通过案例分析和量化研究表明："只做平台"和"兼做自营"模式取决于企业发展的特定战略情境和平台属性，新创企业更需要基于战略

情境灵活地调整策略。当平台处于成长关键时期或者需要快速做大自身规模时，"只做平台"策略可以迅速激发网络效应，最大化发挥数字平台吸引用户、收集数据的效用；当平台初创立或步入成熟扩张阶段时，"兼做自营"策略可以降低交易成本的影响、培育平台核心能力，从而快速适应激烈动荡的外部环境。偏交易属性的平台在选择是否"兼做自营"时，更需要考量交易成本的影响。偏创新属性的平台在选择是否"兼做自营"时，更需要考量平台能力优势和平台能力培育的影响。

二、将网络效应纳入平台企业边界治理的理解框架

为识别不同战略情境下的平台企业边界治理机制，管理者需要理解网络效应的重要性。根据前面的理论分析，平台企业在初创过程、成长过程和扩张过程的边界治理可能分别动用了交易成本机制、网络效应与交易成本或资源的交互作用机制以及资源机制。因此，产业实践中的平台企业边界治理不仅要有权变思维，还要判断平台网络效应爆发的临界点。与初创过程业务关注市场交易成本、扩张过程业务关注平台能力培育不同，平台企业成长过程业务特别关注网络效应的激发，即通过建立用户间更密切的关系网络来促进平台企业增值。越来越多的产业实践证明，网络效应是保障平台企业竞争优势的重要"护城河"，比如即时通信工具 QQ 和微信。凭借庞大的注册用户数量所形成的网络效应，这两大平台企业的市场地位始终稳固。平台企业管理者需要意识到，相关业务设计必须紧紧围绕如何吸引用户加入以及增强用户黏性，以此推动平台企业步入网络效应的正反馈循环。倘若在成长阶段错失良机，那么平台企业的价值在激烈的市场竞争中会不升反降，并最终引发用户逃离、市场淘汰，即可能引发网络负效应。

鉴于网络效应的临界点难以判断，因而平台企业边界治理特别需要快速迭代和试错学习。平台企业发展是一个瞬息万变的过程，同时判断网络效应的临界点并不容易。在此背景下，平台企业边界治理需要快速迭代，即通过快速更新自身战略及产品服务模式，用以试探市场用户反应，从而判断企业所面临的战略情境。此外，由于平台网络效应存在锁定特征，一旦平台企业边界治理策略不当，陷入负反馈，对平台企业发展而言是极其危险的。因此，试错学习至关重要，通过阶段性业务总结能为平台企业的决策提供缓冲和调整的时间，从而将网络效应对于平台企业发展的利弊影响置于平台企业控制之下。

三、产业竞争的重点正在从交易平台迈向创新平台

随着数字技术从消费领域向产业领域拓展，大量平台企业开始从交易属性为主向创新属性为主转变。越来越多的平台企业基于资源机制，对影响平台能力优势培育和利用的关键业务实施自制。与选择"只做平台"的大量消费互联网平台不同，产业互联网平台或将更多地"兼做自营"。尽管绝大多数平台企业兼具交易和创新二重性，但这两种属性存在相对强弱。电商平台的早期发展以交易属性为主导，随着平台资源和能力的累积，其业务发展正在转向服务外部主体创新创业。例如，阿里百川和智慧旅游等尽管在各自行业中已经形成了稳定的交易平台，但依然通过产品创新以及不断对接新创企业和服务商，对传统行业实施数字化重塑，使创新属性不断强化。当平台属性向创新属性为主转变时，平台企业就不能仅仅着眼于当前的交易成本，而是需要考虑如何进一步培育可以推动产品和服务创新的能力。特别是对于能够支撑平台企业从当前领域向其他领域包络发展的战略性业务，即便是要承担"侵犯卖家利益"的风险，平台企业也会大量实施自制。

综合来看，产业创新平台是下一步数字经济覆盖的重点，其边界治理机制理应与消费交易平台呈现出显著不同。如果平台企业管理者可以抢先认识到这一点，很可能会制定出获取先发优势的关键策略。例如，产业平台不能与消费平台一样只追求网络效应的激发，还应在平台规模扩张过程中加大产品创新投入，增强底层服务能力；又如，产业平台不能将战略重心仅投到双边用户上，还应关注生态内的多边创新主体，在与其互动的过程中实现业务共创。尽管产业平台边界治理比消费平台更加复杂，但对传统行业中的中小企业来说，却是其跳过漫长平台"冷启动期"、赶上数字化浪潮的绝佳机遇，后文将针对该问题展开更深入的剖析。

第二节　实施要点：分析平台属性与网络效应强度

综合来看，平台企业边界治理的关键要素包括平台属性、网络效应和治理策略。基于此，本节通过平台交易创新的二重性维度以及网络效应强弱维度，同时融入平台企业边界治理策略，提出了平台企业边界治理的路线图（如图 4-1 所示）。产业实践者借助该图，可以大概了解自身平台所

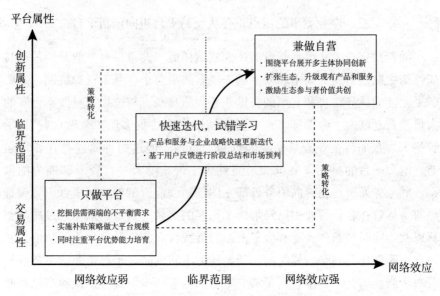

图 4 - 1　平台企业边界治理的路线图

应采取的边界治理策略，亦可找到适合自身平台发展的策略演进路线。

首先，针对具体边界治理策略的描述。当平台网络效应较为薄弱，平台属性以交易属性为主时，此时平台企业需要快速激发网络效应来推动平台成长，并在该过程中尽可能减少业务实施的交易成本，故该阶段的平台企业适合采用以"只做平台"为主的边界治理策略，通过挖掘供需两端的不平衡需求来构建平台的双边基础架构，进而借助免费、补贴等策略来快速做大平台规模；同时，在减少交易成本的基础上尝试培育平台能力优势，形成初步的资源和能力沉淀。此时，平台企业的主要战略目标是壮大平台规模，在条件允许的情况下亦要注重平台能力优势的培育。以阿里巴巴电商平台为例，它在成立初期不开设直营店铺，主要由外部主体提供产品和服务，并重点关注平台服务供需用户的能力。

当平台企业成长至网络效应临界点附近时，由于判断过程转变的临界点十分困难，平台企业需要反复试错、迭代适合自身发展的最佳策略，故该阶段的平台企业适合采取"快速迭代"的边界治理策略，不仅包括产品和服务的创新迭代，也包括企业战略的更新迭代，由此迅速把握适合平台企业步入临界规模的业务类型及比重，努力在此后的进程中增强用户黏性。此外，由于网络效应存在锁定特征，一旦平台企业边界治理策略不当而陷入负反馈锁定，对平台企业发展而言是极其危险的，故该阶段的平台企业适合采取"试错学习"的治理策略，要学会进行阶段性的业务总结，通过用户反馈进行市场预判，为平台企业的决策提供缓冲和调整时间。此时，平台企业的主要战略目标是推动平台步入网络效应的正反馈循环。以阿里巴巴电商平台为例，当平台运营积累了一定客户服务能力后，开始了解供应链的一般环节并能把握客户的关键需求，因此逐步涉足、试探商家品牌管理服务等内容，并对酒类、生鲜等日常生活用品实施自营。

当平台逐渐成熟时，平台的业务发展从电商交易转向服务外部主体的创新创业，而且网络效应愈发强大，故该阶段的平台企业适合采取以"兼做自营"为主的边界治理策略，也就是基于平台基础架构实现多主体协同创新和价值共创，在扩张整个平台生态的同时实现产品和服务升级。此时，平台企业需要亲自下场，其主要战略目标是激励生态参与者为平台生态价值的提升做出贡献。以阿里巴巴电商平台为例，当平台依靠业务发展积累了海量用户数据资源以及相关技术、运营和市场经验也处于市场领先地位时，平台开始对现有资源和能力进行整合，包括收购友盟等服务商，追求平台生态扩张和服务升级。表 4-1 总结了平台企业边界治理策略的示例。

表 4-1　平台企业边界治理策略的示例

情境特征	平台企业边界治理策略	案例企业典型示范
强交易属性	"只做平台"，通过免费补贴构建平台双边基础架构，快速做大平台规模	阿里巴巴不开设直营店铺，由外部主体提供产品和服务
临界范围	"快速迭代""试错学习"，在治理策略调整的过程中努力增强平台用户黏性	阿里巴巴逐步涉足商家品牌管理服务等内容，并尝试对酒类、生鲜等日常生活用品实施自营
强创新属性	"兼做自营"，基于平台基础架构实现多主体协同创新和价值共创，扩张平台生态	阿里巴巴对自有资源和能力进行整合，收购友盟等服务商

其次，针对边界治理策略演进路线的描述。从图 4-1 中不难发现，平台企业可以通过"增强网络效应"和"改变平台属性"两条演进路径来实现平台企业边界治理策略的过渡。当平台的交易属性很明显且激发网络效应的难度较低时，平台企业可以采取"增强网络效应"的边界治理演变思路，以海量用户数据为基础实现平台产品和服务的迭代，从而增强平台创新属性，完成从"只做平台"到"兼做自营"治理策略的转化。其核心要点在于以平台规模换取用户数据，然后再促进平台创新。该路径适合供

需两端交易较为频繁的行业领域，典型案例如阿里巴巴等早期电商平台，通过先在本行业内做大平台规模，进而再向其他产业领域延伸拓展，如今已完成数字平台的转化。

当平台的交易属性并不强且激发网络效应的策略也有限时，此时平台企业再采取"增强网络效应"的边界治理演进思路可能会得不偿失。交易属性薄弱意味着平台业务难以真正切入用户痛点，即便切入了，其交易成本也将巨大。在行业巨头已经形成垄断竞争市场格局的背景下，盲目追求"增强网络效应"，不仅无法壮大平台规模，还可能促使平台企业过早地背负现金流断裂的压力。相反，平台企业可以采取"改变平台属性"的边界治理演变思维，以创新产品和服务吸引参与者加盟生态共创，从而完成从"只做平台"到"兼做自营"的转化。通过产品研发或者运营服务创新，平台企业从交易属性为主直接跨越至以创新属性为主，此时再追求平台规模和网络效应则会得心应手。其核心要点是以平台服务质量换取用户数据，然后再促进平台创新。该路径适合供需两端交易并不频繁，或者说业务场景复杂且难以标准化的行业领域，平台业务往往是产品定制服务。典型案例如当下传统行业的产业平台，通过沉淀行业经验来增强平台底层服务能力，进而完成数字平台的升级转化。

第三节　政策建议：理性认知平台企业的"自我优待"

政府部门需要意识到平台企业可能亲自下场做自营业务。在这一过程中，平台企业可能利用信息和资源优势，实施"自我优待"，即平台企业的"双重身份"问题。如何监管平台企业的"双重身份"，是未来监管的重要挑战。本节将详细阐释平台企业的"双重身份"及其监管重点，并结合"农村电商平台赋能共同富裕"这一未来发展的重要场景，阐释政府如何平衡好监管与服务的关系。

一、平台企业的"双重身份"监管是未来的重大挑战

从企业运营的逻辑来看，平台企业"兼做自营"有其合理性。一方面，当外部商户难以满足日益增长的消费者需求时，此时通过企业自营不仅有利于增加平台内产品和服务的多样性，同时还可以激发平台供给端的参与活力，起到"榜样"的作用。另一方面，平台企业实施自营还有利于

培育平台能力优势，为平台未来向其他业务领域发展，奠定能力基础。特别是在平台已经颇为成熟的阶段，通过自营可以促使平台不断探寻新的价值增长点。

然而，从政府监管角度来看，很难判断平台企业的自营动机和行为结果。尽管平台企业自营的初心可能是为了激发参与者活力，但受利益驱动，平台企业很可能会采取"自我优待"行为，即利用自身优势对其他经营参与者实施差别待遇，从而侵犯外部商户的核心权益。例如，平台企业一方面可能采取首页推送、关键词筛选控制等举措，优先推荐自家产品，以此抢先吸引消费者注意力；另一方面，平台企业还可以限制竞争产品的商家流量，更有甚者会无理由下架其产品并封锁平台账号，以此维护平台企业的利益。哈佛大学朱峰教授团队就通过大样本实证研究证实了亚马逊平台存在利用自营业务侵犯商家利益的行为，该平台通过数据观察品类收益，然后进入收益好的品类开展自营。在此情形下，中小商家很难与平台企业直接抗衡。

面对平台企业自营可能存在的市场风险，各国都出台了相关方案进行监督审查。以欧洲为例，2018年4月欧盟委员会提出了《欧盟商业平台（P2B）条例》，希望阻止应用商店、搜索引擎、电商网站和酒店预订网站的不公平商业行为，以此确保科技公司与传统企业获得公平待遇。该条例列举了电商平台的不公平做法，要求平台增强数据搜集和算法排名的透明程度，并必须建立内部投诉处理系统来为广大中小企业用户提供帮助。2021年3月，中国政府在对原国家工商行政管理总局发布的《网络交易管理办法》进行大幅修订和完善后，由国家市场监督管理总局发布了《网络交易监督管理办法》，进一步强化了网络交易平台经营者的主体责任。上述法律法规的出台说明了我国政府对数字平台监管的重视程度。未来，相关部门需要清楚认识到平台企业的"双重身份"难题，警惕平台企业自营的监管盲区，如京东、天猫、贝壳等平台都存在类似问题。

二、对平台企业边界治理的监管建议——以农村电商平台领域为例

在诸多类型的平台中，农村电商平台是政府监管的重点领域。作为农产品上行的关键通道之一，农村电商平台被视为推进共同富裕的重要抓手，受到各级政府的广泛关注。然而，在各地建设农村电商平台的过程中，却面临诸多边界治理的难题。例如，早期如何吸引多元化的产品供给，后期是否要对物流体系开展自营，都是考验农村电商平台的关键难

点。为此，政府需要针对农村电商平台的流通市场和物流短板实施政策保障，使其既能有效推动农产品上行，又不损害农户的切实利益。基于对浙江省农村电商平台的走访调研，我们提出了如下政策建议：

（一）构建多元化农产品上行渠道，快速做大平台规模

建设农村电商平台的首要难点是平台规模难以做大。相比传统电商，农村电商的用户关注度少、网络效应激发困难，致使平台价值提升缓慢。为此，政府需要考虑如何扩大农产品供给数量以及丰富农产品供给品类，并通过构建多元化农产品上行渠道，尽可能吸引用户加入和增强用户黏性。在产品品类方面，政府可鼓励农村电商平台进一步培育农产品区域公用品牌，并通过聚焦产品种植、生产加工、包装、储存过程中的关键节点，培育升级产业全新公用品牌，最大化地提升农产品价值。在产品数量方面，政府应着手健全农产品供应链体系，通过补贴、奖励等政策吸引农户入驻农村电商平台，把"非标"、分散的、季节性的农产品变成能够上网销售、快递到家的"网货"，以此丰富农村电商平台上的农产品供给。此外，农村电商平台还需创新农产品销售渠道，通过线上销售、直播带货、开展专场活动、扶持农村新零售等方式，形成连接城乡、资源共享的农产品网络营销体系，并以此为基础来快速做大平台规模。

（二）提高农产品电商供应链水平，推动平台自营提效

在做大平台规模的同时，农村电商平台要关注补齐关键短板。由于农村地区的相关基础设施水平较为落后，无论是农产品上行或下行都存在一定的滞后性。该缺陷在平台规模扩大后将会放大，甚至可能引发平台网络负效应，带来用户弃用的风险。为此，政府需要提高农产品电商的供应链水平，强化农村电商平台的物流建设，推动农村电商平台有意识地通过产品自营来提升整体运营效率。相关措施包括：（1）提升农产品上行能力，有序推进"三品一标"认证工作，通过委托加工、品牌联营、采购合作、联合开发等方式，支持电商企业与农业企业建立稳定供应链关系。（2）健全农产品冷链物流体系，引导有条件的县建设产地低温直销配送中心、冷链物流基地，鼓励有农产品优势的乡镇合理规划建设仓储保鲜保活设施，不断强化平台物流建设能力，为平台产品自营提供基础保障。（3）壮大农产品电商市场主体，培育一批农村电商标杆性企业，支持电商企业联合地方政府、农业企业共建共享共用品牌的协同运作模式，通过形成业内标杆来推动农产品电商行业的整体效率提升。

（三）建立农村电商赋能共同富裕工作机制，强化政策监管

鉴于平台可能存在"双重身份"侵犯农户利益的问题，政府需要进一步加强政策监管。结合国家有关共同富裕的战略部署，政府应系统梳理电商进农村赋能共同富裕的主要任务清单，制定实施方案，打造"示范样板"，及时总结提炼地方经验。此外，相关单位应着手完善电商进农村示范县的绩效评价体系，强化对示范县的工作指导和绩效评价的跟踪督查，警惕农村电商平台"自我优待"的情形出现，并推动各示范县形成一批重大项目、龙头企业、重大平台和知名品牌。在此基础上，政府进一步构建线上线下融合、县乡村三级联动的数字化公共服务体系，优化相关政务服务流程。有关部门还可率先探索农村电商先富带动后富的模式，挖掘农村中低收入群体增收致富的新机制，建立"电商＋创业带头人＋低收入农户""电商＋农业龙头企业＋低收入农户""电商＋农民合作社＋低收入农户""电商创业模范＋低收入农户"等多种利益联结的共同富裕模式，助力全国农村电商平台发展壮大。

第二篇　平台企业主导的生态开放度治理

平台企业与一般企业的不同之处在于，它常常扮演着生态主导者的角色，要带领其他参与者一起去打仗，而且不同平台生态间的竞争十分残酷。那么，哪些人可以加入战队？是不是越多越好呢？产业实践中有一些平台就采取高度开放的策略，参与者越多，越能满足用户需求，并促进生态繁荣。但是，我们也可以观察到一些平台采取了限制开放度的策略，它们通过邀请制、强审核等来提升生态竞争力。对此，应如何解释？其背后的机制值得深入挖掘。

本篇将平台企业主导的生态开放度治理定义为平台企业如何设置参与者进入生态的门槛水平，并涵盖以下四章内容：第五章介绍了企业治理和企业开放度治理的理论背景，以及对平台生态开放度治理的初步理论分析；第六章是平台生态开放度治理的案例研究，采用案例研究方法对平台生态开放度治理开展了探索性分析，揭示了平台生态开放度治理背后的机制；第七章是平台生态开放度治理的量化分析，采用定性比较分析方法对平台生态开放度治理问题开展研究。第八章是基于理论分析、案例分析和量化分析的结论，为产业实践中的平台生态开放度治理提供管理启示。

第五章 理论分析：
企业开放度治理理论与平台企业治理

平台企业是生态开放度的治理主体，不同平台企业采取的生态开放度治理策略不同。例如，相对于谷歌公司的 Google Play，苹果公司的 Apple Store 采取了低开放度治理策略，软件开发商要经历严格的审核才能入驻平台。虽然开放度不同，但两家企业都取得了不错的市场表现。那么，平台企业应该如何进行生态开放度治理以提升绩效？本章首先回顾了企业治理理论的发展脉络，关注到开放度是企业治理的重要议题。其次，本章梳理了开放度与绩效关系的研究成果及不一致的发现，并归纳了消除结论分歧的途径。最后，本章聚焦平台情景下的开放度治理，探寻平台企业生态开放度治理的研究重点。

第一节 企业治理理论的发展脉络

梳理治理理论的发展脉络，有利于把握平台企业主导的生态开放度治理内核。"治理"一词起源于中古英语时代的法国政府管理领域，意指"引导和规则"。与这一渊源相对应，治理理论的兴起也始于政治学领域，特别是公共行政管理。概览其整体研究，可以把治理理论划分为宏观视角和微观视角，宏观视角的治理理论主要用于公共管理领域，其核心观点是摒弃国家或社会的单一权威地位，通过国家-社会关系的互动治理来解决诸如"国家主义与新自由主义"的紧张危机问题（格里·斯托克和华夏风，1999；王诗宗，2010）。微观视角的治理理论主要用于公司治理领域，其核心观点是通过治理机制解决多个主体之间的激励相容问题（郑红亮，1998；陈仕华和郑文全，2010）。

公司治理理论起源于伯利和米恩斯，他们于 1932 年发表的《现代公司与私有财产》一书（Berle，1932）系统总结了他们的早期研究成果，阐释了现代公司兴起的背景及其现状、现代公司为什么兴起（即它与传统公司的主要差异是什么）等问题。公司治理理论的兴起背景与科斯创立新制度经济学的背景存在相似之处，两者都关注到公司（大型企业）这一新兴事物，尝试阐释其兴起的内在机制。科斯主要关注企业组织相对于市场在交易成本上的差异，即"企业为什么产生"。伯利和米恩斯进一步关注到企业内部为什么能够降低成本，从而实现进一步扩张，即"企业为什么扩张"。

企业治理理论的基本发展脉络是将研究视角从企业内治理向企业间治理延伸，企业内治理（即公司治理）在伯利和米恩斯之后得到长足发展，主要表现在两大方面：一是对于公司治理的目的（即公司是保护谁的利益）经历了从股东至上向利益相关者价值最大化的转变。早期的公司治理理论以股东利益为终极目标（Jensen and Meckling，1976），但随着 20 世纪 80 年代后一系列政治经济事件（尤其是几次大的金融危机和诸多的公司财务丑闻）的发生，越来越多的人意识到这种观点的狭隘和短视（崔之元，1996）。对此，理论界也开展了大讨论甚至可以说是争论，而这种争论也发生在中国国有企业改革的初期（张维迎，1996；杨瑞龙和周业安，1997；郑红亮，1998）。尽管从股东至上向利益相关者价值最大化的转变任重道远，但对于在企业治理中应该关注利益相关者团体已基本形成共识（李维安和王世权，2007）。二是在具体公司治理内容上，注意区分代理问题和剥夺问题。Claessens 和 Fan（2002）最早提出了代理问题（agency problem）和剥夺问题（expropriate problem）。其中，代理问题也被称为第一类代理问题，是指公司治理中要注意解决在股权分散型公司中分散的小股东与经理人之间的利益冲突；剥夺问题也被称为第二类代理问题，是指公司治理中要注意解决在股权集中型公司中控股股东与小股东之间的利益冲突。进一步的研究指出，也可能出现控股股东、小股东、经理层乃至经理层内部等多主体间的复杂利益问题，现已成为公司治理理论的未来研究方向（陈仕华和郑文全，2010）。从企业内治理研究的发展趋势不难发现，关注主体的演变是理论发展的重要动因。

企业间治理研究的兴起与经济全球化背景密切相关，企业间分工和合作的深化既促进了经济发展，也会引发企业间、企业与相关机构间的利益冲突，需要理论研究的关注。企业间治理在小企业网络、制造商网络、企业政治关联网络和战略联盟等多个领域得到了广泛研究。Perrow（1992）

分析了产业分工促使小企业大量出现，而小企业之间通过组建网络，形成以"信任"为核心的治理机制，能够战胜以契约关系为主的大企业分工。学者在分析日本制造网络后，同样提出了一种新型的生产治理形式，并将其称为"keiretsu"（经连会）。特别典型的是日本丰田汽车生产网络，该网络内的不同企业主体之间能够有效合作，实现互利共赢（Lincoln et al.，1996）。此外，在政治关联网络和战略联盟领域，大量学者针对网络的正负效应、情境调节乃至联盟稳定性等多个方面开展了研究（Gulati，1998；Luo and Chung，2005；Gulati and Nickerson，2008；Teng and Das，2008）。

除社会网络学派对企业间治理的研究外，传统的公司治理研究也在从公司内向公司间拓展，主要代表是对以市场为中心的治理模式（英美为主）和以银行为中心的治理模式（德日为主）之间的比较分析（Khanna and Yafeh，2007）。综合来看，无论是社会网络与市场契约对比，还是英美模式与德日模式的对比，从本质上讲，企业间治理的核心逻辑都是通过契约治理和关系治理的权衡与互补来解决企业间的利益冲突，共同促进合作各方的绩效提升。这种分析过程首先是对治理机制的细化，即契约与信任（正式治理与非正式治理），再对机制作用的情境进行细化，比如探讨制度转型背景对于政治关联效应的调节。

治理的核心是多主体与制度设计：谈治理必然涉及多个主体之间的关系，单一主体主要涉及管理，而非治理；治理好多主体之间关系的途径是制度规则的设计，这是治理研究的核心所在。对企业治理理论的阐述分为企业内治理和企业间治理，其差异主要体现在涉及的主体不同。企业内治理是经典的股东与代理人、大股东与小股东之间的关系；企业间治理则是企业与供应商、客户等利益相关者之间的关系。同理，两者研究内容的差异表现在主体间关系处理的制度设计不同，企业内治理是激励和约束机制设计，而企业间治理是契约和关系治理的权衡（Poppo and Zenger，2002）。总体而言，对于治理核心的理解，是把握理论研究后续脉络的基础，也是指导本章研究开展的重要依据。

第二节　企业开放度治理的机制分析

关注治理问题是对企业开放度研究的深化。本节将针对与本章主题直接相关的开放度治理问题做详细梳理。搜寻有关企业开放度治理的现有文献，相关研究主要集中在技术创新领域，特别是随着开放式创新范式的提出（Chesbrough，2003），对开放度与企业绩效的讨论持续涌现（West et al.，2014）。有关这一关系的研究结论存在较大分歧，新近的一些研究亦开始通过概念细化和情境引入寻求消除不一致的结论。

　　企业开放度与绩效的关系存在不一致的发现。企业开放度促进绩效提升的机制主要是外部资源和知识获取（Chesbrough，2003）。企业越开放，越能从外部获取发展所需的资源，尤其是在开放经济范式下，绝大多数企业没有也不可能拥有复杂创新所需的全部资源，而提升企业开放度可以在创新过程中从外部获取所需的异质性信息和知识，能够在增加收益的同时降低成本（Faems et al.，2010）。企业开放度抑制绩效提升的机制则是因为协调成本的提升。企业开放过程中存在知识共享与知识保护的悖论，企业开放中面临核心知识外泄的风险，而且开放合作中还存在产权冲突和"搭便车"等机会主义行为的威胁，从而增加了企业成本和创新风险（West et al.，2014；王红丽和陈苗，2015）。

　　由于开放度与绩效间的关系存在悖论，后续研究开始寻求对这一悖论做进一步阐释（Poole and Ven，1989）。早期研究提出：开放度与绩效间的关系并非线性关系，而是一种倒 U 形关系，当开放度较低时，提升开放度能够促进知识获取和提升绩效，而当开放度较高时，进一步提升开放度反而会分散企业注意力，带来绩效的下降（Laursen and Salter，2006）。此外，还有研究通过细化开放度的维度，将开放度划分为开放的深度和广度，再结合非线性假设尝试消除悖论（陈劲和吴波，2012；曹勇等，2015）。消除悖论的另一种方法是引入情境调节，在特定情境下，开放度治理与绩效可能呈现出不一样的情况。相对于经验驱动型产业，科技驱动型产业的企业开放度对创新绩效的促进作用更明显（陈钰芬和陈劲，2008；Huizingh，2011）。与此同时，维度细化和情境调节的整合研究也在涌现，诸如外部环境对开放广度与绩效的关系存在调节作用，区域竞争环境与公共行政环境对开放广度与绩效之间的关系有负向影响（孙旭等，2015），企业自身能力对创新广度和深度与绩效的关系亦存在显著调节作用（Rothaermel and Alexandre，2009；马文甲和高良谋，2016）。总之，消除悖论的途径包括：一是存在非线性关系；二是概念维度细化，不同维度对应不同的正负影响机制；三是作用情境的引入，不同情境削弱或增强了特定机制的作用。这可以成为后续悖论消除研究的参考范式。

第三节　平台企业主导的生态开放度治理分析

研究平台企业主导的生态开放度治理要求将平台企业的独特属性纳入分析框架。平台企业与传统企业的核心差异在于其连接多边主体的特性（Gawer，2000），平台企业的核心竞争优势来源于通过基础架构共享，激发网络效应，进而构建起平台商业生态系统（Iansiti and Levien，2004）。平台企业成为平台主导者，通过架构锁定来获取可持续竞争优势（蔡宁等，2015）。从平台企业到平台商业生态系统的演变，关键在于开放平台，同时设计了界面规则（Simon，1991），从而能使多主体在生态系统内共生（Pfeffer and Salancik，1978）。然而，平台开放又是一个需要权衡的过程，平台开放能够促进平台生态系统内种群多样性的增加，但种群多样性的增加也可能带来平台生态位重叠和资源竞争问题（McLean et al.，2007），造成平台生态稳定性的下降，不利于整个平台生态的持续发展。可见，平台生态开放度是平台企业治理的一个难点。

对于平台企业主导的生态开放度治理研究尚处在起步阶段，但现有的少数几篇研究，依然存在截然不同的观点（West，2003）。一种观点认为：开放度能够为平台带来异质性的产品或知识，从而能够促进交易或平台创新，提升平台绩效（Gawer，2009；Cenamor et al.，2013；Chekanov and Modol，2014）；另一种观点认为：开放度的增加会带来竞争拥挤效应，而恶性竞争会产生柠檬市场问题，从而降低平台绩效（Boudreau，2010；Casadesus and Hałaburda，2014）。这两种观点似乎都能逻辑自洽，学者们开始从理论角度寻求对这两种观点的逻辑整合（Eisenmann et al.，2009；Boudreau，2012），但由于缺乏整合的理论基础，效果并不理想（Cennamo and Santaló，2013）。值得一提的是，在平台企业主导的生态开放度治理研究中实际混合了两类研究者，他们采用的理论基础并不一致。一类研究者是从与产品需求相匹配的交易视角开展研究，关注平台产品多样性，另一类研究者则是从价值创造的创新视角开展研究，关注平台知识生产问题。两者对平台企业主导的生态开放度治理研究仍处在理论探索过程，经验研究较为缺乏。

参考现有研究，剖析平台企业主导的生态开放度治理悖论可以尝试从概念细化和情境条件引入着手。对企业治理理论缘起的回溯，可以发现企业治理是对科斯"企业边界"问题的进一步深入（王洋，2009），它关注了"企业扩张"，特别是多主体间的利益关系处理。类似地，对于平台企业而言，在边界治理研究后需要关注其治理边界，即平台企业与参与者之间的关系。结合企业开放度和平台生态开放度的现有研究，平台企业主导的生态开放度治理研究未来可以在两个方向寻求突破：一是借鉴企业间治理理论在契约和信任机制上的细化，特别是要素交易和知识创造对悖论产生的内在原因，尝试对平台生态开放度做维度细化；二是借鉴企业间治理理论对于情境条件的考虑，尝试揭示平台生态开放度对绩效影响的特定情境，在此过程中可以进一步引用企业开放度治理的相关研究，以支撑理论演绎过程。在此基础上，未来还可以借鉴企业间治理演化的思路（Sandberg et al.，2013），探讨平台企业主导的生态开放度治理在平台生命周期内的动态演化。

第六章 案例研究：
平台生态开放度治理的一般框架

现有研究表明：平台生态系统治理存在开放度悖论，即不开放难以提升生态用户数量和多样性，开放度过高则容易引发竞争拥挤（Wareham et al.，2014）。平台主导的生态开放度治理与其绩效之间的关系悖论可以借鉴经典治理理论（企业间治理）化解悖论的思路，从维度细化和情境条件引入这两条路径寻求突破。在此基础上，本章进一步引入平台的交易和创新二重性，然后通过案例研究剖析平台企业主导的生态开放度治理的内在机制。

第一节 案例现象

平台企业在当代经济发展中扮演着越来越重要的角色（Parker et al.，2016）。平台企业一般不直接向终端用户提供产品和服务，而是提供基础区块并通过开放的交互界面，连接外部供应商来满足用户需求（Gawer，2009；West，2003）。选择什么样的供应商进入是关键问题，这使得平台生态开放度治理成为关键。平台企业主导的生态开放度主要是指供需双方用户进入平台的阈值条件，高阈值意味着低开放度（Boudreau，2010）。由于产业实践者对平台属性的不同认知，导致他们在战略决策上呈现出截然相反的取向。一类平台企业积极拥抱各类不同的参与者，快速抢占利基市场，吸引客户加入平台。另一类平台则设置了高进入门槛，严格筛选能够进入平台的成员，这在一定程度上防止了恶性竞争，提升了早期用户的黏性。

即使在同一个行业内，不同平台企业采取的生态开放度治理策略也不相同。例如，苹果手机操作系统的基础架构由苹果公司完全控制，应用开发商开发的应用进入苹果商城需经过层层审核，只有满足严格评估标准才可进入平台，实现了从软件到硬件的苹果产业价值链闭环。与此相反，安卓是一个开放的平台，它以免费和较强的兼容性为特点，吸引了大量应用开发人员和智能设备厂商入驻，这些开发人员甚至可以帮助修正安卓平台。这两家企业虽然采取了完全不同的开放度策略，但都获得了高绩效。安卓操作系统的低门槛策略让手机厂商能轻易地使用，从而增加了用户基数。而苹果操作系统成为品质的代名词，也带动了苹果手机的销量。

　　同一个平台对不同的参与者也会采取不同的生态开放度治理策略。例如，国联股份的多多平台整合了化工原料的上游供应商和下游需求方。多多平台对上游采取集中采购的模式，选择竞争相对激烈的供应商，这些供方经过了国联股份的严格筛选，能提供相对低的价格。多多平台对下游需求方（即中小企业）不设置门槛，以便为上游供应商带来尽可能多的分散订单。

　　上述差异背后反映了企业的治理决策差异，即平台企业如何进行生态开放度治理？设定开放度的本质是平台企业决定哪些参与者可以加入平台（West，2003；Boudreau，2010；Cennamo，2018）。由于平台企业的多边架构特征，平台对不同类型参与者的生态开放度治理策略也应不同，本章将对这一复杂现象开展案例研究。

第二节　研究设计

　　本章采用建构式案例研究方法，在尽量减少理论预设的前提下，通过访谈调研和二手资料分析，对平台情境下的战略管理现象开展研究，期望深化对平台企业治理的认识，然后在此基础上得出针对两大平台企业开放度问题的初步分析框架和相应的理论命题，为后文的量化分析奠定框架基础。

一、方法选择

　　案例研究不是一种简单的数据处理和分析技术，而是涵盖特定的设计逻辑、数据收集和数据分析方法的一整套程序。案例研究适合开展"如何改变"、"为什么改变"以及"结果如何"等问题，适用于揭示复杂现象内部的过程和机理。本章研究主题是平台企业如何选择业务边界及其原因、平台企业如何进行生态开放度治理、平台企业主导的生态开放度治理与其绩效之间的关系如何等问题，因此选择案例研究方法是合适的。

案例研究方法分为理论建构和理论验证两种范式。Eisenhardt（1989）认为案例研究更适合开展理论建构，而 Yin（1994）认为案例研究既可以开展理论建构，也可以开展理论验证。学界对此形成的共识是案例研究在理论建构上具有独特优势（Bluhm et al.，2011；张霞和毛基业，2012）。本章研究是在明确初步问题的情况下，希望对相应现象开展现实考察，以便明晰研究现象内部的初步因果关联，因此采用理论建构式案例研究是合适的。理论建构式案例研究不进行理论预设，只在明确研究问题的基础上，对相应基础理论做初步梳理。

二、案例选择

本章采取多案例方法，适合揭示平台企业主导的生态开放度治理与其绩效之间的关系。在案例选择上遵照理论抽样的原则，一方面，为了发展理论，选择了具有代表性的案例；另一方面，为了在多案例间形成可比较内容，选择了条件类似的案例。两者结合，使得一组案例能够为理论发展做出潜在贡献（Eisenhardt and Graebner，2007）。基于此，本章选择的案例如表 6-1 所示，包括 4 家平台企业，主要基于如下考虑：（1）案例典型性。本章选择的案例分布在传媒、电商、信息服务、创新创业服务领域，是典型的平台企业，连接供方（卖家、广告商、服务提供商、研究院等）和需方（买家、读者、创客、企业等）等多边用户，而且结合案例调研，相应企业在业务边界和开放度上存在慎重考虑，符合本章关注的研究情境（平台企业）和研究问题。（2）多案例间差异组合。本章选择的案例在平台属性（交易/创新）和开放度上存在一定差异，而各种差异之间的组合，有利于跨案例比较分析，以揭示案例内的因果联系。（3）数据可获得性。案例研究不同于大样本实证分析，需要实地访谈和深度资料收集，因而数据获取十分关键。本章选择的案例要么位于作者所在城市，能够通过关系网络获取到一手资料，要么是上市或知名公司，公开的二手资料较为丰富。

表 6-1　案例企业信息一览表

案例企业	行业类型	平台功能	关注问题	现象表现
钱报有礼	电商服务	连接买方和卖方	平台生态开放度治理	低开放度
全球蛙	零售商超	连接消费者和超市	平台生态开放度治理	中开放度
海尔创新	技术服务	连接技术商和制造商	平台生态开放度治理	中开放度
小米手机	手机制造	连接用户和开发商	平台生态开放度治理	高开放度

三、数据收集

本章研究的数据收集工作主要采用以下几种途径：深度访谈、档案资料、媒体资料、网站资料、电话访谈追踪以及电子邮件等。本章研究在相关数据收集过程中遵循了 Yin（1994）的建议：一是从多种来源收集；二是建立案例资料库，此举增加了研究的效度与信度。因此，本章研究遵循以上原则进行相关数据的收集，收集的数据涵盖一手访谈资料、二手资料和参与式观察三个主要方面。

如表 6-2 所示，案例企业的数据收集以二手资料为先导，主要涵盖公司的财务年报、招股说明书、行业研究报告、网站资料和文献资料等方面，用以建立对案例企业的初步了解；在此基础上，本章设计了访谈提纲，利用社会网络和相关横向课题机会，对案例企业开展了实地或线上访谈（邮件和微信等）。考虑到数据收集的充分和完整，对每家企业都进行了多次调研，而且相关调研之间尽量间隔一段时间，以保证观察的稳健性。此外，考虑到互联网平台企业的特点，作者借助潜在用户的身份开展了"参与式观察"（下载 App 进行功能体验或实际参与企业实践），从而在三个方面的资料间形成了交叉验证。

表 6-2　案例企业的数据收集

案例企业	数据收集		
	一手访谈资料	二手资料	参与式观察
钱报有礼	借助团队咨询项目访谈公司副总以上高管；访谈各平台分管项目老总、项目主管或相应工作人员 地点：浙报传媒公司	财务年报/招股说明书/行业研究报告/网站资料/文献资料	下载相应客户端，体验浙报传媒的相应服务（购房宝、浙江新闻 App 等）
全球蛙	与全球蛙公司形成合作，深度访谈全球蛙的高管团队和运营人员 地点：线上访谈、全球蛙公司	行业研究报告/网站资料/文献资料	团队成员进入全球蛙公司内实习，在多个不同部门轮岗
海尔创新	借助所在研究基地与海尔的合作关系，团队成员访谈了海尔开放式创新中心负责人和工作人员 地点：青岛海尔总部	财务年报/招股说明书/行业研究报告/网站资料/文献资料	团队成员实地参与了海尔开放式创新中心的项目运营实践

续表

案例企业	数据收集		
	一手访谈资料	二手资料	参与式观察
小米手机	借助同学关系网，访谈小米手机开发人员和小米社区运营人员 地点：邮件、线上访谈	行业研究报告/网站资料/文献资料	以用户身份参与和观察小米用户社区的运营实践；使用小米手机系统

四、数据分析

数据分析是通过案例研究构建理论的核心，也是最不易言表的部分（Eisenhardt，1989；陈晓萍等，2008）。首先，根据 Eisenhardt（1989）的观点，本章将理论构建分为多个主题，让资料与主题进行充分"对话"，以了解资料与初步命题的匹配状况，而后提炼出一些主题构念（Eisenhardt and Graebner，2007）。其次，描绘深层次结构，整合所有资料、理论命题，用以进行理论框架的构建，作为未来进一步研究的基础，并加以修正（Strauss and Corbin，1990）。最后，在案例分析中寻找类似的构念和主题进行跨案例比较分析（Yin，2009）。同时，为了通过案例之间的配对来突出异同，本章用分析性归纳方法对案例进行分析，此方法可以对现有理论进行有效扩展和精炼。本章通过对第一个案例资料的数据分析形成构念与主题，并初步建立起各构念之间的关系，然后通过复制逻辑来精炼这些初步发现的关系，同时根据每个案例去比较验证具体构念、关系和逻辑是否存在。这种理论与数据的反复比较，强化了构念的定义、构念间的理论关系及深层次的理论观点。总之，本章通过对选取的四个案例数据、文献资料和理论之间的循环验证，直至实现理论与案例数据之间的高度匹配，从而得出相对稳定的结论，为后续定量方法检验提供科学命题。

第三节　案例分析

本节将对钱报有礼、全球蛙、海尔创新和小米手机四个平台开展分析。案例分析遵循 Yin（2009）在多案例研究中所强调的"复制逻辑"，每个案例都遵循识别要素（what）、关系建立（how）、解释逻辑（why）的思路，采用内容分析技术，进行逐一复制研究。

一、钱报有礼平台的生态开放度治理

钱报有礼是浙报传媒（后更名为"浙数文化"）打造的O2O（online to offline，线上到线下）电子商务平台，紧紧依托《钱江晚报》的品牌和数据库资源，承诺"优质优价、全程见证"，为用户打造值得信赖的网上购物环境和便利、快捷的网购体验。钱报有礼既有平面的导航和专业的网站，也有App和微信群，将集团购、线下活动、网络订购、旗舰店和竞拍等融为一体。同时，依托《钱江晚报》发行队伍，打造配送时效性强、网络覆盖密集、分送能力强的电商物流网络。目前，钱报有礼定位为垂直专业电商平台，即实行区域细分与市场细分相结合的本地生活类电子商务平台，下设乐享福利社、时尚潮品、我要健康、杭州吃货、旅游抢票、母婴生活、全球购、艺术生活家八个场馆。钱报有礼连接买方和卖方（自营和店铺均有）双边用户，本章从平台属性和平台用户两个方面考察钱报有礼的平台生态开放度治理问题。

（一）平台属性：产品交易，需求多样

钱报有礼定位为电子商务交易平台，在其设立初期是出于集团层面战略转型发展新媒体业务的考虑，希望利用集团已经积累的品牌资源、政府关系和媒体优势，以及纸媒建立的物流网络打造本地高端生活服务平台。但是，在垂直电商平台打造过程中，面临"冷启动"困难问题，由于在电商平台战略定位上出现偏差，并没有找到准确的细分领域定位，导致该平台成为与传统电商无差异的大众化电商平台。进入平台的用户并不是为单一需求而来，而是涉及各种需求。综上可见，钱报有礼的平台属性偏向交易属性，其中用户需求的多样性水平也较高。

（二）平台生态开放度：垂直定位，低开放度

按照初始战略定位，钱报有礼是一个依靠品质取胜的高端生活服务平台，它通过垂直领域的深耕发展构建竞争优势。因此，在平台发展初期，它就建立了高门槛的开放特征，采取与农户、庄园签订协议的方式，保证平台提供产品的品质。该举措一方面保证了平台产品的水平，但另一方面也极大地限制了平台提供产品的数量和种类。关键问题是，平台属性和开放度之间出现了错配。根据战略定位，钱报有礼实施了高门槛、低开放策略，但它是一个偏交易属性的平台，所以用户需求的多样性水平较高，进而出现了需求多样性与开放度之间的错配。这种错配导致的结果就是平台难以有效满足用户需求，导致用户体验较差，难以吸引新用户，反过来也

局限了平台企业供方用户的产品提供。在这种情况下，平台进入负反馈周期，导致钱报有礼的整体绩效较差。

二、全球蛙平台的生态开放度治理

山西全球蛙电子商务有限公司（简称"全球蛙"）定位于零售超市"赛道"的数字化赋能，由母公司美特好集团出资孵化。作为山西省太原市的区域龙头超市，美特好集团在互联网浪潮来临后备受冲击，超市门店收益骤减，集团业务转型迫在眉睫。在危机时刻，全球蛙应运而生，其初心是"借助互联网推进母公司美特好集团的转型自救，进而对外输出，赋能超市行业的数字化转型"。为此，全球蛙以"用数智化赋能让全国超市的商业决策更快、更简单、更智能"为使命，以"携手万家超市的百万导购为亿万用户提供高品质、高性价比的商品和专业贴心的服务"为愿景，聚焦零售超市"赛道"，历时五年自主研发数字操作系统，为区域传统实体店提供了全渠道的数字化解决方案。然而，在成功研发数字化解决方案之前，全球蛙是作为典型的零售电子商务平台对接供方（零售超市）和需方（消费者），并辅以一定的运营方案来刺激供需匹配。在该时期，对平台属性和平台企业主导的生态开放度治理分析如下：

（一）平台属性：产品交易，强化运营

全球蛙的早期定位为零售电子商务交易平台，其目的是帮助传统零售超市融合线上流量和线下销售，通过线上线下一体化来提升实体门店业绩。以全球蛙为例，首先，它利用标准化的"SaaS＋API"（software-as-a-service＋application programming interface）部署，让实体门店以极低成本快速线上化。其次，它通过产地直采、工厂品牌直供、跨境电商等业务方式，拓宽了超市货源、丰富了产品供给，为消费者提供了更为多样化的商品选择。入驻全球蛙商城的实体门店不仅可以经营自家商品，还能经营由平台作为中介的全球好货。最后，它将超市的线下会员转变为电子会员，并打通美特好集团所有门店的积分权益体系，实现商户之间的会员通、余额通、积分通。在此基础上，全球蛙可以对消费者交易数据进行全面采集，由此实现用户画像的精准描绘，方便后续采取有针对性的运营举措，借此强化用户对全球蛙 App 的黏性。综上可见，早期的全球蛙与钱报有礼相同，其平台属性也是以交易属性为主；但与后者不同的是，全球蛙的运营目标更加偏向供方超市，注重交易效率提升和服务质量改善，因此会针对供需交易的薄弱点采取更多的创新运营举措。

（二）平台生态开放度：限制供方，逐步开放

早期的全球蛙并没有成熟的运营经验沉淀，入驻线上商城的只是母公司美特好集团旗下的实体门店，整体绩效提升并不明显。针对上述情形，全球蛙采取的开放度策略是在限制供方客户的基础上，逐步沉淀运营经验，进而再开放自身生态。尽管该时期的全球蛙是一个典型的电商交易平台，而且拓展供需两端的开放度对于成功激发网络效应至关重要；但是，盲目地开放生态却不能帮助入驻平台的传统零售商超真正实现数字化转型，这无疑违背了全球蛙成立的初心使命，因此需要进一步创新可行的数字化赋能方案，并通过有效运营实现商超线上与线下的融合。对此，全球蛙围绕美特好超市进行了多次实验，终于成功开发了针对传统零售超市的数据分析软件，全面改善了线上用户购买线下门店商品的业务流程，从而刺激了线上流量到线下销售的转化效率，促使美特好超市业绩发生明显改观。在此基础上，全球蛙进一步筛选与美特好属性和规模相一致的同类区域龙头超市，缓慢放开自身的生态规模。如此一来，通过供给端的逐步开放，不仅消费者的多样化需求得到了满足，而且入驻全球蛙的传统零售超市亦能实现业绩和效率的提升，得以赶上数字化转型的浪潮。

三、海尔创新平台的生态开放度治理

海尔开放式创新中心致力于全球研发资源整合，以开放创新颠覆传统的研发模式。海尔开放式创新中心致力于扩展各种渠道，并通过在北美、欧洲、亚洲分别建立区域中心来多方位获取有价值的资源，为集团各业务单位提供即需即供的资源支持，支撑海尔产品的第一竞争力，提升海尔品牌形象及全球美誉度。海尔开放创新平台（Haier open partnership eco-system，HOPE）由海尔开放式创新中心开发并运营，致力于打造全球最大的创新生态系统和全流程创新交互社区，服务于全球创新者。HOPE遵循开放、合作、创新、分享的理念，通过整合全球一流资源、智慧及优秀创意，与全球研发机构和个人合作，为用户提供前沿科技资讯以及超值的创新解决方案。HOPE连接需方（海尔及行业厂商）和供方（技术解决商），对其平台属性和平台企业主导的生态开放度治理分析如下：

（一）平台属性：创新方案对接

HOPE是一个提供开放式创新服务的入口。在HOPE中，技术需求方可以发布技术需求和选择所需的技术方案；同时，技术持有人既可以寻找合适的需求，以促成商业合作，也可以在HOPE上发布技术方案，使

之得以推广宣传。HOPE 独有的商业智能通过智能分析与匹配算法，能为用户精准推荐与匹配需求、资源和技术资讯。通过平台上的多方交互，技术方、资源方、普通用户都能针对产品创意提出建议和意见，以便开发者搜集更多实际的、市场化的方向，并不断扩散产品影响力。其中，需求板块并非局限于海尔，只要对此感兴趣的公司都可以将需求发布到 HOPE 上。技术板块是一个技术提供者的空间，技术提供者包括大公司、中小型企业、创业公司、研发中心和创客等。综上可见，HOPE 是一个创新型产品交易平台。尽管 HOPE 的技术架构形式偏向交易互动，但因为交易的产品比较特殊，主要是创新型产品（新技术和新方案等），而且 HOPE 上的知识流动现象相比传统电商交易平台来说更加复杂，因此在类型划分上，其创新属性要强于交易属性。

（二）平台生态开放度：保持开放，同时提升门槛

HOPE 定位为大众创新平台，一般主体均可通过平台发布技术需求以及技术方案。可见，HOPE 采取的是低门槛、高开放度策略。该策略使得HOPE 成为创新领域（特别是家电产品）的重要开放创新平台，具有广泛影响力。为什么创新平台与高开放度的匹配能够带来高绩效？如前所述，HOPE 的技术架构形式更加偏向交易互动，因而用户的需求多样性较高。这使得供需两端的高开放度能够直接提升平台上的知识复杂度，进而促进平台创新产品的开发；同时，平台的网络效应也可以吸引更多的供需用户加盟平台生态，从而间接刺激了平台上知识流动的效率，为平台后续产品创新的质变奠定了数量基础。对于创新平台来说，高知识复杂度可以带来平台绩效的提升，由此塑造了 HOPE 在业内的广泛影响力。然而，需要注意的是，相比较而言，HOPE 的供给端开放度明显高于需求端开放度，其需方用户仍以海尔厂商为主，这在无形中限制了平台的未来创新潜力。

四、小米手机的平台生态开放度治理

北京小米科技有限责任公司（简称"小米"）是一家专注于智能硬件和电子产品研发的移动互联网公司。小米从创立开始，凭借"专注、极致、口碑、快"七字方针，迅速使小米手机成为国产手机的领军品牌之一。小米发展的关键被认为是通过快速迭代的产品微创新和软件开发获取市场，其背后的支撑是小米打造的用户社区（董洁林和陈娟，2014；周青等，2015）。小米手机平台的核心架构是 MIUI 系统，它通过系统连接开发商（自身和市场软硬件开发商）和用户，对其平台属性和平台企业主导的生态开放度治理分析如下：

（一）平台属性：产品和软件开发

作为小米手机平台的核心部分，MIUI 系统是平台架构的基石。小米手机平台不仅吸引多边用户进入生态，而且在平台架构上也鼓励用户的参与式创新。平台的大致开放流程为：基于 Android 开源软件，小米于 2010 年 6 月开始开发，最初的开发团队只有 3 个人，每人身兼数职；2010 年 8 月 16 日，小米发布了第一款功能非常有限的版本，第一周找到 100 个用户试用；基于用户反馈，一周后开发出新版，试用用户增加到 200 个。此后，每天发布一个内测版，每周发布一次用户版，每月发布一次稳定版，用户呈"病毒式"增加。到 2011 年 9 月，在没有广告投入的情况下，小米手机平台已在全球拥有约 30 万用户。小米手机平台每天发布体验版，向荣誉测试组的用户开放；每周发布开发版，向开放组的用户发布；最后基于用户投票，每月保持一个稳定版，向全体用户发布。此外，小米手机平台对接外部硬件和软件开发商，为开发商提供开发工具和用户反馈，不断提升第三方配件和 App 的数量及质量。可见，小米构建的平台主要是集聚用户参与产品和软件开发，因而平台的创新属性较强。

（二）平台生态开放度：高度开放，构建用户社区

小米创始人雷军是一位手机发烧友，能够较好地了解手机发烧友的需求。小米副总黄江吉也说："为什么发烧友那么重要？原因很简单，因为我们挑了一波最严格、最挑剔的用户，你过不了他们这一关，就不用继续了；但你过了他们这一关，他们会成为你最大的口碑推动者。"也就是说，由于发烧友对产品有极高要求，他们深度参与产品开发可以使得产品做得超越普通客户的要求。因此，小米从创业伊始就确定了全方位借助互联网、利用平台的发烧友参与产品创新的思路。表 6-3 列举了小米用户社区与产品开发中的用户参与创新。用户参与产品创新流程的一个显著特征是从"信息贡献者"向"过程参与者"的角色转变。在这一过程中，企业需要提供相应的平台，以便用户参与创新。小米为用户参与创新提供了平台和相应的工具。可见，小米手机平台的开放不是简单的准入开放，而是结合平台架构开放，让双边用户真正参与整个小米手机平台的架构设计，这在一定程度上决定了小米的发展方向。综上，小米手机平台采取了开放度最高的构建用户社区模式（既有手机用户，也有供方厂商），通过打开整个创新流程、引入用户参与，带来了平台创新高绩效。与海尔创新相比较，这种高开放程度能够为平台直接带来异质性、多样化的信息源，与创

新平台的高知识复杂度需求相吻合，进而能够显著促进平台绩效的提升。

表6-3　小米用户社区与产品开发

开发阶段	用户参与	引用举例
产品策划	用户通过小米论坛、微博等网上平台向小米提供产品建议，这些建议成为小米产品的功能设计来源。	作为用户，他曾经给手机厂商提过产品建议，但厂商不理睬，这成为他做小米并将用户深度卷入的动机。
产品设计	核心用户参与每天发布的测试版软件的测试，以确定新功能的设计是否恰当。	MIUI团队原成员孙鹏说："在设计一个新功能的过程中，工程师和用户的沟通很密切，会通过小米论坛和其他平台反复讨论细节，直到彼此完全理解这个新功能的要点。"
产品开发	用户以发烧友开发者身份和自己的专业知识参与新产品的开发。	每天有20多万的帖子，全体员工不眠不休也看不完。我们会把帖子归纳总结成200个不重复、有价值的帖子，分门别类到各个部门，让工程师去解答。凡是进入这个模块的帖子，每一个帖子后面都有跟踪：谁在处理此事、是否采纳、采纳后什么时候改好。
产品测试	小米用户论坛和开发组的Bug管理系统直接对接，第一时间收集用户反馈，高速迭代推出新版本。	MIUI荣誉内测组只有几千个用户，在这个版本上，各种功能（包括一些想法激进的功能）都可以拿上去试，不靠谱的主意直接被用户拍死了，这个用户群对版本的稳定性水平有很高的包容度。
产品发布	参加小米精心设计的发布会。发布会参与用户有资格限制，会赠送米粉相应礼物。	MIUI有三个更新频率，一天一更新，面对的用户大概是几千，这个用户组叫荣誉内测组；一周一更新，面对的用户大概是几百万，这个组叫开发组；一个月一更新，面对的是90%的普通用户，面对的用户大概是几千万，推出的版本叫稳定版。

资料来源：作者结合董洁林和陈娟（2014）及访谈资料整理。

第四节　讨论与结论

平台作为连接双边主体的基础架构，对于平台生态开放度治理的分析必然涉及供需双方。总结前文对平台生态开放度治理的四个案例分析结果，如表 6 - 4 所示。对于平台企业主导的生态开放度治理与绩效的关系，涉及的主要范畴包括平台供方开放度、需方开放度、需求多样性和知识复杂度。平台企业主导的生态开放度治理的内在逻辑实际是平台属性特征与开放度的匹配。具体而言，在钱报有礼平台案例中，核心发现是平台用户的需求多样性水平较高，而平台的供方开放度水平不够，导致平台提供的产品和服务难以满足平台用户的需求，因此钱报有礼平台的绩效并不好。在全球蛙平台案例中，在强化产品供给的基础上，平台进一步辅以相应创新运营策略，从而提升了平台的服务效率和质量，不仅促使消费者多样化的需求得到满足，还帮助传统零售超市顺利踏上数字化转型的进程，因此早期全球蛙平台的绩效较高。在海尔创新平台案例中，用户需求的多样性和知识复杂水平均较高，供方开放度较高，但需方开放度并不高（技术方案需求商），而且供需双方并没有直接参与创新产品的研发进程，因此平台绩效处于中等水平。在小米手机平台案例中，手机软硬件开发需要多样化和复杂的信息及知识，同时小米用户也需要多种软件和产品类型，因此平台对供方和用户都采取了高度开放策略，从而带来了平台高绩效。

表 6 - 4 平台生态开放度治理的案例分析结果汇总表

变量	案例			
	钱报有礼	全球蛙	海尔创新	小米手机
供方开放度	＋	＋＋	＋＋＋	＋＋＋
需方开放度	＋＋	＋＋	＋＋	＋＋＋
需求多样性（交易）	＋＋＋	＋＋＋	＋＋	＋＋
知识复杂度（创新）		＋＋	＋＋＋	＋＋＋
平台绩效	＋	＋＋	＋＋	＋＋＋

注：①"＋"代表样本的变量水平，"＋＋＋"为最高水平。②小米当前的经营业绩面临一定波动，其缘由是多方面的，小米也不再局限于手机。但是，对于手机平台的运营，小米采取高开放度的多边用户参与模式，无疑是较为成功的，它直接支持了小米初期的高速增长。

一、平台企业的交易和创新二重性

在平台模式的威力不断凸显的同时，实践界乃至学术界在平台认识上颇有争议。产业实践中的平台经济已证明其威力所在（张小宁和赵剑波，2015）。以阿里巴巴和腾讯为代表的互联网企业，通过平台基础架构的搭建，培育起可跨情境应用的用户资源和能力，从而不断向传统行业和领域实施"非线性打击"（Downes and Nunes，2013）。传统企业在这一新旧商业逻辑交替时期，饱受转型阵痛，提出了基于"平台垄断说"的质疑。这一观点认为，平台企业通过交易过程中的同边和跨边网络效应，将形成强垄断，进而抑制创新，不利于经济发展（Cennamo and Santaló，2013），比如淘宝网。此类观点认为：在淘宝上交易的杯子始终是杯子，并不能创新人们喝水的方式。网上交易只是在"分蛋糕"，改变了厂商、中间商和用户之间的利益分配，并没有"做大蛋糕"。

事实上，这种观点未能清晰认识到平台存在"交易"与"创新"二重性，它只看到了电子商务型交易平台，而没有注意到大量创意创新平台的涌现。例如，以小米手机、猪八戒网、点名时间为代表的创意开发平台，以及以阿里百川、贝壳社等为代表的众创平台等。此外，即便就淘宝网而言，它也不只是一个简单的交易市场，从早期旺旺工具开发、支付宝推出和评价系统的建立，实现了对交易流程的创新，再到构建阿里妈妈、菜鸟物流和阿里百川等为商家及创业者提供服务的平台，淘宝网开发和引入了大量提供新服务的种群，在淘宝商业生态系统内实现了共生依赖。由此可见，实践界对平台之诟病，源于其在认识上将"交易"和"创新"两大属性摆在二元对立的位置上，有管中窥豹之嫌。

在社会科学研究方法论中，吉登斯早已指出：需要特别注意二元性认识容易引发的错误理论导向（刘江涛和田佑中，2003）。类似地，在管理研究中，亦有学者提出从二元性（dualism）走向二重性（duality）的呼吁（Sonenshein，2016）。对于平台而言，在"交易"和"创新"两大属性上，亦需从"二元性"走向"二重性"（王节祥和郭斌，2016）。对任意一个平台而言，均兼具"交易"和"创新"两大属性，差异只在于其更偏向哪一种属性，而不是非此即彼的关系（崔晓明等，2014）。例如，本章案例中的钱报有礼偏向于交易属性，而小米手机则偏向于创新属性，但这并不意味着偏交易属性的平台就没有创新产生，偏创新属性的平台就没有要素和产品交易。实际上，对平台企业认识的偏颇，在企业理论的创立初期亦出现过类似情形。科斯和威廉姆森对于企业性质的认识是从交易视角出发的，因而他们关注的核心是交易及交易成本（Coase，1937）；同时期的阿尔奇安和德姆塞茨认识到：企业不仅是一个交易主体，还是一个生产主体，它与市场最大的不同体现在其可以通过要素投入产生"1+1＞2"的结果（Alchian and Demsetz，1972）。二重性的认识转变，在平台生态开放度治理研究中的表现尤为明显。

二、平台企业主导的生态开放度治理框架

平台作为一种新型组织，其生态开放度治理涵盖多种模式（Cenamor et al.，2013；Daymond et al.，2023）。即便企业开放式创新的研究指出：企业的开放度正在提升，但与平台企业相比，传统企业的开放始终是一种基于权威治理导向的开放（Felin and Zenger，2014），不是吸收市场高激励强度的开放，传统企业的开放始终是单边开放，较少涉及多边开放特征（Makadok and Coff，2009；龚丽敏和江诗松，2016）。本章通过案例分析表明：平台企业的开放度涵盖不同水平和情形。钱报有礼的开放集中于准入开放，它严格限制供方用户数量，形成了供方开放度低、需方开放度高的情形。小米手机的开放是一种用户社区式开放，用户在社区内有明确的评价体系，而且用户与平台间的关系极强，进而促进了信息和知识的转移，属于供需双方的高度开放。全球蛙早期作为一种零售交易平台，是一种选拔比赛式开放，只有高品质的供方用户才能进入平台，从而为平台赋能方案的创新提供帮助，因而其供方和需方开放度整体处于中间水平。

平台企业主导的生态开放度要与平台属性相匹配才是高绩效的有力保障。本章分析了四个典型案例的平台属性与平台开放度之间的关联，并发现：

首先，平台存在交易和创新二重性，不同属性对平台增长机理的要求不同。其中，交易属性重在提升平台交易产品和服务的多样性，以满足更多用户的需求，然后通过用户间的跨边网络效应提升，促进平台的增长和绩效提升；创新属性重在使平台促进资源和知识交换（特别是黏滞信息），促进多边用户间的价值共创，进而促进平台的增长和绩效提升。

其次，平台企业主导的生态开放度对平台绩效的影响存在多重路径。对于平台交易属性，开放度提升，一方面可以带来产品和服务提供的多样性，进而促进平台绩效提升；另一方面，随着平台用户的增加，用户间可能出现竞争加强和不兼容现象，从而导致拥挤效应，不利于平台增长。对于平台创新属性，开放度提升，一方面可以带来资源和知识的多样性，加快创新资源整合，进而促进平台绩效提升；另一方面，知识多样性的增加，可能带来信息甄别以及多主体间创新合作的协调问题，进而不利于平台增长。

最后，平台企业主导的生态开放度与平台属性需要合理匹配。在本章案例分析中，钱报有礼是一个电商平台，不涉及多主体创新参与，因此采

取"自由市场"式开放较为合适。虽然全球蛙在早期同样属于电商平台，但因为核心用户偏向供方企业，且自身基础运营经验较为缺乏，因此采取"选拔比赛"式开放更为合适。小米手机是专门为手机业务创新而设置的平台，其目的在于复杂知识的交流和转移，因此采取"用户社区"式开放更为合适。

三、理论贡献

本章研究的理论贡献包括：一是在平台研究情境下，发现平台企业主导的生态开放度治理与其绩效之间的关系悖论依然存在，竞争拥挤效应和知识协调问题日益成为制约平台企业发展的瓶颈。二是借鉴经典悖论消除路径，针对平台企业，提出了一个消除平台生态开放度治理悖论的新框架，即开放度可以细化为供方开放度和需方开放度，并引入了需求多样性和知识复杂度的考量。其中，需求多样性主要是基于交易属性的分析，使得针对平台生态开放度治理的讨论不再局限于创新方面。

总体而言，本章将创新开放度治理研究框架向平台情境进行了延伸，并将交易开放度和创新开放度进行了整合分析，拓展了原有的分析框架。表 6-5 是不同平台属性下的开放度研究对比，单一的平台交易属性或创新属性的解释力有限，而根据平台属性和战略情景来选择平台生态开放度，能化解开放度和绩效之间存在的悖论。

表 6-5　不同平台属性下的开放度研究对比

维度	平台属性		
	平台交易属性	平台创新属性	平台交易和创新属性
代表性文献	(Boudreau, 2012; Casadesus and Hałaburda, 2014)	(Cenamor et al., 2013; Natalicchio et al., 2017)	本章研究
生态开放度关注焦点	供方开放度	需方开放度	供需双方开放度
绩效	存在悖论	存在悖论	取决于情境
情境变量	无	无	需求多样性和知识复杂度
战略影响	由供方开放度提升引发竞争拥挤	由需方开放度提升导致用户地位下降	区分平台开放性维度；根据平台属性选择开放度

四、案例最新发展

在后续发展中，海尔创新、全球蛙、钱报有礼和小米手机都在提升平台生态开放度，以寻求对外扩张，但不同企业采取的策略不同，如专栏2所示。海尔创新涉足了更多领域，同时招募创新合伙人，这反向吸引了用户加入海尔社区。全球蛙增强了平台的创新属性，与外部平台形成了生态之间的合作，为自身带来了更多流量，从而更好地吸引消费者加入。钱报有礼通过转向综合服务电商，弥补了供方开放度不足的问题，并推出了多个电商市场，但运营水平欠佳，几乎没有太大发展，目前已处于公司注销状态。小米手机利用自己在用户积累上的数量优势，提供了更多定制化的价值增值服务，增强了用户在平台上的黏性。

专栏2　海尔创新、全球蛙、钱报有礼、小米手机案例的最新发展

海尔创新的平台生态开放度演进

海尔创新以创新为黏合剂，建构HOPE，整合了多方资源。HOPE提出了"创新合伙人计划"，面向全球建立技术创新者社群，为各领域专家提供了一个进行知识分享和参与项目研发的开放交流平台。只要愿意促进企业之间、高校与企业之间以及国内外机构之间科技交流的组织和个人，都可以成为HOPE的创新合伙人，包括但不限于研发人员、工程师、研究员及技术转移经理等。该计划启动以来，社群规模和成果均实现了快速增长。目前，该社群覆盖了纳米材料、超声波、空气净化、水净化、物联网、智能制造等100多个领域，积累了超1万家优选技术供应商，累计注册专家数量已突破3万名。大规模的社群交互取代了单纯的需求发布，甚至第三方专家也可以通过社群来寻找最佳资源。HOPE通过社区运营吸引了大批用户参与各种创意交互，积累了用户流量，可以全面了解用户在使用家电过程中对电器产品的各种需求，经过加工整理后可以快速转化成产品规划。凭借在创新资源方面的积累，HOPE也开始赋能中小企业创新。其在2021年服务了中小企业686家，并在2022年被工信部评为"国家中小企业公共服务示范平台"。

全球蛙的平台生态开放度演进

全球蛙的生态在持续拓展，并与支付宝、银联等展开了合作。截至2024年5月，全球蛙已累计与超过三百家区域连锁超市达成战略合作，共建中国超市生态联盟，其中不乏河北超市发、湖南佳惠、北京首航等知

名连锁超市。通过连接全球蛙的数字化中台系统，全球蛙可以为广大参与者提供数智化的商业决策能力，与其共同探索零售超市未来的可行业务策略。在此情形下，支付宝、抖音纷纷看中了全球蛙未来的发展潜力，主动与其合作。2021年7月，在支付宝1元购（客户花1元钱就能买到价值10元的商品）的百亿补贴活动中，全球蛙与支付宝进行了系统对接，在短短一个月内就实现了超过10家超市小程序的快速上线，而且通过运营指导帮助超市迎来了新的销售高峰，形成超市、全球蛙收取利润，支付宝收取流量的三方受益格局。2023年8月，全球蛙作为抖音本地生活综合类目服务商，为旗下超市客户专门策划"818宠粉节"直播活动，利用网络购物直播的氛围影响来为超市新品宣传造势，驱动产品销量快速增长。

钱报有礼的平台生态开放度演进

为应对消费者一站式购物的天然需求以及电商竞争环境日益激烈的情况，钱报有礼从垂直专业电商平台逐步转型为对区域和市场进行细分的综合电商平台。在业务上，钱报有礼不但下设吃货福利、爱购生活、健康直购、江南酒坊、悠游浙江、全球购、母婴生活、家电直购等业务，还允许区域站点独立运营、推广和结算。同时，钱报有礼还与政府合作推出了项目融资产品。此外，钱报有礼不断加深与钱江报系和钱报发行发刊公司的合作，利用钱江报系积累的品牌效应和数据库资源，加上时效性强、网络覆盖密集、分送能力强的供应链物流网络支持来扩张电商市场。然而，由于钱报有礼在电商领域并没有深耕优势，而且在多业务拓展过程中也没有找到核心竞争力，该平台逐渐难以适应激烈的市场竞争。目前，钱报有礼已处于注销状态。

小米手机的平台生态开放度演进

小米手机利用互联网作为创新交流平台，从软件平台开发入手建立了与客户互动的开放式产品开发模式，更贴近用户体验和需求，并开放协同生态链来加速多元融合，以MIUI第三方手机操作系统为依托快速迭代，随做随发。小米将用户参与发挥到了极致，形成了极具特色的小米粉丝文化。"米粉"聚集用户社区不断地为产品的创新和改进提供意见，小米手机由此获得了客户黏性，同时小米手机也重视快速响应反馈。值得一提的是，小米手机的全民客服体系颇具特色，每个员工都会通过米聊、微博得知"米粉"的需求和意见，跟"米粉"互动，第一时间拿到用户反馈并直接解决，有效地把握了创新的方向，产生了关键的创新思想，可以一刻不停地升级进化、推陈出新、保持领先。

第七章　量化研究：
平台生态开放度治理的构型分析

在第六章建构式案例研究的基础上，本章将对其中的生态开放度治理问题开展量化研究。建构式案例研究表明：平台开放度对绩效具有重要影响。同时，与开放式创新领域的研究成果类似（Laursen and Salter, 2006），这种开放度与绩效关系存在悖论，即高开放度并不一定意味着高绩效。本章将从这一问题出发，构建细化的概念模型。与第三章类似，本章选用适合在新兴领域开展"条件组合"分析的定性比较分析方法开展研究。

第一节　理论假设

现有研究中并不缺乏对开放度与绩效关系的考察（Huizingh, 2011），但存在如下缺口：一方面，在平台情境下讨论开放度的量化研究极为少见，仅有的几篇文章主要讨论了开放度所带来的产品多样性与竞争拥挤效应的权衡（Boudreau, 2010）。也就是说，它们关注了平台交易属性上的开放度治理问题，但忽视了平台创新属性，没有关注到开放带来的知识复杂度及其协调问题对平台创新的影响（Felin and Zenger, 2014）。另一方面，开放度与绩效的关系在平台情境下同样存在悖论（Eisenmann et al., 2009），如何消除这一悖论是本章研究的关注点。

一、平台生态开放度的维度细化

平台企业主导的生态开放度与其绩效之间的关系存在两种相悖的观点。一种观点认为，平台生态开放度的增加能为平台带来异质性的产品或知识，从而促进交易或创新活动，提升平台绩效（Gawer, 2009；Cenamor et al. ，2013；Chekanov and Modol，2014）；另一种观点认为，平台生态开放度的增加会带来竞争拥挤效应，恶性竞争会产生柠檬市场问题，从而降低平台绩效（Boudreau，2010；Casadesus and Hałaburda，2014）。这两种观点都能逻辑自洽，但它们又截然相反。本章借鉴企业治理理论在契约和信任机制上的细化（Poppo and Zenger，2002；Gulati and Nickerson，2008），针对产品交易和知识创造对悖论产生的内在原因，尝试对平台企业主导的生态开放度做维度细化。平台企业作为平台基础架构的提供商，连接着供方用户和需方用户（张小宁，2014），因而平台企业主导的生态开放度就不能简单地一概而论。现实中，不仅存在供方开放度和需方开放度均高（低）的案例（如电商平台），也存在供方开放度和需方开放度水平不一致的案例（如阿里百川的供方开放度低而需方开放度高）。现有平台企业主导的生态开放度研究主要关注供方开放度，缺乏对需方开放度的考察。因此，对平台生态开放度做维度细化是解决绩效悖论的有效途径之一。

二、平台二重性与情境条件引入

消除主效应关系悖论的一种方法是引入情境条件（Luo and Chung，2005；马文甲和高良谋，2016），而开放度绩效悖论研究亦可借鉴这一思路。在特定情况下，开放度与绩效可能出现不一样的情况。相对于经验驱动型产业，科技驱动型产业中的企业开放度对创新绩效的促进作用更明显（陈钰芬和陈劲，2008；Huizingh，2011）。针对平台企业主导的生态开放度，现有研究实际混淆了两种不同的治理逻辑：一种是从交易视角开展研究，关注平台产品多样性（Cenamor et al. ，2013；Cennamo，2018）；另一种是从创新视角开展研究（Amit and Zott，2001），关注平台知识生产问题（Gawer and Henderson，2007）。根本原因在于，现有研究忽视了平台交易和创新二重性，在二元分立的错误认识下，只考察了交易属性或创新属性，缺乏对两者的整合考察。此外，需要明确具体情境条件对开放度与绩效这一主效应的影响。其中，交易属性对应的是产品多样性治理，因此情境条件是用户的需求多样性水平——需求越多样，产品的多样性才能发挥价值（Ghazawneh and Henfridsson，2013）。创新属性对应的是知识多样性治理，因此情境条件是平台提供产品和服务的知识复杂度——知识复杂度越高，用户提供的多样化信息和知识才能发挥出价值（West，2003；Teece，1986）。

三、生态开放度构型与平台绩效

平台企业主导的生态开放度与其绩效之间存在正负两种作用机制（Boudreau，2010），导致平台生态开放度与绩效的关系并不明确。因此，单独提出主效应假设的意义不大（即使显著，也不能否认另一种机制的存在）。本章关注的核心问题是在何种情境下平台企业主导的生态开放度更可能促进平台绩效的提升（Claussen et al.，2015），这与平台交易和创新二重性紧密关联。

从交易属性看，平台架构中的供方用户主要提供交易所需的产品和服务，当平台生态开放度高时，能够进入平台的供方用户数量增加（Baldwin and Woodard，2009），进而会出现结果分化：一方面，可以带来互补品数量和多样性的增加，吸引更多用户加入平台，在跨边网络效应作用下，促进平台绩效的提升（Lin and Daim，2009）；另一方面，随着供方用户数量的增加，供方用户之间产品和服务同质化加强，由此可能带来竞争拥挤效应（Casadesus and Hałaburda，2014），而且过度竞争还可能引发逆向选择问题，使平台质量下降并导致用户逃离平台，再通过跨边网络效应传导给供方用户，最终使得平台失败和退出（Boudreau，2012）。

这两种作用机制的相对解释力，受到平台需方用户需求多样性水平的极大影响（Hagiu，2009）。不同平台集聚的用户类型不同，因而用户的需求多样性偏好亦不同，如电商平台相对支付平台的用户需求多样性要高很多。当用户需求多样性的水平较高时，高开放度带来供方用户增加，产品和服务的数量、质量和多样性就会得到显著提升，从而能够满足更多用户的需求，然后通过网络效应吸引更多用户加入。与此同时，供方用户之间的竞争拥挤效应由于更多需方用户的加入，使负面影响减弱，从而可以提升平台的整体绩效。电商平台（细分领域除外）就是典型的用户需求多样性比较高的平台，因而通常采取了低门槛的高度开放模式（曲振涛等，2010）。综上，提出如下假设：

假设 H1： 平台用户高需求多样性和高供方开放度的交互作用，能够带来高平台绩效。

从创新属性看，平台架构中的产品和服务创新来源于平台企业、供方用户和需方用户之间的价值共创（Amit and Zott，2001；Cozzolino and Giarratana，2014）。平台供方和需方开放度提升，进入平台的总用户数量增加，带来的资源和知识资产数量增加（Inkpen and Tsang，2005），特别是非冗余信息和资源的多样性水平提升（Barney and Clark，2007）。用户之间也可以在社区内完成知识的转移和促进创新，从而有利于提升平台绩效。与此同时，平台用户数量的增加会带来知识的分享、传递和整合等协调问题（Hansen，1999；Dahlander and Gann，2010）。

这两种作用机制的相对解释力，取决于平台创新所需的知识复杂度（Bengtsson and Hsu，2015）。当平台创新所需的知识复杂度水平高时，用户增加所带来的知识多样性就会得到充分利用（Cassiman and Valentini，2016）。借助跨边网络效应，促进平台双边用户之间的交流和互动，使用户间建立起良好的沟通和信任，可以降低复杂知识创新的协调问题（Hippel，1994），进一步促进隐性知识资产的转移（Hansen，1999；李靖华和常晓然，2013）。可见，平台创新所需的知识复杂度越高，平台生态开放越能促进平台绩效的正向收益。此外，对于平台产品和服务创新而言，既需要供方用户的资产和知识供给，也需要需方用户的资产和知识供给（Lundvall et al.，1988），双边的互动和匹配才能带来创新绩效的提升（Baldwin and Hippel，2011）。因此，知识复杂度与平台供方开放度和需方开放度的交互作用，将显著提升平台绩效。综上，提出如下假设：

假设 H2：平台创新高知识复杂度、高供方开放度和高需方开放度的交互作用，能够带来高平台绩效。

本章的概念模型如图 7-1 所示，该模型通过平台生态开放度的维度细化和情境条件引入两条路径，分析了交易和创新属性下的两个构型（交互作用）对绩效的影响。

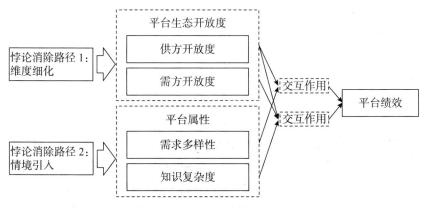

图 7-1　平台生态开放度治理的概念模型

第二节　研究设计

与第三章类似，本章同样选择定性比较分析方法开展研究。该方法的实施步骤在第三章已做详细介绍，本章重点介绍方法和样本选择以及数据分析过程。

一、方法选择

本章涉及的变量基本来源于现有理论，但需要将这些经典变量移植到平台情境中。例如，开放度、需求多样性和知识复杂度虽然已在创新领域有较多探讨，但在平台情境中对这类变量开展完全定量的测度是极为困难的。因此，本章的变量测度需要结合定性与定量数据。对于数据收集和分析来说，由于研究样本是平台企业，而平台企业由于网络效应和"赢家通吃"的影响，某一行业内的平台企业数量较为有限，导致基础样本量受限，因此本章属于小样本实证分析。对于方法与理论问题的匹配来说，本章的理论创新点在于整合了交易和创新属性，改变了传统单一属性下平台生态开放度研究的悖论。相应地，本章的理论假设也是一种"条件组合（交互作用）"，而非单一的变量显著性检验，这些都需要在方法上予以重视。

二、样本选择

本章研究样本的筛选依据：一是成立一年及以上的平台企业，具有较为清晰的经营模式，同时也避免了样本选择分布上的偏差。若对企业成立时间要求过高，则会使样本企业的策略选择趋同，不利于分析差异，并会增加样本选择的困难。二是尽量获取一手资料，开展实地调研，因此样本企业主要集中在长三角地区。三是兼顾样本差异性，根据平台二重性的类型划分，样本选择涵盖创新型、交易型和中间型等多个领域。在此基础上，根据相关行业（如电子商务、智能制造和物流等行业）的发展报告、文献资料梳理和前期调研，最终选择了如下企业样本，如表 7-1 所示。值得注意的是，样本中涉及猪八戒网、海尔集团和小米公司等大型企业集团，在这些集团内存在不同的细分平台，其平台开放度水平存在显著差异，因此本章研究根据理论采样需要（Yin，2009），结合内部人员调研资料，选取与研究主题相关的单个或多个业务单元纳入研究样本，这也符合以细分平台作为分析单元的平台开放度研究惯例。值得注意的是，很多企业集团内的多个平台采取的边界策略不同，但平台生态开放度却高度相似，比如阿里电商、物流和阿里妈妈的平台生态开放度均较高。考虑到突出样本间的差异，本章选择的样本与第三章边界治理选择的样本存在较大不同。这也从侧面反映出，平台企业主导的生态开放度治理和其边界治理是两个相对独立的研究问题。最终得到的样本为 18 家企业，合计 21 个分析单元，这一样本数量符合近期采用 QCA 方法发表文章的通常做法，集中在 10～20 个分析单元（Greckhamer，2016）。样本涵盖电子商务、智能制造、物流和教育等多个行业领域，样本之间的绩效存在差异。与此同时，在样本内部还存在一定的比较，如旅游电商之间、互联网教育之间的比较，有利于得出构型。

表 7 - 1 平台生态开放度治理样本企业信息

编号	企业名称	数据来源	分析单元	行业领域	平台绩效
1	阿里巴巴	访谈资料为主	阿里电商	电子商务	高
2	网盛生意宝	访谈资料为主	网盛大宗	电子商务	中
3	钱报有礼	访谈资料为主	钱报有礼	电子商务	低
4	携程网	档案资料为主	携程网	旅游电商	高
5	丸子地球	访谈资料为主	丸子地球	旅游电商	低
6	猪八戒网	档案资料为主	八戒城市	电子商务	高
7			八戒智造	智能制造	中
8	海尔集团	访谈资料为主	海尔商城	电子商务	低
9			海尔创新	技术服务	中
10	小米公司	访谈资料为主	小米商城	电子商务	低
11			小米应用商店	软件开发	中
12	苹果	档案资料为主	Apple Store	软件开发	高
13	谷歌	档案资料为主	Google Play	软件开发	高
14	阿里百川	访谈资料为主	阿里百川	创业服务	中
15	贝壳社	访谈资料为主	贝壳社	创业服务	高
16	传化物流	访谈资料为主	传化物流	干线物流	高
17	京东集团	访谈资料为主	京东到家	电商物流	中

续表

编号	企业名称	数据来源	分析单元	行业领域	平台绩效
18	淘宝众筹	访谈资料为主	淘宝众筹	产品众筹	高
19	点名时间	档案资料为主	点名时间	创意众筹	中
20	简学科技	访谈资料为主	摩课书院	互联网教育	低
21	跟谁学	档案资料为主	跟谁学	互联网教育	高

资料来源：作者根据档案和访谈资料整理。与边界治理的样本信息表不同，考虑到表格的对称美观，该表未呈现数据来源的具体路径。

三、变量赋值依据

QCA 方法的编码依据来源于变量和变量数据的整体反映（Schneider and Wagemann, 2012）。针对本章涉及的变量，主要还是从核心参考文献中寻找测度方法，进而在平台情境中寻找相应的材料支撑。具体说来，运用 fsQCA 需要根据样本信息，对模糊集变量进行赋值，即采用打分方式对每个样本的变量逐一进行赋值编码。对于具体赋值方法，有多重选择，如三值赋值"0、0.5、1"和四值赋值"0.00、0.33、0.67、1.00"。本章研究采用四值赋值，四值赋值相对三值赋值更为精细（黄学，2014）；其中，"0.00"代表完全不隶属，"0.33"代表不隶属的程度大于隶属，"0.67"代表隶属的程度大于不隶属，"1.00"代表完全隶属。通过对样本数据资料的归类和整理，采用四值赋值能够更加精细地反映出样本数据间的差异。对相应变量赋值依据的具体设定如下。

（一）生态开放度变量赋值

平台企业主导的生态开放度是平台企业作为生态主导者，对平台生态开放门槛所采取的治理策略。对生态开放度的测度主要参考创新领域开放深度和广度的理论框架（Laursen and Salter, 2006），将其在平台情境下细化。结合 Boudreau（2010）的研究，本章研究将平台企业主导的生态开放度界定为准入开放和架构开放，准入开放是用户进入平台的门槛，架构开放是用户进入平台后参与架构创新的程度。对供需双方而言，供方开放度（supply-side openness, SSO）是平台企业对供方用户（产品和服务商）的开放程度，需方开放度（demand-side openness, DSO）是平台企业对需方用户的开放程度，进入门槛越低和参与度越高则开放度越高，如表 7-2 和表 7-3 所示。

表 7-2　供方开放度的赋值依据

分值	赋值依据	核心参考文献
1.00	平台对供方用户进入几乎不设置门槛，同时建立用户社区，鼓励供方用户参与平台架构创新和交易业务的定制开发	（Laursen and Salter，2006；Boudreau，2010）
0.67	平台对供方用户进入设置低门槛，供方用户可以参与平台架构创新和交易业务的定制开发	
0.33	平台对供方用户进入设置高门槛，少量供方用户偶尔参与平台架构创新和交易业务的定制开发	
0.00	平台对供方用户进入采取邀请制，供方用户不参与平台架构创新和交易业务的定制开发	

表 7-3　需方开放度的赋值依据

分值	赋值依据	核心参考文献
1.00	平台对需方用户进入几乎不设置门槛，建立用户社区，鼓励需方用户参与平台架构和交易业务的定制开发	（Laursen and Salter，2006；Boudreau，2010）
0.67	平台对需方用户进入设置低门槛，需方用户可以参与平台架构和交易业务的定制开发	
0.33	平台对需方用户进入设置高门槛，少量需方用户偶尔参与平台架构和交易业务的定制开发	
0.00	平台对需方用户进入采取邀请制，需方用户不参与平台架构和交易业务的定制开发	

（二）需求多样性变量赋值

在双边市场经济学中，用户需求多样性（demand diversity，DD）是平台策略制定的一个重要影响因素（董亮和赵健，2012）。在本章研究中，需求多样性测度的是平台需方用户的需求多样性水平。对于平台企业而言，平台用户的需求多样性水平在一定程度上取决于平台的功能定位（Hagiu，2009），从细分领域切入的平台，其用户需求局限于某一领域，多样性程度较低；反之，定位越广，需求多样性越高。因此，对于平台用户需求多样性的测度，主要采用平台切入领域和定位作为替代测度。同时，借鉴现有研究对统计特征的考虑（王敏和银路，2007），本章研究亦将平台用户的人口统计特征差异加入了测度（如性别、年龄和教育程度分布），如表 7-4 所示。

表7-4　需求多样性维度的赋值依据

分值	赋值依据	核心参考文献
1.00	平台是跨领域的领导平台，产品和服务极为多样，现有用户涵盖各个类型（按性别、年龄和教育程度聚类）	（Hagiu，2009；董亮和赵健，2012；王敏和银路，2007）
0.67	平台是跨领域的大型平台，产品和服务十分多样，现有用户差异较大（至少在性别、年龄或教育程度的某方面）	
0.33	平台是细分领域的领导平台，产品和服务较为集中，现有用户较为同质化	
0.00	平台是细分领域的专业平台，产品和服务较为单一，现有用户同质性极高	

（三）知识复杂度变量赋值

知识复杂度（knowledge complexity，KC）在知识创新和治理领域是重要变量（Nonaka，1994），是指知识的可编码程度，并逐渐形成了较为成熟的量表。现有研究主要测度知识的两个方面：一是知识的可表达程度，包括文件化程度、可写作程度和知识来源隐性程度等；二是知识的组成成分，包括可分解程度、构成多样性等（Hansen，1999；荣健等，2015）。本章将这一测度应用到平台情境中：一方面，通过了解平台的产品和服务属性，区分是简单的产品和服务交易，还是多主体之间的参与式创新；另一方面，访谈平台提供商在整合平台业务运营中，供方用户、平台企业、需方用户在创新过程中所需的知识复杂度，如表7-5所示。

表7-5　知识复杂度的赋值依据

分值	赋值依据	核心参考文献
1.00	平台需要多主体间的参与式创新；主体间交流的知识不能文件化；沟通较少通过书面文件完成；知识类型几乎都是技巧性知识，难以分解	（Nonaka，1994；Hansen，1999；荣健等，2015）
0.67	平台鼓励多主体间的参与式创新；主体间交流的知识很难文件化；部分沟通难以通过书面文件完成，知识类型主要是技巧性知识，难以分解	
0.33	平台主要是多主体间的要素交易；主体间交流的知识能够文件化，沟通能够通过书面文件完成，知识类型主要是显性知识，可以模块化分解	
0.00	平台几乎都是多主体间的要素交易；主体间交流的知识文件化；沟通通过书面文件完成；知识类型几乎都是显性知识，可以模块化分解	

（四）平台绩效变量赋值

平台企业是连接多边主体的基础架构，其目的在于促进供需双方的对接和匹配，以促进交易和创新活动（Baldwin and Woodard，2009）。因此，对于平台绩效（platform performance，PP）的测度内容应是供需双方的价值创造活动及其结果（Cozzolino and Giarratana，2014）。借鉴平台领域的现有研究（Chekanov and Modol，2014；Gawer and Henderson，2007；Cennamo，2018），本章主要通过平台企业用户基数、平台企业交易量及两者决定的平台市场地位予以测度。在具体测度的指标选取上，参考案例企业的整体调研情况和行业报告，本章设置了一定门槛，如表7-6所示。

表7-6　平台绩效的赋值依据

分值	赋值依据	核心参考文献
1.00	平台企业用户基数很大（千万级），或平台品牌在领域内处于领导地位（前二）	
0.67	平台企业用户基数较大（百万级），或平台品牌在领域内处于领先地位（前五）	（Boudreau，2010；Zhu and Liu，2018；Cennamo，2018）
0.33	平台企业用户基数较小（十万级），或平台品牌在领域内处于中游水平（可以进入相关排行榜）	
0.00	平台企业用户基数小（万级及以下），或平台品牌在领域内处于下游水平	

注：测度指标不是并列的关系，主要原因是用户基数小的平台也可以创造高绩效，如服务企业级市场的平台。

四、数据收集与处理

（一）数据收集

为了提高研究可信度，本章采取了一手数据与二手数据相结合的方法，以扩充数据收集来源，为后续的三角验证提供依据。其中，一手数据占现有研究数据总量的80%以上，通过实地调研样本企业，尽可能地提高研究数据的真实性和可靠性。具体说来，研究团队借助课题研究、行业会议和论坛以及关系网络等渠道，对先前提到的21家样本企业进行了实地调研，主要访谈了企业部门总监、项目负责人及团队成员等，以获取相应数据。在访谈开始前，研究团队会预先设计好访谈提纲，并注重定性与定量的结合，即初次访谈以获取定性数据为主，旨在了解样本企业的纵向发展脉络；后续访谈逐步涉及定量问题，包括提问类似调查问卷的内容，从而为变量编码和赋值提供重要支撑材料。在访谈结束后，研究团队会在

24 小时内将访谈录音迅速转录，以确保数据质量。此外，二手数据依靠多种数据来源获得，包括样本企业的内部文件（如官网、公众号、员工演示文稿、会议报告等）和外部文件（如新闻采访、行业报告和数据分析商公开的研究资料），这些数据都为本章研究提供了重要的素材。通过上述一手数据和二手数据的结合，研究团队可以对收集到的信息进行三角验证，以避免潜在的主观偏差。

（二）编码示例

在完成数据收集后，研究团队建立了由三位成员组成的编码小组，并以姓氏首字母 W、Y 和 H 进行编号命名。这三名成员在交易成本、企业理论和创新研究等领域均有良好的理论功底，而且彼此之间的合作关系密切，可以为数据编码的信度和效度提供有效保障。在具体的编码过程中，三人首先简单梳理了样本企业的发展脉络，随后采取背靠背的编码方式，即两人一组进行数据的整理与编码。同时，对样本企业和研究问题更为熟悉的成员将会对所有企业进行编码，而另两位编码成员则各参与一半样本的编码工作。当编码结束后，小组成员会对不一样的编码结果进行讨论分析，从理论和现实相结合的角度进行校对；对于还不能确定的结果，则邀请该领域的资深学者进行判断分析，以便最终确定一个合适的编码值。具体编码人员分工如表 7-7 所示。

表 7-7 平台生态开放度治理编码人员分工

编号	编码人员	校验人员	编号	编码人员	校验人员
1	W、H	Y	12	W、Y	H
2	W、H	Y	13	W、Y	H
3	W、H	Y	14	W、Y	H
4	W、H	Y	15	W、Y	H
5	W、H	Y	16	W、Y	H
6	W、H	Y	17	W、Y	H
7	W、H	Y	18	W、Y	H
8	W、H	Y	19	W、Y	H
9	W、H	Y	20	W、Y	H
10	W、H	Y	21	W、Y	H
11	W、H	Y			

注：此处的校验人员只负责对编码数值与编码依据的匹配校验，防止笔误等简单错误，并不涉及对客观真实性的校验。客观真实性由团队老师与编码成员一起校验和讨论。

根据编码分工安排和赋值依据，研究人员开展了编码工作，编码赋值示例如表 7-8 所示。边界治理的分析单元是具体业务，此处以简学科技为例，做编码赋值示例。编码需要明确变量赋值和具体编码依据，以及编码的一致性得分。两位研究人员对某一变量的编码赋值一致，则得 1 分，否则为 0 分，本章研究对单一样本编码一致性的最高得分为 5 分（5 个变量编码全部一致）。

表 7-8　平台生态开放度治理编码赋值示例

变量	赋值	赋值依据
SSO	0.33	"我们目前的合作开展比较紧密，集中在省内几所高校，如浙江大学、浙江工商大学和浙江师范大学等。其他地区也在拓展，但力度不大。"
DSO	0.67	"平台目前是免费注册，登录后即可以学习相关免费课程……我们希望老师和学生能够在我们的平台上沉淀下来，平台建有用户互动的社区，鼓励发帖和交流。"
KC	0.67	"我们的教育平台跟一般的公开课不同，公开课就是简单地将课程视频放到线上。现在的互联网教育平台强调定制开发，从而能够强化学习效果……这一过程需要多方协作。"
DD	0.67	"与 K12（大学前教育）不同，我们主要面向成人，其中以大学生为主。但我们面向的也不仅仅是高等教育，我们现在正在做创业教育，企业用户和创业者都是平台的目标用户。"
PP	0.33	简学科技目前的用户基数为万级，该平台在国内互联网教育品牌中的知名度较低。

注：编码人员为 W、Y；编码时间为 2016 年 5 月 10 日；编码一致性得分为 5 分。

（三）编码信度检验

编码信度检验如表 7-9 所示，基础编码数据的最高一致性得分为 21×5＝105，其中初次编码的一致性实际得分为 94，一致性系数为 94/105×100％＝89.5％，表明编码信度较好（许庆瑞等，2013）。其中，编码不一致主要集中在知识复杂度和需求多样性。针对此，在编码校验过程中，团队老师和编码成员对相关构念开展了进一步的学习和深化理解。在此基础上，本书作者和团队老师再次对原始材料开展梳理，并对照变量赋值依据进行了细致讨论，最终确定了双方一致认可的数据集。

表 7-9　平台生态开放度治理编码信度检验

分值	SSO	DSO	KC	DD	PP	合计
1	1	1	1	1	1	5

续表

分值	SSO	DSO	KC	DD	PP	合计
2	1	1	1	1	1	5
3	0	1	0	1	1	3
4	1	1	1	1	1	5
5	1	1	0	1	1	4
6	1	1	1	1	1	5
7	1	0	1	0	1	3
8	1	1	1	1	1	5
9	1	1	0	1	1	4
10	1	1	1	1	1	5
11	1	1	1	1	1	5
12	1	1	1	1	1	5
13	1	1	1	1	1	5
14	0	1	1	0	1	3
15	1	1	1	1	1	5
16	1	1	1	1	1	5
17	1	0	1	1	1	4
18	1	1	0	0	1	3
19	1	1	1	1	1	5
20	1	1	1	1	1	5
21	1	1	1	1	1	5
合计	19	19	17	18	21	94

第三节　数据分析

本章采用由拉金（Ragin）开发的最新版本 fsQCA 3.0 来实施 QCA 方法。该软件不需要编程处理，属于菜单式操作，十分简洁方便。QCA 方法的分析步骤与第三章第三节相同，下面对本章研究的数据分析过程展开介绍。

一、必要条件检验

打开 fsQCA 软件，导入原始数据，然后设定结果变量，确定条件变量，开展必要条件检验，结果如表 7 - 10 所示。分析结果表明：条件变量对结果变量均具有一定的解释力，表现为"Coverage"值均大于 0.6（Schneider and Wagemann，2012）。其中，平台供方开放度（SSO）的"Coverage"值最高，达到 0.92，说明其对平台绩效的解释重要性较高（供方开放度确实是平台企业区别于一般企业的重要特征）。同时，所有条件的 Coverage 值均小于 1，说明这些条件变量并不能完全解释结果变量，即并非结果变量的必要条件，说明单一变量的分析不够，需要开展进一步的条件构型组合分析。综上，样本前因条件的必要条件检验获得通过。

表 7 - 10 平台企业绩效

必要条件检验		
结果变量：平台企业绩效		
测试条件	一致性	覆盖率
SSO	0.897 160	0.921 198
~SSO	0.482 732	0.756 919
DSO	0.794 321	0.837 379
~DSO	0.560 246	0.844 907
KC	0.742 134	0.878 292
~KC	0.637 759	0.831 832
DD	0.818 112	0.863 857
~DD	0.561 780	0.845 266

二、条件构型分析

选择"Fuzzy Truth Table Algorithm"分析，根据分析步骤的相关标准，设定相应变量和门槛值，其中门槛值的设定与第三章边界治理研究存在一定不同之处。构型组合覆盖的样本数量值设定为 1，这与前文相一致；但一致性门槛值设定为 0.9，这是由于样本整体的一致性数值都比较高，因而根据黄学（2014）的建议，适度提高。Marx 和 Dușa（2011）也曾指出：当样本一致性的整体水平较高时，可以提升一致性的门槛水平。基于上述设置，可分析得到开放度研究的构型组合分析路径结果，如

表 7-11 和表 7-12 所示。表 7-11 是平台绩效影响条件的复杂路径结果，该结果显示存在两条路径，而且一致性得分均超过了 0.8，表明它们对结果变量的解释力度较好。表 7-12 是平台绩效影响条件的简洁路径结果，该结果显示存在两条简洁路径，复杂路径和简洁路径的结果能够直接对应。

表 7-11 平台绩效影响条件的复杂路径结果

模型：PP＝f(SSO, DSO, KC, DD)
算法：奎因-麦克拉斯基算法

－－－复杂路径结果－－－

频次门槛值：1.000 000

一致性门槛值：0.913 386

	原始覆盖度	唯一覆盖度	一致性
DD×~KC×SSO	0.637 759	0.156 562	0.926 421
KC×DSO×SSO	0.689 946	0.208 749	0.931 606

解的覆盖度：0.846 508

解的一致性：0.943 542

表 7-12 平台绩效影响条件的简洁路径结果

模型：PP＝f(SSO, DSO, KC, DD)
算法：奎因-麦克拉斯基算法

－－－简洁路径结果－－－

频次门槛值：1.000 000

一致性门槛值：0.913 386

	原始覆盖度	唯一覆盖度	一致性
SSO×KC	0.689 946	0.130 468	0.931 606
SSO×DD	0.766 692	0.207 214	0.938 028

解的覆盖度：0.846 508

解的一致性：0.943 542

根据平台绩效影响条件的复杂路径结果和简洁路径结果，结合相应的符号使用规范，可以得出表 7-13 所示的平台绩效影响条件的构型组合。从该结果可以看出：供方开放度和知识复杂度是影响平台绩效的核心条件。在具体构型组合上，当需求多样性水平高时，供方开放度水平的提升能够促进平台绩效的提升（路径 1）。当知识复杂度水平高时，供方开放度和需方开放度的交互作用更能促进平台绩效的提升（路径 2）。下面需要对这一结果做进一步的分析和讨论，以明确本章研究的贡献。

表 7 - 13　平台绩效影响条件的构型组合

变量	平台绩效	
	路径 1	路径 2
供方开放度	•	●
需方开放度	⊗	•
需求多样性	•	
知识复杂度		●
Consistency	0.905 444	0.906 279
Raw Coverage	0.485 034	0.742 133
Unique Coverage	0.104 375	0.361 474
Overall Solution Coverage	0.846 508	
Overall Solution Consistency	0.916 874	

注：●表示核心条件存在、•表示外围条件存在、⊗表示相关条件缺失。

第四节　讨论与结论

平台生态开放度与绩效关系的量化分析结果支持了假设 H1 和假设 H2。对实证分析结果的进一步讨论，一方面是为了明确结果的理论意涵，明确数据结果背后所反映的理论现象；另一方面是要将这一结果与经典理论进行比较，以明确本章研究结果的理论贡献所在。特别是本章关于平台企业主导的生态开放度议题，现有理论开展了大量讨论（West et al.，2014），更需要开展理论的比较分析。

一、平台情境下生态开放度与绩效的关系机制

本章通过量化分析发现，平台企业主导的生态开放度与绩效关系悖论的内在原因在于：

（1）交易属性下的生态开放度与绩效关系——供需匹配与竞争拥挤。生态开放度与绩效的作用机制之一是促进交易匹配和竞争协调之间的权衡

（Felin and Zenger，2014）。在二重性中偏交易属性的平台，其实质是促进供需双边之间的产品和服务交易，如阿里巴巴和携程网等。平台企业主导的生态开放度提升能够增加产品和服务的供给，更加有效地匹配需求，进而促进绩效的提升（Cozzolino and Giarratana，2014）。与此同时，平台企业主导的生态开放度提升意味着进入平台的供方用户数量大幅增加，因而产品和服务的同质化水平提升、用户之间的竞争加强，致使"竞争拥挤"效应凸显，反而会带来绩效的下降（Casadesus and Hałaburda，2014）。这也是苹果商城采取低开放度策略的原因之一，任天堂游戏公司的成功也采取了类似的高门槛策略。

（2）创新属性下的生态开放度与绩效关系——知识创新与管理协调。生态开放度与绩效的作用机制之二是促进知识创新和管理协调之间的权衡（Huizingh，2011）。在平台二重性中偏创新属性的平台，其实质是促进供需双边之间的知识转移和创造。平台企业主导的生态开放度提升在带来更多平台用户主体的同时，它们所携带的信息和知识资产也会增加，进而带动异质性水平提升，这样有利于知识创新活动，也能促进绩效的提升（孙旭等，2015；Kogut and Zander，1992）。小米手机平台是这一逻辑的典型印证。与此同时，平台企业主导的生态开放度提升意味着进入平台的用户数量大幅增加，从而信息和知识的同质化水平提升，致使用户之间的信息冗余和管理协调难度增加，反而会使绩效下降（王红丽和陈苗，2015）。大量游戏平台因此类原因而出现逆向选择问题（Chekanov and Modol，2014）。

二、平台生态开放度治理与绩效悖论的解释

在平台情境下，生态开放度与绩效关系的悖论仍然存在。本章针对这一悖论，尝试从平台生态开放度的维度细化和情境条件引入给出解释。

（1）平台生态开放度的维度细化——从单边到双边。与传统的开放度研究不同（Chesbrough，2003），平台生态开放度并不是单一的对供应商或者用户的开放度。平台是一个连接供方和需方双边主体的架构（Baldwin and Woodard，2009），因此有必要对平台企业主导的生态开放度做进一步细分。本章将其划分为供方开放度和需方开放度，这也是采用经典治理理论化解悖论的方法，即维度细化（Luo and Chung，2005）。现有研究针对平台企业主导的生态开放度的分析，仅考虑了供方开放度，而没有考虑供方开放度和需方开放度的匹配及其对平台绩效的影响，从而导

致开放度悖论的出现。例如，丸子地球案例中的需方开放度较高（游客），但供方开放度不够（导游及其提供机构），导致平台绩效低。对于苹果商城而言，其供方开放度较低，但它只面向苹果手机用户，因而降低了需方开放度，达成了供需开放度的匹配，取得了高平台绩效。

（2）情境条件的影响作用——需求多样性和知识复杂度。研究发现：需求多样性和供方开放度的交互作用促进了绩效提升。这表明：当用户的需求多样性水平高时，供方开放度带来的产品和服务有效匹配效应增加，借助跨边网络效应的用户增加，将会消除竞争的负面拥挤效应，进而对绩效的提升作用趋强（Hagiu，2009）。此外，实证结果表明：知识复杂度、供方开放度和需方开放度三者之间的交互作用显著促进了绩效的提升。这表明：当知识复杂度水平高时，供方开放度和需方开放度的提升，使信息和知识的异质性正向作用加强，而双边互动带来的信任水平上升，会降低主体间的管理协调问题，进而促进绩效的提升（Bengtsson and Hsu，2015）。由此可见，在平台情境下，交易和创新的双重逻辑均在起作用。对应这一理想类型，在现实情境下对于偏交易属性的平台，往往是供方开放度较高；对于偏创新属性的平台，则需要供方开放度和需方开放度的协同提升。这也是大量开放创新平台、新产品开发和发布平台通过建立供应商社区和用户社区（董洁林和陈娟，2014），开展用户间交流沟通活动的目的所在（Hippel，1994），它们旨在通过更高的平台生态开放度来完成知识复杂度更高的平台架构搭建和创新业务。

三、理论贡献

平台企业的边界是平台自身的业务边界，平台企业主导的生态开放度是平台企业作为平台生态主导者需要决定哪些参与者能够进入平台生态，即平台生态的边界治理问题。本章围绕平台企业主导的生态开放度治理与其绩效之间的关系悖论问题，借鉴企业治理理论消除悖论的路径（维度细化和情境条件），将生态开放度细化为供方开放度和需方开放度，并基于平台二重性引入了两个情境条件（需求多样性偏向交易属性，知识复杂度偏向创新属性），然后在此基础上开展深入的研究和讨论。

本章的理论贡献主要表现为：一是开放度治理的核心解释逻辑在平台情境下仍有解释力，包括产品的多样性与竞争（Hagiu，2009）和知识的多样性与协调（Laursen and Salter，2006）；二是平台企业主导的生态开放度治理需要区分供方开放度与需方开放度的差异（Wang and Miller，

2020)，现有研究产生悖论的原因可能是只讨论了单边开放；三是平台企业具有交易和创新二重性。对于平台企业主导的生态开放度治理，需要引入需求多样性（交易）和知识复杂度（创新）的情境讨论，特别是在知识复杂度高时，平台获取高绩效需要供方开放度和需方开放度的协同提升。

第八章　平台生态开放度治理的管理启示

本章希望回答的问题是，对平台生态开放度治理的理论分析、案例研究和量化研究所形成的结论，对企业实践有什么启发？在政策监管和服务层面有何参考价值？

第一节　战略认知：警惕平台生态过度开放

一、需特别关注平台生态开放度并非越高越好

与传统企业只对自身业务边界开展治理不同，平台企业是生态边界的治理主体，可以通过平台企业主导的生态开放度治理来影响其主导的生态边界。依托界面开放，用户可以快速访问数字平台并请求其提供特定服务，进而有效、安全地操纵数字平台系统中的各项资源。特别是企业客户，可通过应用程序的开放接口来对接数字平台，由此降低其入驻平台的资源成本。凭借高度开放的架构设计，生态参与者可以获得用户关注和访问。然而，这并不意味着平台生态开放度提升就一定能为企业带来正向收益。尽管高开放度的确能带动用户涌入，但如果用户规模超限，可能会引发原有用户的"反感"，进而使他们逃离平台。以知识付费平台为例，知识供给方的持续增加，会给知识需求方带来更高的搜寻成本、决策成本和参与成本，进而降低知识需求方对平台的黏性。

前文通过案例研究和量化研究表明，平台企业主导的生态开放度需要与平台属性特征相匹配。由于平台属性对平台增长机理的要求不同，平台企业需要进一步了解自身平台的属性，据此制定相匹配的平台生态开放度治理方针。当平台属性以交易属性为主时，平台企业的业务偏向需求匹配，可通过平台生态开放度治理来满足用户的多样化需求，以此来提升绩

效。当平台属性以创新属性为主时，平台企业的业务偏向资源促进和知识交换，可通过平台生态开放度治理来实现多边用户间的价值共创，以此提升绩效。此外，倘若没有区分具体情境，仅仅盲目采取平台高生态开放度治理策略，则会导致拥挤效应或者出现多创新主体的协调难题，进而反作用于绩效，不利于平台增长。

二、将关键用户需求纳入平台生态开放度治理的框架

从开放度的角度来看，平台企业主导的生态开放度治理需要兼顾平台属性和关键用户需求。如果说平台属性奠定了平台生态开放度治理的基础方针，那么对关键用户需求的考量则可以进一步细化平台生态开放度治理的具体策略。例如，针对以交易属性为主的平台来说，平台企业需要判断需求动态匹配的起点在于供方还是需方，从而鉴别平台的主要服务对象。倘若关键用户是需方，其迫切需求是平台产品和服务交易的多样性；对此，平台企业需要加大市场供给，提升供方开放度。以电商交易平台为例，早期的平台会降低外部商家的入驻门槛，以此实现品牌补位和品类补位，从而增强产品和服务的丰富程度。倘若关键用户是供方，其迫切需求是平台产品的交易频次和效率；对此，平台企业不仅需要为其开放需方用户，同时还要辅以一定的创新运营方案，因此需要在层层筛选、积累经验的基础上，逐步提升供方开放度。以早期的 O2O 交易平台为例，其主要运营目标是将入驻品牌商的线上流量和线下销售相融合，需要平台先沉淀相关经验，然后在现有审核门槛的基础上逐步开放供方，以此保证线上线下的转化效率。此外，对供方运营方案的升级也有利于此类平台在后期从交易属性跨越至创新属性。

针对以创新属性为主的平台，平台企业需要辨别平台是以需方用户创新为主还是以供方用户创新为主。尽管在总方针策略层面，以创新属性为主的平台战略往往趋同，其首要目标都是为了激发多主体的价值共创；但在具体执行策略层面，关键用户需求不同还是会影响此类平台的商业模式设计。倘若以需方用户为主要服务对象，平台企业就会设计在线社区类型的架构模式来激发参与者共创；典型代表是小米打造的用户社区，它邀请"发烧友""米粉"深度参与小米手机的产品开发过程。倘若以供方用户为主要服务对象，平台企业需要在信任构建方面下足功夫，可采用去中心化的架构模式来邀请供方用户；典型代表是目前火热的产业平台，它通过构建底层技术平台来吸引参与者，以此共创行业最佳实践方案。

三、区分需求侧开放和供给侧开放并纳入协同思考框架

鉴于平台企业主导的生态开放度对绩效的影响存在多重路径，因而平台企业需要对需求侧开放和供给侧开放进行协同考量。平台企业不能将平台两端开放视为独立行为，而是要以协同理念来解决各自难点，实现相互促进、共同发展。具体来说，一方面，平台企业既要根据平台属性和关键用户需求实施平台生态开放度治理，快速激发同边网络效应，使得一端用户的规模增长能够带动同一边市场群体的增长；另一方面，平台企业也要实施以供带需、以需促供的平台生态开放度治理策略，快速激发跨边网络效应，使得一端用户的规模增长能够带动另一边市场群体的平台使用效用。

在该过程中，平台企业通常感到最困扰的是如何激发跨边网络效应。为此，平台企业需要意识到用户过滤机制的重要性。以交易属性平台为例，伴随用户的增长，可能出现竞争拥挤问题；以创新属性平台为例，伴随知识资源多样性的增加，可能带来信息甄别以及多主体间创新合作的协调问题。因此，平台企业需要在一端用户开放的过程中对另一端用户进行筛选过滤，或者同时对平台两端进行架构控制，促使需求侧开放和供给侧开放发挥出协同效应。此外，平台生态开放度决策也要以快速迭代的方式进行试错学习。虽然网络效应能使平台价值得到快速提升，但也让平台企业难以准确把握平台的发展进程，特别是网络效应还存在负反馈的可能。因此，平台企业需要高度重视平台生态开放度治理的迭代更新，在考虑平台属性、关键用户需求的基础上，以协同理念推动平台两端开放式发展。

第二节　实施要点：分析平台属性与关键用户需求

综合来看，平台生态开放度治理的关键要素包括平台属性、关键用户需求和治理策略。基于此，本节以平台的交易和创新二重性、关键用户需求为框架，融入平台生态开放度治理策略，提出了平台生态开放度治理的路线图（如图 8-1 所示）。产业实践者可以根据自身平台属性和重点服务对象，找到匹配的平台生态开放度治理策略，对未来治理策略的演进形成基础认识。

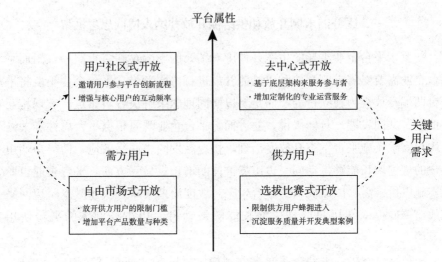

图 8-1　平台生态开放度治理的路线图

首先，针对具体平台生态开放度治理策略的描述。当平台属性以交易属性为主且自身的核心用户是需方用户时，该平台的业务需要足够规模的供需匹配活动进行支撑。此时，平台企业适合采取自由市场式开放，即放开对供方用户的限制门槛，从而增加平台内的产品数量与种类，尽可能满足需方用户的多样化需求。以钱报有礼为例，其作为电商平台不涉及深度的多主体创新参与，通过自由市场式开放可以尽可能发挥平台的撮合交易优势。

当平台以交易属性为主且自身的核心用户是供方用户时，该平台的业务需要高效率的供需匹配活动进行支撑。需要说明的是，此类平台在业务成交数量上难以达到传统电商平台的高度；鉴于创新方案的稀缺性，平台企业需要在服务质量上努力沉淀，积极改善供需两端的对接效率、平台的服务反馈等，借助"典型案例"来刺激供需匹配。因此，平台企业适合采取选拔比赛式开放策略，即对供方用户采取一定的限制门槛，通过经验学习促使平台的服务质量得到提升，有选择地逐步提升平台开放度。以全球蛙为例，作为 O2O 交易平台，其在早期并不具备为零售商超提升销售的能力。为此，首先需要在母公司美特好身上进行运营方案实验，进而筛选对接与美特好类似的供方超市，在相关经验沉淀后再逐步放开平台的供方开放度。平台通过选拔比赛式开放策略，可以在满足供方用户需求的基础上推动平台的口碑传播。

当平台以创新属性为主且自身的核心用户是需方用户时，该平台的业务需要高互动的知识创造过程进行支撑。此时，平台企业适合采取用户社区式开放策略，即平台企业邀请需方用户深度参与平台的产品开发及创新流程，由此决定平台的架构设计及未来发展模式。平台与核心用户的互动越频繁，平台内部的知识复杂度就越高，能够更顺利地推进平台产品创新。以小米社区为例，其作为产品创新研发平台，采取的是开放度最高的构建用户社区模式，通过打开整个创新流程并引入用户参与，为平台带来了异质性、多样化的信息资源。

当平台以创新属性为主且自身的核心用户是供方用户时，该平台的业务需要深度定制化的知识创造过程进行支撑。事实上，此类平台同样需要与用户进行频繁互动，但由于关键用户需求是供方，即产业界常说的 B 端企业，那么在知识创造过程中必然会涉及信任构建的问题。此时，平台企业适合采取去中心式开放策略，即平台企业不以自身平台为中心，而是通过设计底层技术架构来服务参与者，并增添可定制化的专业运营服务。该策略适合最近火热的产业赋能平台，通过去中心式开放策略来增强参与者对平台的信任程度，进而推动整个平台生态的价值共创。具体策略说明和适合企业类型如表 8-1 所示。

表 8-1　平台生态开放度治理的示例

平台生态开放度治理策略	策略说明	适合企业类型
自由市场式开放策略	放开对供方用户的限制门槛	传统电商交易平台
选拔比赛式开放策略	对需方和供方均采取门槛限制	线上线下融合平台
用户社区式开放策略	邀请需方用户深度参与平台的产品开发及创新流程	创新研发平台
去中心式开放策略	设计底层技术架构来服务参与者	产业赋能平台

其次，针对平台生态开放度治理策略演进路线的描述。从图 8-1 中不难发现，平台企业迭代更新平台生态开放度治理策略的核心思路是"改变平台属性"，保障平台从以交易属性为主过渡到以创新属性为主。毫无疑问，网络效应是平台企业的"护城河"，交易平台需要促进供需匹配，尽量扩大平台规模来激发跨边网络效应。然而，当数字技术的影响力逐步趋强时，平台用户随时可能放弃交易平台，并选择能给其带来更好服务体验的创新平台。后者正是通过数字创新逐步瓦解交易平台引以为傲的网络

规模，削弱其竞争优势。因此，平台企业需要时刻保持警惕意识，推动平台生态开放度治理策略的迭代更新。具体说来，针对以需方用户为核心用户的交易平台，平台企业应通过产品研发提升自身的创新属性，在逐步邀请需方用户共创的过程中实现平台生态开放度治理策略的转化。针对以供方用户为核心用户的交易平台，平台企业应通过解决方案创新来提升自身的创新属性，在逐步邀请供方用户共创的过程中实现平台生态开放度治理策略的转化。

第三节　政策建议：督促平台企业遵守"守门人"义务

通过本篇研究，不难发现平台企业实际扮演着生态"守门人"的角色。一方面，平台企业作为"守门人"，对生态持续健康发展有促进作用；另一方面，这意味着平台企业处于明显的权力优势地位，掌握着"生杀大权"，如果"执法不公"，则可能影响到广大中小企业的生存和发展。因此，政府部门需要督促平台企业严格遵守"守门人"角色定位，发挥好正面作用。平台要例行抽查审核，做好"源头治理"保障。本节将在详细阐释平台"守门人"义务的基础上，以"供应链平台赋能中小企业发展"为例，为政府规范监管提供建议参考。

一、平台企业需合规扮演"守门人"角色

当下，越来越多的民众难以离开这些为数字市场提供服务的中介平台，如果无法正常使用就会导致生活和经营的不便利，甚至被排除在正常的社会交往和交易之外。平台企业正是凭借对核心服务平台的控制，在平台开放的过程中逐步拥有强大的经济实力，并将控制力度蔓延至整个生态系统，最终化身为企业和消费者之间的"守门人"（gate-keepers）。鉴于"守门人"对数字市场的强大控制力，生态参与者和新市场进入者近乎难以匹敌，这使得平台企业在商业运营过程中容易对双边用户采取不公正的竞争举措。为此，2020 年欧盟委员会以"塑造欧洲的数字未来"为口号，率先出台《数字服务法（草案）》和《数字市场法（草案）》，拉开了全球政府对超级平台企业进行法律规制的序幕。此后，包括美国、中国在内，陆续通过针对数字平台企业的反垄断相关法案，用以确保数字市场的公平性和可竞争性。目前，国内外对数字平台的"守门人"义务大体有如

下规定：

一方面，作为"守门人"的平台企业不得利用优势地位，对商业用户和消费者采取不公平的竞争行为。具体而言，平台企业不得采取数据混同、推行统一身份识别、"捆绑销售"其主要服务的行为来侵犯双边用户的权益。其中，"数据混同"是指"守门人"不得将从核心服务平台收集到的用户信息共享给其他第三方服务平台，比如微信平台就不能强制用户将个人基本信息分享给腾讯旗下的其他服务平台。"推行统一身份识别"是指"守门人"不得强制为商业用户提供统一的身份识别账号，或者在其享受核心平台服务的过程中不能与其他平台共通服务。"捆绑销售"是指"守门人"在提供核心平台服务时，均不得要求商家用户或终端用户注册其他服务平台作为其访问该平台的条件。例如，用户在使用阿里巴巴旗下的音乐和视频服务时，平台企业不得要求用户注册淘宝或天猫的会员账号。上述规定可以有效防止平台的无序扩张行为。另一方面，作为"守门人"的平台企业要为商业用户营造公平的商业环境，促使消费者可选择更多优质且价格公正的服务。具体而言，首先，"守门人"应当保障商业用户选择其他平台的自由，即旗下平台不得要求"最惠待遇"，允许商业用户在其他第三方平台上以不同的价格向终端用户提供相同的产品和服务，不得通过提高费率、删除服务等方式限制其在该平台的活动。这也是国内自 2020 年以来反垄断的重点领域，属于针对平台企业的"反垄断监管"。其次，"守门人"应允许"平台外交易"，而不应"锁定"用户以获取超额利益，即终端用户可以不通过"守门人"的核心平台服务而从相关商业用户处获取上述项目。最后，"守门人"应负有广告费用信息披露义务。这一义务主要针对当前许多平台在收取广告费用时存在不明确、不规范的现象。"守门人"应当向广告商提供广告的价格信息，并向内容发布者提供支付报酬的信息。

二、对平台生态开放度治理的监管建议——以供应链赋能平台为例

中小企业"融资难、融资贵"是世界性难题，亟待政府部门通过政策监管进一步扶持，而构建供应链赋能平台则是重要的破解之道。供应链赋能平台通过运用区块链、大数据等技术获取供应链交易过程中的多维度数据，以及可以公开爬取的数据，构建信用体系，全面和真实地展现中小企业的信用水平，从而破解中小企业政策性融资担保难题。然而，供应链赋能平台在运行的初始阶段可能会遇到推广成本高、数据获取难、信任体系

不易构建等问题，其背后实质是平台生态扩张的难点。相关部门既要推动供应链赋能平台生态开放度的稳步提升，又要警惕其作为"守门人"利用自身优势损害中小企业利益的行为出现。具体建议包括：

（一）建立试点，总结平台生态开放经验

供应链赋能平台建设并非一蹴而就，需要总结标杆案例、提炼开放经验。政府部门可率先建立试点县区，总结和提炼供应链赋能平台助推中小企业转型升级的经验，形成体系化的平台生态开放赋能模式。上级部门应鼓励和支持地方政府对这一模式开展试点，前期已开展试点地区需要总结和提炼相关的经验，及时研究和解决试点地区存在的问题，提升中小企业对供应链赋能平台的认知和认同。特别是中小企业对供应链赋能平台信任程度不足的问题，需要在平台推广过程中重点关注，通过调研走访识别关键障碍，建立沟通桥梁，联合多方互动，以此形成信任基础来保障供应链赋能平台的进一步发展。

（二）整合数据，支撑平台生态的模式创新

供应链赋能平台的运行优势在于数据赋能，因而需要在数据支持方面做好相应保障。为此，政府部门应推动各类数据的整合和共享，构建更全面、更立体的数据库，为供应链赋能平台提供技术支持。借助政府数据库中大量有价值的数据，供应链赋能平台可顺利开展对目标中小企业的筛选和分析以及多维度信用画像描绘等业务，进而通过数据及基于数据的分析，真实展现被评估中小企业的信用价值，为后续平台赋能的价值创造奠定技术基础。此外，依托对政府数据的筛选，供应链赋能平台可进一步实施大数据算法演练，不断升级自身技术模式，推动中小企业赋能业务的创新迭代。

（三）完善考核，提升平台生态的服务保障

鉴于地方政府对推动供应链赋能平台的发展模式尚不明晰，需要建立考核指标来协调政企合作。具体说来，有关单位应完善提供融资担保考核指标，建立担保质量导向的考核体系。目前，以中小企业贷款担保数量为核心指标的考核体系不利于协调地方政府与供应链赋能平台的利益，阻碍了供应链赋能平台助推中小企业转型升级功能的发挥。建议省级政府的相关部门改革对地方中小企业融资担保基金的考核指标，建立以担保质量为核心、企业转型升级为目标的融资担保基金绩效考核体系。在考核指标体系的指引下，鼓励地方政府做好供应链赋能平台的服务保障，更快推动供应链赋能平台服务的进入，助力中小企业的转型升级并促进区域经济的发展。

（四）强化监管，促进平台生态规范健康发展

鉴于有关企业运行数据获取及其技术应用的法律法规滞后，供应链赋能平台的发展面临着一定的制度风险，需要在制度监管方面做出相应改革、强化措施。政府部门可组织开展供应链赋能平台运行有关法律法规及其监管的研讨，鼓励和保护供应链赋能平台的创新发展。面对平台企业可能面对的法律法规风险，政府部门可在隐私数据保护和数据合法合规获取与运用方面积极进行探索并积累经验，为国家有关数据隐私和爬虫技术监管的法律法规及政策制定提供有益建议，在鼓励和保护供应链赋能平台的创新发展中有所作为。特别要警惕供应链赋能平台在开放扩张中采取有损于中小企业利益的行为，政府部门应通过严格监管，敦促其合规扮演平台"守门人"角色，使其积极发挥平台的正面效应、履行相应义务。

第三篇　平台企业边界
与生态开放度治理的动态适配

　　平台生态系统治理并不是一个静态选择问题，在平台发展的不同阶段，企业边界和生态开放度治理行为均在不断演变。在产业实践中，可以观察到一些平台企业在发展的过程中，会涉足参与者所在的领域，开展自营业务。一些最初设定了低准入门槛的平台会逐渐抬高门槛，也就是降低开放度。那么，在平台发展的不同阶段，企业边界和生态开放度应该如何进行动态适配？其背后的机制是什么？哪些因素又会影响到这一适配过程？

　　本篇是第一篇和第二篇内容的动态延伸，并涵盖以下四章内容：第九章从网络效应切入，讨论了平台生态系统生命周期的特征和演进规律；第十章是在消费领域的平台企业边界与生态开放度治理的动态适配案例研究，讨论了消费互联网平台如何在生命周期内选择适合的平台生态系统治理策略；第十一章是在产业领域的平台企业边界与生态开放度治理的动态适配案例研究，讨论了产业互联网平台如何在生命周期内选择适合的平台生态系统治理策略；第十二章基于研究结论，针对产业界平台企业边界与生态开放度治理的动态适配现象，提供了相关实践指导以及政策建议。

第九章　理论分析：
动态过程视角下的平台生态系统治理

平台企业在发展过程中会根据内外部环境变化调整企业边界和生态开放度。鉴于此，有必要引入时间维度来分析平台企业边界和生态开放度治理的动态演进。该研究的重要基础是确定平台生态系统的生命周期框架，而这与网络效应关联紧密。首先，本章对平台生态系统、网络效应及其特征的研究予以梳理。其次，本章根据网络效应对平台的影响，构建平台生态系统生命周期的演进框架。最后，本章立足激发网络效应的关键点——临界规模，讨论临界规模前后平台企业边界选择和生态开放度治理的差异及其内在机制。

第一节　平台生态系统与网络效应

平台生态系统的概念最早源于 Moore（1993）提出的商业生态系统概念。每个企业都不是单一行业的一员，而是跨行业商业生态系统的一部分。在商业生态系统中，各企业围绕一项新的创新以竞合的方式共同发展。中心或者基石企业往往是该商业生态系统的管理者，负责商业生态系统的网络稳定性（Iansiti and Levien，2004；Dhanarag and Parkhe，2006）。随着研究的逐渐深入，平台生态系统的概念逐渐独立于商业生态系统的概念，并自成一派。该流派的学者认为：平台生态系统包括平台发起者（platform sponsor）和所有的互补品供应商（providers of complements），这些互补品供应商使平台对用户而言更具价值（Ceccagnoli et al.，2012；Gawer and Cusumano，2008）。平台发起者通过共享技术（如编程接口）将外围企业链接到平台生态系统中，参与者通过这种链接，不仅可以生产互补的创新产品，还可以间接获得用户访问权。正如独立软件供应商加入

SAP 的生态（Ceccagnoli et al.，2012），或者开发者为特定游戏机开发视频游戏（Cennamo and Santaló，2013）。因此，平台生态系统被视为由平台发起者（即平台企业）协调企业行为的半监管市场（semi-regulated markets）（Wareham et al.，2014）或是推动不同群体交易的多边市场（multi-sided markets）（Cennamo and Santaló，2013；Hagiu and Wright，2015）。

平台生态系统兼具两大关键属性：多边架构和网络效应。当一个中介机构可以通过向市场的一方收取更多的费用并降低另一方的费用来影响交易量时，市场就被认为是双边或多边的（Rochet and Tirole，2006）。平台正是通过促进买卖双方之间的交易来缓解双方瓶颈（Hagiu，2006），并通过提高市场效率（如交易量、资源配置、供需匹配度等）来为买卖双方创造价值。因此，平台的多边架构属性是指平台通过其产品和服务架构推动多个市场或群体的交易（Thomas et al.，2014）。与平台一致，平台生态系统也是面向两个及以上群体，仅面向单边市场并不被认为是平台生态系统。

对平台多边架构的研究开始关注平台生态系统内各成员间的关系，强调它们的相互依存和协调（Jacobides et al.，2018；彭本红和武柏宇，2016；汪旭晖和任晓雪，2020），尤其是平台企业和参与者之间（McIntyre and Srinivasan，2017；McIntyre and Srinivasan，2021）。一些学者关注平台生态系统的治理，比如平台企业如何选择参与者以推进整个生态系统的价值创造（Rietveld et al.，2019），平台企业如何打破与参与者之间的知识边界并让参与者为平台进行创造性的知识开发（Foerderer et al.，2019），以及开放体系结构和专有体系结构在驱动互补或支持方面的差异（Boudreau，2012；王节祥和蔡宁，2018）。也有学者关注平台生态系统的演变，因为平台企业与参与者之间的关系会随着更广泛的技术变化而不断演进，比如平台企业在获取市场主导地位的过程中如何影响参与者绩效（Rietveld et al.，2020）、平台企业的商业模式创新如何受到各利益相关者价值网络的影响（江积海和李琴，2016）。总体而言，平台企业和参与者会通过有意识的、持续的资源投入来增强整个平台生态系统的价值，从而使自己获益。平台企业通过投资来汇聚参与者群体，而参与者反过来评估并投入资源来支持生态系统（Venkatraman and Chi-Hyon，2004）。

网络效应是平台生态系统的另一个重要特征（Thomas et al.，2014），供需双方的数量不断增加能够有效激发网络效应。对网络效应的研究起源于 20 世纪 80 年代，即美国信息与通信产业迅速发展的时期。经济学家发现：信息产品和服务的消费者越多，则它们越有价值，而当它们被单独使用时，却只有很少的价值。经济学家把拥有这种特性的产品称为网络产品，其具有的网络效应按来源分为直接网络效应与间接网络效应。直接网络效应来源于购买者数量对产品质量的直接物理影响。间接网络效应来源于互补品（Farrell and Saloner，1985），比如计算机硬件与软件——随着市场中计算机使用者的数量增加，其互补品软件的数量与种类也会增加，从而间接增加了计算机的价值。

自 2000 年以来，对双边市场的研究开始成为热点。学者们从银行卡市场中发现：有些产业依靠平台来连接两边的客户群（Rochet and Tirole，2006），而两边的客户之间存在跨边网络外部性（cross-side network externalities），并且需要通过平台交易来内部化这些外部性。可以看出，跨边网络效应主要是针对双边市场而言的。也有很多文献将"网络效应"称为"网络外部性"（network externalities），并且不加区分地使用，但事实上，这两者的含义是不一样的。网络效应强调使用者从用户网络中获得的额外效用变化。网络外部性强调消费行为产生的价值溢出效应。

在网络效应的概念提出后，学者们首先对其内涵进行了解释，随后关注到网络效应的后果变量，并针对网络效应对企业竞争、市场结构以及社会福利的影响做了大量研究。随着网络效应内涵的演进，企业的竞争策略也相应进行了调整。在直接网络效应下，企业最关键的竞争要素是网络规模（Eisenmann et al.，2011）。此时，企业通过选择与建立技术标准的竞争战略来扩大网络规模（Katz and Shapiro，1985），使其达到临界值，以产生网络效应正反馈。在间接网络效应下，消费者获得的效用并不直接依赖于该产品的网络规模，而是间接依赖于其互补品的种类与数量。产品与互补品之间的关系被称为硬件/软件范式，软件产品种类和数量的增加为硬件产品使用者提供了更多的选择，从而间接增加了其效用。所以，在存在间接网络效应的市场中，增加互补品的种类与数量是企业竞争的重要策略，企业可运用捆绑销售与纵向一体化战略进行竞争（Church and Gandal，2010）。双边市场中的两边用户需求具有强依存性，表现出鸡蛋相生的特性，因而有时企业会通过定价策略牺牲暂时的利益，以便在平台一方建立广泛的安装基础，从而吸引平台的另一方加入（Weyl，2010）。因此，定价就成为平台企业竞争的利器，平台企业常常采取倾斜式的定价策略来竞争，实行定价的"分而治之"。

第二节　平台生态系统的生命周期

　　平台生态系统如何发展、演化是重要的研究问题，现有关于平台生态系统生命周期的研究主要围绕平台上供需双方的用户数量展开。在平台生态系统发展的早期阶段，平台内供方用户和需方用户的数量均较少，由此形成的负反馈导致平台企业很难突破"冷启动"困境（Edelman，2015）。在此阶段，平台企业将采取歧视性定价、选择性补贴、业务自制和高开放度治理等多样化策略（陈威如和余卓轩，2013；蔡宁等，2015），不断为平台引入新用户。

　　随着供需双边用户的增长，当用户规模达到临界规模以上，供需双方将进入正反馈周期，供方用户增加带来产品和服务的多样性增加，会吸引更多需方用户，而需方用户的增加亦会吸引更多供方用户的加入（Cusumano and Gawer，2002；Evans and Schmalensee，2010）。也就是说，在平台用户达到激发网络效应的临界规模之后，平台企业将进入引爆期。进入引爆期后，平台企业的发展需要进行相应的策略调整，即利用网络效应来扩张生态圈规模，同时需要权衡初创期的粗放式增长在进入引爆期后的负面效应。此时，平台需要加强用户的过滤机制建设和服务能力培养（李雷等，2016）。此后，平台的网络效应进入成熟期和衰退期，而平台生态扩张在达到用户数峰值后开始萎缩。平台需要在增强用户黏性的同时，谋求"二次引爆点"。综上，平台生态系统的生命周期发展如图 9-1 所示。

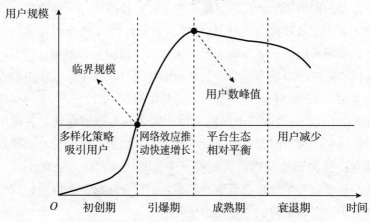

图 9-1　平台生态系统的生命周期发展

平台生命周期的发展受到网络效应的影响。网络效应的存在使市场形成了较高的进入壁垒，致使后进入者进入市场的难度加大。因此，这可能导致只有一种产品成为行业的标准，并使市场形成一家独大的局面。现有研究普遍认为：网络效应会造成一定程度的市场垄断，并认为垄断程度和网络效应的强度有关。但是，由于破坏式创新技术的存在，因而垄断厂商依然面临着竞争。网络效应下"赢家通吃"的特点使得存在网络效应的产业特别注重对标准的竞争，因为统一标准可带来社会福利的增加，加上拥有兼容性性优于不相容性，所以垄断者比不兼容的双寡头能够产生更高的社会总福利（Palma and Leruth，1996），但网络效应带来的技术锁定与转移成本对于社会福利的影响却是负面的（Taylor，2003）。也有学者研究了知识产权对网络产品社会福利的影响。在存在需求网络效应的情况下，知识产权的非授权模仿不仅可以比不存在盗版的情况下产生更大的企业利润，还可以导致社会福利的帕累托改进（Takeyama，1994）。

在平台企业出现"赢家通吃"的现象下，网络效应的解释力凸显。研究指出：用户从产品和服务中获得的效用大小受到处在同一网络下其他消费者数量多少的影响，而且通常随用户数量的增加而增加（Stallkamp and Schotter，2021）。网络效应是平台实现生态"冷启动"的关键（Rochet and Tirole，2003；Gawer，2009）。一旦平台形成供需匹配，网络效应会迅速促使多边用户群体进入正反馈周期，即平台价值随用户数量呈现爆发式增长并会吸引更多的用户群体加入，进一步促进平台生态系统的发展（Majumdar and Venkataraman，1998；Parker and Alstyne，2005；Gawer and Cusumano，2008）。

第三节　临界规模与平台生态系统治理

如前所述，平台企业的生命周期包括初创期、引爆期、成熟期和衰退期等不同时期。其中，最关键的是临界规模，能否达到临界规模决定了平台企业的生存与否，因为在达到临界规模后，平台用户间的跨边网络效应会得到极大增强（李雷等，2016），平台会进入快速增长周期，并使"冷启动"问题得到有效解决（Evans and Schmalensee，2010）。由于临界规模前后平台企业发展的目标不同，因此在策略选择上存在一定差异。

在临界规模之前，平台企业的首要任务是快速获取用户（Boudreau，

2021)，因而平台企业采取一体化策略（自制）的可能性较高。因为平台企业采取自制策略后，能够迅速提升平台供方的产品和服务提供，而产品生产规模和质量的增加会为平台吸引更多需方用户（Cennamo，2018）。跨边网络效应吸引了供方用户进入，从而促进了平台企业的增长。在达到临界规模之后，平台企业面临的生存压力降低，而跨边网络效应的强大影响会解决平台的产品和服务供给问题。此时，如果平台企业仍然较多采用自制策略，则可能面临"重模式"带来的效率损失问题（董亮和赵健，2012）。进入自己不擅长的领域，不仅面临高失败风险，还会影响平台供方用户的发展预期，使他们减少创新投入，进而引发挤出效应（Zhu and Liu，2018），对平台发展极为不利。因此，有必要系统探究临界规模前后平台企业应该如何进行边界治理。

与平台企业边界治理分析类似，平台生态开放度治理策略在临界规模前后也会呈现出差异。在达到临界规模前，平台企业的首要任务是快速获取用户（Zhu，2019），所以它采取高开放度治理策略的可能性较高。因为平台企业采取高开放度治理策略，能够迅速提升平台供方用户的产品和服务提供，而产品生产规模和质量的增加会为平台吸引更多需方用户（Cennamo，2018）。跨边网络效应吸引了更多的供方用户进入，形成多边用户的价值共创，从而促进了平台企业的增长（Amit and Zott，2001）。这一阶段的高开放度治理策略将配套实行一系列的平台策略，不仅减少了审核的门槛，而且会配以用户补贴、免费服务等多样化的激励举措，以求快速达到临界规模。

在达到临界规模后，平台企业面临的生存压力降低，而跨边网络效应的强大影响会解决平台的产品和服务供给问题。但是，初创期平台的高开放度治理策略在带来平台生态多样性的同时，也会带来负面效应（李雷等，2016）。一方面，高开放度治理策略在增加用户的同时，也会因为用户数量的增加，带来供方用户之间的同质化竞争（Boudreau，2010），而竞争拥挤可能引发平台产品和服务质量的下降，发生"劣币驱逐良币"的现象（Eisenmann et al.，2011；Rietveld and Schilling，2021）。另一方面，高开放度治理策略在增加平台用户群、形成多样化资源和促进知识创新的同时，也可能带来多边用户之间的管理协调问题（Laursen and Salter，2006），平台若不能加以控制，反而会对平台创新绩效产生显著的负面影响（Felin and Zenger，2014）。

第十章 案例研究：消费生态的动态适配

由于网络效应的累积特征，因而处于不同阶段的平台生态需要权衡的问题不同，导致平台企业在边界治理和生态开放度治理上呈现出显著差异。本章将研究平台生态系统治理在生命周期上如何演化，并采用嵌入式案例研究方法，分析了在临界规模前后平台企业的边界治理和生态开放度治理存在何种差异及其背后的解释逻辑。

第一节 案例现象

平台生态系统由平台企业和提供互补品的参与者构成，平台企业针对参与者实施的行为体现在边界治理和其主导的生态开放度治理中。边界治理体现为是否要对供方业务实施自制。平台企业主导的生态开放度治理体现为平台对外开放的门槛水平。

在平台生态系统发展的不同时期，平台企业会采取不同的边界治理。早期的阿里电商只做平台，后来尝试做自营。最初的淘宝平台采用 C2C（consumer to consumer）模式连接卖家和消费者，其本质是只提供服务、不参与供货的平台；2012 年，阿里推出了 B2C（business to customer）模式的天猫，吸引了品牌商、生产商入驻，并且也在尝试做自营项目，如天猫超市、天猫进口直营，这些是部分采销模式的自营。2022 年，天猫又推出了猫享项目，定位于对物流速度、服务品质和平台背书敏感的消费人群。猫享采用的是自营式 B2C，与天猫传统的第三方品牌商 B2C 有所区别。两者的货源和运营模式不同，天猫官方旗舰店的货品所有权属于品牌商，并且由品牌商直接发货给消费者，而猫享自营旗舰店的货品所有权属于平台，平台向品牌商打款进货，再由平台直接发货给消费者。因为消费者对于线上购物的体验要求越来越高，比如数码家电对于配送、安装的要求比较高，所以直营模式更容易满足这些客户的需求。

京东商城以自营业务起家，一直以来的重心也放在自营业务上，但由于自营业务难盈利、差异化效果减弱等原因，京东商城开始用自营业务赚到的口碑为第三方卖家导流，以便吸引更多的第三方卖家，而后通过第三方卖家提高利润。财报显示，2021 年第四季度京东零售的第三方商家新增数量超过了前三季度的总和，持续增长的第三方商家数量也为京东商城带来了更加丰富的商品品类。京东商城上的店铺可以分为自营和第三方，前者是京东打款进货并通过自建物流送货，后者是第三方卖家以自有品牌在京东开设店铺，主要通过第三方物流送货。

平台企业主导的生态开放度治理也会随平台的发展而变化。京东商城吸引更多第三方卖家的过程，是通过下调准入门槛、扶持新商家来实现的。以隶属于京东商城的京东超市为例，京东超市在 2021 年 11 月发布了大力度的平台新商家扶持举措，包括下调准入门槛、降低质保金、减免平台使用费、加大佣金返还力度，从而下调了商家入驻门槛和降低了商家运营成本。京东超市通过各项扶持举措，为新商家创造了一个快速成长的优质环境。滴滴出行作为国内网约车平台的巨头企业，早期对司机的准入门槛很低，以吸引众多司机加入。然而，低准入门槛和低监管导致乘客安全事故频出，引发消费者对滴滴出行的信任危机，由此滴滴出行开始重视提高司机的准入门槛，对新认证司机的资质审核更加严格，对不合规司机实行清退。

上述现象表明：在平台生命周期的不同阶段，治理策略存在动态演化。基于此，本章提出了下述研究问题：平台企业的边界治理和生态开放度治理如何随发展阶段演进？

第二节　研究设计

本章选择嵌入式案例研究方法，通过访谈调研和二手资料分析，对处于生命周期不同阶段的平台企业边界治理和生态开放度治理开展研究。理论抽样选择浙报集团的新闻平台和游戏平台，然后基于定性数据，对平台演进过程进行比较分析，最终归纳出平台生态系统治理与生命周期的关系。

一、方法选择

本章的研究主题"平台企业的边界治理和生态开放度治理如何随发展阶段演进"，属于"怎么样"（how）和"为什么"（why）的研究问题（Yin，2009），适合选用案例研究方法。此外，本章旨在探索平台企业伴随时间演进的边界治理和生态开放度治理，适合选用纵向案例方法进行持续、深入的聚焦分析。

本章选取浙报集团的新闻平台和游戏平台作为研究对象，主要基于以下三个方面的考虑：（1）代表性。作为国内传媒行业产业融合的前沿阵地，浙报集团两大业务平台的商业运作模式具有较强的代表性。（2）启示性。近年来，浙报集团的新闻平台和游戏平台在企业边界治理和生态开放度治理上采取了差异化策略，持续聚焦优势业务，使经营业绩处于行业头部位置，因而对两大业务平台进行深入剖析极具启发意义。（3）数据可得性。一方面，游戏平台和新闻平台的市场运营隶属于浙报数字文化集团股份有限公司（简称"浙数文化"），而上市公司的信息披露机制有助于收集案例素材；另一方面，作者团队借助提供咨询服务的机会，对浙报集团两大业务平台进行了长期跟踪调研，能够获取丰富的案例素材。

二、数据收集与分析

本章数据主要来自以下三个方面：（1）文献资料。通过检索数据库获取相关理论知识和新闻资讯，并保留经多方印证的信息资料。（2）档案记录。企业高层的重要讲话和相关采访资料、浙数文化的公司年报以及公司内部报告等，翔实地刻画了案例企业在生命周期不同阶段的发展战略。（3）实地访谈。作者团队多次访谈了案例企业的高管团队和职能部门经理，并对案例企业进行了补充性跟踪调研。本章案例信息及数据来源如表 10-1 所示。

表 10-1　案例信息及数据来源

分析单元	单元简介	数据来源
新闻平台	不仅将原有传统纸媒系统化、线上化，同时搭建了连接开发商和购房者的买房"助理服务平台"，是涵盖传统纸媒、购房宝、医疗服务及养老、县市社区门户的融媒体平台	实地访谈战略与投资部门主管 1 人次；访谈产品经理 2 人次；访谈用户 4 人次；文献资料；档案记录

续表

分析单元	单元简介	数据来源
游戏平台	国内知名的棋牌电子娱乐游戏研发商、发行商和运营商，旗下拥有众多知名游戏品牌。涵盖游戏茶苑、上海浩方等	实地访谈游戏公司副总 1 人次；访谈游戏公司运营主管 1 人次；访谈用户 5 人次；文献资料；档案记录

资料来源：作者根据访谈和二手资料整理得到。

本章数据分析主要经历了以下步骤：首先，回顾和梳理案例企业的发展过程，针对案例分析单元，撰写案例文本，帮助作者团队形成对案例研究对象的共同认知。其次，围绕平台生态系统治理，两位作者对案例数据进行了梳理和归纳，提出了构念和框架。另一位作者对案例证据进行了再次审视，在提出意见后开展了团队讨论，此过程循环往复并形成了包含案例讨论、分析和修改思路的备忘录。再次，通过案例材料与现有文献的反复比较，得到了平台企业边界和生态开放度等关键构念的定义及测度。最后，从平台交易和创新二重性的角度出发，构建了基于时间维度的平台企业边界治理和生态开放度治理分析框架，并对分析单元进行了逐一剖析。此后，在案例资料和理论构建中不断重复印证，最终实现了理论建构。

三、构念测度

针对关键构念的测度，本章主要遵循两个原则：一是知识积累（江诗松等，2011），即充分借鉴现有文献，通过数据与文献的反复比较，整理出最匹配的测度方法；二是保持相对松散的概念类别（Laamanen and Wallin，2009），使关键构念从案例数据中表现出来。表 10-2 列示了本章关键构念测度的具体说明。

（1）平台企业边界反映了"只做平台"或"兼做自营"的策略选择，即对某一业务进行自制还是购买（Coase，1937），这实质是经典的企业边界治理问题。在平台情境下，现有研究指出平台有多种类型的边界，比如平台范围（scope）、平台边（sides）和平台接口（Gawer，2021）。本章主要关注平台"边"上的边界，即平台对某一边用户的介入程度。结合案例素材和 Williamson（1985）对于边界确定的原则，根据平台是否涉足供方产品和服务，本章选择"自制"和"购买"两个指标来刻画平台企业边界。

（2）平台生态开放度反映了平台企业作为平台生态主导者，通过策略选择确定用户参与平台的开放程度。本章主要参考 Laursen 和 Salter

（2006）关于开放深度和广度的理论框架，并将其在平台情境下予以细化；同时，综合案例素材和 Boudreau（2010）的研究，根据进入平台的门槛及进入平台后参与架构创新的程度，选择"准入开放"和"架构开放"两个指标来刻画平台开放度。用户进入门槛越低、参与度越高，意味着平台开放度越高。

（3）议价能力的深层理论基础是资源依赖理论（Pfeffer and Salancik，1978）。企业的议价能力主要体现在对关键资源的掌控力（唐跃军，2009）和依赖关系的相对水平上。在资源和能力上越处于优势地位，企业的议价能力越强。例如，浙报集团前董事长在 2013 年的集团内部讲话中提道：互联网游戏风起云涌，来得快，走得也快。但边锋游戏、上海浩方（集团内的业务单元）却不一样，有哪个游戏平台能在 20 多家电视台开设专题节目，而且还有很高的收视率？这充分体现了边锋平台的高议价能力。

（4）整合能力的深层理论基础是知识观理论。Grant（1996）和 Volberda（1999）指出：企业的核心能力取决于对知识的整合能力而非知识本身，即对创新所需资源和知识的系统化协调能力。例如，上海浩方整合旗下电竞赛事和业务资源转型为一个大型社区平台，涵盖游戏、赛事、直播和社交等服务，不仅握有核心赛事 IP，还构建了浩方电竞平台等产品矩阵。

（5）临界规模是指平台能够实现正反馈发展的参与用户数量（Evans and Schmalensee，2010）。基于这一界定，本章通过"用户量级"和"业务拓展难易度"对临界规模进行测度。其中，用户量级基于案例企业所在行业的经验判断得到，并在访谈中得到了多个主体的印证。业务拓展难易度是在临界规模前后，由于网络效应的作用，业务拓展难易度显著不同；在临界规模后，业务拓展会相对容易。正如浙报集团副总所言："无论是在业务拓展过程还是实践观察中，我们不难发现，激发并促使用户使用和购买产品无疑是最难也是最重要的一点……我觉得标准还是有的，我们拓展了很多场景，当用户达到百万级别之上时，平台就会迅速发展，成功率也会高很多。"因此，本章将用户数量达到百万级定为临界规模。

表 10-2　关键构念测度

构念	测度依据	文献来源
平台企业边界	平台是否提供供方产品和服务	（Coase，1937；Williamson，1985；Gawer，2021）

续表

构念	测度依据	文献来源
平台生态开放度	平台对供方用户设置门槛的高低以及供方用户参与平台架构创新和交易业务开发的程度	(Laursen and Salter, 2006; Boudreau, 2010)
议价能力	平台相对于供方用户在资源和能力上的优势	(Pfeffer and Salancik, 1978; 唐跃军, 2009)
整合能力	平台相对于供方用户对创新所需资源和知识的系统化协调能力	(Grant, 1996; Volberda, 1999)
临界规模	平台能够实现正反馈发展的参与用户数量	(Evans and Schmalense, 2010)

四、案例简介

浙江日报报业集团（简称"浙报集团"）是国内第一家媒体经营性资产整体上市的报业集团。作为传统媒体和新兴媒体融合发展的前沿阵地，浙报集团通过对自身发展策略的不断调整和优化，时至今日已构建起涵盖新闻传媒、数字文化、智慧服务和文化产业投资的"3+1"大传媒平台，具体包括边锋游戏、网络医院、浙江新闻、上海浩方等不同业务单元。本章主要关注集团旗下的新闻平台和游戏平台。

新闻平台是浙报集团在原有纸媒基础上构建的数字媒体平台。早在2008年，面对报业发行和广告投放两大主营业务持续衰退的局面，浙报集团便有了"转型"这一意识。2012年，浙报集团正式确立了《钱江晚报》新媒体中心的组织架构，并于2013年推出微信矩阵，涵盖文艺、摄影、体育、教育等多个子公众号。新闻平台将传统纸媒用户线上化，并构建了数据库。随着用户数量的不断增加，浙报集团审时度势，于2014年6月推出浙江新闻客户端（App）。此后，浙江新闻客户端对外开放并引入了多种公共服务板块，包括医疗、出行、养老、交通、出入境、水电气缴费等。

游戏平台是浙报集团数字娱乐的核心板块。2013年4月，浙报集团跨界高价收购盛大网络旗下杭州边锋和上海浩方两家知名游戏公司，获取了3亿注册用户和超过2 000万的活跃用户流量池。在从盛大时代过渡到浙报集团时代后，游戏平台继续加大新产品研发投入，推动原有产品版本的更新升级，并在电竞方面高度开放，通过举办各种赛事满足年轻用户的需求。通过实施在线棋牌、桌面游戏、电子竞技、无线终端并进的多元化发展战略，游戏平台现已发展成全方位的数字娱乐平台。

第三节　案例分析

本章将平台是否达到网络效应的临界规模作为案例阶段划分的转折点，对浙报集团的新闻平台和游戏平台开展分析。在将案例的分析单元划分为临界规模前和临界规模后，本章分别研究平台企业边界治理和生态开放度治理策略，并以案例素材佐证。通过比较同一平台在不同时期的策略以及同一时期不同平台的策略，挖掘在不同时期平台选择不同治理策略的原因。

一、临界规模前的平台生态系统治理策略选择

在临界规模前，平台的主体架构尚未形成。一方面，供需双方用户数量较少，难以有效激发网络效应；另一方面，业务拓展难度较大，无法有效支撑核心业务发展。在此阶段，平台生态系统治理的关键目标是解决"冷启动"难题。

（一）新闻平台

1. 新闻平台的边界治理：高一体化[①]

新闻平台实施供方业务高度自制。在达到临界规模前，由于新闻平台负有连接读者、广告商和内容提供商等多边主体的任务，其内容选择成为平台首要的决策难点。在采编与经营两分开的背景下，纸媒行业内的不少企业选择缩减或关闭自身内容，转而通过提供门户并引入大量外部内容提供商，逐步向"纯平台"模式靠拢。然而，浙报集团已在传媒行业深耕数十年，它们不反对引入外部内容提供商，但更为坚信自己在传媒领域拥有的强大社会公信力、丰富的渠道资源以及功底深厚的采编队伍。正如新闻平台总编辑所言："我们是党报集团做的新闻客户端，在互联网媒体新闻内容的生产上也是一样的，要有迭代、快跑和积累的过程。"基于长远考虑，新闻平台在其业务拓展的早期阶段，针对平台供方业务，一直采取高一体化（自制）策略。在访谈中，有产品经理指出："我们的采编队伍是

---

① 作者用"高一体化"简略表示"高水平的一体化"。

很扎实的，出过很多大报道、大文章，一些年轻的采编人员也在一些重大报道中不断提升自我……我们会继续壮大采编队伍，发挥好主流媒体作用。"此外，在经营方面，依托于浙报集团原有的传统媒体与受众、政府部门、企事业单位、广告商等的紧密联系，新闻平台实施业务自制的难度也会相应降低。

2. 新闻平台的生态开放度治理：高度开放

新闻平台鼓励供应商接入，并提供多样化服务。在达到临界规模前，新闻平台面临着吸引用户和动员平台参与者的挑战。为此，新闻平台采取了低门槛的开放策略，通过外部增加供应商数量以及内部生产互补品的策略迅速做大供方，进而尝试激发跨边网络效应，推动用户规模持续扩大。新闻平台不仅开通了交通违章处理、水电气缴费、家政、同城电商、医院挂号等多样化服务，而且还引入外部厂商作为自有资产的替代，并通过数字接口对外部厂商进行监督。例如在访谈中，浙数文化旅游全媒体中心主任曾提及："就拿旅游版块来说，我们联合 20 个省份的 25 家报纸一起打造了浙江旅游大推广活动，这种地毯式的联合宣传可以说在全国开了先河。"

（二）游戏平台

1. 游戏平台的边界治理：高一体化

游戏平台坚持高品质的供方业务自制。随着 4G、5G 网络的逐渐普及，碎片化节奏的游戏成为大众娱乐首选。游戏平台在棋牌等碎片化游戏领域深耕多年，不仅拥有极具地方特色和适宜不同年龄段的休闲娱乐游戏产品，同时通过棋牌和电子游戏及旗下直播平台产品构建了高质量的用户流量池。例如，在发展初期，游戏平台凭借自身的品牌影响和技术优势，自行开发了诸如温州扑克、RPG 和二次元等各种游戏，形成了平台重要竞争力，为平台吸引了大量早期用户。边锋副总裁在自研产品边锋盒子发布会现场表示："边锋推出盒子，不仅有利于扩大终端用户数，更是建立起了全终端互动的用户娱乐平台。"

2. 游戏平台的生态开放度治理：高度开放

游戏平台实施高度开放的治理策略。早期为发展平台生态，游戏平台依托浙报集团和原有合作伙伴的资源，通过不断引进优质资源，鼓励外部参与者进入平台，共同为玩家提供高品质的游戏产品。正如浙数文化董秘所言："边锋的桌游板块发展策略……意在集聚国内优秀的桌游产品生产商，帮助其完成产品设计之后的发行、渠道铺设等一系列工作，以谋求共同发展。"游戏平台的开放策略具体表现为：第一，凭借浙报集团强大的品牌资源和媒体影响力，导入各种内容产品进行复合式业务拓展，如视频、云阅读等。第二，与集团旗下各个媒体资源数据库进行对接。例如，在部分游戏大厅中接入新闻弹窗，针对玩家特征提供新闻服务。在访谈中，就有公司高管表示："我们游戏平台目前确实在集成集团的媒体资源进行复合式业务拓展，为游戏用户量身打造新闻产品，等等。"第三，与传统电视媒体在赛事推广方面开展合作以及将相关业务与集团旗下的体育资源进行有效融合，不断丰富平台的游戏产品和内容，努力提升品牌影响力。

综上，浙报集团的新闻平台和游戏平台在达到临界规模之前，在企业边界治理方面均采用了高一体化（自制）策略。其背后原因在于，自制可以做大供方，进而通过跨边网络效应快速扩大需方用户规模。与此同时，在生态开放度治理方面，两者均采用了高度开放策略。其背后原因在于，外部厂商的持续接入有助于推动平台产品和服务的规模与质量提升，进而吸引更多的需方用户加入，促进平台快速发展。浙报集团两大业务平台在临界规模前的平台企业边界治理和生态开放度治理如表 10-3 所示。

表 10-3　临界规模前的平台企业边界治理和生态开放度治理

分析单元	临界规模	边界治理	生态开放度治理
新闻平台	未达到 受新媒体冲击，新闻平台缺数据、技术和运营经验，用户流失，难以激发网络效应，业务增长慢	**治理策略：**高一体化 **案例证据：**成立数字采编中心及融媒体报道团队，组建新媒体中心；专门建立供稿 QQ 群、微信群；提供多样化特色服务，如疫苗接种、专家咨询、配套养老服务等；加大研发投入，积极推广数字阅读产品等	**治理策略：**高度开放 **案例证据：**上线视频、游戏、推送等功能；与浙江省级相关研究机构（如社会科学院、规划研究院等）建立合作；嫁接第三方服务平台，推出"我要挂号""教我烧菜"等互动版块
游戏平台	未达到 难以对浙报集团旗下各媒体用户信息数据库与游戏平台数据库形成有效对接，业务拓展相对缓慢	**治理策略：**高一体化 **案例证据：**开发温州扑克和浙江地区的棋牌游戏；自研多种类型手游，如 RPG、二次元、《龙神战记》等；上线游戏直播平台战旗 TV 等	**治理策略：**高度开放 **案例证据：**联合浙江省作家协会打造"云端悦读"数字平台；增加无线应用，如《誓友》《通通免费电话》等；与北京含章行文共治"战拖"事业

资料来源：作者根据访谈和二手资料整理得到。

二、临界规模后的平台生态系统治理策略选择

随着新闻平台和游戏平台跨越临界规模，网络效应被激发，平台从"冷启动"迈向生态化的新阶段。此时，平台面临着新兴业务拓展以及调动参与者积极性等新问题，从而需要对平台企业边界治理和生态开放度治理做出新的权衡。

（一）新闻平台

1. 新闻平台的边界治理：持续一体化

在临界规模后，新闻平台依旧坚持一体化策略。新闻平台运营负责人表示，平台采取高度一体化主要是出于品质方面的考量。因为平台长期处于较为封闭的环境中，尚未形成协调外部组织的惯例，对外部主体的整合能力较差，难以有效管控外部内容的品质。在此背景下，新闻平台继续强化自制能力，依托在"冷启动"阶段搭建的基础用户数据库，于2015年4月投资建设技术平台"媒立方"。历时两年研发，依托"媒立方"技术平台，新闻平台打通了底层数据，使新闻原创内容的生产流程由线性转为环性，成功实现了按需生产、智能协同。此外，2017年1月1日正式运行的"中央厨房"工作机制，进一步推动了《浙江日报》、浙江在线和浙江新闻客户端的深度融合，打破了"三端"分割分治状态，使新闻平台的原创能力大幅提升。

2. 新闻平台的生态开放度治理：降低开放度

在临界规模后，新闻平台开始逐步降低生态开放度。随着市场的增长和系统的成熟，内部互补品与外部互补品之间可能会出现紧张关系，进而降低参与者的创新动机，影响新闻平台潜在的价值获取可能。因此，新闻平台基于以下两方面考虑，审慎地降低了开放水平，采取了限制开放策略：一是由于新闻平台的特殊性，受制于用户的独特偏好，平台黏性较弱。高水平的开放策略可能会引发外部服务商开发出替代平台，导致用户转移，新闻平台难以实现良性循环。二是由于长期处于封闭环境下，新闻平台在协调整合内外部主体方面的能力较差，而且缺乏成体系的规则约束。随着内部多边主体的持续增加，新闻平台渐渐感到"力不从心"，因此着手降低平台生态开放度。

（二）游戏平台

1. 游戏平台的边界治理：减少一体化

在临界规模后，游戏平台开始逐步摒弃一体化（自制）策略，转而利用外部主体提升业务运营效率。一方面，正如游戏平台运营主管所言，公

司作为头部游戏平台，拥有核心技术、熟悉业内玩法，将部分业务交由外部厂商不仅可以增加优质游戏产品的数量，而且不用担心合作过程中的监督成本；另一方面，游戏平台的活跃用户数量大且质量高，同时拥有游戏发行及运营的丰富经验和强大能力，而且与业内交流沟通频繁，因而能够高效整合内外部资源、协调不同主体间的利益关系。游戏平台选择减少一体化（自制）策略既可以提升业务效率，还能有效降低治理成本。

2. 游戏平台的生态开放度治理：提升开放度

在临界规模后，游戏平台继续奉行高度开放策略。游戏平台不仅推动旗下浩方对战平台与 11 电竞对战平台联合运营，同时追求与游戏开发商的优势互补，甚至针对部分游戏开发商出台创业扶植项目，主动提供能力输出。具体而言，游戏平台在临界规模后坚持推行高开放度策略主要基于以下两方面考虑：一是平台在主营业务上优势突出，拥有核心技术及丰富的运营管理经验，其他游戏开发商难以对平台构成严重威胁。此外，高质量且黏度高的活跃用户使得平台拥有强大的控制权。二是游戏开发作为一项技术模块化活动，离不开游戏开发商和用户之间的反复协调沟通。由于游戏平台在业内深耕多年，积累了大量管理经验，早已形成成熟的技术界面和端口管理规则，因而继续实施高度开放策略并不会带来管理协调成本的大幅增加。

综上，浙报集团的新闻平台和游戏平台在达到临界规模后，在边界治理策略上出现了较大差异。新闻平台继续实施一体化策略，游戏平台则增大了外部研发并减少了自制。两者的平台生态开放度治理策略也不尽相同。新闻平台限制开放，加强平台制度约束，而游戏平台继续坚持高度开放策略。表 10-4 列示了浙报集团两大业务平台在临界规模后的平台企业边界治理和生态开放度治理。

三、阶段差异与机制分析

如前所述，浙报集团的新闻平台和游戏平台在临界规模前后，无论是边界治理还是平台生态开放度治理，其具体策略都出现了明显分化。究其原因，需要从平台二重性视角切入，综合考虑平台交易属性上的议价能力（bargain power）和创新属性上的整合能力（integration capability）。其中，在交易属性上的议价能力方面，其深层理论基础是资源依赖理论（Pfeffer and Salancik，1978），即强调资源和能力的相对优势，依赖关系的相对水平产生权利。在创新属性上的整合能力方面，其理论基础对应于 Grant（1996）提出的知识整合能力，即强调对创新所需资源和知识的系

表 10 - 4 临界规模后的平台企业边界治理和生态开放度治理

分析单元	临界规模	边界治理	生态开放度治理	议价能力	整合能力
新闻平台	**达到** 不同平台间相互导流、多边用户数量迅速增加，平台影响力增强和传播力不断增强，业务拓展相对容易	**治理策略：持续一体化** **案例证据：**打通集团内各部分资源，重构采编生产流程，加大原创内容生产等；撰写了《杭州》《六问杭州》《杭州南下取经的脚步》等系列深度报道，自研推出系列符合互联网特征和传播潮流的新媒体产品等	**治理策略：降低开放度** **案例证据：**提高入驻门槛、筛选服务、倾向于引进政务类新闻或服务类媒体入驻，拒绝车、汽车等商业广告果等	**弱** 拥有专业的采编、制作、编辑团队，新闻作业突出，但难以保证新闻业务质量，服务其他业务依赖程度较低	**弱** 长期一体化策略形成了平台自我发展惯例，多边用户管理协调能力较弱
游戏平台	**达到** 用户数量持续增加，平台业务向电竞、直播等新场景拓展相对容易	**治理策略：减少一体化** **案例证据：**增加外部职业竞技玩家和战队，吸引游戏用户，推进游戏竞技事业，提高游戏外部研发团队为用户提供产品的比例，如《梦之旅人》《决战紫禁》等游戏和关游戏等	**治理策略：提升开放度** **案例证据：**接口持续开放，推出边锋紫苑创业扶持项目，吸引外部主体加入；《甜甜萌物语》交由千幻游戏发行	**强** 平台用户数据和资源处于行业领先地位，前期累积的技术和运营经验可为供应商提供支持，供应商依赖程度较高	**强** 业务范围逐渐向电竞、直播拓展，多边用户管理协调能力较强

资料来源：作者根据访谈和二手资料整理得到。

统化协调能力。本章认为，临界规模后的平台企业边界治理与生态开放度治理策略选择主要取决于平台企业的议价能力和整合能力。

（一）临界规模前后边界治理差异的影响因素与机制

针对边界治理，新闻平台和游戏平台的议价能力及整合能力存在一定差异。其中，议价能力主要体现在两方面：一是相对于现有业务，平台对其他业务的熟悉程度；二是平台对外部厂商的监管能力。整合能力体现为平台通过整合内外部资源进行创新的能力。新闻平台背靠浙报集团在传媒业务上的资源优势，在新闻资讯方面分别经历了从 PC 端到移动端、从单一文字形式到多种新媒体表达形式的转变，其新闻的时效性、真实性、专业性、内容丰富度及深度逐步迈向行业领先水平，核心业务较为成熟突出，客户忠诚度及黏性较高。但是，在互联网新闻相关政策收紧以及主管部门对相关资质的核发和审查长期趋严的背景下，新闻平台对外部业务的熟悉度和整合能力并没有得到显著提升。与此相反，早期的游戏平台作为游戏运营商和研发商，在棋牌、电子游戏领域积累了大量开发和运营经验，并且极为重视终端用户的游戏体验及付费意愿，对外部产品和服务的监管能力及协调能力较强。正如访谈中游戏平台副总所说："我们很早就涉足棋牌和游戏领域，针对如何从外部游戏厂商中获取高质量产品这一问题，还是积累了一定的经验。"

新闻平台在临界规模后并没有减少自制，而是继续实施一体化。这是因为受传统自制策略的影响，新闻平台没有构建起与外部主体的合作协调能力，对外部资源的整合能力较弱，也就是整合成本较高。而游戏平台在临界规模后减少了自制，转而借助外部主体提升业务运营效率，其原因主要在于：一方面，游戏平台在棋牌、游戏领域积累了丰富的开发和运营经验，无须承担高昂的外部监督成本，其议价能力相对于游戏开发商和玩家更强；另一方面，游戏平台在游戏开发过程中也积累了大量的与外部玩家和厂商对接的经验，因而内外部整合成本较低。综上，本章提出：

命题 1：平台在临界规模前后的边界治理存在显著差异。在临界规模前，平台倾向于采取高一体化（自制）策略；在临界规模后，平台的边界治理取决于平台的议价能力和整合能力——能力越强，平台越倾向于实施减少一体化（自制）策略。

（二）临界规模前后平台生态开放度治理差异的影响因素与机制

针对平台生态开放度治理，新闻平台和游戏平台的议价能力及整合能力也存在一定差异。区别在于：企业边界治理重点关注平台与供方用户之间的关系，平台生态开放度治理更为强调平台企业对整个平台用户的交易管理和创新协调，两者的核心含义一致，但外在解读不同。其中，议价能力主要体现在两个方面：一是平台对外部厂商的控制力；二是外部厂商对平台的依赖度。整合能力体现为平台在与不同用户互动中的协调能力。伴随着新闻采编和内容输出形式的日益多样化，以及各种信息噪音（如"标题党"、假消息等），各新闻资讯平台的内容筛选机制更加严格，竞争也趋于同质化。在此背景下，核心竞争力的缺失以及协调能力的不足可能导致新闻平台面临被外部厂商替代的风险。对于游戏平台来说，它受益于游戏即点即玩的特性以及平台经过长期积累形成的开发和运营能力，在游戏入口的设置方面早已形成多边管理规则，因而不用顾虑对大量外部厂商的协调问题。

新闻平台在临界规模后降低平台生态开放度主要是因为：第一，新闻平台缺乏核心技术优势，同质化竞争严重。当平台开放后，外部厂商会对平台构成严重的替代威胁。第二，由于长期处于较封闭的环境下，新闻平台欠缺管理协调多边用户的能力。随着越来越多的外部厂商进入，平台在协调整合内外部主体方面逐渐力不从心。游戏平台在临界规模后继续保持高度开放策略的原因在于：第一，游戏平台在核心业务领域积累了关键技术，拥有用户先发优势，并不担心新游戏开发商壮大对平台发展的威胁。正如游戏平台副总裁所言："在运营产品的漫长过程中，我们会通过深究细节来不断提高……用户的服务体验。对于最终的竞争结果，其实用户无疑还是最大的赢家。"第二，游戏平台在游戏开发过程中形成的通过端口和社区等管理多边主体的规则及惯例，可以有效支撑外部开发商和用户的大量增加。综上，本章提出：

命题2：平台在临界规模前后的生态开放度治理存在显著差异。在临界规模前，平台倾向于采取低门槛的高度开放策略；在临界规模后，平台的生态开放度治理取决于平台的议价能力和整合能力——能力越强，平台越倾向于采取提升开放度策略。

第四节　讨论与结论

网络效应的累积特征决定了平台发展的周期性变化。在不同时期，平台发展面临的关键矛盾不同，导致平台生态系统治理亦表现出较大差异。由于平台商业模式的产业实践普遍处于高速发展阶段，很难观察到完整的平台生命周期，所以案例分析结果也只表明治理策略的差异主要集中在临界规模前后。本章根据案例分析结果，对临界规模前后平台企业边界治理和生态开放度治理的差异开展了讨论。

一、研究结论

本章以浙报集团的新闻平台和游戏平台为案例研究对象，深入剖析了两大业务平台企业边界治理和生态开放度治理策略演进的内在机理，得到以下主要结论：平台企业边界治理和生态开放度治理策略在其发展演进过程中并未呈现出统一规律。在临界规模前，平台的主体架构尚未形成，供需双方用户数量较少，难以支撑核心业务发展。此时，平台倾向于采取一体化（自制）和低门槛的高度开放策略，用以解决"冷启动"难题。在临界规模后，平台生态系统治理策略选择需要从平台二重性视角切入，也就是要考虑交易属性的议价能力和创新属性的整合能力——能力越强，平台越倾向于选择减少一体化（自制）和提升开放度策略。基于上述研究结论，图 10 - 1 展现了基于时间维度的平台企业边界治理和生态开放度治理框架。

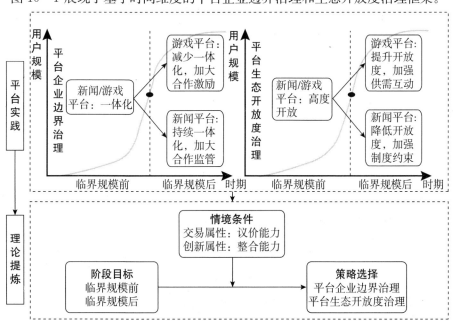

图 10 - 1　基于时间维度的平台企业边界治理和生态开放度治理框架

二、理论贡献

本章基于动态视角丰富了平台企业边界治理和生态开放度治理的文献。平台企业边界治理和生态开放度治理是平台生态系统治理的重要内容，涉及平台主导者是否选择对供方业务实施自制以及确定平台的开放程度（Boudreau，2010）。现有研究大多基于静态视角探讨平台企业边界治理和生态开放度治理问题，而且相关结论存在一定分歧，其原因可能是平台在不同成长时期的侧重点不同，进而导致策略选择存在差异（Panico and Cennamo，2022；王节祥，2024）。本章将平台的动态演进过程融入平台生态系统治理策略进行研究，发现平台企业边界治理和生态开放度治理策略在临界规模前后存在明显差异，从而深化了动态视角下平台企业边界治理和生态开放度治理的相关研究。

本章立足于平台的交易和创新二重性，构建了基于时间维度的平台生态系统治理分析框架。临界规模是平台演进的关键节点，现有研究主要聚焦于其理论内含及临界规模前后的多样化策略（李雷等，2016），而较少关注平台企业边界治理和生态开放度治理在临界规模前后的演变问题，对其背后的机制更是知之甚少。本章在 Cennamo（2018）的基础上，引入了平台二重性视角，揭示了临界规模前后治理策略选择差异的内在机理，指出议价能力和整合能力对平台企业边界治理和生态开放度治理策略具有重要影响。

三、案例最新发展

随着平台从消费领域逐渐渗透到产业领域，浙报集团也在产业领域开始探索新的平台发展模式。在此背景下，浙报集团将原有的业务进行了战略调整，并尝试利用数字化赋能其媒体业务，推动媒体融合向纵深发展，加速构建传媒产业的数字文化新生态。对于新的平台业务，浙报集团保持了边界一体化和高平台生态开放度治理，这与后文对产业生态治理策略动态演进的分析结论不谋而合，具体行为如专栏 3 所示。

专栏 3　浙报集团最新发展

平台企业边界一体化：打造多个细分赛道

浙报集团不断打造内容为王、技术为重的核心竞争力，努力构建新型的传播体系。在以天目新闻客户端为代表的短视频产品矩阵、浙江新闻客户端为代表的党报系全媒体矩阵、小时新闻客户端为代表的生活服务类全媒体矩阵上分赛道发力，打造符合主流价值观的内容生态与产品形态。

浙报集团旗下的上市公司浙数文化，在推动互联网产业转型过程中创新了商业模式，强化了以用户为核心的服务理念，全力推进以互联网用户为基础的智慧服务平台建设，在数字政务、城市大脑建设、智慧医疗等多个领域进行探索。2019年，浙数文化与合作伙伴共同成立了杭州城市大脑有限公司，经过一年的打造初见成效。2020年，习近平总书记亲自到杭州城市大脑运营指挥中心进行考察。

高平台生态开放度治理：构建全媒体传播体系

浙报集团不断深化体制改革，推进团队、技术、运营和市场能力的提升，同时积极探索融媒体服务，提出了基于大数据的融媒体产业创新。2016年，浙报集团成立了浙报融媒体科技（浙江）有限责任公司，旨在用科技驱动媒体的深度融合，以市场化导向推进媒体的转型升级，进一步强化主流媒体的舆论引导力。与此同时，探索为正能量导入大流量，打造具有主流价值观的内容生态与产品形态，形成新的内容聚合体系、运营体系和商业体系，构建具有党媒特质、管得住、用得好的创新型科技媒体。在人才招聘方面，浙报集团已启动首期揽才计划，推出了一批关键岗位，包括首席技术官、产品架构师、系统架构师、深度学习架构师、算法工程师、新媒体编导、多语种采编人才等，向全球招聘内容、技术、运营、经营、管理人才200名。

此外，浙报集团通过技术提升、品牌再造，实现各种媒体资源和要素的有效整合，构建了全媒体传播体系，推进了媒体深度融合发展。该体系的重要发力点是"3＋1"，即以天目新闻、浙江新闻、小时新闻三大移动端为核心传播平台，以面向省域服务的"天目云"全媒体智能中台为底层技术支撑，构建具有分众化、差异化传播特点的新型内容生产和传播体系。浙报集团自主创立的"天目云"全媒体智能中台是业内较为成熟的一块媒体云。它利用人工智能、大数据等前沿技术和能力，建设了一个数据智慧型平台，有效提升了媒体集团的数据运用效力和创新能力，为媒体业务向知识创新型转型提供了强大的平台支撑。同时，"天目云"全媒体智能中台聚焦省域服务，通过有效发挥省级媒体在内容、传播、技术积累方面的优势，推进浙报集团打造的县级融媒体中心共享联盟，服务县级融媒体中心建设，编好融媒体传播"一张网"。在"天目云"全媒体智能中台的支持下，2023年2月省级重大新闻传播平台"潮新闻客户端"正式上线，定位于"深耕浙江、解读中国、影响世界"，向世界传播浙江声音。

第十一章　案例研究：产业生态的动态适配

第十章对消费生态的平台企业边界治理和生态开放度治理开展了研究，本章重点关注产业生态的平台企业边界治理和生态开放度治理的动态适配。产业领域的平台构建是从传统价值链分工转向平台生态系统。本章选择产业集群作为具体情境，识别该情境下平台多边架构和网络效应激发路径，探讨产业集群中的龙头企业如何应用平台治理思维，推动产业集群整体升级的过程。

第一节　案例现象

产业集群是支撑中国经济发展的重要产业组织形式（王缉慈，2001），江浙沿海地区正是依靠星罗棋布的纺织服装和家电五金等产业集群实现了区域经济的快速发展。产业集群是一种商业生态系统。随着中国产业的升级发展，产业集群的发展不再依靠基于价值链的分工，而是依靠新兴产业培育。新兴产业培育是依靠互联网技术与产业融合带来价值增值。

产业集群中的龙头企业正在尝试以自身优势推动产业集群发展。比如江苏宜兴环保产业集群的"环境医院"主动拥抱互联网和大数据等信息技术，转变政府"大包大揽"的管理方式，组建了宜兴环保产业集团，由其开展市场化运作，进行跨产业和地理边界的资源整合，搭建起"环境医院"平台，进而带动产业集群整体升级。"环境医院"平台可以让"医生"（环保服务商）和"患者"（环保需求方）直接相连，在提高环保产品和服务交易效率的同时，推动产业集群内"固化"的资源要素再流动。此外，依托新组建的创新创业孵化装置，促进"活化"的资源要素与新兴市场机会的对接，通过培育新企业和新业态来支撑产业集群生态更新，从而跨层面推动产业集群整体升级。

"环境医院"模式对应的一般情境是产业集群中的龙头企业搭建起平台架构，带动产业集群整体层面的发展升级。在这一过程中，龙头企业培育起产业集群生态后如何处理多主体间的激励相容？其中的治理机制与传统市场和科层治理有何区别？龙头企业搭建平台的最终目标是要形成多主体共生依赖的商业生态，这需要相应的生态治理机制做支撑。一方面，在这一治理框架内，治理的关键主体是控制平台架构的龙头企业（即平台运营商），这使得生态治理具有部分科层威权治理的特征；另一方面，作为连接供需用户的双边市场，在一定程度上又具有市场化自组织治理的特征。由此，在新的产业集群生态中，到底依靠的是何种治理机制？本章将对这一复杂现象从平台生态系统治理的视角开展研究。

第二节　研究设计

本章的分析是在产业集群这一传统情境中，引入平台架构、平台企业成长和平台生态系统治理等新概念。其中，平台架构是产业集群生态升级的核心支撑；平台企业成长和平台生态治理是该模式有效运行的基础。基于此，本章开展如下研究设计。

一、方法与案例选择

案例研究方法适用于新研究领域或者是在成熟领域引入新视角的研究（Eisenhardt and Graebner，2007），本章研究属于后者，是在产业集群升级这一成熟研究领域引入"平台生态系统"新视角后的分析。案例研究在回答"怎么样"（how）和"为什么"（why）的问题上具有突出优势，本章研究的核心问题是"龙头企业如何构建平台，推动产业集群生态升级"，因而案例研究方法十分适用。此外，本章研究希望构建起一个产业集群"互联网＋"转型的过程模型（process model），这恰恰是案例研究方法相对于其他研究方法的关键优势所在。在案例数量选择上，本章研究采取单案例分析，因为单案例分析能够突出研究的深度，并且适合开展过程模型的构建分析（Eisenhardt and Graebner，2007）。

本章研究的目的是构建理论而不是检验理论，因而采用理论抽样是合适的。选择江苏宜兴环保产业集群作为研究对象，主要原因在于：（1）典型性。环保产业属于战略性产业，大量企业正在加快布局进入，而且资本进入的同时会带来新兴技术的应用，使其成为"互联网＋制造"转型重点领域，所以该案例具有较强的典型性。（2）适配性。江苏宜兴环保产业集群通过宜兴环保集团搭建"环境医院"模式，实现了逆势增长。2016年，该产业集群的工业产值超500亿元，2017年1—6月规模以上工业产值增长近20％。同时，这种增长正是由龙头企业搭建的"环境医院"平台来支撑，符合本章研究所关注的产业平台构建、平台生态系统治理策略动态演化等现象，所以该案例具有较强的适配性。（3）数据可得性。江苏宜兴环保产业集群以中国宜兴环保科技工业园（简称"宜兴环科园"）为依托，具有成熟的管理体制和信息披露渠道。此外，作者还借助学术会议（中国环保技术与产业发展推进会）的契机，联系宜兴环科园开展实地调研。作者团队还利用为产业同行（杭州市环境集团有限公司）提供战略咨询的机会，开展了行业学习和访谈，确保了数据的可获得性和可靠性。

二、数据收集与分析

本章研究的数据获取途径包括：一是文献资料。通过搜索CNKI数据库，获得相关的报刊新闻报道及研究，为案例的深入访谈做准备工作，并对结论进行了一些表层的印证。二是档案记录。这主要来自产业集群内部企业高层的讲话资料以及产业园区杂志。这些资料能够提供关于项目发展阶段和方向以及企业经营业绩的有效信息。三是实地访谈。2015年，作者及团队成员开始围绕环保产业园区的转型发展设计访谈提纲，2015年9月至2016年5月以及2017年9月对园区管委会、宜兴环保产业集团和宜兴环保黑马营（简称"环保黑马营"）等开展了半结构化访谈（如表11-1所示）。四是侧面印证。2015年借助为杭州市环境集团有限公司（简称"杭州环境集团"）提供"十三五"规划战略咨询的机会，再次了解到宜兴环保产业集群的运作思路，而后从侧面开展了相关信息收集和印证。

本章研究采取的分析策略包括：（1）接触摘要单。接触摘要单是对访谈过程的一个概括，研究者依靠记忆，将现场接触的主要问题及其回答填入其中。为保证访谈资料的真实和完整，需要在每次访谈后24小时内填写。接触摘要单还需要提出下次访谈的要点。（2）依照Yin（2009）对单案例研究分析策略的建议，采用时间序列分析和模式匹配分析相结合的策略。遵循企业时间序列分析的惯例（蔡宁等，2015），后文将宜兴环保产业集群的转型升级划分为"环境医院"模式提出、平台搭建和平台与产业集群互动发展三个阶段，然后分析宜兴环保产业集群升级过程的内在机理。

表 11 - 1　案例访谈信息表

名称	机构介绍	主体类型	访谈情况
宜兴环科园	成立于 1992 年的国家级经济开发区，是国内唯一的环保园区，也是传统产业园区的典型代表	园区管委会	借助浙江省公共政策研究院平台联系调研管委会相关负责人 调研地点：宜兴环科园 调研时间：2015 年 9 月 23 日至 2017 年 9 月 11 日
宜兴环保产业集团	政府投资设立的综合型环保集团，立足整合资源、抱团出击，提供集成环保服务	集群龙头企业	借助浙江省公共政策研究院平台联系调研环保产业集团战略发展负责人 调研地点：宜兴环科园 调研时间：2015 年 9 月 24 日至 2017 年 9 月 11 日
环保黑马营	环保黑马营成立于 2014 年 6 月，是环保领域国家级孵化平台。目前有孵化企业超过 20 家	创新创业孵化装置	借助朋友关系网络联系调研环保黑马营运营总监和工作人员 调研地点：宜兴环科园 调研时间：2016 年 5 月 17 日
杭州环境集团	国内固废处理和污水处理领域的代表企业。因主办"垃圾与文化"论坛，对国内同行和产业有较深理解	产业同行	借助企业咨询项目，与杭州环境集团的高管和战略部负责人开展了多次访谈 调研地点：杭州天子岭静脉产业园 调研时间：2015 年 10 月至 2016 年 3 月

三、"环境医院"案例简介

宜兴是中国最早发展环保产业的地区。中国宜兴环保科技工业园是 1992 年经国务院批准设立的全国唯一以环保产业为特色的国家级高新技术园区。截至 2016 年底，园区内集聚环保企业 1 700 多家，配套企业 3 000 多家，10 万余名环保产业从业人员，产业总规模超过 600 亿元，是中国传统产业集群发展模式的典型代表（如图 11 - 1 所示）。在新常态背景下，宜兴环保产业集群面临全球产业竞争、本土成本上升和创新能力不足等多重压力，进而提出搭建"环境医院"，推进产业集群"互联网＋"转型的发展思路，旨在打造涵盖平台运营商、环保提供商、环保需求商、孵化器和科研院所等多主体共生的产业集群生态。

　　宜兴环保产业集群于 2014 年正式推出环保产业发展的"环境医院"模式，由宜兴环保产业集团负责思路梳理、模式落地等具体工作。宜兴环保产业集团的目标是从环保产品和服务提供商的传统模式转向环保产业平台的搭建与运营。在"环境医院"内，一方是存在"环境疾病"的"患者"，另一方是"医生"（即环保服务企业），"医生"需要采用环保设备和服务等"药品"，为环保"患者"提供治疗服务。宜兴环科园是全国唯一的国家级环保科技园。宜兴环保产业集群经过 20 多年的发展，截至 2016 年底，已经集聚了 3 000 多家环保企业及其配套企业，其产业规模和集聚优势十分明显，该产业集群现有的产业链资源是"环境医院"平台建设的坚实基础，同时该平台通过交易方式变革消除了原产业链条上的低效环节，极大地提升了产业效率。

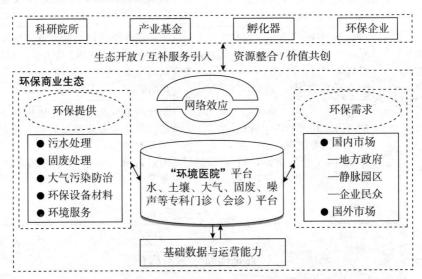

图 11-1　宜兴环保产业集群"环境医院"模式示意图

　　在线下"中宜环境医院"搭建后，一方面，2015 年宜兴环保产业集群管委会、宜兴环保产业集团联合江苏中宜金大环保产业技术研究院有限公司进一步推出线上平台（即"宜正环保电商"平台）。宜兴环保产业集群通过虚拟空间的平台搭建，实现"环境医院"线下平台和环保电商线上平台互补，由环保需求方自行选择所需的环保设备和服务提供商，从而使"环境医院"的用户快速增长。另一方面，宜兴的"环境医院"平台积极谋求跨产业和跨国界的布局，进行产业资源整合和融入国际环保产业合作，旨在培育一个以"环境医院"平台为核心动力的商业生态。宜兴环保产业集群通过生态开放，打造创新孵化平台，引入国内外优质环保产业基金和科技孵化器等创业服务，实现了生态圈内传统产业资源与新兴商业模式的对接，能够促进多主体间的资源整合和价值共创。

第三节　案例分析

基于案例素材，本章以"问题链"统领案例分析过程，即按照"环境医院"模式的内涵（双平台架构）、"环境医院"从何而来（龙头企业跨界创业）、"环境医院"如何运行（平台企业层面和平台生态层面）及如何实现产业集群生态升级（二元平衡）展开阐述，如图 11-2 所示。

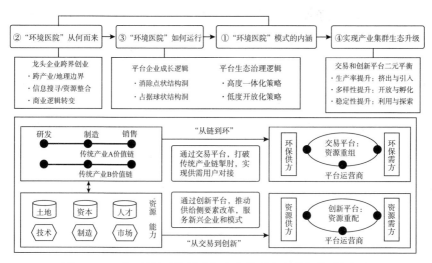

图 11-2　"环境医院"模式与产业集群生态升级的过程框架

一、"环境医院"平台架构的内涵

本章研究的起点是"环境医院"模式的内涵。传统产业集群实现创新驱动的本质是要建立起新的支撑机制，以促进资源要素与市场机会之间的快速有效匹配。其中，主要涉及两方面的问题：一是创新要素如何有效流动，因为产业集群经过一段时间的发展已形成相对固化的要素安排，如何"活化"是难点（魏江，2002）；二是创新要素如何快速有效地与新市场机会对接，解决信息不对称和机会主义行为等问题（Williamson，1985）。"环境医院"模式通过构建交易和创新双平台，有效地解决了这两大难题。

（一）构建交易平台推动资源重组的机制：网络竞争挤出

具有双边市场特征的交易平台是产业实践中的主导平台类型，它让供需双方直接相连，能够极大地提升交易效率。当平台用户数量突破临界规模后，平台网络效应激发（Cennamo and Santaló，2013），迫使用户必须进入平台以获得更大收益。平台运营商作为平台的治理主体，通过规则设计，可以实现对参与者的"竞争挤出"。在本章案例中，"环境医院"作为平台对接环保产品和服务需求方与环保产品和服务供给方，并通过交易平台有效促进了产品和服务交易的效率。大型环保服务方案需求方希望通过平台获得涵盖水、土、声、气、固、仪及配套产品等在内的一站式解决方案，而以积累的 3 000 家供方用户为基础，平台能够快速达到临界规模。平台网络效应的强化，使得企业或主动或被动地加入平台。平台供方用户规模提升带来的竞争拥挤，使得部分落后企业面临淘汰风险。一方面，竞争促使企业加大了对冗余资源的利用，以谋求新的价值增长点；另一方面，竞争挤出了企业积累的要素资源和能力模块，而这是新创企业所需要的。由此，交易平台不仅重构了产业组织形式，其实质是推动了资源和能力重组。

（二）构建创新平台促进资源重配的机制：双边市场匹配

在以往的产业变革中，创新孵化装置（孵化器和加速器等）一直扮演着重要作用（Bruneel et al.，2012）。当前，新一轮孵化浪潮正在兴起，然而这一轮孵化与以往孵化存在的一个共同缺陷是缺乏与实体经济的互动。孵化新创企业往往意味着"推倒重来"，依靠商业模式和资本的力量推进新企业的发展固然重要，但对于中国实体经济转型而言，实现互联网和传统产业的叠加与融合才是产业升级的最终目标。宜兴环保产业集群实施的创新平台构建与城市综合体式的众创空间存在本质差异。宜兴环科园实施了"682"创新创业推进计划，搭建了大学生创业工场、科技企业孵化园、科技企业加速器和环境治理"特色专科"四大众创载体，以促进新创企业孵化。其特点体现在两个方面：一是打开以往产业园区相对封闭的创新体系，从园区主导者理念上变革，围绕平台搭建，吸引产业基金和外部孵化装置进入，以打造创业孵化生态为目标；二是注重对现有产业链资源的重组和利用，这是与传统制造园区开展众创工作的重要不同，也是优势所在。

创新孵化平台的供给侧要承接交易平台推动变革所需的传统产业链资源，并要对现有土地、资本和人才资源以及技术、制造和研发能力模块进行重新配置。平台的市场化匹配机制有助于实现资源和能力模块与新兴机会的快速有效对接，从而产生新的商业模式，乃至新的产业细分形态。比如宜兴从环保制造企业中分离出科技研发、工业设计、物流配送、售后服务、信息咨询和环保大数据等生产性环保服务业，同时孵化新企业并使其走向独立和产业化。

二、"环境医院"平台架构的构建

要明确"环境医院"双平台架构从何而来，需要明晰其微观行为基础。与以往产业集群升级不同，宜兴环保产业集群管委会主动"少作为"，转由市场主体宜兴环保产业集团主导探索、打造产业平台，承担整个产业集群的升级实践。

（一）龙头企业跨产业和地理边界的创业行为

公司创业是一种通过创新方式组合内部资源，以发现新机会并实现多元化发展的过程（Burgelman，1983）。随着产业融合的不断推进，创业内涵也在拓展，跨越边界的创业行为正在增加。本章案例中的产业集群龙头企业创业具有典型的跨界特征：（1）跨产业边界。引入非环保行业理念，实现从制造向其他行业拓展。宜兴环保产业集团的经营业务不同于传统环保企业的产品制造和服务提供，而是搭建服务环保供需用户的平台，成为平台运营商，使得环保产品和服务的供需方能够更好对接。在这一模式的提出阶段，宜兴环保产业集团就开展了大量跨界活动，并与产业咨询界、学术界和政策研究者进行了多样化的讨论，以明晰平台架构的内涵维度。在平台架构搭建后，龙头企业也不再是从事产品制造，而是立足平台整合和升级产业集群已有服务。（2）跨地理边界。引入多样化主体，实现从产业集群内深耕到产业集群外整合。宜兴环保产业集团开展了平台搭建的创业行为，尝试进行国内整合和全球整合，既包括供给端的产品和服务提供商，也包括全球研发资源和用户需求。可见，"互联网＋"背景下产业集群龙头企业的创业行为表现出显著的跨界特征。这类跨界并非无心之举，其导向是为充分满足用户需求，实现从单一产品到多品类集成平台运营的转变。在这一过程中，"跨界"到底如何起作用，即跨界如何与创业相结合？这主要表现在提升信息搜寻和资源整合的效率上。

（二）跨界信息搜寻促进创业机会的构建

跨界创业并不是简单的"跨界＋创业"，需要回到"跨界"和"创业"理论基础中去寻求对跨界创业内涵的整体认识。创业的本质是机会的识别和发现，最新研究开始强调创业机会的建构，机会并不是市场活动中的自然涌现，而是需要发挥创业者能动性的行为（Suddaby et al.，2015）。跨界创业本质上也是一种创业行为，依然是机会的发现和建构过程，只是这一过程由于"跨界"而更具杀伤力。龙头企业通过跨界信息搜寻，以"未被满足的需求"开展创业机会的发现和建构活动。本章案例中的宜兴环保产业集团借助商业网络、咨询网络乃至与互联网企业的交流学习，立足于环保产业"投入大"与"成效低"的矛盾，形成对政府和静脉园区等用户越来越希望获得整体性解决方案这一"需求痛点"的认识，提出"环境医院"模式。这一过程不是单纯的机会发现，而是包含了创业机会能动建构的成分。"环境医院"这一行业创新模式是产业集群龙头企业宜兴环保产业集团发挥主动性的结果，在该创新模式的具体内涵和架构设计上充分体现出机会的能动建构。如果缺乏龙头企业的跨界信息搜寻，那么产业集群升级的平台思维将难以获得，进而无法摸索出用双平台架构支撑产业集群升级的发展思路。

（三）跨界资源整合支撑创业机会的实施

跨界创业有利于互补性资产获取，助力创业行为实施。在创业机会的发现和建构阶段，通过跨产业和跨国界的整合，最终成功推出了"环境医院"这一行业领先平台；在产业集群龙头企业创业行为的实施阶段，跨界有助于龙头企业（平台运营商）从平台供方用户、需方用户与互补品提供商处获得知识和能力等战略性资产，进而推动平台运营能力和用户体验的提升。若不进行跨界资源整合，宜兴环保产业集群始终是一个本地化（local）特征明显的"小产业集群"，难以实现向全球化（global）产业集群的转变，而要实现这一转变，必须依赖跨界的主体引入和资源整合。从一定程度上说，宜兴环保产业集团作为产业集群龙头企业，通过跨界创业改变了自身和产业集群发展的商业逻辑。其自身商业逻辑不再是要生产多少环保产品或提供多少环保服务，而是提升环保供需用户与平台的匹配效率。产业集群的发展逻辑不再是产业集群内环保企业的数量或实现环保产值的总额，而是产业集群能够整合的环保主体数量和提供的环保生态功能。可见，对于跨界创业的内涵认识需要涵盖三个维度：一是跨界特征，包括跨产业或地理边界；二是跨界作用，包括跨界信息搜寻和资源整合；三是跨界目的，也就是实现从产品生产逻辑到平台运营逻辑的转变。

三、"环境医院"平台企业的成长

"环境医院"模式要推动产业集群生态升级，需要实现多方共赢，既要实现平台企业（即龙头企业）自身的成长，又要提升参与者的利益。本部分和下一部分将针对这两个问题展开具体阐述。龙头企业跨界创业形成的平台组织如何实现自身成长（价值创造和价值获取）？分析表明：龙头企业采用的是消除"点状结构洞"创造价值，并依靠平台网络效应，通过占据"球状结构洞"而获取价值。

（一）平台企业的价值创造：消除"点状结构洞"，提升供需匹配效率

自 Aldrich 和 Zimmer（1986）提出将创业视为一种嵌入社会关系网络的现象后，网络逐渐成为创业研究的有效工具。有关创业网络对创业行为作用的研究主要聚焦于创业网络对创业中差异化信息渠道、机会识别、创业合法性获取、创业绩效的影响等方面。现有研究对网络视角下创业行为的基本观点为：企业创业受到网络结构的重要影响，具体到产业集群情境中，它是在企业间构建起"用户-工程总包-环保设备"的业务关系网络，部分企业依靠自身资源或能力优势占据"网络结构洞"，通过知识和技术的控制权，可以获得相应的竞争优势。然而，本章案例中的产业集群龙头企业宜兴环保产业集团的创业行为并非如此，其打造的"环境医院"交易平台不是要占据生产网络中的"结构洞"，而是通过搭建平台使供需用户直接相连，旨在消除产业集群主体间的"结构洞"，即消除图 11 - 3 所示的多子群网络。这类"结构洞"是 Burt（1992）所定义的"点状结构洞"，是双边主体连接的必要通道。由此可见，"互联网＋"背景下产业集

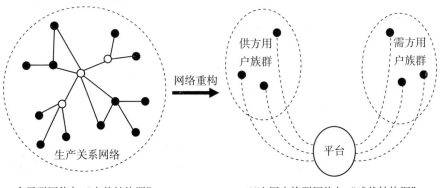

多子群网络与"点状结构洞"　　　　双边用户族群网络与"球状结构洞"

图 11 - 3　"点状结构洞"和"球状结构洞"示意

群龙头企业跨界创业打造平台的价值创造内在逻辑是借助信息技术消除现有产业价值链上主体间的"结构洞"以及低效节点和环节（李海舰等，2014），从而将平台与用户之间的关系转化为一种"弱连带"，间接辅助平台用户间的交易关系建立。这一模式有利于促进平台用户围绕需求开展产品和服务创新，实现企业成长。

（二）平台企业的价值获取：重构生产关系网络，占据"球状结构洞"

龙头企业跨界创业搭建基础平台后，存在临界规模效应：在临界规模前，平台成长十分缓慢；在临界规模后，可能通过网络效应快速实现"赢家通吃"（Cennamo and Santaló，2013）。对于传统产业集群的"互联网＋"转型而言，利用产业集群的现有资源搭建平台，交易和创新闭环将加快平台基础用户资源的集聚。在这种情况下，平台能够吸引大量需求端用户进入，再通过激发供给端和需求端的跨边网络效应，实现平台用户数量的快速增长。此外，产业集群内的企业间由于资金、技术和劳动力流动，形成了复杂的网络关系（资金、供应链和技术合作网络等）。产业集群内的企业作为理性个体，将自行选择在新平台架构中的角色定位，从而实现产业集群内企业的分工优化和调整。

本章案例中的宜兴环保产业集团跨界创业搭建基础平台"环境医院"后，由于该平台具有基础架构的先发优势，所以创业传导的渐进过程使得产业集群内现有的水、大气和固废等环境治理企业逐渐适应了在新平台下的角色定位。在新的产业主导架构中，平台企业占据了"球状结构洞"，获得了平台主导者地位。这类"球状结构洞"具有两大特点：一是它在产业集群网络中"独一无二"，是连接平台供需双边用户的必要通道，而且具有隐性特征。从表面上看，双边用户都可以依托平台直接相连（类似在球面上），并不存在所谓的"结构洞"，但其实双边用户无时无刻不在与平台发生数据交换（输入球体内），平台运营商可以依靠数据和端口标准控制双边用户（符合"结构洞"的信息通道和控制特征）（Burt，1992），因而龙头企业搭建平台后实际占据了"球状结构洞"这一主导位置，借助"赢家通吃"效应，获取垄断租金。这从一定意义上也回答了互联网"去中心化"特征与大量互联网平台企业（如阿里巴巴和腾讯）占据越来越中心地位的悖论。值得注意的是，龙头企业占据"球状结构洞"并不一定带来负效应（盛亚和范栋梁，2009），合理利用网络地位反而有利于生态共生。本章案例中的宜兴环保产业集团并未利用超级"结构洞"而一味"坐收渔利"，特别是在平台发展早期，"结构洞"的共益属性极强。

四、"环境医院"平台生态系统治理

"环境医院"模式在生态层面如何具有可行性？要实现产业集群的可持续发展，需要解决多主体生态的关系治理问题。本部分尝试提炼出平台企业（即龙头企业）开展平台生态系统治理的内容、逻辑和策略。

（一）市场、科层与平台生态系统治理的内涵差异

在转型经济背景下，平台经济方兴未艾，平台企业主导的生态治理成为日益突出的管理现象（汪旭晖和张其林，2015），而平台生态系统治理的内涵则有待进一步研究。本章认为：平台生态系统治理是一种兼具市场、科层乃至政府特征的新型治理形式（Makadok and Coff，2009）。如表 11-2 所示，在治理基础上，市场治理的基础是合同（正式契约），科层治理的基础是雇佣关系，平台生态系统治理的基础是基础区块共享。当前，产业界普遍认为：平台生态系统治理存在权责不对等的困境，平台企业承担了大量治理职责，但没有制度赋予的治理权威。实际上，平台生态系统治理的权威就来自基础区块共享，由于基础区块共享能够为多边用户带来范围和规模经济，因而用户要进入平台就必须遵守平台生态系统治理的规则设计。在秩序类型上，平台生态系统治理是主导架构设计和市场自组织的结合，平台运营商要进行架构设计，同时平台作为双边市场自由匹配供需。在治理的核心机制上，平台生态系统治理包含界面标准和开放许可，它借助平台架构设计上的技术手段和规则文件，可以实现平台生态系统治理的相应目标。在治理内容上，平台生态系统治理是从平台企业自身和生态治理两方面分别展开，包含平台企业边界治理和生态开放度治理。其中，平台企业边界治理是处理平台企业自身做什么、不做什么的问题；平台企业主导的生态开放度治理是平台企业要决定谁可以进入平台生态系统。这两大治理内容的最终目标是实现平台生态的共生发展。

表 11-2　市场、科层与平台生态系统治理的比较

特征	形式		
	市场治理	科层治理	平台生态系统治理
治理基础	合同	雇佣关系	基础区块共享
秩序类型	自发产生	设计结果	主导架构设计和市场自组织
核心机制	价格/诉讼	程序/威权	界面标准/开放许可

续表

特征	形式		
	市场治理	科层治理	平台生态系统治理
治理内容	以价格机制为主，辅以第三方诉讼执行，协调多主体间交易	以分工、分层的规范程序和威权配置，协调组织内运行	以界面标准设定平台主导架构，在开放许可机制下，多主体自组织完成供需匹配

（二）平台企业边界治理：高度一体化策略

平台企业边界治理实际是经典的企业边界决策问题，传统认为：这一决策取决于企业内组织成本与外部交易成本的权衡（Williamson，1985）。然而，在"环境医院"平台中需要注意产业集群生态不同于单纯的产品交易，产业集群内的产品和服务创新如果属于龙头企业的核心能力范畴，即便外部交易成本低，平台企业依然会选择内部生产（Ahmadjian and Lincoln,.2001）。本章案例中"环境医院"平台的供方边界大量实施了一体化策略，表现为宜兴环保产业集团与国际环保巨头设立合资公司（而非直接的产品和服务入驻），提供"专科"门诊。这一现象与传统消费电商平台较少涉足供方业务的治理策略有显著不同。平台企业边界治理存在多种逻辑，需要明晰各种逻辑起作用的具体情境。产业领域的数字平台是交易和创新的混合，由于大型环保工程的复杂性极高，所以不能单纯从交易成本机制进行边界治理。此外，平台企业边界治理与产业集群生态发展存在动态演变关系，比如随着产业集群"互联网＋"转型推进，平台企业边界收缩（相对早期阶段）和生态边界的扩张是必然趋势，但龙头企业能否保持行动一致并不确定，需要权威主体的高层治理。在本章案例中，宜兴环科园管委会扮演了更高层生态治理者的角色。总体而言，对于平台运营商（即本章案例中的产业集群龙头企业）而言，在选择自身做什么、不做什么时，其决策原则不仅涉及自己做与市场做的成本权衡，也涉及收益权衡，比如出于平台自身业务优势利用和未来关键业务能力培育（Danneels，2016）等方面的考虑。此外，随着产业集群的演进，需要动态地选择平台企业边界，以促进平台与参与者的激励相容，实现"小企业、大生态"。由此可见，平台企业边界治理需要在对交易和创新属性认识的基础上，综合考虑交易成本、平台能力和时间维度等因素的综合影响。

（三）平台生态开放度治理：低度开放化策略

平台生态"冷启动"往往需要依靠开放度的提升（Boudreau，2010），而开放度调整的背后则涉及多主体生态治理问题。本章案例中的宜兴环保产业集团，一方面引入了国内外优质环保产品和服务提供商，比如韩国最大的环境服务公司 KECC 和中国生态环境部南京环境科学研究所、中国瑞林集团等相继入驻；线上形成了江苏省产业技术研究院水环境工程技术研究所、中宜生态土研究院等一批特色专科，在云南昆明、河北农业大学建成了"环境医院"分院等。另一方面，引入了高水平的技术研发中心和产业基金服务提供商，如南京工业大学 2011 协同创新中心宜兴石墨烯新材料产业园和亚洲最大产业基金麦格理集团等。通过开放度提升和互补品提供商的引入，产业集群初步培育起"大环保"生态，转变了以往单一制造企业的生态分布，形成了涵盖平台供方用户、需方用户和互补品提供商的多种群共存的生态结构（Iansiti and Levien，2004）。

需要注意的是，在这一开放过程中实际面临着治理悖论，开放度提升能够带来多样性提升，无论是产品和服务的交易多样性，还是信息和知识的创新多样性，均可促进平台增长。但与此同时，多样性带来的管理协调问题亦会日益突出，产品和服务提供商增加将带来"竞争拥挤"效应，而信息和知识增加则可能带来资源冗余及创新协调困难（Laursen and Salter，2006）。因此，平台生态开放度治理对产业集群生态发展至关重要。与传统消费电商平台在初期采取高度开放治理策略不同，"环境医院"平台在初期采取了低度开放治理策略，只允许部分环保产品和服务提供商进入。其原因在于，宜兴环保产业发展已经沉淀了大批环保产品和服务提供商，其面临的困境是如何构建起高品质环保服务品牌。因此，与消费电商平台从"零"开始"冷启动"不同，"环境医院"平台已具有一定的用户基数，并且对于复杂环保服务方案的需求方而言，大量低品质的交易提供商反而会增加创新协调难度（如模仿困境）。更重要的是，高品质主体之间可以联合创新，故"环境医院"平台采取了低度开放治理策略。当然，平台开放水平也要随着生命周期进行动态调整，不同时期产业集群生态增长需求与产业集群生态管理难度之间的对比，将共同决定平台生态的开放水平。可见，平台企业主导的生态开放度治理亦需在明确交易和创新属性的基础上，综合考虑用户需求和协调复杂性等因素的影响。

五、"环境医院"平台生态的绩效

经过前文对"环境医院"模式内涵、行为基础和运行机理（平台企业及其与参与者的关系）的系统分析，基本明晰了双平台架构是什么和从何而来的问题。那么，双平台架构到底如何作用？它推动产业集群升级的内在机理是什么？本章借鉴平台生态系统的相关研究（Gawer and Cusumano，2014；Iansiti and Levien，2004），分析平台企业作为产业集群生态内的核心物种（keystone species），如何通过提升生产率、多样性和稳定性以实现产业集群整体升级。交易和创新平台在属性上存在一定差异，交易平台强调"存量"优化，而创新平台倾向做大"增量"，但这两种平台存在协同的可能。具体而言，双平台架构的二元平衡包括：

（一）产业集群生态的生产率提升：交易平台挤出与创新平台引入

生态系统的生产率提升是指物种对资源利用效率的提升（Iansiti and Levien，2004）。双平台架构有助于提升产业集群生态系统的生产率：交易平台可以通过规则设计，竞争挤出可能造成系统生产率下降的"老物种"；创新平台可以重点支持对生产率提升有帮助的"新物种"。挤出与引入的二元平衡可以支撑产业集群生产率的持续提升。宜兴环保产业集群的做法为：一方面，积极实施"腾笼换鸟"策略，淘汰现有落后产能，为新创企业发展和产业化做准备，使其能够获得产业发展空间和政策支持；另一方面，产业集群管理者的工作不再是吸引或创办更多工厂，而是要增强基础平台的服务能力，政府管理部门只需为多边主体（环保企业、环保用户、产业基金、孵化器等）提供丰富的"营养基"（即要素资源和制度体系）予以支持，而企业和产业集群的运营工作则交给市场完成。交易平台和创新平台大大加速了这一过程的推进，将传统政府主导的"一刀切"改变为市场化的"优胜劣汰"，从而保证了模式的可持续性。

（二）产业集群生态的多样性提升：交易平台开放和创新平台孵化

生态系统的多样性提升是指物种的出生率高和生态位多样化（Freeman and Hannan，1983；Iansiti and Levien，2004）。双平台架构有助于提升产业集群生态系统的多样性：交易平台可以通过界面开放，快速吸纳外部用户进入平台，提升平台用户以及产品和技术服务的多样性等；创新平台可以通过平台匹配机制快速实现要素资源与新兴创业机会的对接，从而可以极大地提升新物种的出生率。宜兴环保产业集群的做法为：一方面，通过交易平台开放，吸引多样化主体（包括韩国最大的环境服务公司 KECC 和中国生态环境部南京环境科学研究所、中国瑞林集团等）加入，并设立了多个环保"专科门诊"，其服务生态也从水污染处理和设备生产向大气、声音、土壤等领域不断衍生；另一方面，通过创新平台孵化，促进新创企业的诞生。新兴技术发展和应用催生了新型商业模式乃至产业形式的涌现，龙头企业跨界创业促进产业集群升级的关键一步是构建创新孵化平台。由平台运营商主导的自主匹配机制极大地促进了利基市场（niche market）的产生。立足利基市场，大量新物种（企业）不断繁衍，从而有利于多样性的提升。

（三）产业集群生态的稳定性提升：交易平台利用与创新平台探索

生态系统的稳定性提升是指物种存活率高和生态系统结构相对稳定（Adner，2017；Iansiti and Levien，2004）。双平台架构有助于提升产业集群生态系统的稳定性：交易平台立足成熟领域的利用，能够保持生态结构的稳定，有利于物种的生存；创新平台立足新兴领域的探索，能够有效解决生态系统的固化问题，保持适当竞争、推进系统进化。双平台架构保持了生态系统结构的适度稳定，从而提升了生态系统应对外部冲击的能力。宜兴环保产业集群的做法为：一方面，龙头企业跨界创业并构建起交易平台，集聚了产业研发、政府支持和用户数据等资源，对接重大环保解决方案需求用户，能够支撑环保企业快速成长，在新常态背景下提升环保企业的存活率；另一方面，通过创新平台孵化产生新的"种群"，逐渐在产业集群生态内形成多中心的生态结构，而这种产业集群"园中园"的布局，有利于应对来自外部环境和用户需求改变等各方面的冲击。可见，通过交易平台利用和创新平台探索的结合，能使产业集群生态实现相对稳定与适度更新的平衡，是更高水平的稳定。

第四节　讨论与结论

宜兴环保产业集群通过龙头企业构建交易和创新双平台架构，推动了实体产业集群与互联网深度融合发展，实现了产业集群生态升级。本章对这一产业实践现象进行了探索性案例分析，并对比现有研究给出了本章结论和理论贡献。

一、研究结论

本章介绍了产业集群内龙头企业推动产业集群生态升级的过程机理链，即"跨界创业—双平台架构—集群升级"。产业集群内龙头企业构建交易和创新双平台是依靠双平台架构的二元平衡式功能互补，最终实现了产业集群生产率、多样性和稳定性的提升。本章研究揭示了产业集群内龙头企业打造交易和创新双平台的内涵及成长逻辑。本章通过案例分析发现：产业集群内龙头企业打造平台的核心内涵是借助跨界信息搜寻和互补性资产获取，构建出新的商业逻辑。值得注意的是，商业逻辑转变并不一定就是从产品生产到平台运营，只是当下的产业实践以具有双边市场特征的平台商业模式最为典型。该模式显著区别于传统产品制造逻辑。产业集群内龙头企业在搭建起基础平台后，通过消除"点状结构洞"来实现价值创造，进而通过占据"球状结构洞"来获取价值。

本章研究结论明晰了产业生态升级平台模式中平台生态系统治理的内容和策略选择差异。平台生态系统治理的内容涵盖企业边界治理和生态开放度治理两个方面，前者是处理好平台与参与者关系，后者是处理好平台与外部潜在进入者之间的关系。平台生态系统治理的主体不再局限于单一的政府部门，而是以平台运营商（即龙头企业）为主，依照兼具市场和科层特征的平台生态系统治理逻辑。由于平台创新属性的增强，所以它与传统消费电商平台不同，比如"环境医院"平台采取的是高度一体化和低度开放治理策略。

二、理论贡献

本章为产业集群生态研究提供了一种新思路，即在"互联网＋"情境下产业集群的平台化和生态化转型（龚丽敏和江诗松，2016）。这也从一定程度上表明，平台经济发展的比较优势或将成为解读中国经济增长的新着眼点（张其仔，2008）。平台生态系统治理是平台架构支撑产业集群升级的重要保障，本章发现：在平台企业边界治理和生态开放度治理两个新议题下，产业领域的数字平台与传统消费电商平台存在重要不同。当边界治理从传统企业向平台情境转变时，这种治理不单单是企业边界治理，而且应该包括生态边界治理，前者是平台决定自己做什么，后者是平台决定哪些主体能够进入平台生态。本章为企业治理理论的发展提供了一个新的研究情境，未来研究可以基于该情境尝试对经典企业治理理论做出深化和拓展，特别是本章提出的产业平台生态系统治理与传统消费电商平台生态系统治理存在差异的命题。

三、案例最新发展

随着外部环境的不断变化与生态内多主体关系的相对变化，为实现产业集群可持续发展，龙头企业宜兴环保产业集团在总体上继续保持企业边界一体化和平台低度开放治理策略，具体的案例发展如专栏4所示。

专栏4　"环境医院"的最新发展

本章案例中的"环境医院"平台在早期的供方业务上大量实施了一体化策略，但随着平台业务边界与产业集群生态发展动态关系的演变，以及平台在早期引入的国内外优质环保产品和服务提供商的增加，相对于早期阶段，现有平台的业务边界呈逐渐收缩趋势。这主要体现为：随着产业集群内环保企业数量的增加（从3 000多家增长到5 000多家）以及供方用户的持续做大，龙头企业的议价能力与整合能力也在不断提高。比如在推广"环境医院分院"模式下形成的"宜兴标本"，就是借助平台强大的整合能力，派出专家团队、专科门诊为区域、流域实施综合问诊、系统规划，拿出治理方案，再以产业集群为平台，带领各具特色的专业公司、细分领域单打冠军以及战略合作伙伴分期分步实施相关项目，同时在分园驻扎，服务于当地环保市场，提升该区域的环保整体实力和治理水平。

得益于平台早期采取的低度开放策略，"环境医院"平台依托宜兴环保产业已经发展起来的大批环保产品和服务提供商，顺利构建起高品质环保服务品牌。例如，宜兴环科园已连续举办世界物联网博览会智慧环保高峰论坛、中国环保技术与产业发展推进会、环保创新创业大赛三大品牌活动；其中，环保创新创业大赛现已成为全国最具影响力的环保创业赛事。在现阶段，考虑到资源冗余和多主体间协调的复杂性，"环境医院"平台在生态开放度治理上依旧采取低度开放策略，通过引入国内外优质环保产品和服务提供商以维持其高品质环保服务品牌。例如，宜兴环科园除了牵手环境领域首家互联网交易平台云鲸网以外，还与中电智云合力打造了环保大数据中心，并与德国弗劳恩霍夫研究院签订了合作协议，从而推动了环保智能化转型，加快了传统环保装备制造实现智能化、标准化、成套化。

第十二章　平台企业边界与生态
开放度动态适配的管理启示

本章希望回答的问题是：对平台企业边界与生态开放度动态适配的理论分析、案例研究和量化研究所形成的结论，对企业实践有什么启发？在政策监管和服务层面有何参考价值？

第一节　战略认知：理解动态视角下的平台生态治理

一、改变对平台企业边界与生态开放度治理的静态认知

不少产业实践者并没有意识到平台企业边界与生态开放度治理是一个动态演进的过程。以生鲜电商平台为例，企业会效仿传统电商构建对接供需双方的撮合平台，并通过免费补贴策略率先吸引需方用户，继而利用需方用户增长来激发跨边网络效应，由此保证生鲜产品供应商的稳定递增。上述策略在平台达到临界规模前是可行的，也激发了生鲜电商的创业热潮，引起了各路资本的重点关注。然而，当平台跨越临界规模后，如果平台企业依然维持当初的低门槛、高度开放策略，同时坚持"只做平台"的轻资产运营，将会导致平台供应链保障能力严重不足，同时生鲜产品质量难以保证，进而会引发原有用户的大面积逃离。此时，生鲜电商平台只能继续"烧钱"来挽留客户，但最终结果是治标不治本，只能短期吸引新用户，却不能带来留存和复购，最终经营不可持续。造成上述现象的主要原因就是平台没有及时变更企业边界和生态开放度治理策略，导致平台进入网络负反馈循环，而且衰败之势一旦形成就难以挽回。在当今快速变化的竞争环境下，平台企业边界和生态开放度治理均需基于时间维度进行快速迭代、协同演进。

本章通过案例分析表明：平台企业在临界规模前倾向于选择"自制"策略和低门槛、高度开放策略，以通过基础累积解决"冷启动"问题；平台企业在临界规模后的治理策略则需根据自身在特定业务上的能力差异进行选择。比如在浙报集团案例中，在临界规模前，新闻平台和游戏平台都采取高一体化和高度开放策略。在临界规模后，游戏平台开始减少一体化并继续保持高度开放策略，而新闻平台根据自身情境，降低了原有的开放程度，并维持"自制"策略。伴随时间演进，原本采取相同策略的平台却演化出不同的企业边界与生态开放度治理模式。因此，对于平台企业来说，明确的企业边界和生态开放度治理策略并不存在，需要基于平台生命周期演化的阶段特点进行试错抉择，并且当前阶段的影响因素也会随平台的发展而变化。例如，在临界规模前后，平台企业面临的关键矛盾及其在特定业务上的议价和整合能力会随平台企业的发展而产生变化。

二、关注临界规模对平台企业边界与生态开放度治理的重要影响

对平台企业来说，治理策略迭代至关重要。对迭代时机的分析需要结合平台企业的不同演化阶段，同时临界规模的影响十分关键。学会正确理解和认知临界规模，在合适的时机进行平台企业边界和生态开放度治理策略的迭代更新，有助于平台企业规避过早或过晚切换治理策略所带来的风险。具体来说，治理策略可以依据不同阶段的主要矛盾进行选择。例如，当平台企业处于"冷启动"阶段时，可以通过激发网络效应来扩大用户基础，突破缺乏网络效应的真空地带，挖掘多边用户之间关系的增值潜能。当平台企业跨越网络效应临界规模后，它可根据自身对特定业务的议价能力和整合能力快速迭代更新其治理策略，以获得竞争优势。

需要注意的是，平台主导者亦要认识到不同行业平台的临界规模存在差异，因而在制定治理策略时不能完全照搬。关于临界规模，可以参考我国市场监管总局在 2021 年 10 月组织起草的《互联网平台分类分级指南（征求意见稿）》（简称《指南》）。该《指南》将平台划分为三个等级，即超级平台、大型平台和中小平台。其中，超级平台拥有超大用户规模，其年度活跃用户数量不低于 5 亿；大型平台的年度活跃用户数量不低于 5 000 万。除此之外，更详细的临界规模划分要依靠行业内的具体情境，由平台主导者自行判断。比如在浙报集团案例中，新闻平台在用户达到百万级别时就开始迅猛拓展，此时相关业务吸引用户关注的成功率显著提升。产业实践者需要识别所处行业的临界规模，并通过把握临界时机来实

现平台生态系统治理策略的切换与更新。

三、重视通过企业边界与生态开放度的适配来提升平台运营能力

平台生态系统治理要处理好平台企业边界与生态开放度治理的适配难题。为此，在治理策略的选择上，平台企业要尽可能发挥产业创新属性的效用，重视产业资源的整合、创新知识的协调能力提升等，并摆脱传统电商交易平台生态系统治理策略选择的干扰。从平台自身而言，平台企业不能盲目坚持做"平台"，而不对供方业务实施一体化，也不能只从短期利益出发，为获取尽可能多的租金，利用占据的"球状结构洞"的信息和资源优势而过度扩张其企业边界，需要结合生态圈发展的整体考虑，坚持公正导向，减少对参与者业务的"入侵"。对于平台生态而言，平台企业应在生态承载能力内尽可能多地开展交易和创新活动，提升平台开放度并拓展系统边界，做到"做小企业"与"做大生态"的协同演进。

此外，平台企业需要重视战略性业务的拓展，通过协同平台企业边界与生态开放度治理策略来强化平台生态影响力。目前，中国实体经济处在成熟产业链外迁（源于发达国家再工业化和东南亚地区的成本优势）、新兴产业链尚未形成的阵痛期。从宏观层面来看，未来国家经济发展面临的挑战在于能否抓住新兴产业链培育和发展的先机，而从微观层面来看，平台企业未来发展的关键在于能否通过战略性业务培育出产业链所需的核心能力。例如，在"大众创业、万众创新"政策的倡导下，众创空间和孵化器得到迅猛发展。当然，需要关注"双创"工作流于形式的风险，诸如部分非专业机构通过"改称呼，换牌子"就摇身一变成为双创孵化装置。大量城市社区的众创空间只有物业和"软性"服务（资本和创业培训等），缺乏产业链资源的支撑，进而难以形成与传统产业相融合的协同创新。此类平台需要大力推动思维转变，在与产业链上下游互动的过程中逐步增强自身资源整合能力，以此促进"双创"和传统产业之间的有效融合及相互促进。产业实践者需要重视提升平台生态系统治理和运营能力，推动平台尽早跨入网络效应的正反馈循环。

第二节　实施要点：把握平台生态演化的双螺旋模型

科技创新和需求拉动促进了产业间融合发展，平台企业通过引导、创

建、发展和跨界扩张逐渐形成的商业生态系统，成为日益重要的组织形态。新的生态不断涌现，旧的生态经历更新或衰亡，生态演化的背后到底遵循怎样的法则？综合本章研究，平台企业边界与生态开放度适配治理是生态演化的内核所在。基于此，本节根据查尔斯·法恩教授的产业双螺旋演化模型，提出了平台生态演化的双螺旋模型（如图12-1所示）。根据该图，产业实践者可以对平台企业边界与生态开放度治理策略的演变动因与更新时机形成直观感受。

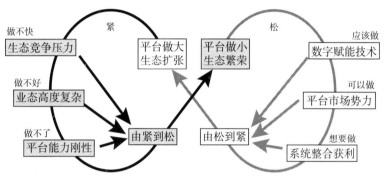

图 12-1　平台生态演化的双螺旋模型

　　一方面，平台作为生态系统的主导者，在考量整体生态的未来演化时，"由紧到松"的内在动因包括：（1）因为生态竞争压力导致平台"做不快"，即平台为应对不同生态和模式之间的竞争，需要谋求快速做大、快速迭代和反击，因而松散连接、高度开放有利于吸引更多物种加入，促进生态繁荣。（2）业态高度复杂导致平台"做不好"，即平台面临技术和市场等多业态间的复杂度，一体化业务都由自己做的效率并不高，需要借助种群多样性来协助。（3）平台能力刚性导致"做不了"，即大平台的组织刚性导致平台企业很难应对快速市场变化，也就是船大难掉头，而连接更多的种群、支持生态参与者创新，有利于构建整个生态的灵活应变能力。上述策略要点详细说明了平台企业在什么情境下需要减少自制、强化生态。另一方面，伴随平台资源能力和知识复杂度的提升，平台"由松到紧"的内在动因包括：（1）数字赋能技术推动平台"应该做"，即数字赋能技术不断发展，使得平台沉淀的数据和能力提升，原本不属于平台生态的业务领域，平台利用新的技术手段和能力介入后，可以大幅提升其效率。（2）平台市场势力推动平台"可以做"，平台发展的网络效应构建起市场势力，利用这种势力介入相关的业务领域，有利于进一步巩固平台的地位，加强对大生态的控制力。（3）系统整合获利推动平台"想要做"，平台介入新的领域，通过数据和系统之间的整合与协同，能够借助更大范围的系统应用帮助平台获利。上述策略要点详细说明了平台在什么情境下需要增加自制、扩张生态。

以阿里巴巴零售电商生态发展为例，其平台演化双螺旋模型的分析逻辑如下：在阿里巴巴零售电商生态创建期，淘宝是"在线购物"新价值主张的开创者，作为综合平台要涵盖零售的各个领域，但平台自身并不具备如此强大的自营能力。为了实现淘宝快速做大，必须以松散合作的方式，吸引外部商家进入，共同为消费者提供网络购物新体验。在电商生态成长期，淘宝出现了假货和产品品质问题，为了适应居民收入增长后的消费升级需求，淘宝采取了扶持培育"淘品牌"和创建天猫商城（原淘宝商城）的战略。淘品牌是平台与其头部卖家的共同投入，平台通过加大宣传及数据赋能等措施大力培育淘品牌，以精选的形象吸引消费者。与此同时，卖家也大力培育淘品牌的形象，希望实现新一轮增长。对于天猫商城，平台为品牌商提供了店铺运营经验和大量数据产品的赋能，平台还开辟了天猫超市等自营业务。综合这些举措，阿里巴巴实现了电商生态的价值升级，逐渐占据了电商份额的半壁江山。

近年来，线上线下融合发展的"新零售"已成为满足消费者需求的大趋势，平台倡导线上卖家向新零售迁移，又吸引线下卖家触网融合发展，实现线上线下全场景、供产销全链路的数字化升级。在这一过程中，平台积极推动升级样板的共创，如推动伊芙丽、林清轩等企业内外协同升级；也有更紧密协作、解构与重构的赋能方式，如参股或控股家装（居然之家）、百货（银泰商业）和超市（大润发）等领域的头部企业。

第三节　政策建议：国内强大市场驱动平台生态演化

伴随平台企业的蓬勃发展，如今的市场竞争早已不是当初的产品与产品之间、企业与企业之间的竞争，而是升华为生态系统与生态系统之间的竞争。在生态系统中占据核心地位的平台企业，既可以在所处行业内具备广泛影响力，又可以渗透其他业务领域实行快速拓展。因此，政府部门的未来监管需要注重发挥平台生态系统的优势，特别是在促进双循环发展、打造产业小镇等方面的作用。

一、注重发挥平台生态在双循环发展中的作用

面对复杂严峻的国内外形势，2018年12月召开的中央经济工作会议提出要促进形成强大国内市场；2022年4月，中共中央、国务院印发《关于加快建设全国统一大市场的意见》。从内涵看，"强大国内市场"是一个有效需求大且交易成本低的本国市场，并立足于国内一直坚持的"统一开放、竞争有序"的市场体系基础之上。"统一"是指高度一体化的统一大市场，能够增加交易需求，充分发挥供给和需求的规模经济优势；"开放"是指有显著全球支配力的开放市场，能够对全球市场多个领域产生引领性乃至支配性作用，主要表现在行业话语权、行业影响力、资源定价权、产品定价权等诸多方面；"竞争"是指满足多样化需要的竞争市场，通过充分竞争让市场在资源配置中发挥决定性作用，为国内不同层次的居民提供优质产品和服务；"有序"是指流通基础设施完善的有序市场，通过完善流通基础设施来保障市场有序、降低交易成本。上述要素构成了强大国内市场应该具备的基本特征。

当前，我国要"形成强大国内市场"还面临如下挑战：一是市场向更高层次一体化发展的难度陡增。不断消除各种形式的制度限制、区间限制，建设一体化的统一市场，是我国充分发挥大市场优势的关键。二是提升我国市场的全球影响力进入攻坚阶段。从欧美日等市场经济体的发展经验看，一国从市场大国向市场强国迈进，是一个各级政府、制造企业、商贸流通企业以及消费者偏好共同推动的结果，也是一个市场口碑、市场声誉逐渐形成的过程。三是满足多层次消费者的供需匹配能力较弱。由于人口众多、分布广泛、受教育程度差异大等原因，我国市场的细分化程度很高，而且有不断加大的趋势。一方面，这有利于我国企业从范围经济中获得竞争优势；另一方面，也给我国市场的供需匹配带来了空前挑战。

鉴于上述严峻挑战，政府部门可以通过技术来弥补短板，鼓励和支持商贸企业积极运用新技术，以改造、升级、新建等方式完善国内市场基础设施，降低市场交易成本，提升市场交易效率。具体措施为：一是运用现代供应链管理技术，提升我国物流业的基础设施水平。顺应智能制造的趋势，服务制造业新要求，主动培育"制造强国"所需的供应链服务；顺应消费个性化、品牌化的新要求，提升物流时效体验；顺应农业现代化要求，建立和完善农村物流体系。二是运用大数据、云计算等信息技术，提升现有市场组织的匹配效率和辐射力。各地商务主管部门应加强与商贸平

台企业合作，利用现代信息技术，完善信用记录、发布、披露、风险预警等制度；鼓励互联网商业企业与实体商业企业发挥各自特长，开展多种形式的合作，推动线上线下的深度融合；鼓励大型互联网商贸平台企业主动对接大、中、小制造企业；鼓励"产学研用"结合，协同开发面向未来商业的前沿技术。三是运用平台经济模式，促进传统商品交易市场的转型升级。鼓励商品市场搭建开放平台，构建以市场信用评价为核心的共治体系，形成较为完善的商业生态系统。通过强化数据聚合和资源配置能力，推动商品生产、流通和服务信息实时交互，促进上下游企业协同发展。

二、对平台企业边界与生态开放度动态适配的监管建议
——以平台型产业小镇为例

进入新时代，中国发展面临两大突出问题：一是新旧经济动能的接续转换；二是增长放缓带来社会问题的加剧浮现。能否找到解决这两大问题的有效模式，直接关系到中国未来发展的走向，这也成为政府和社会共同努力的目标。在这一过程中，江浙地区涌现的"产业小镇"实践或将成为继块状经济、集聚区和产业集群后又一重要的自下而上的产业组织模式探索。产业小镇不同于行政建制上的传统小镇，它可以"非镇非区"，在通过模式创新推动供给侧结构性改革、培育新产业新业态来解决经济发展动力的同时，实现与社会管理协同提升。需要注意的是，国内的产业小镇正在出现跟风建设浪潮，产业小镇"缺乏特色"和"小而又全"等问题已经显现。不过，有一类产业小镇具有极强的市场活力，即由平台企业主导的产业小镇。

这类产业小镇与传统产业园区的根本差异在于，它更注重原始创新孵化，而不是大规模产业化。中国经济发展需要从大规模产业化的后端向产业孵化的前端走，这必然要求产业组织模式的变革。平台企业主导的产业小镇的总体架构是一个由平台供方、平台企业和平台需方构成的创新孵化系统。与一般消费电商平台的不同在于，产业小镇的平台架构不仅是一个交易功能平台，还具有极强的创新属性，需要利用平台基础架构实现多主体之间的协同创新，即平台具有交易和创新的功能。产业小镇面临的首要问题是如何实现"冷启动"，由于平台存在"鸡生蛋"问题，也就是没有供方用户，需方用户也不会进入，致使网络负反馈，从而启动难。在这种情况下，平台供方业务自制是解决"鸡生蛋"问题的重要手段。产业小镇的生态化发展往往需要依靠开放度的提升，但开放度调整的背后则涉及多主体生态治理问题。与消费电商平台从"零"开始"冷启动"不同，产业

小镇往往已具有一定的用户基数，并且对于需方用户而言，大量低品质的交易提供商反而会增加创新协调难度（如模仿困境）。更重要的是，高品质主体之间可以联合创新，故产业小镇不宜采取高度开放治理策略。

未来，产业小镇的发展需要注意以下几个方面：

（1）产业小镇概念泛化的趋势明显，未来发展需要聚焦产业小镇的核心功能，同时鼓励地方因地制宜地进行产业小镇模式探索。在这方面，浙江走在了全国前列，浙江探索特色小镇模式的初衷是要协同解决经济发展新旧动能转换和社会矛盾日益凸显问题，希望找到一个合适的产业组织模式，帮助中国与欧美发达国家既竞争又合作地孵化培育新兴产业，如云计算、大数据、人工智能等。在新兴产业形成过程中，同时贯彻绿色、开放、共享等新型科学发展理念。因此，它不只是字面意思上的"小镇"，也不是曾由住房城乡建设部主导评选的以旅游文化资源为特色的传统小镇。当然，产业小镇的发展可以寻求多样化，东部地区探索的产业小镇模式，并不一定完全适用于中西部地区。我国在宏观政策层面应鼓励多元探索，推动各地加快出台定义明确、代表性强的产业小镇建设标准。

（2）产业小镇的发展需要双元治理思维，包括交易与创新、经济与社会的二元平衡，平台企业主导的产业小镇是实践中涌现出的一种高效模式。交易和创新的二元平衡意味着产业小镇的发展不能只是一个要素集聚的交易场所，更应是原始创新的策源地，在新兴技术革命推动产业革命的新阶段，成为孵化产业链的核心区域。经济和社会的二元平衡意味着产业小镇的发展不仅要解决经济发展问题，还要协同解决社会发展问题，实现产城融合。为实现二元平衡，依托平台企业边界与生态开放度治理和社会治理是有效手段。

（3）加快产业小镇发展的关键是行政观念转变，推动实现从政府主导的产业园区招商模式向市场化企业主导的产业生态构建模式转变。一方面，经济增长放缓使政府财力下降，导致政府包干式的园区建设模式不可持续；另一方面，消费升级推动大规模工业向定制化工业转变，因而规模化的招商和评价考核机制不再适用。发达地区的政府部门越来越意识到，应该市场化的工作，政府干多了反而效果不好。产业小镇的日常运营管理职能应尽可能向平台企业转移，比如引进大量市场化运营的孵化器，由孵化器负责培育新兴业态和产业链上下游的招商。当然，在产业小镇发展的不同阶段，政府部门和平台企业的权责分工应有所差异。

第四篇　平台生态系统中的参与者治理

　　平台生态系统治理是不是完全由平台企业主导？如果是这样，在同样的平台生态系统内，平台企业采取统一的标准化治理规则和策略，参与者被动地接受治理安排，他们的绩效是否应该高度趋同？现实是平台生态系统内参与者的绩效高度分化，有些如鱼得水，有些则难以适应平台生态系统的发展演进。这表明参与者是异质的、具有战略能动性的主体，并非一味地接受平台企业的领导。如果将平台生态系统治理的视角从平台企业转向参与者，那么他们眼中的故事会有何不同？

　　本篇关注参与者的能动性以及平台生态系统治理策略如何适配，并涵盖以下四章内容：第十三章回顾了经典的互补性理论和资源依赖理论，为后续分析参与者与平台企业之间的关系治理奠定了理论基础；第十四章采用嵌入式多案例研究，探索何种策略能够帮助参与者协调好与平台企业的关系，既能提升参与者对平台的互补性，又能降低他们对平台的依赖度；第十五章是对生态参与者策略的量化分析，研究生态参与者的产品开发策略以及平台特征如何影响参与者绩效。第十六章根据理论分析、案例研究和量化研究的结论，为产业实践者提供管理启示。

第十三章 理论分析：
平台生态系统中的互补与依赖关系

平台生态系统是指平台企业利用基础架构激发网络效应，进而通过市场势力不断包络发展形成的商业形态（蔡宁等，2015；Jacobides et al.，2018），平台生态系统的价值由平台企业和参与者共同创造。平台企业和参与者会通过有意识的、持续的资源承诺来增强整个平台生态系统的价值，平台企业通过投资来汇聚参与者群体，而参与者反过来评估并投入资源来支持平台生态系统（Wang and Miller，2020）。在平台生态情境下，参与者绩效的关键是参与者要处理好与平台企业的关系，本章将重点梳理这些关系背后的实质。

第一节 平台生态系统中的互补关系

平台企业与参与者的互补性是平台生态系统价值持续提升的基础（Jacobides et al.，2018，2024；Teece，1986）。在多边平台内，互补性能够解释网络效应的来源，参与者倾向于使用包括大量互补品的平台，而参与者对于互补品的反馈评价对于其他参与者来说也是重要的互补性资源，因此互补性理论能够帮助理解平台如何在早期建立竞争优势，形成"赢家通吃"的格局（Armstrong and Wright，2007；Parker and Alstyne，2005；Rochet and Tirole，2006）。平台为了整合参与者，需要为特定的参与者投入专用性资产，这种专用性资产只在特定的商业模式下才有价值（McIntyre and Srinivasan，2021；Teece，2006）。平台上的参与者通过平台能够满足其他参与者的需要，同时弥补平台的功能缺失（Khanagha et al.，2022；王节祥等，2021）。

那么，互补性的具体含义是什么？最早在管理学研究领域探讨互补性的是 Teece（1986）提出的 PFI（profit from innovation）框架，其中的关键概念是互补性资产。互补性资产是指实现核心技术创新的关键配套资产。PFI框架的核心观点为：由于独占性机制的执行成本高、主导设计容易被模仿，所以平台企业要想从创新中获利，那么占据互补性资产极为重要。特别是在独占性机制弱的情况下，在主导设计出现后，互补性资产的重要性更为突出。但在主导设计出现后，模仿者将会跟进，此时的竞争主要是互补性资产的竞争，因此提前谋划并获取互补性资产是平台生态成功的关键。互补性资产的概念与互补性是一体两面的，前者强调价值获取，后者强调价值创造。Jacobides et al.(2006) 将互补性解读为两个或两个以上资产相互适应的程度，即两者结合所产生价值的高低程度。

Teece（2018）对互补性做了系统梳理，将互补性划分为六种类型，包括"生产的互补"、"消费的互补"、"资产价格的互补"、"投入的寡头垄断互补"、"技术的互补"和"创新的互补"。Jacobides 等（2018）将互补性做了两种划分：一种是生产端的互补，另一种是消费端的互补。这与交易和创新的互补划分不谋而合：交易互补是指两种产品和服务缺少一种就无法运转，并产生价值损失，而创新互补是指将两种产品和服务融合到一起，能够创造出比各自更大的价值。

第二节　平台生态系统中的依赖关系

平台生态系统是大量松散联结、相互依赖的参与者集合（Iansiti and Levien，2004），平台企业无法依赖组织内部的科层权威来控制外部参与者，因此需要借助相互依赖的关系结构来协调参与者的价值创造活动（Jacobides et al. , 2018）。但是，相互依赖带来的绩效结果存在悖论。一方面，相互依赖的参与者之间能够以反馈循环的形式交换信息，这种相互依赖将会成为平台生态系统发展的动力（Plowman et al. , 2007；Stacey，1995）。这是因为参与者之间的资源和信息交换可以促进平台生态系统中的自组织行为（Baum and McKelvey，1999）。另一方面，非对称依赖的普遍存在将会造成平台生态系统的惯性和僵化（Gersick，1991），而平台生态系统的成长则要求参与者之间的共同调整和进化（Adner，2017；Albert et al. , 2015），因此参与者之间原有的相互依赖将会阻碍平台生态系统的成长。可见，平台企业与参与者之间的依赖关系需要不断调适。

那么，依赖的具体含义是什么？资源依赖理论最早由 Pfeffer 和

Salancik（1978）于《组织的外部控制：资源依赖的观点》一书中正式提出。20世纪末，美国政府要求企业给予女性和少数民族人士一些工作上的优待，而各个组织在面对这一政治要求时的反应大相径庭。为探究不同组织回应背后的原因，Pfeffer和Salancik（1978）提出了资源依赖理论，其中参与者A对参与者B的依赖与参与者A在A－B的合作关系上进行的动机性投资（motivational investment）成正比，与参与者A在A-B关系之外获取目标的可得性（availability，即可替代性资源）成反比，反之亦然。资源依赖的核心内容可分为五点：第一，理解企业间关系和社会关系的基本单位是组织；第二，组织并不是独立自治的，而是受到与其他组织相互依存的网络约束；第三，相互依赖会给组织带来生存或成功的不确定情况；第四，组织会采取行动来管理这种相互依赖关系；第五，资源依赖模式会产生组织间和组织内部的权力，而这种权力会给组织行为带来一定影响（Hillman et al.，2009）。

平台企业需要参与者开发互补品，进而为整个生态系统创造价值，同时参与者也需要平台提供的共享技术或接口来获取对终端用户的访问权（Ceccagnoli et al.，2012）。平台企业和参与者之间的相互依赖关系会因为自身能力或外部环境的变化而逐渐转向非对称依赖关系。当组织缺少某个关键资源，而获得该资源的唯一方式是借助另一组织时，资源依赖关系便随之产生。虽然获得关键资源的企业将会处于更好的竞争地位，但当控制这些关键资源的公司不需要针对特定关系进行投资时，双方之间的依赖关系就会变得脆弱或者不对称（Casciaro and Piskorski，2005；Lee and Lounsbury，2015）。这种不对称的依赖关系往往伴随着权力的非均衡配置（Emerson，1962），而权力不平衡可能会给依赖组织带来重大问题，强权力方（往往是资源提供者）受机会主义行为的影响，可能会侵害弱权力方的价值，以实现自身利益最大化。"与鲨共泳"困境便是对此的典型写照（Katila et al.，2008）。对于平台企业而言，当其参与提供有价值的互补品，而参与者也需要借助平台来访问用户时，两者之间处于一种较为平衡的依赖状态，此时双方都希望长期保持关键资源的稳定流动（Cennamo and Santaló，2013；Evans and Schmalensee，2010）。但是，当平台企业开始进入参与者所在生态位时（Wen and Zhu，2019；Zhu and Liu，2018），两者之间的关系便会逐渐变为非对称依赖关系，甚至平台企业对于这部分参与者已持可有可无的态度。

当然，参与者会借助自身能力、外部环境在获取平台企业资源和捍卫自身资源之间寻求平衡。当意识到自身价值受非对称依赖关系影响时，参与者会试图平衡乃至重构组织间的依赖关系（韩炜等，2017）。平衡（重构）依赖关系的方式主要分为两种：降低成本和平衡操作（Emerson，1962）。其中，降低成本是指满足强大的他人需求所带来的痛苦，而平衡操作是指通过延伸权力网寻找替代资源、减少动机性投资、联盟等方式来减少依赖。Casciaro 和 Piskorski（2005）将依赖关系重组行为根据实施对象分为单边和双边，单边主要是指对二元关系以外的因素采取行动，而双边是针对二元关系中的另一方来重组依赖关系。当参与者面临平台企业的侵占时，能力强大的参与者可能会选择重组与平台企业的依赖关系。例如，Huang 等（2017）发现：当独立软件供应商（independent software vendors，ISV）拥有较强的知识产权保护能力和下游能力时，其不仅不会逃离，反而会主动寻求与软件平台合作。此外，参与者也可能会寻求二元关系以外的支持来捍卫自身平衡。比如研究发现：创业者往往会向多家风投公司寻求支持，以避免过度依赖单一风险投资（Hallen et al.，2014）。

总体而言，现有研究往往默认主体之间的相互依赖关系已经客观存在，主要关注当依赖关系不对称时，处于权力劣势的参与者应如何提升自身的议价能力，从而在关系主体间分配到更多的价值（Wry et al.，2013）。然而，价值创造是价值分配的前提，因此平台生态系统研究需要对互补性和依赖度的整合进行考量。

第三节　平台生态系统参与者的关系治理

平台生态系统中参与者与平台企业之间的互补关系和依赖关系构成了研究参与者治理的两大视角。参与者提升对平台企业的互补性能够更好地满足用户需求，提升平台生态的价值；参与者降低对平台企业的依赖度能够防止平台侵占自身利益，并能对平台行为采取快速反应。

一、互补性视角与参与者关系治理

在平台生态系统情境中，Jacobides 等（2018）将互补归纳为交易互补和创新互补：交易互补是指两种产品和服务缺少一种就无法运转，并产生价值损失；创新互补是指将两种产品和服务融合到一起，能够创造出比各自更大的价值。受此启发，参与者对平台企业的互补可以细化为两个维度：一是参与者对平台企业主导的平台生态系统内其他参与者的互补。参与者对平台企业的互补，首先体现为满足平台生态系统内其他参与者的需要，其本质是平台生态系统网络效应的体现。这种互补主要是交易互补，比如买家与卖家的彼此需要。在参与者之间的交易互补效应下，参与者通常实施多产品策略，即聚焦同一个平台生态系统，为用户提供多样化的产品和服务（Iansiti and Levien，2004；Tavalaei and Cennamo，2021），进而提升对平台企业的互补。二是参与者对平台企业功能的互补。平台企业提供了支撑多边主体活动的基础区块，但在平台企业发展的特定阶段，某些基础区块的功能可能存在缺失，参与者通过构建这些缺失区块，就能与平台企业产生"1＋1＞2"的价值创造效果，即参与者对平台企业形成了创新互补。例如，最新研究提到在平台生态系统中嵌入一个临近平台（adjacent platform），与现有平台企业实现互补共生的战略（Khanagha et al.，2022）。

其他研究基于互补性分析提出：参与者可以采取瓶颈战略，即占据某类关键组件，这类组件一旦供给不足或质量较差，就会极大地制约平台生态系统的增长和绩效（Hannah and Eisenhardt，2018）。然而，在平台生态系统内，参与者与平台企业的关系却是高度不对称的权力结构。传统的研究偏重于组织与组织之间"1对1"的关系，而参与者与平台企业之间却是"N对1"的关系（Song et al.，2018）。参与者一旦占据瓶颈，必然会引发平台企业的警惕和忌惮，由于参与者对平台企业高度依赖，所以平台企业采取"制裁"策略较为容易（Zhu，2019）。由此，就会出现参与者对平台企业的互补性提升，而且他能够为平台企业主导的平台生态系统创造价值，但其绩效表现却下降的独特现象。

二、资源依赖视角与参与者关系治理

互补性研究主要关注价值创造，但研究参与者绩效还需要关注其与平台企业的依赖关系，因为依赖水平决定了其获取价值的能力（Pfeffer and Salancik，1978）。Jacobides 等（2006）就曾指出：要对互补性和依赖度开展整合分析。参与者对平台企业的依赖度，即参与者从平台生态系统获取价值的能力是本章分析的另一个理论维度。依赖度取决于资源对组织的重要性和不可替代性（Emerson，1962）。具体而言，参与者 A 对参与者 B 的依赖度，与参与者 A 在 A-B 的合作关系上进行的动机性投资成正比，与参与者 A 在 A-B 关系之外获取目标的可得性成反比。在平台生态系统情境下，参与者对平台企业的依赖度取决于参与者对平台企业的动机性投资和平台企业及其主导的平台生态系统对参与者资源或收入获取的不可替代程度。

　　资源依赖理论关注组织应对外部环境的能动性，提出了约束吸收的降低依赖策略，但这些策略比较适用于依赖关系中的优势方，对参与者这类依赖关系中劣势方的作用有限（Pfeffer and Salancik，1978；Hillman et al.，2009）。例如，参与者几乎不可能实施对平台企业的并购，也很难与平台企业构建战略联盟（Casciaro and Piskorski，2005）。在平台生态系统情境下，基于资源依赖理论视角，现有分析较多提到的参与者策略是多栖策略（multihoming），即为多个平台提供产品和服务（Doganoglu and Wright，2006）。尽管多栖策略能够降低参与者对特定平台企业的依赖，但也会降低产品和服务对原平台用户的特质程度，从而降低互补性水平。由于参与者与平台企业的权力高度不对称，平台企业完全可以出台"二选一"的排他性治理策略（Rochet and Tirole，2003），从而使得参与者无法改变不利地位。

　　事实上，现有研究对参与者实施多栖策略能否提升绩效的确存在不同观点（Cennamo et al.，2018）。Tavalae 和 Cennamo（2021）的最新研究明确指出：仅仅与多个平台建立简单联结并不能确保参与者的成功，参与者往往需要针对特定平台情境提供不同的产品和服务。可见，对参与者实施多栖策略来降低依赖的研究存在进一步拓展的空间。此外，尽管参与者与平台企业的"N 对 1"关系决定了参与者很难改变其与平台企业的绝对权力不对称结构，但平台生态系统多边和开放的架构特征（Gawer and Cusumano，2002）为参与者降低相对依赖水平提供了能动空间。如果平台企业忽视参与者的能动空间，或者不能妥善处理好与参与者的关系，容易带来被颠覆的风险（Ozalp et al.，2018）。

　　综上可见，尽管现有研究在概念和理论框架上有很大推进，但对参与者关系治理的研究仍存在两大缺口：一是缺乏对参与者能动性的考量。现有研究从平台企业视角出发，将参与者与平台企业的合作关系理解为参与者的简单遵从，导致无法解释同一平台生态系统中参与者差异化的战略选择和绩效分化。二是在权力高度非对称的平台生态系统情境下，互补性理论和资源依赖理论均无法单独为参与者发挥能动性提供洞见。瓶颈策略和多栖策略无法在提升互补性的同时降低依赖度，单纯提升价值创造能力或价值获取能力，并不能为参与者带来高绩效。因此，有必要构建参与者对平台企业互补性和依赖度的整合分析框架，然后以此为基础归纳提炼参与者的关系治理策略。

第十四章　案例研究：
平台生态系统参与者的解耦战略

回顾现有研究，参与者关系治理的关键是既能提升对平台企业的互补，又能降低对平台企业的依赖，即实现互补和依赖的解耦方能提升绩效。因此，本章将从参与者视角出发，构建参与者对平台企业的互补性和依赖度的整合分析框架，归纳提炼参与者的解耦战略。

第一节　案例现象

平台生态系统中的参与者高度分化：一类参与者偏向选择"合作"，他们尝试服务好平台主导者的需求，是平台生态系统中的"乖孩子"；一类参与者偏向选择"竞争"，他们尝试构建小圈子，被平台主导者视为平台生态系统中的"坏孩子"；还有一类参与者与平台主导者的关系若即若离，既"竞争"又"合作"，具有很强的议价能力，是平台生态系统中的"明星"。

举例来说，微信通过提供小程序接口，与第三方广泛开展合作。对于商家而言，入驻微信小程序有诸多好处：背靠微信 10 亿用户，商家能够通过小程序获得海量用户；微信小程序的开发成本低；微信小程序可为商家搭建最短的购买通道，提升转化率和运营效率等。但获得这些好处的前提是，商家需要接受微信的监管，共同打造和谐的生态。相应地，微信小程序通过各行各业的商家入驻，为微信用户提供了丰富多元的产品，可以增加用户黏性。

蘑菇街与淘宝形成了竞争，被淘宝视为"坏孩子"。蘑菇街在 2011 年创办后，凭借"导购"模式连接了消费者和淘宝上的商品，靠分享年轻女性热衷的时尚信息来促成交易，并获得了众多女性用户的青睐。随着其从淘宝分佣的收入持续走高，用户量也呈现指数级增长。通过其平台成交的订单一度高达淘宝整体交易量的 10%，但在淘宝看来，蘑菇街构成了潜在的威胁，其强大的导流能力不被淘宝独占，意味着蘑菇街可能为其竞争对手带来巨大收益。公开资料显示，2013 年阿里提出投资蘑菇街，但遭到拒绝，随后阿里采取系列"封杀"举措，取消其导流外链，蘑菇街开始转向自建商城。

　　参与者是能动主体，他们会根据平台的行为主动改变策略，而不同的策略带来的绩效结果也是高度分化的：一部分参与者大获成功，另一部分参与者则在盈利边缘挣扎，有些参与者甚至被平台主导者所"封杀"（Zhu，2019）。因此，本章从实践出发，提出了研究问题：参与者采取何种战略既能提升对平台企业的互补性，为平台企业及其主导的生态创造价值，又能降低对平台企业的依赖度，提升自身的议价能力，从平台企业主导的生态中顺利获取价值？本章将这种战略概念化为解耦战略（decoupling strategy）。解耦一词最早来自计算机系统理论，其思想是通过解除系统内不同模块间关联变化的耦合关系来降低系统复杂度。尽管该词在制度理论中也有应用，是指组织通过表面同构与实质异构的行为来应对制度压力（Haack and Schoeneborn，2015），但这并不适用本章分析的现象。此外，本章提出的解耦战略是指参与者既能提升对平台企业的互补性，又能降低对平台企业依赖度的战略，更符合其在计算机科学中的本意。基于此，本章尝试通过嵌入式多案例研究，对定性数据进行归纳分析，比较案例间的异同，识别出参与者解耦战略及其背后的机制。

第二节　研究设计

　　由于参与者视角的研究尚处于探索阶段，本章采用嵌入式多案例研究方法进行理论建构（Eisenhardt，1989）。嵌入式多案例设计能够控制一定的情境变异，通过遵循复制逻辑，可以提升结论的稳健性（Yin，2009）。

一、方法与案例选择

　　本章遵循嵌入式多案例研究方法的步骤和规范开展研究（Eisenhardt，1989；Yin，2009）。第一，嵌入式多案例研究方法适合采用新视角的探索性研究（Graebner and Eisenhardt，2004），本章从平台生态系统参与者这一新视角切入，相关研究尚处于探索阶段；第二，嵌入式多案例设计能够控制一定的情境变异，可以提升结论的稳健性（Yin，2009）。本章研究以同一参与者经历的不同战略过程（包括企业面临的特定战略情境、采取的应对战略以及相应的绩效结果）为分析单元，通过对同一参与者在采取不同战略后的绩效结果进行对比分析，归纳出参与者解耦战略的类型及其解耦机制。本章研究控制了干扰变量，提升了研究结论的稳健性。

　　本章选择蘑菇街、韩都衣舍和云集 3 家企业作为案例样本，主要是基于如下考量（如表 14-1 所示）：第一，这三家企业在与平台企业的互动中具备采取解耦战略的可能。蘑菇街是淘宝平台生态中排名前三的导流社区服务商，其鼎盛时期曾占据淘宝外部导入流量约 10% 的份额。韩都衣舍是淘宝平台生态中女装"头部"卖家，长期排名销量第一；后期作为生态服务商，其品牌孵化和运营系统在行业内处于领先地位。云集是微信平台生态中知名的社交电商，于 2019 年以社交电商第一股的概念在纳斯达克实现上市。第二，这三家企业间存在明显的差异，有利于提升研究的稳健性（Santos and Eisenhardt，2009）。从参与者本身看，蘑菇街是导流服务商（卷豆网），韩都衣舍是淘宝卖家和品牌孵化运营商，云集是社交电商运营主体，它们的战略定位和经营模式都存在差异。从参与的生态看，蘑菇街和韩都衣舍都诞生于阿里电商生态，云集则处于微信社交电商生态，因而增加样本差异有利于提出概化、稳健的理论模型。第三，为控制企业异质性对研究结论的影响，本章在研究设计上对同一企业选择了两个不同的战略过程单元进行分析，其中一个战略过程单元的战略提升了绩效，而另一个战略过程单元的战略降低了绩效。这种参与者战略选择与绩效的鲜明对比（极化类型），有助于构建准确、精简的理论模型（Hallen and Eisenhardt，2012）。第四，数据可得性考虑。案例研究需要进行实地访谈和深度资料收集，因而数据获取十分关键。作者及研究团队能够通过合作关系网络和公开途径获取丰富的一手访谈资料和二手资料。

表 14-1　案例分析单元一览表

企业	分析单元	战略过程单元简介		
		战略情境	参与者应对战略	参与者绩效结果
蘑菇街	A1	淘宝面临来自京东、当当的竞争加剧；开放接口，鼓励外部导流社区的发展	蘑菇街希望将外部社区流量导入淘宝，但效果不佳，为把握快速发展机遇，选择自建导购社区	绩效上升 注册用户超百万；2011年单月带给淘宝交易额1.8亿元，淘客佣金600万元
	A2	外部竞争有所放缓，社区导流继续增长，威胁淘宝流量入口；淘宝探索自主构建顽兔等社区，强化流量运营	蘑菇街不断强化技术，提升用户体验，并成长为淘宝最大的导流服务商之一，流量占比10%左右，客户转化率高达8%	绩效下降 2013年被淘宝封杀，网站访问量骤降；垂直平台临时上线，两年内无法考虑盈利

续表

企业	分析单元	战略过程单元简介		
		战略情境	参与者应对战略	参与者绩效结果
韩都衣舍	B1	京东、当当网等平台兴起，淘宝面临竞争加剧；构建淘宝商城（天猫），重点吸引线下成熟品牌商进驻平台	韩都衣舍作为线上商家，谋求新的增长。利用在淘宝生态构建的品牌和电商运营经验，进驻京东、当当网等多个生态，拓展销售渠道	绩效下降 在京东的销售额仅占总营业收入的3%，而且面临"二选一"压力；2014年，净利润为－3 754万元，而后撤出京东
	B2	线上线下融合成趋势，阿里推出新零售战略，鼓励代运营商帮助传统品牌商升级	利用自身能力沉淀，打造品牌孵化和运营系统，服务品牌商家，并针对淘宝、京东等提供差异化服务	绩效上升 2016年的营业收入为14.32亿元，增长13.67%，生态运营收入的增幅超60%
云集	C1	移动社交发展为商业变现提供了土壤，但微信自有的社交电商架构尚未成型	云集App上线，通过多级分销的方式在微信平台内快速构建起交易架构，不断拓展用户，形成了较大影响力	绩效下降 2017年云集遭微信封禁；同年亏损1.06亿元，较上年亏损高出76%
	C2	社交电商模式成型，竞争日趋激烈；微信依托拼多多等构建起自有的社交电商架构	云集宣布全面转型会员制社交电商，连接外部高品质商家，服务好其在微信生态中发展和积累的会员用户	绩效上升 2019年平台化业务达45%；作为社交电商第一股于纳斯达克上市

二、数据收集与分析

本章的数据收集过程遵循"三角验证"的要求，涵盖一手访谈资料、二手资料和参与式观察等，如表14-2所示。（1）以二手资料为先导，主要涵盖公司的财务年报、招股说明书、行业研究报告、文献和媒体资料等方面，用以建立对案例企业的初步了解。（2）在此基础上，选择与案例研究需求更为契合的3个案例，利用研究团队与案例主体的紧密联系，对企业开展访谈调研。考虑到本章研究属于战略议题，对3家企业的访谈均是与高管团队进行沟通和交流，并开展了两次针对电商生态的业界与学界对话式研讨，参与人员包括淘宝联合创始人。访谈采用半结构化方式展开，分为3个部分：第一，询问工作经历、业务发展历程以及对参与者和平台企业关系的认识；第二，详细阐述战略选择的考虑过程，包括舍弃替代方案的原因；第三，梳理共性因素、结构和思考框架，与访谈者进行充分沟通。考虑到数据收集的充分性和完整性，每家企业都进行了多次调研，而且每次调研都尽量间隔一段时间（两个月以上），以保证观察的稳健性。（3）充分利用到企业实地参观调研和下载 App 使用等方式对案例企业进行"参与式观察"，形成更加直观的经验证据。以上 3 个方面的资料形成了交叉验证，提升了研究的信效度。

表 14-2　案例数据收集一览表

案例企业	一手访谈资料			二手资料	参与式观察
	访谈对象	人次	转录文本		
蘑菇街	总裁办主任业务副总	2	2.6 万字	财务年报、招股说明书（美国）；行业研究报告；文献资料；新闻报道	以调研人身份参观蘑菇街选品中心、超级试衣间、直播间
	淘宝联合创始人	1	5.5 万字		以普通用户身份体验蘑菇街垂直电商 App
	平台研究/行业专家	2			
韩都衣舍	董事长/高管	3	4.5 万字	财务年报、招股说明书（新三板）；行业研究报告；文献资料；新闻报道	以调研人身份参观韩都衣舍营销中心、仓配系统
	电商高级顾问办公室主任	2	1.4 万字		以普通用户身份体验蘑菇街垂直电商 App
	品牌/企划经理	4	6.1 万字		
云集	创始人	1	2.3 万字	财务年报、招股说明书（美国）；行业研究报告；文献资料；新闻报道	以调研人身份参观云集运营部门
	淘宝联合创始人	1	5.5 万字		以普通用户身份体验云集 App、微信群
	平台研究/行业专家	2			

本章数据分析经历了以下步骤：（1）回顾和梳理了淘宝平台生态及微信平台生态的发展过程，针对 3 个参与者，撰写了类似教学案例样式的文本，每个案例形成了 8～15 页文本，帮助作者团队成员形成对案例企业的共同认知。（2）围绕战略情境与参与者应对战略，两位作者梳理和归纳了案例素材，提出案例分析中出现的概念和框架，另两位作者负责审视证据、提出意见、开展团队讨论。这个过程循环往复，中间保留了约 13 页的案例讨论、分析和修改思路备忘录。（3）通过文献回顾和案例素材相结合的方式，得到了参与者对平台企业互补性和依赖度以及参与者绩效的定义和测度。（4）从价值创造和价值获取的整体考量出发，构建了"互补-依赖"整合分析框架，对每个案例分析单元逐一剖析。在案例事实与理论建构中反复迭代，直到没有新的解耦战略出现，达到理论饱

和，最终出现了三大解耦战略。具体而言，本章从两个方面来保证和判断理论饱和：一是额外分析了宝尊电商、太平鸟和遥望网络等参与者（囿于篇幅限制，本章未呈现这些案例），没有发现新的解耦战略。二是三大解耦战略能够完全涵盖参与者解耦的 3 种可能生态位（如图 14-1 所示），分别代表在单一生态内实现解耦（多重身份战略）、在单一生态边界处实现解耦（平台镶嵌战略）和在多个生态间实现解耦（多栖定制战略）。（5）通过逻辑推演、文献对话和案例证据相结合的方式，进一步揭示三大解耦战略提升参与者对平台企业互补性，同时降低对平台企业依赖度的机制。

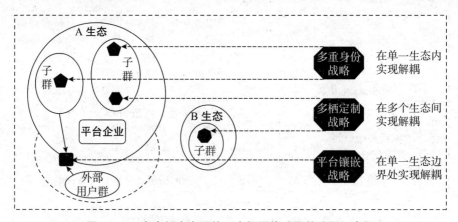

图 14-1　在案例中出现的三大解耦战略及其差异示意图

注：●代表参与者；■●●●代表实施不同战略的参与者变体。

三、构念内涵与测度

在构念测度上，一方面遵循有利于知识积累的原则，充分借鉴现有文献的衡量方法，整理出与案例分析最匹配的测度方法（江诗松等，2011），如本章借鉴现有研究成果测度"参与者的绩效水平"；另一方面，保持相对松散的概念类型（Laamanen and Wallin，2009），使关键构念能从案例数据中表现出来，如本章结合案例证据和文献研究发展出"参与者对平台企业的互补性"和"参与者对平台企业的依赖度"的测度（如表 14-3 所示）。

（1）参与者对平台企业的互补性。互补性反映的是主体间价值增值的高低，特定主体对另一主体的互补性本质上是指其为另一主体创造价值的水平（Teece，1986）。本章研究结合案例素材和现有文献界定"参与者对平台企业的互补性"。案例素材方面，在一次电商发展的研讨会上，淘宝

表14-3　关键构念测度

构念	维度	指标		含义及测度	参考文献
参与者对平台企业的互补性	参与者对平台企业的直接互补	参与者对平台基础区块的创新互补	含义	参与者通过对平台基础区块形成补充，进而创造价值	(Teece, 2018; Jacobides et al., 2018; 王凤彬等, 2019)
			测度	++：参与者对平台基础区块形成补充，且所补充的基础区块运营效率高；+：参与者对平台基础区块形成补充，但所补充的基础区块运营效率不高；N：参与者几乎没有对平台基础区块形成补充	
	参与者对平台企业的间接互补	参与者对平台生态架构的交易互补	含义	参与者通过满足平台生态架构中其他参与者的需求，进而创造价值	
			测度	++：参与者能够满足平台生态架构中其他参与者的需求，且规模大、品质高；+：参与者能够满足平台生态架构中其他参与者的需求，但规模和品质一般；N：参与者几乎没有满足平台生态架构中其他参与者的需求	
参与者对平台企业的依赖度	参与者对平台企业的直接依赖	参与者对平台企业的动机性投资	含义	参与者为维护自身发展和发展平台生态的关系所进行的投入	(Emerson, 1962; Pfeffer and Salancik, 1978)
			测度	++：参与者存在主动机性投资，且动机性投资占总投资的比重高；+：参与者存在主动机性投资，但动机性投资占总投资的比重低；N：参与者几乎不存在主动机性投资	
	参与者对平台企业的间接依赖	平台生态对参与者的不可替代度	含义	参与者在平台企业主导的生态系统之外实现目标的关系和途径	
			测度	++：该平台生态是参与者资源或收入获取的唯一来源，且获取方式单一；+：该平台生态是参与者资源或收入获取的主要来源，但获取方式多样；N：该平台生态不是参与者资源或收入获取的主要来源	

注：++代表很高水平，+代表一般水平，N (null) 代表极低水平。

联合创始人提道："我们（淘宝）要促进参与者之间的联系……我们创办了淘宝大学，我们也欢迎代运营商进入，服务我们的商家……我们之前也很鼓励导流商，因为他们能跟平台（自身区块）形成互补。"其中，实际包含了参与者"对平台企业主导的生态内其他参与者（商家）的互补"和"对平台企业基础区块的互补"。在现有文献中，平台企业的角色被界定为基础区块提供商和生态系统主导者（Gawer and Cusumano，2002）。作为一个平台企业，既需要完善基础区块，也需要促进生态系统内各主体间的交互活动。可见，参与者想要提升对平台企业的互补，意味着参与者要能帮助平台企业完善基础区块并带来创新互补（Jacobides et al.，2018；王凤彬等，2019），或者能给生态系统内其他参与者带来交易互补（Teece，2018）。综合案例素材和文献，本章选择从"参与者对平台基础区块的创新互补"和"参与者对平台生态架构的交易互补"两个指标来刻画"参与者对平台企业的互补性"，前者反映参与者对平台企业的直接互补维度，后者反映参与者对平台企业的间接互补维度。

（2）参与者对平台企业的依赖度。依赖度反映了主体间议价能力的大小，特定主体对另一主体的依赖度本质上是指其在与另一主体合作中获取价值的水平（Pfeffer and Salancik，1978；Casciaro and Piskorski，2005）。本章研究结合案例素材和现有文献考察"参与者对平台企业的依赖度"。案例素材方面，蘑菇街高管在事后复盘与淘宝的合作关系时提道："我觉得我们有做得好的，也有做得不好的。我们针对淘宝平台做了大量投入，这些投入帮助我们获得了快速增长，同时也加重了我们对淘宝平台的依赖……更严重的是，我们一直没有找到第二大收入来源，其他收入来源也有一些，但规模都很小，导致我们越来越倚重淘宝客佣金。"其中，实际包含了"参与者对平台企业的动机性投资"和"平台企业主导的生态系统对参与者的不可替代度"。在现有文献中，Emerson（1962）很早就指出：依赖度包含动机性投资和替代目标可得性两个指标。在平台生态系统情境下，平台企业既是基础区块提供商，也是生态系统主导者（Gawer and Cusumano，2002），因而生态系统的整体发展与平台企业的发展息息相关。因此，参与者对平台企业的依赖，既涉及参与者对平台企业的动机性投资，也涉及平台生态对参与者的不可替代度。综合案例素材和文献，本章选择从"参与者对平台企业的动机性投资"和"平台生态对参与者的不可替代度"两个指标来刻画"参与者对平台企业的依赖度"，前者反映了参与者对平台企业的直接依赖维度，后者反映了参与者对平台企业的间接依赖维度。

（3）参与者的绩效水平。本章中参与者的绩效水平是指参与者从平台生态系统中获取收益的水平。参考 Zhu 和 Liu（2018）、汪旭晖和王东明（2018）等文献的做法，本章从定性指标和定量指标两个方面来测度参与者绩效，定量指标包括参与者的销售额、利润、用户数量及各自增速等；定性指标包括参与者上市、品牌声誉以及被平台企业封杀等关键事件。对每一个案例样本，本章都搜集和展示了定性指标与定量指标的相关证据，以实现交叉验证。

第三节 案例分析

本章关注平台生态系统中参与者的解耦战略，分析单元是参与者在不同战略情境下的解耦战略及其绩效。通过分析同一参与者在平台生态系统发展不同情境下的解耦战略及其绩效，可以归纳出参与者解耦战略的类型及其解耦机理。此外，本章案例研究侧重归纳导向，在明确初步问题后，通过收集数据、构建理论来解释平台生态系统内参与者绩效的高度分化现象。

一、蘑菇街案例

本部分抽样了蘑菇街的两个战略过程单元——淘宝平台鼓励外部导流商接入和淘宝平台亲自下场发展社区导流，并分析了两个不同情境下蘑菇街的应对战略及其绩效，如表 14 - 4 所示。

（一）淘宝平台鼓励外部导流商接入（A1 单元）

2010 年，随着京东的不断扩张和当当网赴美上市获得融资，淘宝面临的外部竞争趋强。为此，淘宝平台鼓励外部导流商接入，以帮助商家获客。陈琪团队发现了这一市场机会，并创立卷豆网。卷豆网是通过链接外部社区，为淘宝商家提供导流的服务商。在初创期，卷豆网就与当时一些热门社区合作，如"19 楼"、"爱物网"和"化龙巷"等。创始人陈琪介绍了卷豆网模式："（这些社区的）网络编辑只需在广告或链接页面加一小段卷豆网提供的代码，就可以跟踪用户点击，一旦用户交易成功，导购社区就会从淘宝店家获得佣金，卷豆网则从中分成。"尽管卷豆网是与高人气社区合作，但客户转化率依然极低，主要原因是这些社区只懂得运营自身内容，缺乏专门人才和方法来推动用户购买产品。

1. 战略实施前的关系状态

在战略实施前，参与者对平台企业的互补性为"＋"。一方面，卷豆网对淘宝平台的互补性较低。卷豆网是导流服务商，它补充了淘宝平台的导流功能区块。但是，卷豆网的运营效果并不好，没有一家社区的转化率达到1%，难以为淘宝平台带来大规模的外部流量。另一方面，卷豆网对淘宝平台主导的生态系统内商家的互补性极低。卷豆网链接的社区规模很小，而且用户购买意愿不强，因此它为淘宝商家带来的价值十分有限。蘑菇街业务经理在访谈中提道："尽管当时卷豆网链接的社区有很高的人气、用户黏性很强，但由于（它们）缺乏电商人才，不能激发用户购买意愿……这样的话，社区端不买账，我们给淘宝商家创造的价值也很有限。"在战略实施前，参与者对平台企业的依赖度为"＋＋＋＋"。一方面，卷豆网对淘宝平台的动机性投资水平很高。卷豆网主要通过淘宝平台提供的 API 接口链接淘宝商家的产品，在用户购买后获得佣金收入。为了实施这一模式，卷豆网招募了技术人员，专门投到淘宝平台 API 接口的链接与维护中，用于打通商家、淘宝平台、卷豆网和外部社区之间的"通路"。另一方面，淘宝平台对卷豆网的不可替代度水平很高。卷豆网的利润来源是从各大社区获得的淘宝客佣金收入的分成，其收入主要来自淘宝平台，并且卷豆网只有"淘宝客佣金分成"一种收入获取方式。

2. 战略的选择和实施

针对以上战略情境，卷豆网采取了多重身份战略。创始人陈琪决定自己下场做一个示范社区，探索提升客户转化率的方法。2011 年 2 月，卷豆网的升级版——蘑菇街正式成立，陈琪通过创立一个女性讨论购物时尚的社区来推动用户购买。陈琪说："绝大多数网站的成交转化率是非常低的，我们选择做一个样板给大家看下'如何用好淘宝客工具，结合好社区和电子商务'，没想到这个样板一做就做大了。"此时，蘑菇街拥有了导流服务商和社区运营商的双重身份，即实施了多重身份战略。

3. 战略实施后的关系状态和绩效结果

在实施了多重身份战略后，参与者对平台企业的互补性为"＋＋＋"。一方面，蘑菇街对淘宝平台的互补性很高。用户在蘑菇街讨论时尚、分享单品、产生购物需求，蘑菇街在淘宝平台原本搜索功能的基础上增加了"逛"的属性和内容，更好地补充了淘宝平台的功能。同时，蘑菇街加大了资源投入，其作为示范社区有效地提高了客户转化率，使导流规模大幅增加，从而提升了其对淘宝平台的互补性。淘宝商城服装市场负责人介绍道："导流网站对于我们应对新兴电商（B2C）的竞争加剧，十分重要……在外部导流网站中，蘑菇街的效果很好、增长非常快，很快就是前两名了。从购买转化率来看，蘑菇街也是所有渠道中最高的（8％）。"另一方面，蘑菇街对淘宝平台主导的生态系统内商家的互补性相对之前有较大提升。蘑菇街通过瀑布流的方式展示了大量精选的淘宝服装，并为用户提供了分享穿搭经验的场所，满足了挑选服装搭配、浏览时尚杂志的需求，广受年轻女性的欢迎。蘑菇街的用户规模大增，能够为淘宝商家导入更多用户。某淘宝卖家谈道："我发现店铺里一件女式外套的销量不错，比同类外套好多了，后来才知道，原来是有一个买家把这件衣服在蘑菇街进行了推荐和分享，很多网友看见后转发了这件衣服。此后，我就与蘑菇街合作，店铺销量比此前增长了10％以上。"

在实施多重身份战略后，参与者对平台企业的依赖度为"＋＋"。一方面，蘑菇街对淘宝平台的动机性投资水平较低。蘑菇街投资于自建社区，与用户建立了直接联系，提升了用户黏性，也累积了蘑菇街自身的资源和能力。对于这些社区建设、用户维护的投资使得蘑菇街对于淘宝平台的动机性投资水平大幅减弱。另一方面，淘宝平台对蘑菇街的不可替代度水平较低。蘑菇街既做社区运营商又做导流服务商，具有双重获利渠道，其收入不仅有其他社区（如"19楼""爱物网""化龙巷"等）的淘宝客佣金分成，也有直接从淘宝平台获取的佣金。当环境变化影响其中一种获利方式时，另一种获利方式仍可以为蘑菇街带来部分收入。在实施多重身份战略后，蘑菇街单月带给淘宝平台的最高交易额达到1.8亿元，淘客佣金600万元，其中90％以上来自自建社区。陈琪说："如果按照现有的速度发展下去，蘑菇街年内（2011年）就将成为中国最大的女性购物分享社区。"

（二）淘宝平台亲自下场发展社区导流（A2单元）

蘑菇街的快速增长展现出社区电商的巨大潜力，而后大量公司加入了这一领域，如美丽说、折800、返利网等，它们与蘑菇街一起占据了越来越大的用户流量。公开资料显示，出于对流量入口的担忧，淘宝平台从2012年开始相继推出了"爱逛街"和"顽兔"等与蘑菇街同类型的社区，亲自下场试水社区化电商。然而，"爱逛街"和"顽兔"在用户增长、用户活跃度等数据上远不及蘑菇街。因此，蘑菇街与淘宝平台的关系愈发紧张。

1. 战略实施前的关系状态

在战略实施前，参与者对平台企业的互补性为"＋＋"。一方面，蘑菇街对淘宝平台的互补性较低。在淘宝平台拥有了与蘑菇街同样功能的基础区块后，自然就降低了蘑菇街的互补性。同时，淘宝平台对蘑菇街的警惕程度也在加深，甚至在佣金提现时要求审查账户，从侧面表明双方的互补性下降；另一方面，蘑菇街对淘宝平台主导的生态系统内商家的互补性较低。尽管蘑菇街的用户规模持续上升，能够为淘宝商家导入更多顾客，但此时不仅淘宝自建了类似的分享社区，并且美丽说等导流服务商的不断进入和发展壮大，致使蘑菇街对淘宝商家的互补性相对降低。在战略实施前，参与者对平台企业的依赖度为"＋＋"。一方面，蘑菇街对淘宝平台的动机性投资水平较低。蘑菇街将大量资金用于自身社区的运营，旨在培育差异化竞争力。比如蘑菇街不提供传统的价格、所在地和信用排序，却开发出潮流、爆款排序，这些投资有助于提升蘑菇街自身的运营能力。陈琪表示："很多淘宝客（导流社区）很关注潮流产品，但他们没法高效地把淘宝上所有的这类产品找出来放到一块去，这也是淘宝自己没有提供或短期内不会花很多精力去做的东西，这些就是所谓的差异性。"另一方面，淘宝生态对蘑菇街的不可替代度较低。因为蘑菇街是导流服务商和社区运营商，在淘宝平台具有多种获取收入的方式，而且除淘宝平台外，蘑菇街也为京东和凡客等主导的平台生态系统提供导流服务，尽管收入规模较低。

2. 战略的选择和实施

针对以上战略情境，蘑菇街采取了瓶颈战略。蘑菇街通过聚焦女性用户，培训社区内的"达人""麻豆"等意见领袖，培养了用户先在蘑菇街内看推荐，再到淘宝买产品的习惯。陈琪本就是阿里员工离职创业，蘑菇街在这一时期又从阿里聘请了大量产品、技术人才，他们对淘宝产品、技术以及规则等方面的弱点十分熟悉。利用这些"优势"而有针对性地设计产品，蘑菇街极大地提升了用户对社区的依赖。蘑菇街不断加大对淘宝平台的投入，提升自己的导流能力，使其远优于淘宝平台自建的导流社区。彼时，平台生态间的竞争日趋激烈，互联网用户增长又在放缓，能否吸引存量用户进入电商生态，成为竞争的焦点，蘑菇街占据了"导流模块"这一关键组件。

3. 战略实施后的关系状态和绩效结果

在实施瓶颈战略后，参与者对平台企业的互补性为"＋＋＋"。一方面，蘑菇街对淘宝平台的互补性较低。淘宝平台有 10％的外部流量来自蘑菇街，它和美丽说在导流服务商中已经形成寡头垄断。蘑菇街业务副总说道："年轻女孩通过我们的社区了解穿搭，从原来的妈妈给买衣服，变成了自己挑选喜欢的衣服，一方面她们的生活方式有所改变，另一方面也提升了用户对淘宝的黏性。"尽管蘑菇街补充的基础区块效率大幅提升，但该阶段淘宝平台已经在做自有社区，因此综合来看，蘑菇街对淘宝平台的互补性并没有提升。另一方面，蘑菇街对淘宝平台主导的生态系统内商家的互补性很高。随着蘑菇街规模的不断扩大，辐射的用户群体也在扩大，能够为不同特征的用户群提供精细化服务，为淘宝商家带来大量拥有高购买意愿、符合商家产品特征的用户。陈琪说："2012 年，我们每送出100 人到淘宝，就会有 8 个人下单。8％的转化率在服装领域应该说是比较高的了。"

在实施瓶颈战略后，参与者对平台企业的依赖度为"＋＋＋＋"。一方面，蘑菇街对淘宝平台的动机性投资水平很高。为了应对来自淘宝平台自有社区的竞争，蘑菇街必须加大对淘宝平台的运营投入。蘑菇街持续加大人力、物力投资，深耕女装和化妆品等淘宝核心品类，推出了一系列新"玩法"，如"蘑菇街自由团"是利用淘宝的定向营销工具所开发的。蘑菇街业务经理谈道："蘑菇街自由团上线两个小时内就有 10 000 个待成团，由于量太大，与淘宝的 API 接口曾经一度陷入瘫痪……我们又增加了开发和维护的技术人员。"可见，蘑菇街针对淘宝的动机性投资比重大幅提升。另一方面，淘宝平台对蘑菇街的不可替代度水平很高。尽管服务了多个平台，但由于蘑菇街的定位更契合淘宝这样有丰富服饰、美妆产品的全品类平台，并不适合当当等主攻图书的平台。此外，蘑菇街严格控制广告收入。蘑菇街业务经理介绍说："蘑菇街是一个纯买家社区，为了保证纯正的社区讨论和绿色的购物环境，不允许第三方广告营销在蘑菇街出现。"这些措施导致蘑菇街的收入获取方式和来源单一，在此阶段，其 95％的收入依然来自淘宝客佣金。

在实施瓶颈战略后，蘑菇街成为掌握淘宝平台 10％外部流量的"上游"入口，引起了淘宝平台的警惕。公开资料显示，马云在内部发言时指出："不扶持上游导购网站继续做大，阿里的流量入口应该是草原而不是森林。"2013 年，淘宝平台的母公司阿里巴巴提出要投资蘑菇街，希望蘑菇街只导流给淘宝。对此，陈琪选择了拒绝："如果接受阿里巴巴的投资，就要阻止我们的内容创造者分享阿里巴巴竞争对手的东西，这显然违背了

表 14－4　蘑菇街的解耦战略及其绩效分析

单元	战略起点	战略实施前的关系状态				应对战略	战略实施后的关系状态				绩效水平
		参与者对平台企业的互补性		参与者对平台企业的依赖度			参与者对平台企业的互补性		参与者对平台企业的依赖度		
		对平台企业的直接互补	对平台企业的间接互补	对平台企业的直接依赖	对平台企业的间接依赖		对平台企业的直接互补	对平台企业的间接互补	对平台企业的直接依赖	对平台企业的间接依赖	
A1	(1) 为应对来自京东和当当等平台企业的竞争，淘宝平台鼓励商户服务商加入生态，为其导流 (2) 蘑豆网创立，链接外部社区商户，但转化率低	N 蘑豆网为淘宝补充了淘宝流量与淘宝生态的基础区块；用户转化率不到1%	＋ 蘑豆网链接的社区用户规模很小，用户购买意愿很低	＋＋＋ 为开展与淘宝平台的合作，大量投资于API接口的打通与维护	＋＋ 收入来自从淘宝第三方获取的淘客佣金分成，蘑豆的基础区块、用户、客户来源单一且获取方式单一	多重身份战略 既做社区运营商又做导流服务商	＋＋＋ 蘑豆网为淘宝导流，补充了淘宝平台的生态基础区块；蘑菇街作为示范社区，客户、成交率大幅提升	＋＋ 尽管蘑菇街用户规模上升，为淘宝平台导入用户，但有利于提升用户对蘑菇街品牌的黏性	＋＋ 收入包括了自营社区投入，自营社区直接赚取的淘客佣金和从区获取的淘宝佣金分成	＋ 自营社区直接赚取的淘客佣金从区获取的淘宝佣金分成	绩效上升 单月给淘宝平台带来的最高交易额为1.8亿元，获取淘客佣金600万元，90%以上来自自营社区；中国最大的女性购物分享社区

续表

单元	战略起点	战略实施前的关系状态				应对战略	战略实施后的关系状态				绩效水平
		参与者对平台企业的互补性++		参与者对平台企业的依赖度++			参与者对平台企业的互补性+++		参与者对平台企业的依赖度+++		
		对平台企业的直接互补 +	对平台企业的间接依赖 +	对平台企业的直接依赖 +	对平台企业的间接依赖 +		对平台企业的直接互补 ++	对平台企业的间接依赖 ++	对平台企业的直接依赖 ++	对平台企业的间接依赖 ++	
A2	(1) 淘宝平台为把控用户流量入口，亲自下场做导流社区 (2) 蘑菇街与淘宝平台自建社区形成竞争。同时淘宝平台面临来自美丽说等同类型参与者的竞争	淘宝平台发展自有导流社区。蘑菇街增长，但同类型对淘宝平台基础区块的互补性下降，相对互补性并未大幅提升	蘑菇街的用户规模持续增长，同时参与者类型参与者的竞争	尽管增加了自营社区投入，但该投入有利于提升用户对蘑菇品牌的黏性	收入包括了从自营社区直接赚取的佣金和第三方从淘宝获取的淘宝佣金分成	瓶颈战略 持续加大投入，提升用户体验、远超淘宝平台自有社区，占据淘宝"导流模块"关键组件	培养了用户使用淘宝平台的购物习惯，占据淘宝平台外部流量总量的10%左右	用户购买意愿增强，并针对商家通过蘑菇街导流，提升营销的绩效的效果好	大量投资于淘宝生态意见领袖的培养，并针对淘宝平台开发专门的展示和营销方式	从其他平台获取收入低，占比降低，80%～90%的收入来自淘宝平台获取的淘宝客佣金	绩效下降 遭遇淘宝平台封杀后，网站访问量骤降；垂直平台临时上线，两年内无法盈利

我们作为时尚目的地的价值主张，我们公司的价值是'自由、开放、简单、专注'，第一条是我的底线，我的底线就是我要自由。"在拒绝阿里巴巴的投资和战略合作之后，蘑菇街遭到淘宝平台的"封杀"。2013年9月，淘宝平台停止了蘑菇街的接入，导致蘑菇街不得不转型垂直电商。同年11月，淘宝平台的母公司阿里巴巴再度对蘑菇街展开"制裁"，支付宝单方面停止了对蘑菇街的服务。淘宝平台的"封杀"对蘑菇街的影响无疑是巨大的，据Alexa数据显示，封杀后仅1个月，蘑菇街网站访问量的全球排名呈断崖式下跌，由原本的第2 000名左右直接下降到50 000名左右。2013年10月，经过近两个月的艰难转型，蘑菇街垂直电商平台正式上线，其高管对外表示："现阶段的重点是引进优质商家、明确玩法，今年和明年都不会、也没法考虑盈利。"

二、韩都衣舍案例

本部分理论抽样韩都衣舍的两个战略过程单元——阿里创立天猫吸引线下品牌入驻和天猫女装市场竞争日趋激烈，然后分析两个情境下韩都衣舍的应对战略及绩效结果，如表14-5所示。

（一）阿里创立天猫吸引线下品牌入驻（B1单元）

淘宝平台是C2C模式，它借助低门槛开店手段来满足消费者的多样化需求，但这类店铺存在品质低、假货多等问题。在2010年后，京东、唯品会、当当网等B2C平台企业兴起，它们的产品由品牌商提供，因而品质有保障。在此背景下，淘宝需要推进战略升级、维持用户黏性。2012年，天猫正式成立（原名淘宝商城），重点发展B2C业务，形成了"淘宝＋天猫"（两者为一致行动人）的淘系电商生态。韩都衣舍通过做韩国服装"打标"售卖起家，依靠快速上新成为淘宝平台的女装头部店铺。但随着越来越多线下品牌加入天猫，韩都衣舍面临挤压。

1. 战略实施前的关系状态

在战略实施前，参与者对平台企业的互补性为"＋＋"。一方面，韩都衣舍对淘系平台的互补性极低。韩都衣舍是卖家群体之一，并未对淘系平台的基础区块形成补充。另一方面，韩都衣舍对淘系生态用户的互补性很高。韩都衣舍作为在淘宝平台上诞生并发展起来的"淘品牌"，为淘系生态用户提供了其他平台生态没有的品牌异质性。正如淘品牌创始人所言："淘品牌是真正由淘宝消费者决定的，是消费者在淘的过程中通过口碑传播建立起来的品牌。"在战略实施前，参与者对平台企业的依赖度为

"＋＋＋＋"。一方面，韩都衣舍对淘系平台的动机性投资水平很高。韩都衣舍为了创造符合淘系生态用户需求的女装产品，投入了大量资金招聘"买手"，培养她们把握淘系生态用户流行趋势的能力；开发"小组制"管理模式，用以提升针对用户喜好和平台规则进行选款、改款的效率。韩都衣舍董事长赵迎光在动员买手时曾说："一人两万元启动资金，每人自己跟踪用户需求，自己选款改款，自己联系工厂，自己决定生产件数、颜色、尺码，自己下订单，让这两万元盘活滚动起来，一旦盈利，公司和买手分成。"另一方面，淘系生态对韩都衣舍的不可替代度水平很高，是韩都衣舍获取客户和收入的唯一来源。

2. 战略的选择和实施

针对以上战略情境，韩都衣舍采取了简单多栖战略。面对天猫不断吸引线下成熟品牌商进入，淘品牌的市场空间面临挤压，韩都衣舍采取了开拓其他平台渠道的应对策略。赵迎光认为："一个品牌不可能占据同一平台内对应客户的全部市场份额，必须要寻找新的流量来源。"2011 年，韩都衣舍入驻京东、当当网、微信等平台企业主导的生态系统，试图降低淘系平台的不可替代程度。韩都衣舍的具体做法是把淘系生态内销售良好的成熟产品引入京东和当当网等平台，并未做定制开发，因而属于简单多栖战略。

3. 战略实施后的关系状态和绩效结果

在实施简单多栖战略后，参与者对平台企业的互补性为"＋"。一方面，韩都衣舍对淘系平台的互补性极低。韩都衣舍并未改变其作为卖家的身份，未对淘系平台的基础区块形成补充。另一方面，韩都衣舍对淘系生态内用户的互补性较低。韩都衣舍不再只为淘系平台提供产品，还将部分资源提供给京东、微信等平台。例如，韩都衣舍针对微信用户进行了全智贤同款服饰的全球首发，这对淘系平台用户黏性会产生负面影响。在实施简单多栖战略后，参与者对平台企业的依赖度为"＋＋"。一方面，韩都衣舍对淘系平台的动机性投资水平较低。韩都衣舍加大了对京东、当当网等其他平台的广告营销、API 接口链接与维护、品牌店铺装饰与运营的投资。比如韩都衣舍买入了这些网购平台的首页广告位，还获得了 2014—2015 年度的京东好客服奖。韩都衣舍增加了对京东、当当网等平台的动机性投资水平，相对降低了对淘系平台动机性投资的比重。另一方面，淘系生态对韩都衣舍的不可替代度水平较低。韩都衣舍进驻了京东、当当网等平台，增加了交易场所和流量来源渠道。

作为淘品牌，韩都衣舍却进驻了其他平台，引起了淘系平台的不满，面临"二选一"的难题。公开资料显示，2013 年韩都衣舍曾接到天猫方面的电话"通知"："如参加京东商城的 618 促销，将无法获得下半年天猫所有活动的资源，包括'双 11'促销等。"迫于压力，韩都衣舍选择避开了京东商城的 618 大促销，专心准备天猫"双 11"，原因在于韩都衣舍 60％以上的销量来自淘宝和天猫平台。韩都衣舍高管在接受采访时曾坦言："在 A 平台上的销量是 100 亿元，在 B 平台上的销量是 1 亿元，你让我怎么选？企业希望在每个平台上都能健康发展，我们希望做大上市，从客观上说，是想多平台、多渠道发展的，但一个（平台）强势、另一个弱势，怎么办呢？"韩都衣舍的简单多栖战略并没有带来绩效提升，2014—2015 年韩都衣舍在京东平台上的销售额仅占总营收的 3％左右。到 2017 年，韩都衣舍关闭了京东品牌店，这也进一步表明简单多栖战略的效果有限。

（二）天猫女装市场竞争日趋激烈（B2 单元）

从 2015 年开始，电子商务交易额增长放缓，尤其是在成熟度较高的服装行业。《2015—2016 年度中国服装电商行业报告》显示，服装电商发展已进入成熟期，服装网购规模增速呈持续下降趋势。与此同时，大量传统的服装品牌借电商谋变，国外的 ZARA、H&M、优衣库和国内的森马、美特斯邦威等纷纷开辟线上渠道，淘品牌面临双重挤压。

1. 战略实施前的关系状态

在战略实施前，参与者对平台企业的互补性为"＋"。一方面，韩都衣舍对淘系平台的互补性极低。韩都衣舍是卖家群体之一，并未对淘系平台的基础区块形成补充。另一方面，韩都衣舍对淘系生态用户的互补性较低。随着天猫竞争的日益激烈和天猫"大牌"的战略定位，韩都衣舍作为淘品牌，其满足用户需求的异质性能力相对下降；此外，消费者从其他渠道也可以买到韩都衣舍品牌的产品。在战略实施前，参与者对平台企业的依赖度为"＋＋＋"。一方面，韩都衣舍对淘系平台的动机性投资水平较低。由于此时的韩都衣舍在京东等多个平台同时运营，因而专门针对淘系平台的合作开发投资占总投资的比重有所下降。另一方面，淘系平台对韩都衣舍的不可替代度水平很高。随着淘系生态市场份额的提升及其在服装品类中的垄断地位，其依然是韩都衣舍获取收入的主要来源。

2. 战略的选择和实施

针对以上战略情境，韩都衣舍采取了多重身份战略和多栖定制战略。

多重身份战略是指韩都衣舍利用内部品牌孵化所积累的能力和资源，对外输出服务。2016 年底，韩都衣舍将自身的数据集成和管理系统、中央仓储管理系统和金牌客服团队等全面开放，为众多合作品牌、设计师提供了全链路孵化和运营服务。赵迎光说："这意味着韩都衣舍已从最初的品牌商角色转变为兼具品牌商和服务商的双重角色，开启了'品牌商＋服务商'的双轮驱动模式。"为满足不同的品牌商入驻天猫、京东和唯品会的异质性需求，韩都衣舍还采取了多栖定制战略，针对不同平台生态的特征，提供品牌孵化和运营服务。

3. 战略实施后的关系状态和绩效结果

在实施多重身份战略和多栖定制战略后，参与者对平台企业的互补性为"＋＋＋＋"。一方面，韩都衣舍对淘系平台的互补性很高。首先，韩都衣舍作为生态服务商，补充了淘系平台的"二级生态"。赵迎光说："发力二级生态，是因为风口已来临，是一级生态的需要。作为平台方，它们不能深度介入品牌的运营，但平台需要二级生态，帮助它们完成转化率的提升，因此平台企业对我们大力扶持。"其次，通过自孵化、合资、合作及生态运营等方式，韩都衣舍运营、孵化的品牌近 200 个，涵盖服饰、箱包、家居等十多个类目。可见，韩都衣舍作为生态服务商，其运营效率较高。赵迎光说："我们从线上品牌切入代运营市场，属于'高维打低维'，纯代运营公司基本没有招架之力。"另一方面，韩都衣舍对淘系生态商家和用户的互补性很高。首先，韩都衣舍利用自身的数据分析、供应链和客服等，赋能淘系生态内的品牌商；其次，韩都衣舍孵化了一系列淘品牌，为淘系生态用户提供了多样化的独特产品；最后，韩都衣舍入驻了多个平台生态，不仅可以收集到不同平台的用户数据进行学习，还可以根据习得的经验、诀窍针对不同特征的平台定制开发产品。赵迎光说："韩都衣舍作为二级生态，跟所有的一级平台（阿里、京东、唯品会等）都有深度的合作伙伴关系，我们有这么多品牌在这里，可以在不同平台中相互学习，再针对平台的特点进行产品开发。"

在实施多重身份战略和多栖定制战略后，参与者对平台企业的依赖度为"＋"。一方面，韩都衣舍对淘系平台的动机性投资水平极低。韩都衣舍作为生态服务商，在孵化外部品牌的过程中需要加大数字化系统建设、仓储物流、供应链、培训、营销等投资，但这些投资并不只针对淘系平台，而是为了提升自己为各平台提供生态服务的能力。例如，韩都衣舍方面表示："通过我们系统内的'爆旺平滞'算法来决定是否生产以及生产

表 14-5 韩都衣舍的解耦战略及其绩效分析

单元	战略起点	战略实施前的关系状态				应对战略	战略实施后的关系状态				绩效水平
		参与者对平台企业的互补性++		参与者对平台企业的依赖度+++			参与者对平台企业的互补性+		参与者对平台企业的依赖度++		绩效下降
		对平台企业的直接互补 ++	对平台企业的间接依赖 ++	对平台企业的直接依赖 ++	对平台企业的间接依赖 ++	简单多稿战略	对平台企业的直接互补 +	对平台企业的间接互补 N	对平台企业的直接依赖 +	对平台企业的间接依赖 +	
B1	(1) 淘宝平台面临品质竞争加剧，成立天猫吸引品牌商入驻 (2) 韩都衣舍合作为淘品牌，其市场空间受到品牌商家入驻的挤压	N 作为商家，基于淘系基础平台的基础区块完成产品交易，并未对淘系基础平台的基础区块有补充	++	++ 作为商家，为淘宝大量资金，培养买手把握淘宝流行趋势，通过开发"小组制"来提升效率	++	进驻京东，当当网等主导的电商平台生态，销售韩都衣舍品牌的成熟产品	+ 作为平台商家，基于淘系平台完成产品交易，并未对淘系基础平台形成区块补充	N 对淘系生态用户的品牌独特性下降；受天猫冲击，淘品牌的消费者需求下降	+ 服务多个平台，针对淘系平台的开发投入相对降低	+ 收入开始从多个生态自多个生态获取，但仍然收入方式依然只是产品销售	在京东等平台的销售增长很慢，始终面临"二选一"压力；2014—2015年在京东的销售额仅占总营收的3%；2017年撤出京东

续表

单元	战略起点	战略实施前的关系状态				应对战略	战略实施后的关系状态				绩效水平
		参与者对平台企业的互补性+		参与者对平台企业的依赖度+++			参与者对平台企业的互补性++++		参与者对平台企业的依赖度+		
		对平台企业的直接互补	对平台企业的间接互补	对平台企业的直接依赖	对平台企业的间接依赖		对平台企业的直接互补	对平台企业的间接互补	对平台企业的直接依赖	对平台企业的间接依赖	
B2	(1) 淘系平台服装网购规模增速下降，品牌商的线上运营需要精细化转型	N 作为淘系商家，基于淘系平台的基础区块完成交易，并未对淘系平台的基础区块形成补充	+ 对淘系生态用户的品牌独特性下降；受大牌入驻天猫的冲击，淘系平台消费者需求下降	+ 服务多个平台，针对淘系平台的开发投入相对降低	++ 在其他生态平台，针对淘系的销售增长缓慢，淘系生态占比高，淘系生态经营收入抵消了多态经营收入增长的作用	多重身份战略 既做品牌商，又提供供应链运营化和代运营服务	++ 加大设计、营销、供应链资源投入，又有生态服务收入	+++ 赋能淘系生态内的服饰品牌，独立设计师，孵化品牌近200个，涵盖服饰、箱包、家居等多个类目，满足了淘系生态用户的不同需求	N	+ 既有品牌销售收入，又有生态服务收入，并且能够从多个淘系平台获取收入	绩效上升 2016年的总营收为14.32亿元，增长了13.67%（其中，生态运营服务收入为1600万元，增幅超60%），并于2016年在新三板上市；避免了"二选一"难题
	(2) 韩都衣舍的利润增长放缓，利润率逐年下降，需要开拓新的利润增长点					多牌定制战略 针对不同特征的平台生态系统差异化的品牌解化和代运营服务	++ 作为生态服务商充了务内淘系生态基础区块功能；针对多类化的服务，解化和运营效高			+ 是为了更好地服务各大平台生态内的商家	

的数量等，能极大地节约企业成本。比如传统的服装品牌，夏装要到 3 月上架，韩都衣舍可以在 12 月或者 1 月就开始上架，这是我们经过长期投资打造出的独特能力。"另一方面，淘系生态对于韩都衣舍的不可替代度水平较低。首先，韩都衣舍既有品牌销售收入，又能获得生态运营收入，而多样化的收入获取方式提升了韩都衣舍的经营稳定性；其次，韩都衣舍作为生态服务商，实施多栖定制战略可以有效规避"二选一"问题，能够从多个平台获取服务收入。赵迎光坦承："一级平台或许会让品牌选择站队，但对'品牌集成运营商'来说，应该不会玩'二选一'，我们是一个'全渠道'的定位，跟所有的平台都是共生共荣。"2016 年，韩都衣舍的总营收为 14.32 亿元，增长了 13.67%（其中，生态运营收入为 1 600 万元，增幅超 60%），并于当年在新三板挂牌上市。截至 2018 年，韩都衣舍合作的供应商近 300 家，运营品牌超过 200 个，其中包括 CHUU、23 区等 70 余个国内外知名品牌，极大地提升了自主生态的运营能力。

三、云集案例

本部分理论抽样了云集的两个战略过程单元——微信平台探索构建电商交易架构和微信平台自有电商交易架构日趋成熟，然后分析了两个不同情境下云集的应对战略及绩效结果，如表 14-6 所示。

（一）微信平台探索构建电商交易架构（C1 单元）

2011 年腾讯推出微信，很快发展成中国最大的移动社交平台。微信的熟人社交模式为电商交易发展提供了良好土壤。肖尚略是最早一批淘宝店主，对用户流量运营十分敏感。2015 年，他发现在微信平台生态发展社交电商的可能后，创立云集微店进驻微信平台生态。与此同时，社交与电商结合的潜力也被微信平台重视，开始寻求与社交电商合作以及投资的可能，用以培养自身的电商势力。

1. 战略实施前的关系状态

在战略实施前，参与者对平台企业的互补性为"＋＋"。一方面，云集对微信平台的互补性较低。微信平台此时并没有成熟的交易架构，云集作为社交电商，利用微信内的熟人社交网络吸引顾客、进行交易，完善了微信平台的交易架构。然而，此时的微信生态中已经存在大量微商，并拥有微盟、有赞和口袋购物等开店工具。2015 年云集才成立，规模尚小，因此云集对微信平台的互补性较低。云集联合创始人兼 CTO 说："像云集这样的项目，当时对腾讯来说还不够大。"另一方面，云集对微信平台主导的生态系统内用户的互补性较低。云集的 S2B2C 模式（supplier to business to customer）通过赋能店主，降低了进货、库存、客服等开店的运营门槛。肖尚略谈道："云集店主大部分是家有小孩、工作空闲的年轻妈妈，在云集上，个人不需打款或压货，只需要分享产品，在产品出售后会员即可获得佣金，并由平台统一发货和售后，给个体创业提供了低门槛的参与机会。"但是，云集作为经销商，主要是采购成熟品牌产品，并将其提供给店主，但对于消费用户而言，云集提供的产品缺乏异质性。

在战略实施前，参与者对平台企业的依赖度为"＋＋"。一方面，云集对微信平台的动机性投资水平较低。由于云集拥有自己的社交电商，其仓储、物流、运营等成本不是针对微信平台的动机性投资，云集仅在微信公众号和用户群资源运营上进行了动机性投资，由于此时的云集微信用户群规模较小，所以这部分运营投资占云集总投资的比重较低。另一方面，微信生态对云集的不可替代度水平较低。云集自建供应链和交易架构，在云集上发生的交易可以自主结算、自主引流。肖尚略在采访中谈道："卖家版的'云集'App，买家版的'云集 VIP'App 都是云集消费者和店主日常使用的渠道平台。现在，云集 80％多的交易额在 App 完成。"此时，云集对微信的依赖主要体现在利用微信社交网络为自己引入流量。

2. 战略的选择和实施

针对以上情境，云集实施了瓶颈战略。为了迅速扩张规模，云集为店主提供了仓储物流、IT 系统、内容、培训、客服等基础服务，采用三级分销的模式，并快速成为微信平台电商交易区块的重要提供商。云集制定了晋级制度以迅速扩张店主人数，诸如每发展一名新店主就可以获得一定金额的"培训费"。这种三级分销模式借助人与人之间自下而上的链接进行裂变扩张，从而快速提升了云集的市场份额。微信作为社交平台，如何构建一个场景，帮助更多的主体从生态中获利，是生态持续发展的重要问题。云集搭建的社交电商交易架构恰恰就是这一关键组件。

3. 战略实施后的关系状态和绩效结果

在实施瓶颈战略后，参与者对平台企业的互补性为"＋＋＋＋"。一方面，云集对微信平台的互补性很高。此时，云集作为微信平台交易架构的补充者，通过社交裂变方式飞速发展，快速培养了用户在微信平台生态内进行产品交易的习惯。平台研究专家指出："社交电商有机会复制一个淘宝的交易体量，微信将借助以拼多多、云集、京喜为首的社交电商，快速切走一大块电商市场份额，不仅是已有的电商存量，更可能是增量。"

另一方面，云集对微信平台主导的生态内用户的互补性很高。不仅为微信用户提供了品牌产品和更简单的开店运营方式，还针对微信的社群属性开发出了相应的分销模式。肖尚略认为："以前的品牌价值链包括'代言人—媒体—代理商—零售商'4个环节，大概要吃掉70%的价值。云集的店主同时扮演了代言人、媒体、渠道3个身份，因而云集扮演的是服务商本身。给店主20个点，给云集10~15个点，就直接完成了从品牌到消费者的连接，而对微信用户来说，不仅他们要买的东西变成了6.5折~7折，还能从中获取20%的利润。"

在实施瓶颈战略后，参与者对平台企业的依赖度为"＋＋＋＋"。一方面，云集对微信平台的动机性投资水平很高。云集依据微信平台社交特点而设置的多级分销奖励机制需要大量投入，同时对店主、导师、合伙人的培训支出也很高。另一方面，微信生态对于云集的不可替代度水平很高。云集的多级分销模式若不依靠微信生态强大的社交网络，难以独自做大，因此微信流量和接口对云集的不可替代度水平极高。云集的快速扩张，引发了微信平台警惕，2017年云集遭到微信平台封禁；同年，云集亏损1.06亿元。

（二）微信平台自有电商交易架构日趋成熟（C2单元）

2018年后，微信扶植起自己的社交电商"军团"，比如战略投资了美丽联合、拼多多等社交电商头部企业，并且发布了小程序功能，形成了自有电商交易架构。被微信封禁后，云集对自己的运营体系进行了系列整改，达到了微信的合规要求，再次借助微信生态开展运营。但此时微信平台的交易架构日趋成熟，其主导的生态内社交电商数量增多，云集面临的竞争愈发激烈。

1. 战略实施前的关系状态

在战略实施前，参与者对平台企业的互补性为"＋＋"。一方面，云集对微信平台的互补性较低。云集是微信平台交易架构的补充者之一，但随着微信平台内社交电商的竞争日渐激烈以及腾讯系社交电商的出现，云集对微信平台的互补性相对降低。另一方面，云集对微信平台主导的生态内用户的互补性较低。云集仍以成熟产品引入为主，缺少异质性；此外，云集无法继续维持多级分销模式，用户黏性降低。云集创始人肖尚略谈道："我们减少了会员层级，统一管理奖金的分配……我们也不再通过分销的方式干预和引导店主的'分享'行为。"在战略实施前，参与者对平台企业的依赖度为"＋＋＋＋"。一方面，云集对微信平台的动机性投资水平很高。尽管云集已经整改了自身的运营体系，但并未改变盈利模式，仍通过向作为卖家的用户提供报酬、激励卖家向买家经销产品来获取收入。这种营销行为大多发生在微信生态中，云集需要针对微信平台投入大量激励和维护成本。另一方面，微信生态对云集的不可替代度水平很高。2016—2017 年云集在微信生态中的激进扩张对其流量来源结构产生了较大的影响，微信群及微信的社交网络是云集新增流量的主要来源，云集需要依靠微信用户运营来获取收入。

2. 战略的选择和实施

针对以上战略情境，云集实施了多重身份战略和平台镶嵌战略。在云集电商规模逐渐做大后，具备了吸引品牌商进驻的能力。2018 年，30 多家核心品牌进驻云集商城，通过品牌商官方自营与直供的模式销售。除了品牌商进驻以外，云集还与其他线下品牌、垂直平台达成合作，利用云集的选品、销售能力赋能供应链，打造"超级品牌"。由此，云集构建起一个共生子平台并嵌入了微信生态，服务微信用户，即平台镶嵌战略。此外，云集还不断拓展自有品牌，如护肤品品牌"素野"，实施"经销商＋品牌商"的多重身份战略。

3. 战略实施后的关系状态和绩效结果

在实施多重身份战略和平台镶嵌战略后，参与者对平台企业的互补性为"＋＋＋＋"。一方面，云集对微信平台的互补性很高。云集转向子平台模式，为微信平台引入了大量供应商，拓展了微信生态的品类范围，补充了微信平台的基础区块。通过"超级品牌"等计划，云集子平台的运营效率得到极大提升。另一方面，云集对微信平台主导的生态内用户的互补性很高。云集在微信平台上销售成熟品牌的同时还自创品牌、打造爆款，提供了多样化的优质产品，满足了微信生态内消费者的多层次需求。云集CMO 认为："云集'超品'通过严格的品质把控并提供高性价比产品，给这些'微小代言人'带来了收入，使他们有获得感，也让普通消费者既有'面子'，又有'里子'。"

在实施多重身份战略和平台镶嵌战略后，参与者对平台企业的依赖度为"＋＋"。一方面，云集对微信平台的动机性投资水平较低。首先，云集与外部品牌进行战略合作，能够增强自身的基础运营能力；其次，云集打造自有品牌"素野"的投资，能够形成品牌效应，建立消费者对云集的忠诚度，因而云集对微信平台的动机性投资相对减少。另一方面，微信生态对于云集的不可替代度水平较低。首先，云集既有产品销售收入，又有

表 14 - 6　云集的解耦战略及其绩效分析

单元	战略起点	战略实施前的关系状态		应对战略	战略实施后的关系状态		绩效水平
		参与者对平台企业的互补性++	参与者对平台企业的依赖度++		参与者对平台企业的互补性+++	参与者对平台企业的依赖度+++	
		对平台企业的直接互补 +　对平台企业的间接依赖 +	对平台企业的直接依赖 +　对平台企业的间接依赖 +		对平台企业的直接互补 ++　对平台企业的间接依赖 ++	对平台企业的直接依赖 ++　对平台企业的间接依赖 ++	
C1	(1) 微信平台为自身社交电商发展提供了土壤，自身主观上也开始探索构建电商交易架构 (2) 云集看好微信生态的庞大用户资源，2015 年创立并进驻微信平台，与已有的社交电商、市场份额较小的社交电商展开竞争	补充微信平台架构；但云集不是唯一的社交电商，市场份额较小 以成熟产品的引入为主，可以满足微信生态内部消费者部分的需求	除投资于自有电商运营能力外，需投资于微信公众号，程序开展用户运营，投资者占比较小 云集主要通过引流自有交易体系内完成现，并且此时微信生态流量规模尚小	瓶颈战略　采取多级分销模式快速做大，抢占用户资源，占据了社交电商平台架构这一关键组件	补充微信平台的交易架构，利用多级分销迅猛发展，帮助微信平台培养了用户购买产品的习惯 产品引入满足了微信生态用户需求；针对微信社群营销、多级分销的方式，帮助店主获取收入	云集依靠于自身生态规模化增长，生态流量占比较高，重要性凸显 除投资于自有电商运营外，针对微信平台多级分销体系和对店主的奖励投入大	绩效下降 2017 年云集微店遭到微信平台封禁；2017 年云集平台亏损 1.06 亿元

续表

单元	战略起点	战略实施前的关系状态				应对战略	战略实施后的关系状态				绩效水平
		参与者对平台企业的互补性＋＋		参与者对平台企业的依赖度＋＋＋			参与者对平台企业的互补性＋＋＋		参与者对平台企业的依赖度＋＋		
		对平台企业的直接互补	对平台企业的间接互补	对平台企业的直接依赖	对平台企业的间接依赖		对平台企业的直接互补	对平台企业的间接互补	对平台企业的直接依赖	对平台企业的间接依赖	
C2	（1）微信投资了大量社交电商，并通过发布购物小程序等，促进社交内社交电商生态的发展	＋ 补充了微信平台的交易架构，再加上拼多多等腾讯系社交电商快速发展，云集对微信平台的互补性相对降低	＋	＋＋ 以成熟产品引入为主，满足了部分消费者需求，不再采用多级分销模式，用户黏性相对降低	＋＋ 投资于激励卖家用户向购买云家经销产品的营销行为，该投资占总投资比重较大	多重身份战略 既是品牌经销商，又是品牌平台	＋＋ 以子平台形式嵌入微信交易架构，为微信引入更加丰富的产品	＋＋＋ 提供多样化产品，满足消费者的多层次需求，优化供应链，打造爆款，为店主提供优质产品，增加其收入	＋ 主要投资于自有平台，打造自有品牌，建立客户对云集品牌的忠诚度	＋ 尽管微信生态是主要流量来源，但云集有产品经销和平台多种业务化等多种获取收入方式	绩效上升 素野快速成长为年销售额达10亿元的护肤品牌；2019年，云集的平台化业务占比已达45%；同年，在纳斯达克达克完成上市
	（2）云集对运营体系的整顿合规后，再次在微信平台运营，但面临更加激烈的竞争				微信生态社交网络是云集经营产品的主要来源，依靠该现实流量是云集获取收入的主要形式	平台镶嵌战略 平台开放品牌入驻，构建共生微信生态，成为微信好地服务店主和消费者					

平台运营收入，而多样化收入来源有利于提高运营稳定性。肖尚略谈道："云集从自营转变为'自营＋平台'模式，原本作为一家以自营为主的电商平台，云集的主要收入来源是产品销售，而平台模式与此不同，其收入来自第三方商家佣金和广告费。"其次，云集与供应链上游形成了合作联盟，为店主增加了收入来源、为消费者提供了独特产品，提升了他们对云集的黏性，相对降低了云集对微信生态的依赖度。通过实施多重身份战略和平台镶嵌战略，2019 年云集全年的 GMV 为 352 亿元，同比增长 55.1％，在当年第四季度的 GMV 中，平台化业务已经达到近 50 亿元，约占 45％的体量。云集自主研发的"素野"快速成长为年销售额达 10 亿元的护肤品牌。2018 年 3 月，素野单日单品销售额达 1.67 亿元。2019 年 5 月 3 日，云集以"社交电商第一股"的概念，在纳斯达克实现上市。

第四节 讨论与结论

通过案例分析可以发现：参与者在实施瓶颈战略和简单多栖战略后，在提升互补性时也提升了依赖度、在降低依赖度时也降低了互补性，无法实现两者关系的解耦。而多重身份、多栖定制和平台镶嵌三大战略能够实现既提升互补性又降低依赖度。本节将以互补性和依赖度分析框架为基础，结合案例素材和理论演绎，揭示三大战略的解耦机制。

一、多重身份战略的解耦机制

多重身份战略通过拓展生态位宽度，增强产品和服务供给能力，从而提升对平台企业的互补性。平台用户需求十分多样，当参与者发现自己在某一市场陷入了互补-依赖耦合困境时，可以尝试向其他市场扩展业务范围，即扩大生态位宽度（niche breadth）。生态位越宽，意味着组织越接近通才（generalist），Freeman 和 Hannan（1983）的经典研究认为：通才在高度动荡的环境中具有更强的生命力。本章案例亦表明：扩大生态位宽度有助于参与者为更多的用户提供多样化的产品和服务，进而提升对平台企业的互补性。在 A1 样本中，蘑菇街选择在导流服务商的基础上做社区运营商，从而扩展了生态位宽度，扩大了导流规模，提升了蘑菇街对淘宝平台的互补性。正如蘑菇街业务经理所说："我们做自有社区，尝试了很多新方式，比如瀑布图片墙展示，我们会给用户的浏览、点击动作赋予不同的权重、排序和动态更新……在这（做自有社区）之后，注册会员有了爆发性增长，每天都有过万的用户注册。"类似地，在 B2 样本中，韩都衣舍选择了同时做卖家和品牌孵化商的多重身份战略，即开始将自己内部的品牌孵化能力对外输出。在 C2 样本中，云集选择了同时做经销商与品牌商的多重身份战略，即培育自主品牌"素野"等。韩都衣舍和云集均通过扩大自己的生态位宽度，为用户提供了多样化产品和服务，加快激发了平台生态的跨边网络效应（Cenamor and Santaló，2013），提升了对平台企业的互补性。

多重身份战略通过构建多样化交换，开发多种收入获取方式，分担了单一产品和收入获取方式的脆弱性风险，从而相对降低了参与者对平台企业的依赖度。资源依赖理论指出，"组织的脆弱是由于对单个交换的依赖造成的，最直接的解决方法就是将组织发展成一个依靠各种交换，而较少依赖单个交换的状况"（Pfeffer and Salancik，1978）。在平台生态系统中，参与者通过实施多重身份战略，扩大了自己服务的市场谱系（market spectrum），构建起多样化交换，有利于降低来自特定产品类别波动所带来的市场风险（Tavalaei and Cennamo，2021），从而更好地应对来自平台企业的战略不确定性，相对降低了对平台企业的依赖。对应本章案例，在 A1 样本中，蘑菇街既做导流服务商又做社区服务商，既有其他社区的佣金分成，又有自己直接赚取的佣金，开拓了新的交换和获利通道。在 B2 样本中，韩都衣舍通过做品牌孵化商，增加了收入获取来源。"我们开启了'品牌商＋服务商'的双轮驱动模式，代运营和孵化的品牌数量不断增加，2017 年'双 11'，孵化品牌的交易额增长超过两倍。"韩都衣舍业务经理如是说。同理，C2 样本中的云集也通过开发自主品牌，在产品经销的基础上，拓展了品牌运营这一新的交换和收入获取方式。

二、多栖定制战略的解耦机制

多栖定制战略通过跨平台学习，增强参与者针对特定平台特征进行产品和服务差异化开发的能力，从而提升对平台企业的互补性。多栖定制战略不是指参与者将原有产品和服务照搬到新的生态，而是需要参与者针对生态特征进行定制开发。参与者实施多栖定制战略有利于开展跨平台学习，熟悉不同平台用户偏好的异质性（Panico and Cennamo，2022）和平台更新等治理规则的不同（Kapoor and Agarwal，2017），进行差异化的产品开发（Tavalaei and Cennamo，2021）。在数字化时代，参与者可以通过累积的交易数据，对用户需求开展大数据分析，结合特定平台提供的数据赋能，双方合作开发出符合平台特征的产品和服务（Cennamo et al.，2018），从而提升对平台企业的互补性。参与者在实施多栖定制战略时，也会将具有一般适用性的产品和服务进行跨平台流动，进而提升对平台企业的互补性。在 B2 样本中，韩都衣舍基于互联网品牌孵化和运营商的职能，实施了多栖定制战略。通过对不同平台的用户数据进行深度学习，韩都衣舍提升了自身代运营能力，并针对处于不同平台的不同品牌商提供差异化的运营服务。同时，韩都衣舍还为淘宝、京东和唯品会等平台定向孵化不同的新品牌，从而为用户提供了更适配的产品和服务，提升了对平台企业的互补性。正如韩都衣舍董事长赵迎光指出的："我们依托阿里巴巴、唯品会、京东等'一级生态'的基础资源，孵化新品牌，发展'二级生态'，这样就能很好地实现相互促进。"

多栖定制战略通过服务于不同平台，培育了自身的通用性能力，能够通过多种方式、多个来源地获取收益，从而降低了对特定平台企业的依赖度。尽管参与者加入多个平台生态发展会增加投入，但由于参与者隶属于多个平台，其大量投资并不针对某一平台，而是用于发展自身通用性能力，即能够进行跨情境应用的二阶竞争力（second-order competences）（Danneels，2016）。因此，参与者为此进行的投资，并不属于动机性投资。与此同时，多栖定制战略为参与者提供了多样的目标可得性（Emerson，1962），包括收入来源和获取方式等，降低了平台企业主导的生态对参与者的不可替代度。在 B2 案例样本中，韩都衣舍作为生态服务商，在孵化外部品牌的过程中增加的仓储物流、供应链、培训、营销等投资均服务于多个平台，对淘宝平台的动机性投资水平较低；同时，韩都衣舍的品牌运营和孵化收入来源也扩展到了多个平台，因此对淘宝平台的依赖度下降。值得注意的是，多栖定制战略与多栖战略存在显著差异。现有文献中的多栖战略实际是指简单多栖战略，即默认在不同平台提供相同的产品和服务（Rochet and Tirole，2003；Doganoglu and Wright，2006）。参与者实施简单多栖战略，能够降低对特定平台企业的依赖度，但同时也会降低互补性，往往使平台企业出台排他性政策，强制要求参与者"二选一"。在 B1 样本中，韩都衣舍基于已有品牌和产品到京东和当当网开店，就面临过淘宝的"二选一"制约，最终不得不选择从京东"撤店"。如前所述，韩都衣舍在实施多栖定制战略后，通过提供差异化的品牌孵化和运营服务，在降低依赖的同时并没有降低对淘宝平台的互补性，反而通过跨平台学习进一步提升了互补性。据韩都衣舍介绍："阿里巴巴已经专门成立了商家事业部来服务类似韩都衣舍这样的生态服务商，京东也将韩都衣舍列为京东优秀服务商。"

三、平台镶嵌战略的解耦机制

平台镶嵌战略通过在现有平台生态中嵌入一个共生子平台，扩展了原有平台的边界，可以让外部用户加入生态，从而提升了参与者对平台企业的互补性。现有研究在分析平台生态系统参与者时，大多默认参与者是作为平台产品和服务的提供商（Zhu and Liu, 2018），如淘宝生态内的卖家。这忽视了参与者可以不直接提供产品和服务，而是在现有生态中嵌入一个与平台企业共生的子平台，成为子平台服务商的可能。平台镶嵌是参与者开展的跨边界活动（boundary spanning）（Fleming and Waguespack, 2007），弥补了平台企业没有关注或者无法顾及的功能缺失，为外部用户进入生态提供了基础区块（Gawer and Cusumano, 2002），扩展了平台企业的边界，促进了生态内不同用户群体之间的交易和创新活动。在 C2 样本中，云集作为子平台嵌入微信生态，补充了微信平台的交易架构。通过连接大量外部品牌商服务微信用户，云集扩展了微信生态范围，从而提升了云集对微信平台的互补性。云集 COO 表示："我们发布了'品制 500'战略，既跟制造商合作，做 C2M 定制，也跟品牌合作，做云集专供产品及精选爆款，计划在 2018 年上线 50 款 SPU（standard product unit），并将产品总数量控制在 4 000 SPU。通过做强品质端，我们的平台就能更好地服务微商店主以及他们的用户。"

平台镶嵌战略通过连接多边用户，特别是聚集了平台企业所需的生态外部用户，形成了对平台企业的社会防御机制，同时降低了对平台企业的依赖度。参与者通过构建子平台为其他参与者提供了基础区块，促进了参与者之间的交易和创新活动，提升了这些参与者对所建子平台的黏性，形成了对平台企业的社会性防御（Hallen et al., 2014；应瑛等，2018），降低了平台企业主导的生态对参与者的不可替代度。在 C2 样本中，云集与供应链上游进行合作，通过自身强大的销售能力，为厂商打造爆款、为微商店主带来收入，云集与这些参与者达成了良好的合作关系，形成了社会防御机制，这降低了云集对微信平台的依赖度。事实上，云集只要将自身的子平台构建好，便可嵌入与服务各种流量聚集的生态。在平台研究专家看来："云集构建的 S2B2C 平台具有极强的生命力，如果能进一步强化 S

端，做强产品供应链和销售服务，未来与快手、抖音等多个生态都有合作机会，可以不局限于微信生态。"

四、结论与贡献

综上，我们得出平台生态系统参与者解耦战略与绩效结果的机理模型，如图 14 - 2 所示。

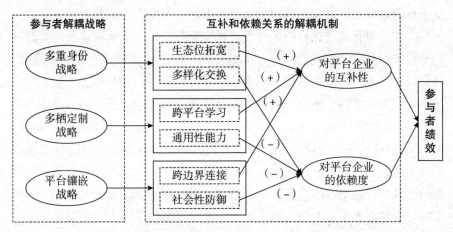

图 14 - 2　平台生态系统参与者解耦战略与绩效结果的机理模型

本章对生态系统文献的贡献：第一，贡献了平台生态系统研究的参与者视角。现有平台生态系统研究大多从平台企业视角出发，这类研究往往以参与者的同质性和被动性为假设前提，导致难以解释参与者的战略能动性及其绩效差异。第二，为生态参与者战略研究构建了互补-依赖整合分析框架。近年来，尽管商业生态系统研究方兴未艾（Jacobides et al.，2018），但其本身是一个理论根基较为薄弱的领域（Adner，2017），本章构建的互补-依赖整合分析框架及其构念维度为后续研究奠定了基础。第三，发现了参与者的三大解耦战略（即多重身份战略、多栖定制战略和平台镶嵌战略）并揭示了其解耦机制，弥补了简单多栖战略和瓶颈战略在平台生态系统中难以帮助参与者提升绩效的不足，如表 14 - 7 所示。

表 14 - 7　参与者战略的比较

维度比较	战略类型		
	简单多栖战略	瓶颈战略	解耦战略
代表文献	Doganoglu 和 Wright（2006）	Hannah 和 Eisenhardt（2018）	本章研究

续表

维度比较	战略类型		
	简单多栖战略	瓶颈战略	解耦战略
分析情境	二元关系	平等结构的生态系统	非平等结构的生态系统
理论基础	资源依赖理论	互补性理论	互补-依赖整合分析框架
具体战略	降低动机性投资	占据关键互补性资产	多重身份战略/多栖定制战略/平台镶嵌战略
作用结果	降低互补也降低依赖	提升互补也提升依赖	提升互补且降低依赖

五、案例最新发展

本章研究结论表明：参与者可以利用多边关系，改变与平台企业的二元关系张力。在后续发展中，三家案例企业都在尝试通过多边关系构建来降低对现有平台的依赖、提升互补。蘑菇街和云集选择入驻更多平台，防止对现有平台过度依赖。而韩都衣舍提升了自身的运营能力，对运营数据进行分析并共享给联盟供应商。案例企业的具体措施如专栏5所示。

专栏5 蘑菇街、韩都衣舍、云集案例的最新发展

蘑菇街

蘑菇街嵌入了微信平台。2016年3月，蘑菇街正式上线直播，并主打购物直播，蘑菇街希望通过直播来构建一个新的零售场景。随着微信推出微信小程序，蘑菇街开始尝试打造"直播＋小程序"的闭环玩法。2017年夏天，蘑菇街就上线了蘑菇街女装小程序，紧跟着蘑菇街又上线了直播小程序，成为当时具有代表性的电商直播小程序。蘑菇街的小程序开发能力使其成为当时唯一能够实现在微信内超短延时的小程序电商直播。2018年1月，蘑菇街时任CEO陈琪分享道："主播在直播间里介绍产品，积累忠诚粉丝，这些粉丝做二次三次的裂变，会带来更多粉丝的观看。在小程序中，这个闭环非常容易被建立起来。在小程序的生态里面，通过不断裂变、增长，每一个主播开始构建私域。基于这样一个思路，蘑菇街可以帮助更多的品牌和主播构建私域流量，而不是传统的电商把流量封闭以后，用一个漏斗模型赚流量的钱。"此外，基于直播电商行业积累的技术及经验，蘑菇街也开始在AI领域进行布局，它在2023年4月正式发布AI商

拍工具"WeShop唯象"。该产品专注电商商品图智能生成，旨在解决品牌商拍照难、模特贵、高质量商品图制作难等问题。截至2024年3月，WeShop唯象全球注册用户超过30万，其中海外用户占比过半。

韩都衣舍

韩都衣舍不断提升自身运营能力。韩都衣舍从资源整合和权力共享两方面提升运营能力。在资源整合方面，韩都衣舍开放了供应链资源，其旗下通过合资或代运营成立的服装品牌，均可使用平台与240余家供应商合作构建的柔性供应链。韩都衣舍还开放了战略资源，包括智能、营销、品牌设计与集成服务，韩都衣舍为合作伙伴提供了互联网运营与服装行业经验，也为互联网服装品牌团队提供了集成创业服务。此外，韩都衣舍实现了客户资源共享，其代理、合作的品牌资源会被分享给联盟供应商，以增加供应商的生产订单；当然，在每个品牌旗舰店的首页，韩都衣舍均会放置联盟品牌旗舰店链接。在权力共享方面，韩都衣舍给予员工外部资源整合权，企业员工可代理或合资运营公司外部的其他服装品牌。韩都衣舍给予用户参与营销的权利，并采用网红变现模式，邀请新媒体平台的人气用户，通过直播软件对韩都衣舍的新品进行评价与搭配，网红用户可以从中获得利益分成。

云集

云集入驻了抖音平台。进入2020年，以抖音、快手为代表的短视频平台兴起，直播带货成为热潮。2020年9月，云集先后与罗永浩、头部主播熊宝合作启动抖音直播。官方表示，两场抖音直播带货近1.2亿元。根据官方信息，云集将利用抖音的在线商店和视频账号，介绍、推广更多来自其差异化供应链的优质产品。同时，云集还将在抖音进行直播活动，把公司自有品牌、合资品牌的影响力扩大到外部平台，为更广泛的消费者提供获得其优质产品的渠道。有业内人士指出：目前，云集最缺的是流量，恰好抖音能够弥补这块短板；而抖音缺的是供应链能力，因为抖音上的非头部主播缺少供应链资源，但平台逐一对接品牌商的效率不高。云集作为一个供应链企业，能够提供相应的产品给抖音去匹配前端的流量主播。2023年，云集总营收为6.4亿元，其通过聚焦"美丽＋健康"赛道，持续深耕和打造自有品牌，以进一步增强自身供应链优势。

第十五章　量化研究：
生态参与者的产品开发策略与绩效关系

　　生态参与者（简称"参与者"）要如何更好地发挥战略能动性，特别是在不同的平台生态特征下，值得深入剖析。例如，在基于 Android 操作系统的谷歌应用商店和基于 iOS 操作系统的应用商店中，同一个开发者发布的不同应用程序的下载量表现不同，而且同一款应用程序在不同应用商店中的下载量也表现不同。其实质是要考虑到参与者与平台之间的双向适配。基于此，本章关注的问题是在平台生态系统内，参与者的产品开发策略与绩效的关系，重点关注平台特征对这一关系的调节作用。

第一节　理论假设

　　目前，关于平台生态系统的研究大多聚焦于平台主导者，忽视了以参与者为代表的平台内部成员的互动关系。参与者为平台开发适销对路的产品以提升平台价值，巩固自身在平台中的地位，所以产品开发策略尤为重要。产品模仿策略与创新策略是最常见的两种开发策略（Shankar et al.，1998），在竞争环境激烈变化的情境下，产品模仿策略更受欢迎，而在数字平台中，模仿策略也得到了更广泛的采用。对此，现有研究主要从信号理论和合法性视角进行了理论阐释。

　　企业通过模仿其他企业的产品可向消费者传递出自身产品质量的信号。运用信号机制是卖家传递产品质量信息的重要手段（Mavlanova et al.，2012），特别是在交易存在时间差与距离差的在线交易平台。有效的产品质量信号能够影响消费者的认知，对产品的营销活动至关重要（Sood and Drèze，2006）。当面对新产品开发的不确定状态时，企业会模仿当前行业中已开发出的产品，通过模仿可向消费者释放出关于自己新产品质量的信号。

另外，合法性对于企业开发和引入产品也具有重要意义。制度主义学派认为：通过组织模仿和趋同可获取合法性（Meyer and Rowan，1977）。在开发新产品时，企业模仿行业中的大多数企业有助于获得合法性认可，改善组织的生存前景。Choi 和 Shepherd（2005）指出：具有合法性的企业更容易获得利益相关者的支持，从而促进企业间的资源交换，这有助于企业在平台生态系统中的发展。所以，本章将信号理论与合法性理论结合起来考察这两类模仿策略的绩效。

一、参与者产品开发的理论基础

信号理论（signaling theory）源于信息经济学领域，是为了减少交易双方信息不对称、提高信息传递的效率而产生的。Spence（1973）认为：在劳动力市场中，处于信息优势方的求职者将自己的受教育水平作为"信号"传递给雇主，高质量的个体通过"信号传递"与低质量的潜在应聘者相区分，从而提高了潜在雇主的选择能力。本章研究开拓了信号传递理论领域。

信号理论的一个普遍应用就是在新产品开发或引入时对产品质量的传递（Connelly et al.，2011；Kirmani and Rao，2000）。"质量"不仅是指产品的好与坏，也是指产品的特征、功能等信号接收者想了解的信息。信号理论对信息不对称情境下的战略决策问题具有指导价值。处在激烈市场竞争中的企业（信号员）可以通过信息的释放，将产品信息通过可观察的行为有效地、快速地传递给市场中的消费者（信息接收者），降低并消除消费者对产品感知的不确定性，进而提高消费者的购买意愿（Wells et al.，2011）。特别是在线交易平台，企业充分地向消费者传递产品质量信号，是让消费者对产品质量产生信任并进行购买的有效途径。因为在传统商店中，产品的质量通常是在选择过程中可以观察到的，而在线交易却使得产品选择与消费和产品交付之间存在时间差与距离差，这意味着消费者在产品交付之前缺乏有关产品的信息（Mavlanova et al.，2012）。在线卖家控制着他们提供的产品信息。

企业会通过模仿其他企业而释放关于自己产品质量的信号（Lieberman and Asaba，2006）。Dimaggio 和 Powell（1983）指出：组织模仿领域中其他组织的行为和做法源于组织对不确定性的从众反应。企业在开发和引入新产品时，需要对生产成本、客户需求、市场竞争等进行判断。而大多数决策是在风险条件下做出的，管理者可能无法评估所有可能的结果和状态（Milliken，1987），即管理者在新产品开发与引入时面临不确定性。在新产品开发这种不确定的环境中，管理者特别容易接受他人行动中隐含的信息（这些信息对管理者的观念和信念有影响）（Lieberman and Asaba，2006）。因此，在新产品开发时，管理者可能会模仿其他企业向消费者发出关于产品（或公司）质量的信号。

与模仿相关的另一个重要理论来自制度学派，该学派试图解释组织的趋同性。制度学派认为：制度环境要求组织服从"合法性"（legitimacy）机制。企业合法性是指在一个由社会构建的有关规范、价值、信念和定义的体系中，企业行为被认为属于合理的、合适的、理想的程度（Scott，1995；Suchman，1995）。Scott（1995）按照合法性来源，将合法性划分为规制合法性（regulative legitimacy）、规范合法性（normative legitimacy）和认知合法性（cognitive legitimacy）。

合法性在企业开发与引入新产品时具有重要作用。具有合法性的企业更容易获得利益相关者的支持（Choi and Shepherd，2005），从而促进企业间的资源交换，这有助于企业获取产品开发所需的相关资源（Zimmerman and Zeitz，2002）。企业的合法性还为企业产品在市场的扩张行为提供了丰富且高效的资源（郭海等，2018）。合法性可以帮助企业得到社会的认可，为企业带来可信性（Suchman，1995）。对于消费者来说，企业的合法性越高，消费者越有可能选择该企业进行消费。同时，有学者证明：企业的合法性可以提高企业的生存能力（Meyer and Rowan，1977；Suchman，1995），特别是对于引入新产品的企业来说，合法性的作用格外突出，是企业生存和发展的重要保障（Shi and Shi，2022）。

企业会通过模仿其他企业获得自身合法性（周雪光，2003）。企业在产品开发时模仿先行者可以借助竞争者领先开发新产品的声誉获得自身的合法性，从而顺利进入市场（Lee and Zhou，2012）。制度学派主张通过模仿和趋同来获取合法性（Meyer and Rowan，1977）。模仿性同形被认为是导致合法性扩散的有效方式（Dimaggio and Powell，1983）。企业在开发新产品时模仿行业中的大多数企业有助于获得合法性认可，改善企业的生存前景，而且企业会因遵从外部环境的要求而获得回报（Taeuscher and Rothe，2021）。企业模仿开发出的产品与行业内其他产品的主导性设计保持一致还可扩大认知基础，获取认知合法性。

在新产品开发过程中，两种理论机制都可能发挥作用。信号理论强调企业向消费者传递质量信号，进而获得成功，而合法性理论强调企业通过遵从外部环境的要求，进而获得成功。但鲜有研究将两者结合起来对企业的产品开发策略进行考察，对两种理论机制起作用的情景差异更是缺乏探讨。

二、参与者产品开发策略与绩效

回顾信号理论和合法性理论，企业会基于两种逻辑模仿其他企业：一种是基于信号理论的解释机制选择标杆式产品开发策略，另一种是基于合法性理论的解释机制选择从众式产品开发策略。下面将围绕产品开发策略与参与者绩效提出研究假设。

（一）标杆式产品开发策略与参与者绩效

参与者采用标杆式产品开发策略向消费者传递出关于产品质量和企业能力的积极信号，从而促进消费者购买。一方面，参与者模仿平台中标杆企业的产品会释放出自己产品具有高质量的信号；另一方面，参与者能够开发出与平台中标杆企业的产品相似的产品，也是向消费者传递企业具有能力的信号（Lieberman and Asaba，2006）。例如，在手机操作系统的平台中，消费者会通过观察应用程序的介绍，以更好地了解新上架应用程序的质量信息——当消费者发现其与平台中优异的应用程序具有相似的特征、功能时，不仅会减少消费者对产品质量的不确定性，还会增加消费者对该产品的信任感。此外，在向市场引入新产品后的短期内，该产品的信息主要依赖于企业传递的信号，可供消费者决策的信息不足，逆向选择风险更加严重，此时该特定信号的价值更大（Ozmel et al.，2013）。模仿标杆这一信号的有效性随时间变化而降低。企业是在一个持续变化的环境中运作的，而信息对发出者和接收者的有效性也是持续变化的，当市场上表现优异的产品不断更迭，原有信号的有效性就会降低。Ozmel 等（2013）指出：某一特定信号的价值与是否存在其他信号密切相关。其他传递产品质量信号的方式出现以及信号接收者拥有的可供决策参考的信息较为充分，将使决策所面临的不确定程度降低，在这种情况下，该特定信号的价值较小。因此，本章提出：

假设 1a：参与者采用标杆式产品开发策略正向影响参与者的短期绩效。

（二）从众式产品开发策略与参与者绩效

参与者采用从众式产品开发策略可为其带来合法性，从而获得平台中其他成员的认可与外部资源。制度学派主张组织通过模仿和趋同来获取合法性（Meyer and Rowan，1977）。Dimaggio 和 Powell（1983）进一步指出：模仿性同形被认为是导致合法性扩散的有效方式。参与者在开发新产品时模仿平台中大多数企业的模仿性同形就如同制度同形，参与者会因遵从外部环境的要求而获得回报，进而改善生存前景。一方面，参与者模仿开发出的产品与平台内其他参与者产品的主导性设计保持一致可扩大认知基础并获取合法性（Durand and Kremp，2016；郭海等，2020），进而获得平台与用户的认可。另一方面，从长期来看，从众的模仿形式更符合社会规范与期望，更值得信赖，这有助于参与者获取产品开发和扩张所需的相关资源（Zimmerman and Zeitz，2002）。参与者采用从众式产品开发策略所带来的合法性需要逐渐建立。当新产品引入市场时，在短期内消费者对新产品的认知程度还较低。随着该产品在市场上被大量推广和消费者消费习惯的养成，此时认知合法性就会渐渐深入人心（Hoeffler et al.，2006；Hampel and Tracey，2017），从而参与者从众开发出的产品获得了自身合法性。因此，本章提出：

假设1b： 参与者采用从众式产品开发策略正向影响参与者的长期绩效。

三、平台特征的调节效应

本章提出了参与者产品开发策略对绩效影响的两个调节因素。一方面，平台复杂度提升意味着平台上具有更多类型的参与者加入；另一方面，平台更新意味着引入更多功能，更符合消费者的需求。下面对平台复杂度和平台更新的调节效应提出逻辑解释与理论假设。

（一）平台复杂度的调节效应

平台复杂度对于参与者产品开发策略对绩效影响的调节作用具有不同路径。平台复杂度降低了信号的可观察性，即减小了信号的能见度。Connelly 等（2011）认为：有效信号的必要特征是具有可观察性。在一个复杂度低的平台生态系统中，各部分相互作用的方式直接简单（Sanchez and Mahoney，1996），此时参与者模仿标杆的信号更容易被消费者观察到。此外，平台复杂度降低了信号与传递对象的匹配度和精准性，即降低了信号的有效性。信号的有效性在一定程度上是由接收者的特征决定的（Fischer and Reuber，2007；Gulati and Higgins，2003），不同特征的接收者对信号的解释不同，因此将信号准确传达到相匹配的接收者才更具有效性。在复杂度高的平台中，参与者与消费者的交互方式更为复杂多样，此时参与者将信号传递给消费者的路径更复杂。如果信号未准确传递给相匹配的消费者，就降低了信号的有效性（Kirmani and Rao，2000）。因此，本章提出：

假设2a： 平台复杂度减弱了参与者采用标杆式产品开发策略与参与者绩效的关系。

相反，在复杂度高的平台中，合法性对参与者而言更加重要。结构复杂的系统通常也是行为复杂的（Weck et al.，2011），而平台复杂度高意味着参与者开发产品时与平台其他组件之间的依赖性更强，参与者需要与平台中更多的主体互动（Kapoor and Agarwal，2017；Panico and Cennamo，2022）。因此，参与者与外界其他企业保持一致性就更加重要，这会使企业间对话更容易，资源交换也更容易。此外，平台复杂带来的主体行为复杂使得环境不确定性较高，企业面临的风险大，而从众式产品开发策略能降低风险、提高企业的生存能力。因此，本章提出：

假设2b： 平台复杂度增强了参与者采用从众式产品开发策略与参与者绩效的关系。

（二）平台更新的调节效应

同样地，平台更新对于参与者产品开发策略对绩效影响的调节作用也具有不同路径。平台更新降低了信号的有效性。平台更新会改进甚至摒弃现有系统中的功能并添加新功能（Adner and Kapoor，2010；Venkatraman and Chi-Hyon，2004；Cennamo，2018），这使得平台和参与者之间的交互性质发生了变化，有可能出现平台中正常运作的产品在平台更新后不再适用。抽象地说，适合度景观（fitness landscape）（即策略配置和绩效之间的映射）是重新指定的（Levinthal，1997）。因此，也许先前高质量的信号在平台更新后可能变得无效。此外，平台更新所添加的新功能可以吸引更多的潜在用户，这是参与者可以把握的竞争机会。此时，对消费者而言，参与者仍模仿先前产品传递出的信号可能会缺乏吸引力。因此，本章提出：

假设3a： 平台更新减弱了参与者采用标杆式产品开发策略与参与者绩效的关系。

相反，从众式产品开发带来的合法性使参与者在经历平台更新时受到的冲击较小。在制度环境下的企业模仿行为减轻了企业的动荡，使之更不容易受环境的冲击。如前所述，平台更新会改变平台和参与者之间的交互性质，给参与者带来冲击。但是，平台企业作为平台更新的发起者，在改变平台互动规则时会考虑大多数参与者的利益，即存在"法不责众"的现象。因此，当参与者经历平台更新时，与市场中的大多数企业保持一致能够缓解外部压力、降低不确定风险，进而提高企业的生存能力。因此，本章提出：

假设 3b：平台更新增强了参与者采用从众式产品开发策略与参与者绩效的关系。

根据上述理论分析，本章构建出研究的概念模型（如图 15-1 所示）。

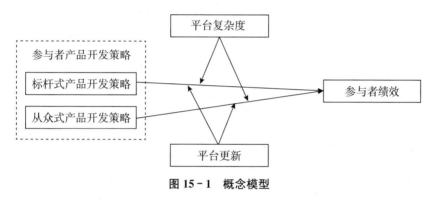

图 15-1　概念模型

第二节　研究设计

本章研究背景设定为中国的 iOS 与 Android 手机操作系统平台。首先，本章研究手机操作系统平台中的参与者，也就是应用程序开发商的产品开发策略对其长/短期绩效的影响。其次，本章研究手机操作系统平台的结构特征与演化特征是否会对该影响起到调节作用。最后，明确了本章的研究数据来源与各研究变量的测量方式，保证了研究的可行性。

一、数据收集

本章实证分析的样本是 iOS 和 Android 手机操作系统平台中参与者（应用程序开发者）新开发的游戏类应用程序。不同于 iOS 平台，Android 平台的开放度较高，允许广大移动端厂商加入 Android 生态系统。在中国，主要的 Android 手机操作系统应用平台有应用宝、豌豆荚、小米开放平台等。本章选择应用宝平台：一是由于应用宝平台在中国的市场份额较大；二是由于数据的可获得性，在站长之家 App 榜单监控的数据来源中，应用宝平台的应用程序数据更为完备。本章之所以选择新开发的游戏类应用程序：一是因为游戏类应用程序是应用商店中最吸金的应用；二是因为游戏类应用程序的每日上架数量在两个平台中一马当先；三是因为游戏类应用程序在平台生态系统中更新较快，竞争环境变化迅速。

本章数据来源于北京七麦科技股份有限公司旗下推出的移动推广数据分析平台七麦数据和国内领先的 App 排行榜平台——站长之家 App 榜单监控，同时运用第三方数据平台 App Annie 作为数据补充，并与另外两个平台获取的数据进行比较验证，确保数据真实可靠。本章采取网页"爬虫"技术获取二手数据，具体步骤是设定好采集规则，再运用八爪鱼数据采集器采集网页数据。经过整理筛选，最终顺利抓取了 iOS 平台上 6 487条数据，Android 平台上 6 895 条数据，共计 13 382 条样本数据。

二、变量测度

本章研究需要测量的变量主要有参与者的标杆程度、从众程度、平台复杂度、平台更新以及参与者绩效，如表 15-1 所示。

(一) 自变量

本章利用参与者开发的应用程序的文本描述来产生两个关键解释变量：(1) 标杆程度，衡量参与者开发的新产品与平台生态系统中现有标杆产品相似的程度，代表标杆式产品开发策略，用样本 App 的文本描述与上个月榜单排行前 50 的 App 的文本描述相似程度进行衡量。我们按照 Hoberg 和 Phillips (2010) 计算两个向量之间角度的余弦值，以确定两个向量的相似程度。例如，标杆程度得分为 0.0 表示样本应用程序的文本描述完全不同于上个月榜单排行前 50 的应用程序，而标杆程度得分为 1.0表示样本应用程序的文本描述至少与上个月榜单排行前 50 的应用程序中的一个相同。(2) 从众程度，衡量参与者开发的新产品与平台生态系统中现有大多数产品相似的程度，代表从众式产品开发策略，用样本 App 与上个月所有上架 App 的相似程度进行衡量。先提炼出上个月描述上架App 最常使用的 50 个词汇，再计算出在样本 App 描述中运用这 50 个常用词汇的个数占该样本描述总词汇的比例，该比例即为新产品的从众程度。因此，从众程度得分为 0.0 表示样本应用程序的文本描述完全不使用上个月的 50 个常用词汇，存在显著差异。从众程度得分为 1.0 表示样本应用程序的文本描述只使用了上个月最常用的 50 个词汇中的单词，与上个月上架的应用程序非常相似。

（二）因变量

本章以应用程序上架后三个月的下载量衡量了参与者的短期绩效，以应用程序近三个月的下载量衡量了参与者的长期绩效。本章选择三个月的时间段是因为新应用程序在发布后的前三个月是被用户发现和下载的黄金时期。本章将应用程序下载量的数据加上 0.01 并做取对数处理：一是由于下载的数据差别过大，取对数是为了避免回归过程中产生异方差，进而影响分析结果；二是方便考察自变量与因变量的弹性。

（三）调节变量

（1）平台复杂度。复杂度在不同的学科领域中以不同的方式进行测量，这是因为不可能仅用一种方法来捕捉来自不同领域的科学家所说的复杂度含义。大多数关于复杂度的衡量是基于创建对象的难度，或基于对象的组织难度（如系统中各部分之间的结构联系）。在手机操作系统的生态系统中，关于复杂度的衡量需要考虑到应用程序开发人员对新系统中其他组件的依赖性，应用程序开发人员最明显的相互依赖关系在于操作系统和手机，因此应用程序开发人员所面对的操作系统和手机组合的数量越多，应用程序开发商所面对的生态系统复杂度就越大。本章使用基于辛普森指数的多样性度量来测量生态系统的复杂度（Page，2010），即以中国智能手机生产商每月安装基础的市场份额的平方和来衡量。对于 iOS 生态系统，其值为 1，因为只有苹果一家手机生产商。此外，我们将该度量乘以 −1，以便用更高的值表明更高的平台复杂度。

（2）平台更新。我们使用一个虚拟变量来确定平台是否进行更新，如果平台在参与者上架应用程序的三个月内引入了新一代手机操作系统，则将该变量赋值为 1，否则赋值为 0。选用三个月时间段的原因是用户经常需要几周时间来采用新一代操作系统，并且应用程序开发人员也需要在类似的时间框架里调整和重新配置相关应用程序（Kapoor and Agarwal，2017）。

（四）控制变量

本章考虑了几个控制变量，以减弱潜在的遗漏变量偏差，并控制可能影响应用程序市场表现的其他因素。应用程序的价格应是影响其下载量的重要因素，而且价格还可将产品质量的信号传递给消费者。因此，本章控制了样本应用程序的价格，即所有应用程序均免费。本章将应用程序的评分作为衡量应用程序质量的重要指标，而且它对用户是否下载该应用程序也具有较大影响，因此本章控制了应用程序的评分。本章还控制了每个应用程序的文字描述总长度（以字符为单位）。

表 15 - 1　变量测量汇总表

变量	变量定义	测量方式
标杆程度	参与者开发的新产品与平台生态系统中现有标杆产品的相似程度	用样本 App 的文本描述与上个月榜单排行前 50 的 App 的文本描述相似程度衡量。将样本 App 的文本描述与榜单 App 的文本描述向量化，逐一计算样本 App 向量与上个月榜单排名前 50 的 App 向量之间的余弦值，其中数值最大的余弦值为样本 App 的标杆程度
从众程度	参与者开发的新产品与平台生态系统中现有大多数产品的相似程度	用样本 App 与上个月所有上架 App 描述的相似程度衡量。先提炼出上个月描述上架 App 最常使用的 50 个词汇，再计算出在样本 App 中运用这 50 个常用词汇的个数占该样本描述总词汇的比例，该比例即为新产品的从众程度
平台复杂度	平台生态系统的结构复杂性，衡量系统各组件（主体）之间相互依赖与互动的复杂性（Kapoor and Agarwal，2017）	Android 生态系统中为各品牌智能手机的原始设备制造商在中国每月安装基础份额的平方和。苹果记为 1。各值乘以 -1，以便更高的值表明更高的平台复杂度
平台更新	平台进行代际转换（Kapoor and Agarwal，2017）	如果平台在参与者上架应用程序后的三个月内引入了新一代智能手机操作系统，则将该变量赋值为 1；如果平台没有进行更新，则赋值为 0
参与者绩效	分为长期绩效与短期绩效	App 上架三个月后的下载量和近三个月的下载量

第三节　数据分析

首先，本节对收集的数据进行初步分析，主要包括描述性统计分析、相关分析与共线性检验。其次，本节根据数据特征与研究目的选择适合本章研究的模型。再次，本节利用 Stata 软件工具的回归模型对研究假设进行检验。最后，本节进行稳健性检验，以保证本章研究结果的可靠性。

一、初步分析

（一）描述性统计分析

通过对标杆程度、从众程度、短期绩效和长期绩效等变量进行统计分析，可以描述样本的特征，并为下一步的模型选择与数据处理奠定基础。为保证科学研究的准确性，本章对连续变量进行了缩尾处理，剔除了极端异常值。最终，样本总体的描述性统计分析如表15-2所示。

表15-2　样本总体的描述性统计分析

变量	最小值	最大值	平均数	标准差
标杆程度	0.812	0.981	0.932	0.033
从众程度	0	0.313	0.087	0.065
短期绩效	−4.605	16.806	−0.039	6.137
长期绩效	−4.605	16.806	−0.291	5.391
平台复杂度	−1	−0.148	−0.569	0.420
平台更新	0	1	0.544	0.498
评分	1	5	2.425	2.137
描述长度	5	4 833	342.970	343.462

（二）相关分析

在进行回归检验前，通常需要检验变量间的相关关系以明晰变量间统计关系的强弱，为进一步的实证分析提供依据。本章运用 Pearson 相关进行分析，分析结果如表15-3所示。由表可知，大部分变量之间存在相关性，自变量标杆程度与因变量短期绩效的相关系数显著为正，自变量从众程度与因变量长期绩效的相关系数也显著为正，符合本章假设的预期，因此可以开展下一步的回归分析。控制变量评分与描述长度也与因变量具有显著的相关关系，说明在后续回归分析中控制变量评分与描述长度是必要的。此外，所有变量之间的相关系数均小于 0.5，由此可初步判断出各变量间不存在严重的共线性问题。

表15-3　变量相关分析

	1	2	3	4	5	6	7	8
1. 标杆程度	1.000							
2. 从众程度	0.066***	1.000						

续表

	1	2	3	4	5	6	7	8
3. 短期绩效	0.131***	−0.030***	1.000					
4. 长期绩效	−0.018**	0.027***	0.502***	1.000				
5. 平台复杂度	−0.119***	0.174***	0.010	0.447***	1.000			
6. 平台更新	0.008	−0.035***	0.172***	−0.067***	−0.142***	1.000		
7. 评分	0.171***	−0.004	0.413***	0.241***	−0.039***	0.071***	1.000	
8. 描述长度	0.132***	−0.378***	0.065***	0.068***	−0.019*	0.008	0.040***	1.000

注：***表示在 0.01 的水平上显著，**表示在 0.05 的水平上显著，*表示在 0.1 的水平上显著。

（三）共线性分析

为了保证回归分析结论的科学性，本章对回归模型是否存在多重共线性进行检验。检验结果如表 15 - 4 所示，各解释变量的 VIF 值都小于 5，VIF 均值为 1.61。因此，本章模型不存在多重共线性问题。

表 15 - 4　各变量的方差膨胀因子

变量	VIF	1/VIF
标杆程度	2.44	0.410
从众程度	2.50	0.400
标杆程度×平台更新	2.40	0.417
从众程度×平台更新	2.22	0.450
描述长度	1.26	0.794
平台复杂度	1.09	0.917
评分	1.05	0.952
标杆程度×平台复杂度	1.04	0.962
从众程度×平台复杂度	1.05	0.952
平台更新	1.03	0.971
VIF 均值	1.61	

二、回归分析

从本章获得的数据来看，大量因变量的数值为 0，因此考虑 Tobit 回归。Tobit 模型是因变量虽然在正值上大致连续分布，但包含一部分以正概率取值为 0 的观察值的一类模型。由于许多应用程序上架后无人下载，即下载量为 0，因此应用程序下载量的统计属性符合 Tobit 回归的条件。本章运用 Stata 14.0 软件进行 Tobit 回归分析。

（一）标杆式产品开发策略

标杆式产品开发策略与参与者短期绩效的回归结果如表 15-5 所示。模型 1 中标杆程度的系数为 0.064，而且在 99% 的置信水平上显著，因此假设 1a 得到支持，即标杆式产品开发策略正向影响参与者的短期绩效。模型 2 中标杆程度与平台复杂度的交互项系数为 -0.233，而且在 99% 的置信水平上显著。同时，模型 2 的对数似然值较模型 1 增大，说明模型拟合度增加，因此假设 2a 得到支持，即平台复杂度负向影响标杆式产品开发策略与参与者短期绩效的关系。模型 3 中标杆程度与平台更新的交互项系数为 -0.084，而且在 99% 的置信水平上显著。同时，对数似然值较模型 1 增大，说明模型拟合度增加，因此假设 3a 得到支持，即平台更新负向影响标杆式产品开发策略与参与者短期绩效的关系。在控制变量方面，应用程序的评分显著正向影响参与者的短期绩效，应用程序的评分越高，消费者越会下载，这与常理相符。应用程序的描述长度与参与者短期绩效的关系显著也符合事实。

表 15-5　标杆式产品开发策略与参与者短期绩效的回归结果

变量	模型 1	模型 2	模型 3	模型 4
标杆程度	0.064*** (0.013)	0.124*** (0.014)	0.118*** (0.021)	0.212*** (0.022)
平台复杂度		0.174*** (0.014)		0.201*** (0.014)
平台更新			0.515*** (0.026)	0.550*** (0.026)
标杆程度×平台复杂度		-0.233*** (0.014)		-0.238*** (0.014)
标杆程度×平台更新			-0.084*** (0.026)	-0.133*** (0.027)
评分	0.302*** (0.007)	0.304*** (0.007)	0.296*** (0.007)	0.300*** (0.007)
描述长度	0.054*** (0.012)	0.064*** (0.013)	0.053*** (0.012)	0.063*** (0.012)
常数	-1.020*** (0.026)	-1.084*** (0.027)	-1.299*** (0.032)	-1.389*** (0.033)
观测值数量	13 382	13 382	13 382	13 382

续表

变量	模型 1	模型 2	模型 3	模型 4
零处左截断数量	8 161	8 161	8 161	8 161
对数似然值	−12 989	−12 774	−12 783	−12 538

为了直观观察调节作用的效果，本章根据 Aiken 等（1991）、Dawson（2014）建议的简单斜率分析法（simple slopes analysis），将原有样本调节变量的均值加减一个标准差，分为高与低两部分，再分别进行回归，然后将得到的两个回归模型绘制在同一张图中。由图 15-2 可见，平台复杂度与平台更新对标杆式产品开发策略和参与者短期绩效的关系均有较明显的负向调节作用。

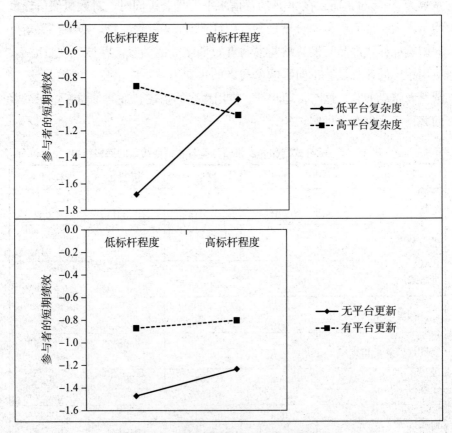

图 15-2　平台复杂度和平台更新的调节作用

（二）从众式产品开发策略

从众式产品开发策略与参与者长期绩效的回归结果如表 15-6 所示。模型 5 中从众程度的系数为 0.093，而且在 99％的置信水平上显著，因此假设 1b 得到支持，即从众式产品开发策略正向影响参与者的长期绩效。模型 6 中从众程度与平台复杂度的交互项系数为 0.066，而且在 99％的置信水平上显著。同时，模型 6 的对数似然值增大，说明模型拟合度增加，因此假设 2b 得到支持，即平台复杂度正向影响从众式产品开发策略与参与者长期绩效的关系。值得注意的是，虽然模型 6 的主效应在加入调节作用项后为负值，但这并不意味着从众式产品开发策略与参与者长期绩效是负相关的。此时，模型 6 中的交互项系数是正值，意味着从众程度对参与者长期绩效的负面影响会随着平台复杂度的增加而减轻。模型 7 和模型 8 中从众程度与平台更新的交互项系数分别为 0.034 和 0.028，但在 90％的置信水平上不显著，因此假设 3b 未得到支持，即平台更新在从众式产品开发策略与参与者长期绩效的关系中未起到调节作用。

表 15-6　从众式产品开发策略与参与者长期绩效的回归结果

变量	模型 5	模型 6	模型 7	模型 8
从众程度	0.093*** (0.013)	−0.083*** (0.014)	0.072*** (0.018)	−0.097*** (0.018)
平台复杂度		0.745*** (0.014)		0.741*** (0.014)
平台更新			−0.245*** (0.024)	−0.062*** (0.023)
从众程度×平台复杂度		0.066*** (0.013)		0.067*** (0.013)
从众程度×平台更新			0.034 (0.023)	0.028 (0.022)
评分	0.158*** (0.006)	0.205*** (0.006)	0.162*** (0.006)	0.206*** (0.006)
描述长度	0.105*** (0.012)	0.062*** (0.011)	0.105*** (0.012)	0.062*** (0.011)
常数	−0.517** (0.021)	−0.753*** (0.023)	−0.394*** (0.023)	−0.721*** (0.026)
观测值数量	13 382	13 382	13 382	13 382

续表

变量	模型 5	模型 6	模型 7	模型 8
零处左截断数量	7 480	7 480	7 480	7 480
对数似然值	−14 166	−12 253	−14 112	−12 249

　　下面以相同的方法绘制了在高平台复杂度与低平台复杂度的情况下，从众式产品开发策略与参与者绩效的关系。如图 15 - 3 所示，平台复杂度对从众式产品开发策略和参与者绩效的关系具有正向调节作用。

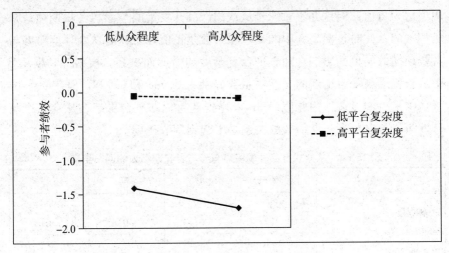

图 15 - 3　平台复杂度的调节作用

三、稳健性检验

　　为了使研究结果更可靠，本章运用替换研究法进行稳健性检验。本章变更了自变量标杆程度与从众程度的计算比例值：标杆程度的测量更改为样本 App 与上个月榜单排名前 60 的 App 的相似程度；从众程度的测量更改为选取上个月上架 App 的文本描述中最常用的 60 个词汇，再计算出样本 App 的文本描述中运用这 60 个常用词汇的个数占该样本描述总词汇的比例。其他变量的测量与原研究方法保持不变，然后进行回归。稳健性检验结果如表 15 - 7 所示。数据分析表明，本章的研究结果是稳健的。

表 15-7 稳健性检验结果

变量	短期绩效				长期绩效			
	模型 1	模型 2	模型 3	模型 4	模型 5	模型 6	模型 7	模型 8
标杆程度	0.085*** (0.013)							
从众程度		0.133*** (0.014)	0.129*** (0.021)	0.212*** (0.022)	0.075*** (0.013)	−0.079*** (0.013)	0.055*** (0.018)	−0.091*** (0.018)
平台复杂度		0.174*** (0.014)		0.201*** (0.014)		0.742*** (0.014)		0.738*** (0.014)
平台更新			0.513*** (0.026)	0.553*** (0.026)			−0.249*** (0.024)	−0.060*** (0.023)
标杆程度×平台复杂度		−0.224*** (0.014)		−0.124*** (0.027)				
从众程度×平台复杂度						0.059*** (0.013)		0.061*** (0.013)
标杆程度×平台更新			−0.070*** (0.026)	−0.231*** (0.014)				
从众程度×平台更新							0.036 (0.023)	0.024 (0.022)
评分	0.300*** (0.007)	0.302*** (0.007)	0.294*** (0.007)	0.298*** (0.007)	0.158*** (0.006)	0.206*** (0.006)	0.162*** (0.006)	0.206*** (0.006)

续表

变量	短期绩效				长期绩效			
	模型 1	模型 2	模型 3	模型 4	模型 5	模型 6	模型 7	模型 8
描述大小	0.050*** (0.012)	0.060*** (0.013)	0.050*** (0.012)	0.059*** (0.012)	0.098*** (0.012)	0.063*** (0.011)	0.099*** (0.012)	0.063*** (0.011)
常数	−1.013*** (0.026)	−1.076*** (0.027)	−1.291*** (0.031)	−1.384*** (0.033)	−0.515*** (0.021)	−0.751*** (0.023)	−0.391*** (0.023)	−0.720*** (0.026)
观测值数量	13 382	13 382	13 382	13 382	13 382	13 382	13 382	13 382
零处左截断数量	8 161	8 161	8 161	8 161	7 480	7 480	7 480	7 480
对数似然值	−12 980	−12 774	−12 777	−12 538	−14 176	−12 253	−14 119	−12 251

第四节　讨论与结论

本章运用二手数据在手机操作系统的平台生态系统中实证检验了标杆式产品开发策略与从众式产品开发策略对参与者绩效的影响，以及平台特征的边界作用；回答了在不同特征的平台生态系统中标杆式与从众式两种产品开发策略的绩效表现如何的问题。本章还引入了两个调节效应：平台生态系统的结构特征平台复杂度和平台生态系统的演化特征平台更新。本节在对比了现有研究后得出了研究结论并总结了理论贡献。

一、研究结论

（1）在平台情境中，模仿其他企业开发产品的策略仍然适用，参与者采用标杆式与从众式产品开发策略对其绩效均有一定的促进作用。企业在开发和引入新产品时面临众多的不确定因素（Milliken，1987；Miric and Jeppesen，2020），此时的管理者难以评估所做决策带来的结果和状态（Milliken，1987），因而管理者很有可能会模仿市场上其他企业开发产品。在平台情境中，为平台生态系统提供互补品的参与者在开发产品时同样存在不确定性，该参与者也可通过模仿平台中的其他参与者而开发出自己的产品。我们的研究表明：在平台生态系统中，参与者在开发产品时模仿其他企业的策略是可行的，对其绩效有一定的提升作用。

（2）参与者采用标杆式产品开发策略有助于提高短期绩效，而采用从众式产品开发策略有助于提高长期绩效。具体来说，参与者采取标杆式产品开发策略会向消费者传递出关于产品质量和企业能力的正向信号（Lieberman and Asaba，2006），消除参与者与用户之间的信息不对称（Wells et al.，2011），从而促进消费者购买。但标杆式产品开发策略的信号传递机制只是在短期起作用，因此它正向影响参与者的短期绩效。参与者采用从众式产品开发策略会带来合法性，可以获得产品开发和扩张的所需资源（Zimmerman and Zeitz，2002；郭海等，2020）以及整个平台成员的认可。上述获得合法性以及让合法性发挥作用的过程都需要一定时间（周业安，2000；Tost，2011），因此从众式产品开发策略正向影响参与者的长期绩效。

（3）不同平台特征的差异会影响两种产品开发策略对参与者绩效发挥

作用的边界，其中平台复杂度的边界作用尤为明显。具体来说，平台复杂度和平台更新都会减弱标杆式产品开发策略对参与者绩效的影响，但平台复杂度的增加甚至会使标杆式产品开发策略对参与者绩效的影响由正转负。另外，平台复杂度增强了参与者从众式产品开发策略对其绩效的影响。平台复杂度衡量了系统各组件（主体）之间相互依赖与互动的复杂性程度（Kapoor and Agarwal，2017），平台复杂度影响了信号的可观察性，也通过增加信号传递的不匹配程度而降低了信号的有效性。平台更新是指平台代际转换（Kapoor and Agarwal，2017；Cennamo，2018），它改变了参与者与平台交互的规则，从而降低了信号的有效性。平台复杂度增强了参与者从众式产品开发策略对其绩效的影响。在复杂度高的平台中，各主体之间的交互更加频繁、依赖性更强。在这种情况下，参与者从众带来的合法性更为重要。

二、理论贡献

（1）本章关注参与者的产品开发策略，丰富了平台生态系统中对参与者战略行为的研究。在平台生态系统研究视角里，不仅需要关注主导者的治理决策，还应该关注参与者的行为决策等议题（王节祥和蔡宁，2018）。然而，现有研究忽视了参与者的能动性。本章对参与者产品开发策略的研究不仅有助于丰富该领域有限的经验研究，还可以改善现有文献对平台生态系统运作微观过程的有限理解（Brusoni and Prencipe，2013；Panico and Cennamo，2022）。

（2）本章通过运用信号理论与合法性理论来解释产品开发策略对参与者绩效的影响，有利于整合不同理论领域的现有研究。运用信号机制是卖家传递产品质量信息的重要手段，而管理者可能会通过模仿其他人而发出关于自己（或公司）质量的信号（Lieberman and Asaba，2006）。因此，本章从信号传递角度解释了企业标杆式产品开发策略。制度学派的合法性理论是用来解释组织趋同现象的，本章将其用于解释企业从众式产品开发策略。从信号理论与合法性理论两个理论视角更能清楚地解释两种产品开发策略与参与者绩效的关系。

（3）本章将平台情境引入信号理论与合法性理论，有利于拓展信号理论与合法性理论的应用情境。本章结合信号理论与合法性理论探讨了不同产品开发策略在不同平台情境下的绩效差异。首先，本章将信号理论与合法性理论相结合，用于解释参与者采用标杆式与从众式产品开发策略对其绩效的影响。其次，本章引入平台的结构特征平台复杂度和平台的演化特征平台更新，探究两种产品开发策略对参与者绩效发挥作用的边界条件，拓展了信号理论与合法性理论的应用情境。

（4）本章采用的大样本研究方法丰富了平台生态系统中的数据实证研究。对平台生态系统的实证研究确实存在一定的难度，目前关于平台生态系统的研究大多是理论研究与案例研究，缺少定量实证研究（龚丽敏和江诗松，2016）。本章采用大样本的方式对平台生态系统中参与者的产品开发策略进行了实证研究，丰富了平台生态系统有限的数据实证研究。

第十六章　平台生态系统参与者
治理的管理启示

　　本章希望回答的问题是，对平台生态系统参与者（简称"参与者"）战略的理论分析、案例研究和量化研究所形成的结论，对企业实践有什么样的启发，在政策监管和服务层面有何参考价值。

第一节　战略认知：激发参与者能动性意识

一、打破对参与者唯平台"马首是瞻"的固有认知

　　面对平台主导者，参与者在制定战略时需要充分发挥自身能动性。鉴于平台生态系统在数字经济时代的强大影响力，不少参与者认为：只要加入平台生态就可以"万事大吉"，然后借助其流量优势轻松实现企业扩张。然而，并不是所有参与者都能从生态发展中获利，平台生态系统内参与者的绩效实际上呈现高度分化的趋势。在平台企业的统一规则治理下，一部分参与者大获成功，比如依靠淘宝平台发展起来的三只松鼠、韩都衣舍等淘宝品牌；而另一部分参与者则在盈利边缘挣扎，更有甚者因为影响到平台企业自身利益而被"封杀"，比如蘑菇街在增强自身导流能力的过程中，因为威胁到淘宝的流量入口而被平台无情抛弃。上述产业实践案例均说明：参与者不能盲目遵守平台企业的治理安排，即不能唯平台"马首是瞻"；参与者要想提高绩效，就必须充分发挥自身能动性，在竞争激烈且瞬息万变的平台生态环境下及时调整战略方向，为企业赢得战略先机。

　　本篇通过案例研究和量化研究表明：参与者可以通过预判自身与平台企业的关系演变方向来发挥能动性，进而提前做出响应。由于不同生态的竞争强度、消费需求、供给结构等因素的改变，因而平台企业的治理策略

会视情境发生改变。此时，参与者最好的选择是对平台企业的治理策略做出预判，并更新自身战略决策以适应平台生态系统的发展方向，从而确保参与者对平台生态系统的互补性。如果参与者没有及时变动自身战略，一旦平台生态系统的战略情境发生改变，参与者对平台企业的互补性和依赖度就会随之演变，进而导致参与者对解耦战略做出调整。此外，参与者也在不断成长，这不仅会改变其可选的战略集，也会改变参与者对平台企业互补性和依赖度的相对水平。此时，参与者需要警惕平台企业对其可能采取的治理行为，判断自身成长是否会影响双方合作关系；同时，尽可能通过战略级业务来培养企业的核心能力，将其对平台企业高度依赖的风险降至最低。因此，参与者应该预判自身与平台企业互补和依赖关系演变的方向，率先布局、主动作为，而不是简单的事后应对。

二、对参与者的关键挑战是处理好与平台企业的互补和依赖关系张力

对每一个参与者来说，处理好与平台企业的互补和依赖关系张力是其发展过程中不可回避的难题。不少产业实践者认为：上述矛盾关系难以平衡。一方面，如果参与者提升了对平台企业的互补性，那么其对平台企业的依赖度也会随之上升。在权力不对等的平台生态系统内，由于参与者缺少议价能力，即便其对平台企业高度互补，也不能从平台企业主导的生态系统中获利。另一方面，如果参与者降低了对平台企业的依赖度，那么其对平台企业的互补性也会随之降低。这会减弱参与者为平台生态系统开发产品和服务的能力，使得其对平台生态系统的价值日渐下降，容易在未来被平台企业排除在外，并倒逼参与者重新加大对平台生态系统的投入程度。对此，参与者在提升绩效时需要整合考量互补性和依赖度，关键是要在提升对平台企业互补性的同时，降低对平台企业的依赖度。

本篇通过案例研究归纳了三大解耦战略，为参与者解除互补和依赖关系的耦合变化提供了策略支持。首先，多重身份战略。参与者可以开发多元业务，在同一生态内利用多子群来改变与平台企业的关系。此时，该战略既增强了参与者的产品和服务供给能力，又分担了单一产品和收入获取方式的脆弱性风险，从而实现了对平台企业互补性和依赖度的解耦。其次，多栖定制战略。参与者可以同时入驻不同平台生态，通过跨越多个生态来改变与平台企业的关系。此时，该战略既增强了参与者针对特定平台进行产品和服务差异化开发的能力，又培育了参与者的适应能力，形成了多方式、多来源的收益获取，从而实现了对平台企业互补性和依赖度的解

耦。最后，平台镶嵌战略。参与者在不脱离原有生态的基础上，通过嵌入外界的共生子平台来构建与生态外部主体的连接，借以改变与平台企业的关系。此时，参与者作为连接外部用户加入平台生态的重要基础区块，既提升了对平台企业的互补性，又降低了对平台企业的依赖度。总之，参与者在处理与平台企业的互补和依赖关系时不应局限于双边视野，需要关注平台生态系统的多边关系架构特征，通过利用多边关系来改变其与平台企业的二元关系张力。

三、参与者应关注所处平台生态系统的特征

参与者应关注所处平台生态系统的特征，及其对战略能动性发挥的长期影响。本篇的案例研究涉及腾讯和阿里巴巴两大生态，并表明参与者会有针对性地采取不同的战略导向。相比较而言，阿里巴巴的核心领域是电商，伴随淘宝、天猫等业务的拓展，早已搭建了完整的生态架构；腾讯的核心领域是社交和游戏，尽管其在电商领域进行过多次业务探索，但总体来说缺乏基础架构。因此，从事电商业务的参与者对腾讯平台的互补性会高于对阿里平台，而参与者对阿里平台的依赖度会高于对腾讯平台，这使得参与者在阿里平台的关系处理压力会更大。由此可见，平台生态系统的特征会对参与者战略能动性的发挥产生长期影响，参与者从生态选择开始就要思考解耦的可能性。

此外，不同平台生态系统的复杂程度和更新速度也会影响参与者的产品开发策略。本篇通过量化研究指出：参与者可采用标杆式和从众式产品开发策略来实现绩效提升，即通过模仿平台生态系统中的标杆参与者或是模仿大多数参与者来开发产品。然而，当平台生态系统的复杂程度较高且平台战略更新速度较快时，参与者就不适合模仿标杆企业的产品开发策略了。一方面，较高的平台复杂度会增强平台企业与核心参与者之间的依赖和互动频率，使得标杆企业的产品开发策略难以被其他参与者迅速理解；另一方面，较快的平台战略更新会促进平台生态系统内规则的变动，即便是标杆企业在短时间内也难以迅速调整产品开发策略，因此不适合被其他参与者模仿。在该情形下，参与者适合采取从众式产品开发策略，即通过模仿大多数企业的产品开发策略来取得平台生态系统内多边用户的认同。因此，参与者需要根据自己所在平台生态系统的特征来合理选择产品开发策略。例如，在复杂程度非常低的 iOS 生态系统中，参与者在开发应用程序时，如果模仿标杆企业更有可能带来短期绩效的提升；而在复杂程度较

高的 Android 操作系统中，跟从大多数参与者更有可能带来长期绩效的提升。

第二节　实施要点：思考共创、共生、共演战略框架

对参与者而言，重点是能够站在生态系统的高位视角，思考生态系统的整体架构和演进动向，以及自己应以何种方式为生态系统创造价值，才能从生态系统中获取价值。基于此，本节提出了参与者与平台企业共创、共生和共演的战略框架（如表 16-1 所示）。产业实践者可以根据该框架对平台生态演化的不同阶段进行综合研判，以此确定自身的主要战略目标。接下来，本节将对参与者战略与平台生态演化的耦合框架展开具体解释。

表 16-1　参与者的战略框架

平台生态演化的阶段	参与者战略	平台特征
共创	**拥抱平台/快速做大** 选择相匹配的平台加入，通过价值观契合度判断、资源能力对接和碰撞，快速成长为生态"头牌"	**松** 提出全新价值主张，吸引大量参与者加入共创，迈过临界规模，激发网络效应，实现快速做大
共生	**率先布局/互补创新** 预判生态价值升级的方向，提前布局，与平台共同投入，避免过度依赖或造成威胁，持续获取生态红利	**紧** 在价值升级的关键领域，与参与者共同投入、紧密协作，提升生态竞争力，增加用户黏性，实现商业变现
共演	**洞察新机/生态多属** 评估现有生态找寻新价值的方向和速度，把握新平台涌现的机遇，同时开展从参与者到生态主导者的尝试	**有松有紧** 寻找生态新价值，实现"二次曲线"增长。鼓励参与者跟进和加大参与者共同投入并举，加快扩张步伐

在平台生态的创建阶段，参与者需要快速拥抱平台、享受初期政策红利。在该时期，平台生态结构正处于"松"周期，平台企业为谋求在竞争中快速做大以及弥补自身短板，会吸引和扶持大量初始玩家进入，希望与参与者一起为用户共创一种新的价值生态。此时，参与者应选择加入与自

身产品和服务能力相匹配的平台生态，充分利用平台生态内的流量优势来做大企业规模，努力成为平台生态内的"头牌"玩家。

在平台生态的成长阶段，参与者需要顺应平台的经营规则调整，做到率先布局、拥抱创新。在该时期，不同平台间具有相同价值主张的子生态竞争日益趋强，生态结构进入"紧"周期。平台企业开始利用自身的技术积累和地位优势，通过整合行动进行一体化发展，希望与参与者开展紧密的创新合作，产生适宜用户的新产品和新服务，实现价值升级。此时，参与者应在平台生态的薄弱环节发力，与平台企业共同投入并开展互补创新，避免单方面投入带来的能力增长对平台造成威胁，或者单方面投入增加了对平台的依赖，导致受到平台要挟而难以持续从生态中获利。

在生态扩张之后的阶段，参与者需要积极评估现有生态找寻新价值的方向和速度。在该时期，原生态价值进入增长瓶颈，平台需要谋求新的价值增长点，不断包络新的平台功能，实现"第二曲线"增长，因而生态结构"有松有紧"。一方面，为了保持平台模式、做大生态、激发网络效应，靠平台自身是不可持续的，需要吸引更多参与者加入，这意味着平台需要"松"。另一方面，探寻新价值的过程充满不确定性，大量参与者会犹豫观望。为了实现"冷启动"，平台需要和参与者共同投入探索示范工程、构建新的平台功能区块，这意味着平台需要"紧"。此时，参与者不再是早期的小玩家，自身也具备了多生态运营的能力，因此需要和平台企业共同演化，既把握新平台涌现的机遇，又同时开展从参与者到生态主导者的尝试。

在此基础上，本节提出了参与者战略实施的三大关键要点：

首先，参与者要有平台生态系统的全局观。竞争不再是某些企业之间的竞争，而是数个拥有不同理念、不同未来观的商业生态系统之间的竞争。参与者之所以是参与者，就是因为自己的能力或格局有限，否则就应该肩负起主导者的角色，搭建平台和引领升级。参与者不要在"要不要加入"生态系统的问题上拖延，而应是主动学习、加快理解不同生态系统的愿景、价值观、战略运行逻辑和对参与者的能力需求，选择与自身价值观更相近、更互补、更能共创价值的生态系统加入。

其次，参与者对平台的特征及其演变要有预判和评估。参与者在选择适当的生态系统加入后，还要评估该生态系统的发展阶段，预判"松""紧"。这种预判可以依托本章发展的框架，当平台"做不快、做不好、做不了"时将由"紧"变"松"，当平台"应该做、可以做、想要做"时将由"松"变"紧"。参与者应评估平台演化的速度，把握好共创、共生、共演的节奏，在共创阶段拥抱平台、快速做大，在共生阶段率先布局、互补创新，在共演阶段洞察新机、生态多属。

最后，参与者需要认清数字时代的合作关系正在从控制走向协同。从表面上看，一些平台对所投资的企业采取了较为松散的合作方式，另一些平台则在并购后紧密融合。然而，从更全局的视角看：一方面，这可能与所投资企业是不是从事了平台的核心业务有关；另一方面，可能与平台在该领域能力不足而需要依靠被投资企业达成战略目标有关。对大平台而言，在数字化扩张中采取平台生态系统治理都是有利的。目前，基于股权的"紧"合作都是为了加快商业操作系统的打造速度，谁能更早向行业推广，谁就能依托操作系统占据场景和数据，从而拓展到更大生态、获取更大价值。参与者不应简单看表面、看当下，而应看本质、看未来，其关键不是"松""紧"控制方式，而是选择能更快创造出更大价值的平台生态，以实现价值共创。

第三节　政策建议：构建多主体参与的数据治理体系

政府部门需要意识到参与者在平台生态系统中扮演着重要作用，而不能单纯关注平台企业。激发参与者创新十分重要，而构建基于数据的治理体系是关键，是新业态、新模式涌现的土壤所在。基于此，本节将立足浙江，阐述如何构建多主体参与的数据治理体系，同时以直播电商等新业态为例，提出相应的对策建议。

一、构建多主体参与的数据治理体系

多主体参与的数据治理体系不仅有助于数据平台的生态发展，同时有利于加快政府的数字化转型。为此，政府要通过部门之间的信息充分共享和流程集成优化，重塑政府组织架构和职能配置模式，促进平台型、数据型、开放型、服务型政府的全面建设。要加快数据开放共享，需要从理念、制度、技术、平台等层面着力，优化多主体参与的数据治理体系。

（一）加强数据开放的理念宣传和人才培养

加强对数据开放过程中的数据需求及其来源、数据开放标准与数据质量、数据权利与保障、多主体有序参与等问题的研究和宣传，提升社会各

界对数据开放的认可度。着力培育数字赋能理念，大数据时代的社会治理需要与之匹配的大数据思维，也就是不断加强各主体的服务型思维、实效性思维、共享性思维、开放性思维，培养全社会的大数据治理文化。综合内部选拔和外部选用等多种手段，弥补专业条线和技术条线之间的鸿沟，加快复合型数据专业人才培养。加强数据开放规划设计、需求挖掘梳理、数据质量治理、网络数据安全等人才队伍的培育与引进，加强与高等院校、研究机构和互联网企业的合作，探索多元化人才补给模式，加强各级数字化人才储备，为数据开放共享和数字政府建设提供智力支撑。

（二）加快数据开放的制度落地和模式创新

加快推进《浙江省公共数据开放与安全管理暂行办法》在各市（县、区）的落实，根据各地的特点和需求推进特色数据开放，提升数据开放共享的标准、规范程度。根据实践发展动态调整优化和积极修订相关政策条例，并系统总结浙江经验，为在国家层面推出具有调控功能的数据开放政策框架贡献力量。明确政府数据开放的主要目标是满足公众对数据的需求，并以此为基础创造经济和社会价值，提升公众参与治理水平。建立容错机制，为创新者提供稳定、可靠的发展环境。根据采集和保存等环节差异进行数据分类，进而明确免责范围、制定事项规范。在机制上统筹各地试点，在全省层面复制推广有效做法，对各地试点创新成果进行总结提炼，形成统一、规范的推广落地标准，加快巩固各地建设成果，不断提升认识和解决复杂问题的能力，减少重复建设。

（三）优化数据开放的技术标准和界面规则

根据已出台的全国性政策框架，制定统一的应用软件标准，加快构建数据开放共享应用标准规范体系。一方面，要提升数据脱敏算法的技术水平，在运用大数据技术对数据资源进行开放及创新应用的过程中，特别需要注意对敏感数据的处理，制定数据脱敏的规则和要求，保证部分敏感数据在实施技术保护的情况下能够实现开放；另一方面，要完善和提升开放政府数据的标准，保证开放数据的完整性、准确性、原始性、机器可读性、非歧视性、及时性，使其便于在线检索、获取和利用。此外，要加强数据质量监管，在科学编制数据目录、梳理数据的基础上，利用先进的管理和信息技术，充分保证数据的完整性、准确性、一致性和时效性。

（四）建设一体化数据开放平台和生态体系

数据开放共享和业务协同离不开统一高效的数据开放平台，数据开放平台是推动数据管理从碎片化、无序化向集约化、规范化转变，形成共

建、共治、共享的数据治理格局的重要载体。从平台建设层面来看，要加
快政府一体化数字平台建设，形成整体协同、统分结合、多层互动、优势
互补的一体化数据支持架构体系，协调对接国家和省、市系统的纵向关系
以及同级政府不同部门条线之间的数据收集、整合、互通和应用，加快公
共数据与企业数据的协同共享，实现政府、企业、市场、个人等主体的互
联互通。从平台运营角度来看，要明确各类主体在数据生态中的权责边
界，政府要主导收集、存储和公开数据以及政府数据开放平台建设等核心
工作，同时需要考虑政策法规的体系设计问题，支持和鼓励企业与社会公
众充分开发利用数据资源、开展创新，企业运用大数据技术对数据资源进
行开放及创新应用，社会公众参与数据应用的社会治理并反馈信息。其
中，政府还要注意理顺数据开放中的利益分配机制。

二、对参与者治理的监管建议——以直播电商生态为例

近年来，我国数字经济发展迅速，成为驱动经济增长的主动力、主引
擎。特别是伴随着数字技术在生产、分配、交换、消费环节的全面渗透，
新业态、新模式加速涌现，为经济的高质量发展注入了强大活力。在疫情
期间，直播经济、远程医疗、在线教育、协同办公等新业态、新模式迎来
了重大机遇并逆势上扬，在战疫情、保稳定、强治理中发挥了不可替代的
积极作用。特别是直播电商新业态，在蓬勃发展的同时也吸引了广大参与
者加盟共创，这使得该业态面临着税收监管难、消费者权益保护不足等方
面的问题。本节以直播电商业态为例，提出未来监管与服务相融合的发展
建议，以便有效促进平台生态中的参与者治理。

(一) 构建分类发展体系，激发参与主体活力

构建高效全面的分类监管体系，有利于激发直播电商生态中不同参与
主体的发展活力。目前，直播电商生态呈现高度复杂性，既表现为"直
播＋电商"的多业态性，又表现为职业主播、品牌商主播以及个人主播的
多主体性。针对如此复杂的参与主体，宜构建分类监管体系来实施针对性
激励，并在以下方面展开探索：一是明确政府和平台企业的监管权责分
配，引入"元监管"视角，政府监督平台、平台监督企业（MCN机构、
品牌方等）、企业约束个人（主播及其他从业人员）。二是市场监督和产业
发展部门委托第三方尽快联合发布细化的行业规则，明确"正面清单"和
"负面清单"，让平台和企业有矩可循。三是加强正向引导，打造电商主播
发展合规示范，在全省范围内打造绿色直播间，力争成为全国性示范直播

间。通过上述政策完善，使处于不同业态内的多元主体都能受到监管激励，由此携手推进直播电商产业的发展。

（二）发挥行业协会作用，引导行业健康发展

充分发挥直播电商协会的领头作用，为行业健康发展积极保驾护航。当前，直播电商产业的马太效应有所减弱，逐渐呈现百花齐放的局面，腰部主播的潜能被激发。但与此同时，处于腰部、尾部的中小型直播团队主播也面临经验匮乏、选品困难、缺少成熟供应链等问题，表现为增长乏力和规范不足，头部企业仍应发挥其在行业标准建设、乡村振兴、行业示范等方面的重要作用。同时，由于主管部门不确定，所以与电商直播相关的企业加入了较多行业协会，但唯独缺乏完全对口的行业协会。因此，应当尽快明确直播电商的主管部门，并成立相应的行业协会，明确其挂靠单位，并发挥行业自律作用，同时畅通政企发声渠道，让行业协会成为监管部门了解信息的重要助手，调动直播电商企业参与第三次分配的积极性，发挥直播电商企业在共同富裕、脱贫攻坚中的积极作用，促进整体行业有序、健康发展。

（三）服务统一大市场建设，拉齐直播电商监管水平

统一大市场是我国经济建设的重要战略目标，直播电商产业亦要为其服务，并在监管层面率先做到全国统一标准。为促进要素市场高速、有效地转换为产品和服务产出，建设超大规模的国内统一市场是当下的潮流趋势。在以往的产品市场中，由于涉及大量企业的参与和竞争，以及部分地方保护政策的实施，各地在无形之中已树立起产品市场的竞争壁垒，导致产品市场无法充分发挥其配置作用。《中共中央、国务院关于加快建设全国统一大市场的意见》指出：要加快推进智慧监管，提升市场监管政务服务、网络交易监管、消费者权益保护、重点产品追溯等方面跨省通办、共享协作的信息化水平。为此，作为网络交易的典型代表，直播电商产业应当率先建立统一监管体系，明确监管部门和监管要求，拉齐地区、平台差异，只有这样才能从根本上规范直播电商行业的示范行为，并为我国统一大市场建设做出重要贡献。

（四）构建数字化监管体系，探索监管工具创新

直播电商监管难题不仅体现在权责划分上，还体现在媒介形态的升级带来的技术难题上，因此要实现高效的直播电商监管，还需要探索新的数字化监管手段。为此，相关部门需要从以下几方面着手：一是加强事前、事中和事后监管，如阿里巴巴集团淘宝直播平台上线脚本预审、主播合规码等事前预防机制，并将直播视频留存 3 年，公开允许消费者查看 1 年内的直播回放，确保事后可追查。二是加强精准监管，如成都市食品药品监督管理局抓取美团、饿了么等外卖平台用户评价数据，利用人工智能技术分析其中包含的食品风险信息，然后再向平台提出精准监管要求。以上述工具创新和数字赋能构建数字化监管体系，可以保障直播电商产业在数字经济时代的稳步发展。

第五篇 数字化新情境与平台生态系统治理

数字技术从消费端向产业端延伸，大量传统产业正在尝试通过数字化转型寻找新的价值增长点。在这一过程中，平台生态系统依然扮演着重要的支撑作用，并开始从消费互联网平台迈向产业互联网平台。一方面，产业互联网平台常常是深耕细分赛道，在这种情况下，传统快速做大的平台成长逻辑是否仍然适用？其业务边界和平台生态开放度治理与以往有何不同？另一方面，构建产业互联网平台生态离不开行业内原有企业的经验诀窍。如果平台企业继续沿用个体整合的思维，将很难推动产业互联网平台生态的形成和持续健康发展。在此背景下，参与者要如何把握机遇，与平台企业开展共创？

本篇是在数字化新情境下对平台生态系统治理、边界开放度治理和参与者治理议题的拓展分析，涵盖以下四章内容：第十七章对数字技术特征和传统企业数字化转型研究进行系统回顾，洞察数字平台生态系统与传统平台生态系统的差异，进而挖掘数字化新情境下平台生态系统治理的研究趋向；第十八章通过纵向案例研究，分析数字化新情境下平台企业边界治理和生态开放度治理的演变；第十九章通过纵向案例研究，指出传统企业作为参与者，要如何处理好与平台企业的关系，并利用数字技术推进业务转型。第二十章根据理论分析和案例研究结论，对数字化新情境下的平台生态系统治理提出相应的管理建议。

第十七章　理论分析：
数字化转型与平台生态系统治理

数字化新情境下的平台生态系统治理有何独特性？要了解这一点，对数字化新情境的内涵和特征进行剖析十分必要。首先，本章对企业数字化转型的内涵、策略等进行回顾。随后，本章对数字技术特征进行了梳理和提炼，旨在了解数字技术在数字化转型过程中的作用。最后，本章引入了数字平台架构，以便在挖掘产业数字化的背景下，找到深化平台生态系统治理研究的切入口。

第一节　企业数字化转型研究

随着数字技术的广泛应用，数字化转型成为新时代企业发展的必然趋势，深刻改变了企业的产品和创新行为（池毛毛等，2020；刘意等，2020；肖静华等，2020；谢康等，2020），可以推动业务高质量发展（赵宸宇，2021）、优化企业流程管理（陈剑等，2020）、全面提升组织生产效率（李唐等，2020），为企业绩效带来新的增长点（傅颖等，2021）。

从研究的数量看，数字化转型研究受到了持续关注。近年来，国内外对此的研究大幅增长（谢康等，2020；张玉利等，2021；Rahrovani，2020）。从研究的质量看，针对"数字化转型"与"数字化"等主题的研究频繁出现在 SMJ（*Strategic Management Journal*）、MISQ（*Management Information Systems Quarterly*）、《管理世界》、《中国工业经济》等国内外顶级期刊上，成为管理学界的重要议题（陈剑等，2020；陈冬梅等，2020）。从研究的内容看，针对企业数字化转型的概念与理论框架构建的研究居多（Yoo et al.，2012；Vial，2019），针对其过程与机制探索的研究正在不断涌现，相关研究处在快速增长期。

在概念与理论框架的研究方面，研究探讨颇多，对数字化转型的定义层出不穷（如表 17 - 1 所示），迫切需要形成共识。例如，Chanias 等（2019）认为：数字化转型是一种由信息系统推动的业务转型，涉及结构和组织转型、信息技术使用、产品和服务价值创造，进而引发调整或产生全新的商业模式。Furr and Shipilov（2019）认为：数字技术可以促进组织内部效率的提升，但其更重要的价值在于对新兴市场机遇的开垦和挖掘，即数字化转型既要应用数字工具提升效率，又要发现和抓住数字化带来的新机遇。陈劲等（2019）进一步指出：数字化转型是建立在数字化转换、数字化升级的基础上，触及公司核心业务，以新建一种商业模式为目标的高层次转型。

本章通过对文献的梳理发现：数字化转型的定义大多围绕"定位、过程与目标"展开。其中，"过程"是核心特征，这也凸显了数字化转型的动态性（崔淼和周晓雪，2021；单宇等，2021）。Vial（2019）将数字化转型定义为主体通过整合使用信息技术、计算技术、沟通技术和连接技术对其经营活动进行重要变革的过程。数字化转型的定义应抓住"数字技术"和"作用对象"两个本质，它们强调了在企业数字化转型的过程中数字技术如何重构企业的经营活动。

表 17 - 1　数字化转型的定义及特征

代表性文献	数字化转型的定义	特征
Chanias 等（2019）	对于数字化转型前的组织来说，数字化转型是一种由信息系统推动的业务转型，涉及结构和组织转型、信息技术使用、产品和服务价值创造，进而引发调整或产生全新的商业模式	定位、过程、目标
Furr 和 Shipilov（2019）	数字化转型既要应用数字工具提升效率，又要发现和抓住数字化带来的新机遇	定位、过程
Gurbaxani 和 Dunkle（2019）	数字化转型需要重塑公司愿景、战略、组织结构、流程、能力和文化，以适应不断变化的数字业务环境，不仅改变了公司，而且重新定义了市场和行业	过程、目标
陈劲等（2019）	数字化转型是建立在数字化转换、数字化升级的基础上，触及公司核心业务，以新建一种商业模式为目标的高层次转型	定位、目标
Vial（2019）	数字化转型是指组织通过整合使用信息技术、计算技术、沟通技术和连接技术对其经营活动进行重要变革的过程	定位、过程、目标

续表

代表性文献	数字化转型的定义	特征
Warner 和 Wager (2019)	数字化转型是一个持续的战略变革过程，它利用数字技术进步更新或取代组织的商业模式、协作方法和文化	定位、过程、目标
孟凡生和赵刚 (2018)	数字化转型是指对制造企业内部设备和工作流程的全面优化，并在企业产品的全生命周期建立共享数据库，然后通过数据处理，形成有用信息，再利用相关数据和信息模拟实际生产过程，最后对生产过程实行数字化管理，使生产过程达到最优	定位、过程、目标
Hinings 等（2018）	数字化转型涉及几种数字创新的综合效应，这些创新会带来新的参与者及群体、结构、实践、价值观和信念，它们改变、威胁、取代或补充了组织领域内现有的游戏规则	定位、过程、目标
Li 等（2018）	数字化转型是由信息技术促成的转型，包括业务流程、操作流程和组织能力的根本性变化，以及进入新市场或退出现有市场	定位、过程、目标
Hess 等（2016）	数字化转型涉及数字技术在企业商业模式中所能带来的变化，这些变化会引致产品或组织结构改变或者实现过程自动化	定位、过程、目标

第二节　数字技术特征研究

在数字化转型的过程与机制方面，相关研究仍处于起步阶段，因而发展空间巨大。根据 Vial（2019）的定义，数字技术及其作用对象是企业数字化转型的关键。一方面，数字技术的发展是企业数字化转型的重要推动力（陈冬梅等，2020）。理论研究对于数字技术的本质特征进行了广泛的讨论，正在达成共识。在成熟企业数字化转型研究中，学者关注通用、沃尔沃、波音等企业基于数字技术的可供性、自生长性和开放度等特征，利用其信息、连接和分析能力（Lenka et al.，2017），对自身流程和结构进行变革（Svahn et al.，2017），并发展出数字化赋能等概念（Cui et al.，2017）。Teece（2018）指出：数字技术具有持续改进和赋能互补品创新的特征，其发展和应用将对企业的创新创业和战略产生巨大影响（Nambisan et al.，2019）。

现有大量研究讨论了数字技术特征（如表 17 - 2 所示），对于关键特征已逐渐形成共识。Yoo 等（2010）指出：数字技术具有两大本质特征：数据同质化（data homogenization）和可重新编程性（reprogrammable functionality）。数据同质化强调数字技术的简洁性、便利可视；可重新编程性强调数字技术的可修改、可拓展。刘洋等（2020）认为：数据同质化和可重新编程性是数字技术最底层的特性，因为有这样的特性，所以数字技术具备极高的可供性，并为企业经营活动重构提供了广阔空间。

表 17 - 2　数字技术特征对比

代表性文献	研究领域	基本数字技术特征
Yoo 等（2010）	数字创新	数据同质性、可重新编程性、自我参照性
余江等（2017）	数字创新	自生长性、模块化
Nambisan 等（2017）	数字创业	可变性、物质性、自生长性和涌现性
Huang 等（2017）	数字创业	灵活性、功能和形式的分布性、内容和媒介的分布性
Adner 等（2019）	战略管理	呈现性、连接性、聚合性
陈冬梅等（2020）	战略管理	数字孪生、无限收敛性、自我迭代性
Yoo 等（2012）	创新管理	数据同质性、可重新编程性、收敛性、自生长性
刘洋等（2020）	创新管理	数据同质性、可重新编程性

另一方面，数字技术的作用对象正在从内部管理协同走向产业生态协同，而这正是传统企业推进数字化转型的要义。少量研究考察了单个组织内部的数字化转型过程（Sandberg et al.，2020），Sebastian 等（2017）提出通过数字技术引导客户参与或预测客户需求是传统企业数字化转型的有效方案。类似地，Du 等（2016）为后进公司提供了利用数字技术重新配置闲置资源的四阶段过程模型。Remane 等（2017）开发了一个模型，可供管理者系统地分析和发现其组织在传统行业中的数字商业模式。然而，这些研究并没有体现出当下数字化转型更本质的特征，即从企业内部管理协同走向更大范围的产业链多主体协同。最新的研究已开始对此给予关注，关注数字平台对企业数字化转型与创业企业活动的支撑和影响（Li et al.，2018；Cutolo and Kenney，2019；孙新波等，2022；Xie et al.，2022）。通过加入数字化平台，企业可以利用平台的基础架构资源和能力共享，实现快速变革（Wang and Miller，2020）。

　　但是，在平台生态系统中多主体协同的挑战极大，比如创业企业的企业家既要当好创业领导者，又要找准企业在生态系统中的定位，这种双重角色可能存在冲突，进而产生负效应（Nambisan and Baron，2021）。研究表明：参与者与平台企业协作方能持续发展，否则平台生态系统将面临崩溃（Ozalp et al.，2018；Gawer，2021）。因此，在数字平台生态系统中，治理的重要任务依然是处理和参与者之间的共创关系，只是数字技术会发挥更重要的作用。

第三节　数字化新情境下平台生态系统治理研究

　　在数字化新情境下，对平台企业视角和参与者视角需要并重。梳理相关文献可以发现，从平台视角出发的研究较多（Gawer，2014；McIntyre and Srinivasan，2017），从参与者视角出发的研究在近两年有所增长（Rietveld and Eggers，2018；Wen and Zhu，2019；Zhu，2019）。从平台视角出发的研究主要关注平台如何破除"鸡生蛋"难题，也就是促进参与者的创新投入，激发网络效应，实现"赢家通吃"（Rochet and Tirole，2006；Eisenmann et al.，2011；Cennamo and Santaló，2013）。该视角下的研究也开始关注平台生态系统治理需要考虑平台企业与参与者的互动。但总体而言，现有研究主要强调平台主导者如何影响和激发参与者的互补创新，并没有将参与者摆在一个"共创主体"的位置，而这对于产业数字化进程是十分关键的。

　　在平台研究中，激发网络效应是重要的发展目标（Gawer，2014）。网络效应是平台企业的核心特征（Caillaud and Jullien，2003；Rochet and Tirole，2003），即用户从平台获取的价值会因为平台上其他用户的增加而增加（Katz and Shapiro，1985）。一旦平台增长突破临界规模，网络效应的正反馈被激发，平台价值就会伴随着规模增长而急剧递增。同边和跨边网络效应会极大地增加用户的转移成本（Farrell and Klemperer，2007），拥有更大规模的平台有望赢得整个市场，即平台市场容易形成"赢家通吃"的竞争格局（Lee et al.，2006）。为此，平台或是采取免费补贴策略来吸引用户（Hagiu，2009）；或是提高开放度，增加互补品的种类和数量（Boudreau and Jeppesen，2015）；或是采取"包络策略"，将业务范围扩展到相邻市场（Eisenmann et al.，2011），用以扩大平台规模。

网络效应理论的前提是用户规模的增长会带来平台整体价值的增长，但网络效应可能出现衰减（王节祥等，2020）。例如，在知乎平台上的用户数量增多会导致信息冗杂，从而降低了原有用户的价值。对深耕产业细分领域的数字平台而言，这一现象更为普遍。研究表明：网络效应只是平台的外生变量（Jacobides et al.，2018），因此网络效应只能在平台启动的早期帮助积累用户，但无法为平台和参与者带来持续的价值创造（彭毫和罗珉，2021；McIntyre and Srinivasan，2017）。网络效应的解释力有限，因为现有研究仅关注了网络内的用户数量，而忽略了网络的其他特征，如成员间联系的强度、网络的密度等（Jacobides et al.，2018；Panico and Cennamo，2022）。尤其是在产业数字化新情境下，平台的用户和参与者都是企业端用户，这些用户的决策理性、偏好独特，一旦加入平台就不会轻易离开，因此数字平台的网络效应激发速度慢，但参与者一旦加入平台就不会轻易离开。

以往的平台研究较多关注基于网络效应的快速做大战略，但这一成长战略并非普遍适用。当平台用户偏好独特时，用户规模增长带来的网络效应容易出现衰减（Song et al.，2018；王节祥等，2020）；此时，平台企业如果追求在短期内快速做大用户规模，并不能带来平台价值的增长，而只是用户流量的短期汇聚。一旦停止免费、补贴等策略，平台就会陷入成长危机。产业平台常常定位于细分市场，这些市场中的用户偏好独特，因此他们会主动限制用户规模、追求用户体验，以体现自身的差异化定位（Cennamo and Santaló，2013）。新近的研究开始关注这种不同于快速做大的成长战略。现有文献指出：独特定位是实现平台差异化的关键杠杆，通过成长为细分领域的"专家"（Seamans and Zhu，2014），构建与众不同的平台内容以及技术能力（Cennamo and Santaló，2013；McIntyre and Srinivasan.，2021），可以达到吸引用户的目的。此外，在数字平台生态系统中，参与者的能动性应该如何发挥（王节祥等，2021），如何与数字平台的启动和发展相适配，亦是现有研究亟待填补的领域。

第十八章 案例研究：
数字化新情境与边界开放度治理

本章主要讨论产业互联网平台企业的差异化成长战略，揭示其不同于消费互联网平台企业"规模导向"的发展道路。在实践中，由于产业领域的用户偏好独特，消费互联网平台企业惯常采用的"快速做大"战略难以适用于产业互联网平台企业的发展。那么，产业互联网平台企业要如何实现规模化成长？本章通过对聚焦灵活用工领域的 SaaS 平台"青团社"开展案例研究，尝试构建产业互联网平台企业的差异化成长模型。

第一节 案例现象

依托平台赋能是传统企业推进数字化转型的重要路径，但这种平台是不同于消费互联网平台的产业平台。以阿里、腾讯为首的平台企业采取免费、补贴等措施实现了"快速做大"（get big fast）战略，并通过跨界包络（Eisenmann et al.，2011；蔡宁等，2015）迅速成长为消费领域的平台巨头。然而，在数字技术应用从消费互联网向产业互联网拓展后（Gawer and Cusumano，2014），由于存在行业技术诀窍壁垒，导致消费互联网平台企业的发展受阻。大量新创平台企业开始转向深耕某一行业的细分领域，旨在挖掘和满足用户需求，它们的目标是发展成产业互联网平台企业。

被消费互联网平台企业惯常采用的"快速做大"战略实际上并不完全适用于产业互联网平台企业。"快速做大"战略的成长逻辑是平台企业采取歧视性定价等策略，快速做大用户规模、激发网络效应（Lee et al.，2006），迅速占领市场并跨界渗透邻近市场，从而实现"赢家通吃"（Rochet and Tirole，2003）。现实中，大量沿用这一成长逻辑的产业互联网平台企业，尽管早期的发展较快，但它们缺乏成长持续性，最终在"烧钱抢用户"的拉锯战中折戟沉沙。根据新经济死亡公司数据库显示，因盲目扩大规模而引起资金链断裂的数字平台企业占 2020 年破产平台企业的 50%。例如，房屋中介平台爱屋吉屋整合了租房的需求方和出租方，并用补贴、烧钱换市场的方法持续扩大在上海的市场占有率，但补贴的方式并没有带来用户黏性，爱屋吉屋在成立 4 年后就退出了行业。

相反，一些平台企业会主动限制用户规模，因为供需双边用户并不一定能从另一边用户规模的增长中得到效用的提升。产业实践中取得高绩效的平台企业，往往更看重平台质量而非规模，甚至采取限制用户规模的策略来保持平台的"特性"，进而黏住用户（Swaminathan，2001）。因此，本章旨在挖掘这一现象背后的理论问题：在数字化转型背景下，产业互联网平台企业应该如何通过企业边界和生态开放度治理实现启动与发展？

第二节　研究设计

本章采用纵向单案例研究方法，基于如下考虑：（1）新兴研究领域和引入新视角的研究。平台企业属于新兴研究领域，特别是对于产业互联网平台企业成长战略的研究尚处在探索阶段。本章研究针对这一新问题，引入了组织身份的新视角，因而采用案例研究方法比较适合（Eisenhardt，2007）。（2）揭示过程机制的研究。本章旨在探索产业互联网平台企业构建差异化身份的过程和机制，属于"How"和"Why"的问题范畴，适合运用案例研究方法对该实践现象进行剖析。对比多案例研究方法，纵向单案例研究方法适合对某一研究对象进行持续、深入的聚焦分析，由此可以提炼出更具理论洞见的过程模型。因此，本章采用纵向单案例研究方法，构建产业平台企业的差异化成长模型。

一、案例选择

本章的案例选择基于如下考虑：（1）遵循典型性原则。青团社长期聚焦灵活用工市场，坚持倡导用数字技术赋能人力资源领域，对灵活用工管理的"招聘用工—排班打卡—薪酬发放—保险购买"等业务链路进行系统的数字化重构，进而为传统企业提供专业的灵活用工管理 SaaS 平台，是产业互联网平台企业的典型代表。（2）遵循启示性原则。青团社努力给平台业务打上差异化身份标签，从最开始的"学生兼职平台"到"学生趣味成长兼职平台"，再到"灵活用工服务平台"，其业务核心始终围绕身份标签微调，而不是简单地依托免费、补贴策略进行规模扩张，因此该平台企业的成长治理策略极具启示意义。（3）遵循数据可获得性原则。作者及研究团队

（简称"研究团队"）与包括青团社创始人在内的核心高管层以及关键投资人建立了长期联系，通过 3 年多的跟踪调研，获取了丰富的案例素材。

通过对案例素材的梳理发现，青团社大体经历了三个发展时期（如图 18-1 所示）：（1）平台上线期。作为 90 后创业者，青团社创始人凭借大学期间丰富的兼职经验，敏锐地洞察出零工兼职对于企业效率的提升。在发现学生兼职行业存在的痛点问题后，他决定成立一个专门为大学生服务的、信息透明化的兼职平台，并以此为切入点打入人力招聘市场。2013年 7 月青团社正式成立，主打 C2B（customer to business）兼职模式，开启了青团社在学生兼职细分领域的深耕之路。（2）模式迭代期。在青团社成立后不久，资本巨头同样看到互联网招聘市场潜藏的商机，斥巨资成立技术、人才更优的招聘平台。在竞争压力面前，青团社决定深耕杭州大学生兼职市场，挖掘学生兼职"趣味成长"的意义，并努力增强企业端服务体验。通过专注口碑提升，青团社用户的年均兼职报名次数达到 13 次，而当时行业的平均水平是 3 次。（3）影响扩张期。经过多年深耕发展，青团社进一步在原有服务基础上开发 SaaS 产品，正式形成"灵活用工服务平台"标签；同时，青团社广泛开展与各方的合作，增强自身在人力资源领域的影响力。截至 2021 年，青团社每日报名的兼职人数高达 85 万人次。

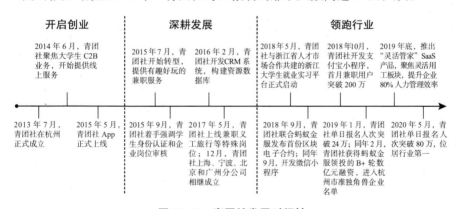

图 18-1　青团社发展时间轴

二、数据收集

研究团队对于案例企业的数据搜集主要分为三个阶段：（1）2018 年3—5 月研究团队对青团社进行了第一次和第二次调研，该时期主要关注青团社的成长历程，围绕创业故事、业务模式、组织架构等基础信息进行数据搜集和话题探讨。（2）2019 年 1—7 月在发现青团社带有的身份标签演变特征后，研究团队对青团社进行了第三次调研，思考在产业互联网平台情境下的组织身份构建问题，重点访谈创始人有关平台生态系统治理的愿景规划、价值理念等内容，同时搜集平台双边用户的相关反馈资料加以佐证。
(3) 2021 年 4—8 月为挖掘平台身份演化的关键机制，研究团队对青团社进行了第四次调研，重点访谈高层管理人员日常的内部会议、团队讨论等活动，以及对外部用户群体的价值宣传过程，捕捉平台差异化业务标签变更的痕迹。同时，研究团队还组织了一次针对平台战略的业界与学界的对话式研讨，并积极与青团社投资人进行线上沟通。

基于"三角验证"原则，本章除搜集了一手访谈资料外，还通过多个渠道获取数据，主要包括：(1) 二手数据资料，主要包括青团社官方媒体资料、青团社 App 数据资料、企业内部资料、行业内有关青团社的新闻报道等，为青团社的发展历程提供了客观且可量化的数据。(2) 参与式观察，主要包括现场走访青团社总部，作为体验者下载兼职 App 并实地参与兼职项目等，如表 18-1 所示。

表 18-1　青团社数据搜集情况

数据来源	一手访谈资料			二手数据资料	参与式观察
数据内容	访谈日期	访谈对象的职位及编号	转录文稿字数	收集青团社官方媒体资料，包括青团社官网、公众号、微博等内容 (N1)；青团社 App 数据资料 (N2)；企业内部资料，如公司内部项目分析报告、宣传视频等 (N3)；行业内有关青团社的新闻报道 (S1)；累计整理文字约15万字。	现场走访观察青团社团队工作环境4 次，研究团队成员作为兼职体验者参与活动2 次。
	2018 年 3 月	青团社投资人 (F1)	1.2 万字		
		青团社副总裁 (F2)	3.2 万字		
		青团社运营主管 (F3)	1.7 万字		
	2018 年 5 月	青团社创始人 (F4)	3.0 万字		
		青团社副总裁 (F5)	1.5 万字		
	2019 年 1 月	青团社创始人 (F6)	3.1 万字		
	2019 年 7 月	青团社学生用户及商家客户 3 人次 (F7)	2.0 万字		
	2021 年 4 月	青团社创始人 (F8)	2.5 万字		
		青团社副总裁 (F9)	2.5 万字		
		青团社运营主管 2 人次 (F10)	5.0 万字		
	2021 年 7 月	平台研究及行业专家 3 人次 (F11)	3.2 万字		
	2021 年 8 月	青团社投资人 2 人次 (F12)	1.0 万字		
	合计	18 人次	29.9 万字		

三、数据分析

在此基础上，本章采用结构化编码方法来归纳总结研究团队所收集到的数据（Gioia et al.，2013；毛基业，2020；肖静华等，2020）。研究团队对不同来源的资料进行了系统梳理，去除了冗余数据，归纳了核心数据，并在此基础上对精炼后的数据逐步进行编码分类。在这一过程中，研究团队始终以科学系统的逻辑为导引，通过归纳、演绎等方法进行抽象推理，层层递进地反映事物本质的概念和逻辑关系，从而搭建出适合的理论框架，并最后进行理论饱和度检验。

具体来说，研究团队的编码工作主要分为以下三个步骤：首先，通过一阶编码，对受访者的语言进行精炼，由此形成"对比过往经验""选择初始用户"等相关一阶概念。其次，对一阶概念进行理论对话，赋予不同的主题，如"业务边界限定""平台属性声明""数据资源沉淀""技术架构控制"等，构成二阶主题；然后，对二阶主题进行整合，形成了本章的3个聚合构念，即"探索市场缝隙""聚焦独立运营""强化功能模块"。最终，本章形成了18个一阶概念、6个二阶主题和3个聚合构念的数据结构，如图18-2所示。

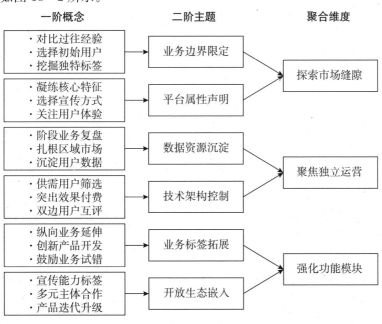

图 18-2　数据结构

此外，为了保障案例分析的信度和效度，作者在编码过程中还进行了多轮讨论，每个一阶概念均有两个以上素材进行三角验证。上述工作完成后，研究团队尝试构建模型，不断在资料和理论间迭代优化，直至不再出现新的、会对研究产生影响的重要范畴和逻辑关系。在检验编码、反复迭代模型的过程中，研究团队总共形成了约 15 页的案例讨论备忘录，为实现案例分析的饱和性和完整性奠定了关键基础。

第三节　案例分析

通过数据分析，本章尝试构建产业互联网平台企业的差异化成长模型（如图 18-3 所示），包括边界探索、协同聚焦和影响强化三个关键过程。在边界探索阶段，产业互联网平台企业通过"业务边界限定"和"平台属性声明"行为构建"市场缝隙者"标签，获得需方用户的价值认同。在协同聚焦阶段，产业互联网平台企业加入了自营元素来谋求价值闭环，通过"数据资源沉淀"和"技术架构控制"行为构建"独立运营者"标签，获得需方用户和供方用户的价值认同。在影响强化阶段，产业互联网平台企业谋求扩大影响力并提升平台开放度，通过"业务标签拓展"和"开放生

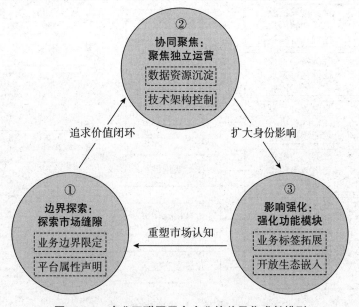

图 18-3　产业互联网平台企业的差异化成长模型

态嵌入"来构建"功能模块者"标签，获得双边用户和生态合作方的价值认同，最终实现平台差异化与规模化成长的平衡。边界探索、协同聚焦和影响强化是一个螺旋上升、不断演进的过程，下面将围绕该过程展开具体阐述。

一、边界探索

在边界探索的过程中，产业互联网平台企业采取"探索市场缝隙"行为，深耕细分市场，特别是消费平台巨头没有关注到或无意关注的市场缝隙，缩小自身的业务边界。基于此，平台集中资源构建"市场缝隙者"（Iansiti and Levien，2004）标签，在资源贫乏的情形下尽可能吸引初始目标用户。具体而言，青团社的边界探索过程主要表现在以下方面（如表 18-2 所示）。

（一）业务边界限定

业务边界限定是指产业平台团队成员通过组织内部讨论，提炼出平台的独特价值属性，以此限定平台业务的初始边界。早期，青团社尝试借助互联网平台模式进入传统兼职中介市场，却引起竞争对手有针对性的反击行为，导致平台业务推广受到阻碍。然而，竞争对手业绩增长的背后伴随着大量损害客户权益的行为，导致其与客户的矛盾逐步加深、学生维权事件屡有发生。竞争对手的反面示例，帮助青团社消除了"怀疑"或"退缩"的心态。青团社由此坚定信心，主动缩小自身业务边界，深度聚焦互联网兼职 C2B 方向。

在本案例中，青团社的业务边界限定行为主要围绕以下三个方面展开：（1）对比过往经验。青团社创始人在思索创业方向时，首先对自身成长历程进行回顾。多年的兼职地推经验，促使其敏锐洞察到彼时兼职市场的痛点，比如向用户收取高额中介费、推送虚假岗位信息等。基于此，青团社创始人决定以兼职经历作为选拔标准，招募志同道合的成员进行互联网创业。在其看来，相同的过往经验不仅能快速凝聚人心，也能在早期业务推广中有效提升战略执行效率。（2）选择初始用户。在确定创业主方向后，青团社创始人提出企业要采取互联网平台商业模式，并将大学生作为核心用户。传统招聘将成人作为核心用户，而且业务范围以全职招聘和蓝领兼职为主。青团社另辟蹊径，专门为大学生提供免费兼职服务，主攻 C2B 兼职方向，完成从"全职—兼职—学生兼职—学生兼职 C2B 业务"的深度聚焦。通过缩小业务边界，青团社在激烈的市场竞争中得以存活。

（3）挖掘独特标签。在缩小业务边界的同时，青团社创始人也开始深度思考平台业务的价值意义，开始强调兼职对大学生综合能力的提升，以及未来零工岗位对整个人力行业的颠覆，并对青团社初创团队形成了工作指引。通过青团社创始人的反复阐述以及团队交流，青团社初创团队的奋斗意义逐步涌现。他们开始相信兼职项目能给大学生带来积极提升，逐步建立起改变人力行业现状的创业使命感。

（二）平台属性声明

平台属性声明是指产业平台在对外宣传过程中着重强调组织的属性特征，将平台最核心的特征传递给外部用户，以此试探市场反应，争取吸引用户的关注。青团社初创团队成员多为 90 后大学毕业生，在诸多创业方向中选中了大学生兼职赛道，上述身份加持决定了该平台需要进一步培养其在大学生群体中的口碑。为此，青团社一方面借助地推举措扩大宣传力度，另一方面利用团队成员高校毕业生的身份频繁走入校园宣讲，增强与大学生群体的联系，传递平台的核心属性特征，促使平台的"学生兼职"标签深入用户心中。通过加深与大学生群体的联系，青团社成功在高校里收获忠实粉丝，奠定了早期用户基础。

在本案例中，青团社的平台属性声明行为主要围绕以下三个方面展开：（1）凝练核心特征。青团社在决定服务大学生群体后，早期重点宣传平台业务"对学生免费"的核心特征，旨在吸引大学生用户的关注度。彼时，传统兼职中介公司选择向学生收取中介费用，青团社反其道而行，利用免费特征迅速吸引了用户注意力。更重要的是，平台强调"专门为大学生服务"的优先属性，提高了大学生群体的战略地位。（2）选择宣传方式。由于兼职招聘行业的特殊性，所以平台竞争中常见的价格补贴策略对青团社来说效果有限，大学生不会因为补贴而去做不喜欢的兼职岗位。青团社采取"最笨"的业务推广方式，坚持地推信息宣传，并将其作为早期最主要的获得客户的手段，而非简单地通过烧钱补贴来引流。在集中资源展开"地毯式"推广的过程中，青团社顺势搜集学生兼职用户数据，分析学生对"兼职平台"的偏好。（3）关注用户体验。通过早期的业务推广，青团社在杭州市学生群体中迅速获得良好口碑。大量用户积极合理的反馈评价促进了青团社在最初阶段的业务改进，倒逼平台提供更优质的兼职岗位和服务体验，从而获得了需方用户的认同。

表18-2　产业互联网平台企业边界探索过程的证据示例

聚合维度	二阶主题	一阶概念	典型证据援引
探索市场缝隙	业务边界限定	对比过往经验	• 我在兼职行业工作很多年，发现这个行业存在诸多不合理的地方，尤其是很多黑心中介会收取高额的中介费用……互联网来了，我决定自己创业（F4） • 我们副总在大学期间也是有着丰富兼职经验的人，虽然她是90后，但她对平台业务的理解比一些年长者厉害（F3）
		选择初始用户	• 学生兼职这块平台是要一直坚持下去的，我们就是选择这一小且深的方向（F2） • 当时有人问我们，要不要从兼职做到全职？我说，我们只做兼职，只做大学生兼职，只做大学生兼职里面的C2B业务。我们就这么一个逻辑——青团社做大学生领域里的C2B兼职业务（F4）
		挖掘独特标签	• 我第一次兼职是做问卷调查，刚开始脸皮薄不敢说话，后面豁出去一下午发了20多张，就一发不可收拾，变得越来越开朗……公司里的很多人都知道这个故事，刚创业的时候我经常讲，兼职对于大学生来说绝对是有用的（F4） • 我们创始人原来是一个比较内向害羞的大学生，但大学期间经历兼职历练后变得能说会道……他经常在早期内部会议中提及这个故事，告诉我们兼职业务对于大学生是有意义的……是最能帮助大学生提升和改变的（F5）
	平台属性声明	凝练核心特征	• 当时杭州市所有兼职中介公司的核心逻辑都是向学生收费，对企业免费。这个思路在当时学生需求大、企业供应小的情形下是可行的。但是，伴随着企业爆发式增长和用工成本的增加，这个平衡一定会被打破。因此，我们当时宣传的重点是，平台的所有业务"对学生免费"（F4） • 当时，青团社在找商家合作时，尽量找那种有真实性、有保证的岗位，商家承诺是独家运营，然后尽可能地保证大学生权益，把大学生放在优先地位（F1）
		选择宣传方式	• 我们认为大学生不可能因为一百块钱就去做自己不喜欢的兼职，烧钱作用不大……这个钱我们也是烧不起的（F3） • 地推是我们早期比较重要的纳新方式和收入来源，同时也帮助我们更好地了解到当下大学生喜欢什么样的兼职服务（F2）
		关注用户体验	• 青团社的兼职岗位不收钱，并且专门针对大学生，有些岗位利用零碎时间就能完成。因此，周末一有空我就报名试试，不仅赚生活费，同时还能得到成长，是我非常喜欢的兼职App（F7） • 2014年是双创热潮，在杭州随便一个初创项目融个天使轮，是不成问题的……从2016年开始，整个互联网行业一下冷了下来，光靠融资推动企业发展的思路已经行不通……但青团社不一样，专门去做差异化，找一些有趣的兼职活动推给大学生，特别适合90后标新立异的个性（F11）

二、协同聚焦

在平台协同聚焦的过程中，产业互联网平台企业采取"聚焦独立运营"行为，沉淀资源谋求价值闭环（Amit and Zott，2001），通过完善商业模式来构建"独立运营者"标签，形成业务边界和平台开放度的动态适配，最终获得双边用户认同，实现可持续增长。青团社在经历早期发展后，亟须完善商业模式，真正为双边用户带来价值，而不是仅仅依靠差异化定位获得需方用户认同。为此，青团社选择追求价值闭环，通过创新自营产品构建"学生趣味成长兼职平台"，为需方用户匹配到更好的供方，进而在供方用户处获取价值。具体而言，青团社协同聚焦的过程主要表现在以下方面（见表18-3）。

（一）数据资源沉淀

数据资源沉淀是指产业平台深度挖掘双边用户真正的痛点和需求，通过积累和沉淀数据资源，以此迭代优化平台技术架构，进而形成特色业务标签。在协同聚焦过程中，产业平台面临更大的竞争压力，而业务差异化定位极易被模仿。当青团社的业绩远超传统兼职中介时，招聘行业里突然涌现出了两百多家大同小异的兼职企业。这些竞争者同样看重互联网兼职这一尚未被开垦的广阔市场，并通过免费策略来快速侵占青团社的市场份额，促使该行业迅速成为一个红海市场。因此，需要平台数据资源和特色标签业务的有力支撑，从而在真正意义上形成价值闭环。

在本案例中，青团社的数据资源沉淀行为主要围绕以下三方面展开：（1）阶段业务复盘。在经历初创时期的困难后，青团社又迎来了同类兼职平台的激烈竞争。对此，青团社通过阶段性业务复盘来总结用户反馈，最终选择继续深耕大学生兼职市场，并将兼职平台的核心业务指标设为"兼职报名人次"，而非应用安装人数。其平台业务发展理念从"量大为先"转向"以质取胜"。（2）扎根区域市场。面对竞争冲击，青团社在明白服务质量的优先性后，决定扎根区域市场，通过专注经营杭州市大学生兼职业务来挖掘可复制的对外输出模式，然后再向全国拓展。在相当长的一段时间内，青团社只专注于杭州市内的业务，没有贸然向其他城市扩张，逐渐积累起丰富的运营经验。在完成商业模式的初步论证后，青团社逐步向长三角地区以及全国拓展。（3）沉淀用户数据。除扎根区域市场以外，青团社还采取数据驱动方式来挖掘双边用户需求，由此构建特色标签业务，借以完善自身的商业模式。为此，针对学生端，青团社开发了底层数据库技术，通过收集并记录兼职报名和简历数据的方式，构建学生信息资源库。针对企业端，青团社开发了客户关系管理系统（customer relationship management，CRM），帮助平台加强企业客户管理，为后续策略优化提供数据支持。在数据系统等数字技术支持下，青团社获知了大学生用户的偏好，并自行开发了"义工旅行""一日CEO助理"等趣味成长兼职，并将原本枯燥的企业兼职岗位打包成类似试吃、试睡、试听演唱会等全新项目，通过产品自营来激发双边用户活跃度，有效地增强了平台用户黏性。

（二）技术架构控制

技术架构控制是指产业平台对平台双边用户进行筛选控制，通过群体间的相似属性来引发用户对平台的归属感，进而保障用户体验。在技术支撑得到提升后，产业互联网平台企业进一步加强了对平台双边用户架构的控制，注重平台服务品质。青团社在数据资源的驱动下，成功识别了当下双边用户的需求痛点，为此需要限制平台开放度，优先保障平台的服务质量。在该时期，青团社创始人邓建波提出"一米宽，一公里深"的工作口号，主张暂时专注细分市场，放缓平台扩张速度，为平台未来在整个人力行业领域的成功奠定关键基础架构。

在本案例中，青团社的技术架构控制行为主要围绕以下三方面展开：（1）供需用户筛选。为给予双边用户优质服务，青团社对供需两端进行筛选控制，进一步提升用户体验。针对企业端，青团社除了确认其营业执照等基本信息外，还会根据学生的反馈，对岗位描述是否属实等一系列软性指标进行审核。对未达到青团社审核标准的企业，青团社会及时下架其相关兼职岗位，并永久将其列入"黑名单"。针对学生端，当企业的招聘需求较为紧急时，青团社会从信息资源库中筛选符合条件的优秀学生，并保证兼职人员到岗面试。具备相同属性的优秀学生化身为青团社的宣传招牌，自发地帮助其推广和提升口碑。（2）突出效果付费。在以往的兼职招聘市场上，互联网平台都是按照平台注册用户数向企业收取会员服务费，其中包含一定次数的兼职需求发布。青团社选择把收费模式做细，企业客户只需为收到并阅读了的应聘简历付费。这背后体现出青团社围绕客户需求，择优选取兼职学生的做法。青团社以突出效果付费来提升供方客户的体验，彰显了青团社对其价值认同的追求。（3）双边用户互评。青团社为了获得双边用户认同，效仿电商平台，设计了互评机制。通过用户互评机制，信息在学生用户和企业客户之间快速流通，双方共同营造良好的兼职氛围。随着评价数据的积累，青团社将开展数据分析，并将数据分析结果转化为运营优化策略，不断增进平台与双边用户之间的互动和交流，在黏住学生用户的基础上进一步黏住企业客户。

表 18-3　产业互联网平台企业协同聚焦过程的证据示例

聚合维度	二阶主题	一阶概念	典型证据援引
聚焦独立运营	数据资源沉淀	阶段业务复盘	• 有时，你会觉得特别绝望，感觉非常不好……我们拿了 700 万人民币，人家拿了 4 000 万美元，团队也不一样，根本没法比……但我们并没完全丧失信心，我们能做的就是继续做深业务，然后在每一个阶段做好业务复盘，挖掘平台对用户的价值（F4） • 复盘才能沉淀出东西，你不复盘沉淀，一个东西做 10 年也没用，所以我们对复盘还是很强调的（F10）
		扎根区域市场	• 长时间的摸索使我们在杭州市场积累了宝贵的运营服务经验，在印证了我们的商业模式可行之后，才向长三角、全国一步步拓展（F2） • 很多投资人也会问我：什么时候走出杭州？因为青团社一直在杭州发展……我当时只做一件事，我只服务于杭州的大学生，就是在杭州做 C2B 的大学生兼职（F4）
		沉淀用户数据	• 我们有一个日常运营的后台数据库，帮助我们去配置资源、查阅数据等，还有就是我们内部的系统——CRM 系统，帮助我们更好地做客户关系管理（F2） • 平台知道所有参与兼职学生的数据，知道他们喜欢做什么兼职，在兼职过程中表现如何等……这样，我们就可以给学生匹配更合适的岗位……同样，对企业来说，我们能给它匹配更合适的学生……（F5）
	技术架构控制	供需用户筛选	• 对企业和岗位的审核，青团社除了对企业营业执照及相关证件进行基本核实之外，还会对企业和岗位是否匹配、工作地点和内容是否对应、薪资是否对应等一系列指标进行审核。除此之外，当学生对岗位提出投诉或者举报某岗位信息不实时，青团社会马上将该岗位信息下架，并第一时间派员工去核实相关情况。对情节严重者，青团社会永久拉黑该商家（S1） • 青团社还有一块很小但很重要的工作，就是我们保证兼职人员面试到岗……我们会对学生用户进行筛选，挑出比较优秀的、符合面试条件的学生送到岗位上（F5）
		突出效果付费	• 我们在后期对企业客户开启了新的收费模式，比如观看学生简历 5 元/份，短期快速匹配岗位还会收取更高的费用（F9） • 除了基础的按流量收费之外，我们会叠加一些服务延展，比如企业客户对兼职人员有性别、年龄等方面要求，那么我们会开展实名认证，相应收取更高的费用，即叠加收费，也是结果导向的付费（F10）

续表

聚合维度	二阶主题	一阶概念	典型证据援引
聚焦独立运营	技术架构控制	双边用户互评	• 我们模仿淘宝的做法，给学生和企业设计双边评价机制，就是在兼职结束后学生会评价企业这个兼职岗位如何，企业会评价这个学生的能力及信用如何（F5） • 因为很多时候，企业都懒得给学生评价，此时我们自然就会想办法，思考很多机制去优化，以激励企业和学生互评（F6）

三、影响强化

在平台影响强化的过程中，产业互联网平台企业采取"强化功能模块"行为，通过平台业务延伸和创新产品开发构建"功能模块者"标签。此外，平台将功能模块嵌入更大生态，与生态多方主体合作，在强化差异化身份的同时提升平台开放度，由此实现规模化成长。青团社持续发展的重要目标是扩大平台规模，但此前业务边界的聚焦战略使规模化成长陷入困局：如何平衡平台差异化和规模化成长的冲突？为此，青团社选择开发与平台标签相符的兼职业务，并嵌入一些成熟平台生态，构建"灵活用工服务平台"，也就是通过平台开放来实现规模化增长。具体而言，青团社影响强化的过程主要表现在以下方面（如表18-4所示）。

（一）业务标签拓展

业务标签拓展是指产业平台对特色标签业务进行纵向延伸，满足用户更加多样化的需求。当产业互联网平台企业对用户需求的理解更加深入时，就会着手延伸标签业务，开发创新产品。伴随平台的快速发展，青团社对业务的理解不再局限于平台双边用户的需求痛点，其高管团队开始基于宏观视角对行业的未来发展进行思考创新，挖掘兼职业务的底层价值。青团社发现：兼职对于企业来说正是灵活用工的体现，有效利用学生等各种人力资源，可以改变当下企业的持续性招聘需求，匹配政府鼓励灵活用工市场发展的政策导向。通过业务标签拓展，青团社展示了对平台价值的新认识，即以"灵活用工服务平台"标签来改变自身、用户乃至行业和社会对兼职的刻板印象。

在本案例中，青团社的业务标签拓展行为主要围绕以下三方面展开：（1）纵向业务延伸。青团社围绕企业客户需求，在学生兼职板块尝试发展新型业务，提供纵向一体化的完整服务方案。由于兼职员工的专业技能不足，大量企业客户在需要地推、店铺管理、翻译等服务时不得不选择高成本的全职员工。青团社针对这一痛点，利用自身人才资源数据库，为客户提供具有扎实专业知识以及相关工作经验的兼职员工。企业客户直接向青团社提出需求，由青团社整合资源并提供系统的服务方案。（2）创新产品开发。通过长期分析学生兼职过程，青团社逐渐发现对兼职员工的管理是一个十分烦琐的问题。对此，青团社尝试开发新产品，为兼职学生和企业提供课程培训、打卡管理等创新服务。特别是青团社针对兼职交易的薪资交付痛点，开发了"青团宝"金融工具，专门为兼职学生提供代发工资服务。通过创新产品开发，青团社始终围绕兼职场景拓展多元业务，进一步增强了青团社在学生兼职领域的影响力。（3）鼓励业务试错。在新业务开发中，青团社赋予公司各个项目组自主经营决策的权力，主张业务"先做后说"，鼓励员工试错，避免过早陷入"价值争论"。在项目实施过程中，项目组会在"一线"率先感受业务对平台使命达成的意义，然后再与高层团队一起讨论业务的后续发展，实现业务扩展与平台价值的协同。

（二）开放生态嵌入

开放生态嵌入是指产业平台嵌入消费平台或其他主体所构建的生态，利用这些生态的用户规模来实现平台增长。此前，产业互联网平台企业一直坚持深耕细分领域，尽管平台的影响力得到了巩固和增强，但在无形之中限制了平台开放度提升，导致规模增长受限。为此，产业平台可以选择构建"功能模块者"标签，通过嵌入更大生态来吸引更广泛用户的关注。在创新产品研发后，产业平台可以主动对接生态主体，积极推进业务方面的共赢合作。通过增强与生态合作方的联系，平台可以有效提升自身影响力，由此顺利推进平台开放。

在本案例中，青团社的开放生态嵌入行为主要围绕以下三方面展开：（1）宣传能力标签。青团社为推进业务拓展，针对不同用户会采取不同的宣传侧重点，争取生态合作方的认同。例如，针对学生用户，青团社会特别强调兼职岗位的趣味性、成长性；针对企业客户，青团社会着重强调灵活用工的一站式服务；针对政府学校，青团社会强调兼职岗位的成长性和公共服务价值；针对其他参与者，青团社则注重强调其长期坚持的发展理念以及沉淀的数据资源，能够与他们形成互补。（2）多元主体合作。青团社与支付宝展开合作，通过入驻支付宝商家服务"店员通"，嵌入兼职招聘功能，帮助解决支付宝商家的店员招聘难问题。在支付宝小程序的助力下，青团社逐渐融入消费互联网平台企业所主导的生态，同时扩大了用户基数。（3）产品迭代升级。随着青团社和多元主体开展密切合作，它逐步对产品进行了迭代升级，用以匹配消费平台生态内合作方的多元需求。青团社开发了"灵工管家"SaaS 产品，为企业提供排班考勤、薪酬发放、电子合同管理等一站式灵活用工 SaaS 产品服务。通过产品迭代升级，青团社将此前开发的诸多业务集成在 SaaS 产品内，集中满足合作方的多样化需求，从而巩固了平台的差异化身份标签及其在更大场域的影响力度，保障了平台开放度的进一步提升。

表 18-4　产业互联网平台企业影响强化过程的证据示例

聚合维度	二阶主题	一阶概念	典型证据援引
强化功能模块	业务标签拓展	纵向业务延伸	• 云地推业务是我们平台非常重要的业务之一，我们承担商户的整个地推外包工作……去年，整个杭州地铁的扫码引导工作都是我们在执行，后续会给全国地铁做好类似的推广工作（F6） • 云地推是杭州弧途科技有限公司针对企业推广需求所推出的垂直业务线品牌，以解决企业推广用工难题为目标（N3）
		创新产品开发	• 平台有一个独立的金融团队，即"青团宝"事业部，它主要是负责一些金融相关业务……这个"青团宝"是我们平台给学生研发的打款工具（F5） • 因为兼职要求日结工资，所以企业财务的工作压力往往很大，比较烦琐。企业希望把结算工资的时间拉长，而学生则希望每天干活就发钱。青团社就推出"青团宝"产品，帮助学生、企业结算工资（F12）
		鼓励业务试错	• 我们不会要上级决策，而是主张项目负责人自己去决策，这样他们往往会做得更好……我们非常鼓励这种自主决策的文化（F10） • 我们特别鼓励一种百家争鸣的讨论氛围，不会把领导人的想法强加在项目团队上……我们会以此为基础，讨论这项创新业务是否对平台整体具有价值性……"灵工管家"就是我们团队在不断试验后迭代创新的产品（F8）
	开放生态嵌入	宣传能力标签	• 现在，学生对公益的认知度还是很强的，所以我们在认真做公益的时候不仅会着重宣传，让媒体曝光，也会趁机推出一些公益类的知识培训兼职，向客户展示平台的商业价值（F9） • 我们一直都在提公益性、成长性的标签……现在，我们也会根据不同的宣传主体来强调我们的标签，比如面对企业我们是人力 SaaS 服务商，面对高校我们是实习就业基地……这些都是以我们的前期积累为基础的（F10）

续表

聚合维度	二阶主题	一阶概念	典型证据援引
强化功能模块	开放生态嵌入	多元主体合作	• 进入"店员通"首页，可以看到一个新增的服务模块——"招聘店员"。平台商家可以通过这一服务招聘服务生、店员/收银员、导购和派单等兼职人员。该服务完全是由青团社提供技术和内容支持的（S1） • 最近，我们在跟浙江人社厅交流合作，下个月会在浙江省人民大会堂开一个发布会，省长将会出席发布会……我们想为全省大学生在实习就业方面提供更大便利（F6）
		产品迭代升级	• 青团社开发"灵工管家"SaaS 工具，旨在为企业提供排班考勤、算薪发薪、电子合同、用工保险、人才库运营、供应商管理等一站式 SaaS 服务（N2） • "灵工管家"SaaS 软件是此前"青团宝"的升级版，我们对它进行了迭代，一站式满足数字时代企业的灵活用工管理需求（F10）

第四节　讨论与结论

本章针对青团社案例，通过严谨的结构化数据分析方法，尝试提出产业互联网平台企业的平台差异化成长战略，并由此提炼出边界探索、协同聚焦和影响强化三个关键阶段。在此基础上，本章将数字化新情境与传统情境下平台企业的业务边界和生态开放度治理过程进行综合对比，探讨两类平台成长战略之间的差异。本章主要的研究结论和理论贡献包括：

一、研究结论

（1）产业互联网平台企业的业务边界和生态开放度治理过程包括"探索市场缝隙""聚焦独立运营""强化功能模块"三个关键行为，即边界探索、协同聚焦和影响强化过程的螺旋演进。上述构建过程的独特性体现在：第一，消费平台在创立初期特别强调用户规模的快速增长（Lee et al.，2006），注重通过补贴、免费等策略抢先"跑马圈地"（Hagiu，2009；蔡宁等，2015）；产业平台从一开始就面临高度激烈的竞争、用户偏好独特、服务跨界延展性弱的特征（Armstrong and Wright，2007），因此需要主动缩小业务边界，关注用户对企业属性特征的认同。第二，消费平台在获取大量基础用户后，其重点是增加多样化的供给，进一步激发网络效应；产业平台若一味地开放，可能会引发跨边网络负效应和"用户逃离"（Song et al.，2018），需要在细分业务场景上通过资源沉淀进行自营产品创新，同时借助技术架构控制来提升双边用户的价值认同。第三，消费平台在发展后期的重点是通过跨界包络（Eisenmann et al.，2011），构建出强大的生态系统（Jacobides et al.，2018）来实现"赢家通吃"；然而，产业平台因为行业诀窍壁垒，跨界包络的难度大、效果差，需要持续强化自身的功能模块标签，通过嵌入更大生态来提升平台开放度，从而实现"差异化身份标签"与"规模化业务扩张"之间的平衡。

（2）产业平台与消费平台存在治理差异，具体表现在数字化新情境与传统情境下平台企业的业务边界和生态开放度治理的综合对比上（如表18-5所示）：第一，战略认知方面。在传统情境下，平台企业的业务边界和生态开放度治理强调利用用户规模激发网络效应来迅速占领市场（Cennamo and Santaló，2013），用户安装基础成为平台发展的重要指标（Lee et al.，2006）。在数字化新情境下，平台企业的业务边界和生态开放度治理强调利用用户关系黏性来推动平台成长（Cennamo，2021），通过构建差异化的平台身份来应对市场竞争的激化，并优先考虑平台用户体验。第二，行为策略方面。在传统情境下，平台企业的业务边界和生态开放度治理的关键是激励更多的用户选择平台。平台或是采取免费、补贴等歧视性定价策略（Caillaud and Jullien，2003），或是不断增加供方产品的种类与数量（Boudreau and Jeppesen，2015），以及在更多业务领域实施平台包络（Eisenmann et al.，2011；蔡宁等，2015）。在数字化新情境下，平台企业的业务边界和生态开放度治理旨在成为特定细分领域的"专家"（Seamans and Zhu，2014），通过设计独特的技术架构和业务范围来提升服务品质，注重平台现有用户的体验（Cennamo and Santaló，2013），选择将功能模块嵌入更大的生态（Khanagha et al.，2022）来谋求平台的进一步开放。第三，成长机制方面。在传统情境下，平台企业通过沉淀基础用户，迅速激发网络效应（Caillaud and Jullien，2003；Rochet and Tirole，2003）来进行业务包络，其业务边界和生态开放度治理的核心是网络效应机制。在数字化新情境下，平台企业认为过早地追求规模化会导致用户黏性降低，反而会削弱竞争力（Swaminathan，2001），因此通过意义互动机制来完善平台企业的业务边界和生态开放度治理。

表 18 - 5　业务边界和生态开放度治理的差异比较：数字化新情境与传统情境

维度比较	情境类型	
	传统情境	数字化新情境
战略认知	快速做大、用户规模第一	独特身份、用户体验至上
边界治理	"只做平台"	大量"兼做自营"
开放度治理	强调开放架构	突出架构控制
成长机制	网络效应	意义互动
适用平台	消费互联网平台企业	产业互联网平台企业

二、理论贡献

本章贡献了"平台差异化"这一数字化新情境下平台企业的业务边界和生态开放度治理策略。以往平台研究较多地关注快速做大战略，却忽视了平台差异化对平台成长，特别是产业互联网平台企业发展的重要性（McIntyre and Srinivasan，2021）。本章通过严谨的数据分析提炼出平台企业"平台差异化"成长模型，即平台企业需要通过"探索市场缝隙"、"聚焦独立运营"和"强化功能模块"的螺旋演进过程来塑造平台差异化标签，实现业务增长。本章在 Cennamo（2021）平台差异化身份的概念基础上进一步回答了产业互联网平台企业在成长过程中如何平衡"差异化"和"规模化"的张力问题，即平台企业通过构建缩小业务边界的差异化标签来获取用户认同感、积累和沉淀功能模块实施产品自制、嵌入更大生态而非自主构建生态的方式提升开放度，实现在保持差异化标签的同时达成规模化增长。

三、案例最新发展

青团社从学生兼职市场切入，通过构建平台差异化标签，逐渐成长为灵活用工领域的领导者，为传统企业的人力资源管理进行数字化赋能，实现企业效率提升以及求职者灵活就业的双赢局面。在后续发展过程中，青团社进一步研发了"灵工管家"SaaS 软件的底层功能，通过接口开放，强化与多边用户的共创。青团社的最新发展如专栏 6 所示。

专栏 6　青团社的最新发展

在新冠疫情后，对中小企业而言，灵活用工的情景将逐步增多。一方面，受疫情影响，不少人处于在家待业的状态，被迫成了自由职业者，也就是兼职岗位在特殊时期有了一定的白领化趋势；另一方面，疫情倒逼很多企业家的雇佣理念向着灵活用工方向转变，比如线上产业相关企业的灵活用工需求有所提升，尤其是餐饮、零售服务、旅游等行业的管理者会加大对零工人员的配置比例。上述业务场景正好给予了青团社试验产品的宝贵机遇。

在此期间，一方面，青团社继续为自己的核心用户（即大型连锁茶饮店）提供灵活用工方案。"以前的用工方式比较粗放，就像公司雇白领一样，一天8个小时全职。然而，餐饮、茶饮是有波峰和波谷的，如果雇用全职员工，那么效率非常低，特别是在疫情中，这种低效率就更加明显。而招聘零工重新排班，比如在峰值时间安排更多的人，那么用工成本就会降低。"在"灵工管家"的帮助下，这些企业可以降低50%的招聘成本以及90%的用工风险，同时人员稳定性超过80%；成本和风险的降低会带动灵活就业者的时薪及福利待遇提升，最终达到一个双赢的结果。另一方面，青团社发挥了平台纾困功能，帮助被隔离在家的劳动者寻找SOHO型工作，比如直播带货、软件开发、产品包装设计、培训课程等。"有位传媒专业的应届毕业生在疫情期间通过青团社找到了短视频策划和剪辑兼职……尽管做一个60秒的视频非常辛苦，但她仍然对成为自由职业者非常满意。"显然，疫情的出现加速了社会青年对零工就业的热衷程度，人们从被迫在家兼职到主动线上求职。未来，自由职业者一定会成为热门趋势。

截至2024年7月，青团社已在灵活用工领域深耕11年。凭借多年行业经验的支持，青团社对"灵工管家"产品不断进行创新迭代，增加了更多的服务模块以及涉及更多的行业领域。正如青团社创始人邓建波所描述的那样："基于招聘＋SaaS的深度融合，青团社不断完善灵活用工基建体系。青团社为雇主企业、人力资源公司赋能招聘＋管理，打造全链路闭环服务体系，帮助企业招到人、招好人、用好人，持续赋能灵活用工行业健康发展。"

第十九章　案例研究：
数字化新情境与生态参与者治理

在数字化新情境下，产业互联网平台的成长战略不同，生态参与者（简称"参与者"）要如何响应这一变化？本章研究加入平台生态的传统企业（作为参与者）要如何依托平台推进自身的数字化转型。传统企业借助数字平台赋能，可以缓解数字化转型中面临的技术能力和资源不足的约束，但面临着"如何依附平台升级，却不丧失自主性"的两难。传统企业应如何破解这一困境？

第一节　案例现象

尽管传统企业已认识到数字化转型的重要性，但技术能力和资源的匮乏，使其很难突破数字化转型的"冷启动"困境。埃森哲发布的《2019年中国企业数字转型指数研究》表明：67％的企业认为未来的首要增长动能来自"数字技术＋商业"，但目前仅9％的中国转型企业取得的成效较为显著。对量大面广的传统企业而言，它们的行业管理思维根深蒂固、业务模式经年不变，加之技术能力有限、转型领导人才匮乏，所以它们在推进数字化转型时常常是有心无力。尤其是在数字经济时代背景下，数字化转型并不局限于单个企业的内部，比如提升内部运行管理的效率，而是走向了产业生态范畴，以实现产业链上下游的多主体协同（陈威如和王节祥，2021）。对于传统行业内的中小企业而言，由于它们的技术能力有限且缺乏数字化转型所需的高科技人才，往往会通过平台赋能来实现自身的数字化转型（Cutolo and Kenney，2019）。

传统企业借力数字平台赋能，被认为是推进数字化转型的一条理想路径，但在这一过程中企业又面临"如何依附平台趋势而起，又不丧失自主性"的两难。传统企业通过加入平台生态系统，可以成为参与者，然后利用平台赋能可以加快数字化转型进程。但是，在推进数字化转型的过程中，作为参与者的传统企业，如果只是单纯接受平台企业推出的产品和服务（用户分析、技术方案等），那么这与传统价值链中的上下游买卖关系或服务外包模式并没有本质差异，参与者将面临数字化转型方案并非深度定制、需要支付高额服务成本等问题。比如处于商超领域的全球蛙平台，它在早期发展的过程中尝试以美团的模式为线下商超导流，但这对传统商超的数字化能力提升并没有帮助，因此在后期的合作过程中，全球蛙平台开始为商超提供定制化的解决方案，即为参与者提供深度赋能。

在接受平台赋能的过程中，参与者需要思考如何将自身积累的行业经验进行提炼输出，并与平台企业产生互补和共创，只有这样才能实现"依附平台趋势而起"。此外，作为参与者的传统企业，如果不能降低对平台企业的依赖或缺少议价能力，也很难从双方的共创成果中获利。对于数字平台中的参与者面临的窘境，本章提出了下述理论研究问题：传统企业作为参与者，如何借助平台赋能推进自身的数字化转型？

第二节　研究设计

本章采用纵向单案例研究方法。首先，本章旨在探索平台生态系统参与者依托数字技术重构经营活动的机制，但相关研究较少。采用案例研究方法适合研究新现象以及进行理论构建（Yin，2013）。其次，参与者的数字化转型机制是一个复杂的动态过程，本章采用的纵向单案例研究方法有助于对这一过程进行详尽探讨（Siggelkow，2007）。纵向单案例研究方法有助于按照时间线对企业发展的关键事件进行梳理，识别重要节点事件的触发因素，有助于厘清本章研究的参与者与平台企业共创过程中的行为机制和演进动因。

一、案例选择

案例研究的重要价值是通过挖掘启示性单案例，提出新的概念，并对其过程机制进行抽象凝练，由此得出的研究结论能够对其他企业形成启发（Siggelkow，2007）。案例选择的重要原则是案例的启示性。基于此，单案例研究的案例选择标准一般包括案例匹配研究问题、案例具有启示性、案例可获取丰富的素材（Gioia et al.，2013）。

　　本章研究选择的是洛可可集团依托钉钉平台推进数字化转型的案例。洛可可集团包括洛可可、洛客和洛智能三个阶段业务。洛可可成立于2004年，从事工业设计；洛客成立于2016年，是互联网设计平台，聚集社会设计师资源，匹配企业设计需求；洛智能成立于2019年，从事智能设计业务，主要依靠算法而非设计师，旨在快速高效地满足设计需求。钉钉是智能办公平台提供商，与各个行业的头部企业共创，开发适合行业特点的管理工具，再对整个行业输出。钉钉不仅有自己开发的工具，还连接第三方供应商来满足特定企业的开发需求，因而具有平台企业多边架构的特征（Gawer，2014）。

　　首先，该案例匹配研究问题。本章研究的问题是"传统企业作为参与者，如何借助平台企业推进自身的数字化转型"，洛可可是工业设计领域的传统企业，钉钉是提供智能办公服务的平台企业。洛可可依托钉钉实现从一家传统的工业设计公司转型为线上线下一体化、业务链路高效协同的数字化设计集团，这能够满足本研究构建过程模型的分析需要。

　　其次，该案例具有启示性。洛可可在转型过程中所面临的管理思维陈旧、数字能力匮乏等问题，是传统企业数字化转型中的普遍性问题。洛可可从2014年内部订单管理系统（order management system，OMS）建设开始探索，到2016年创立"洛客"开始业务线上运营，类似许多传统企业受限于自身技术能力和人才的短缺，以上两项转型探索的推进均十分缓慢，洛可可开始思考如何利用外部主体的赋能。2018年，洛可可加入钉钉平台生态，通过钉钉的数字赋能，实现企业管理效率提升。2019年，洛可可成立杭州分公司，洛客与钉钉深度合作打造钉钉服务市场，成为钉钉服务市场的种子服务商，实现了业务增长。2020年疫情期间，洛可可布局的智能设计业务在钉钉服务市场取得规模化增长。此后，洛可可与阿里云、阿里B2B（business to business）采购批发平台1688和南极电商等达成合作，基于这些平台上的商家需求构建出新的共创增长架构，不再单纯依靠钉钉平台。剖析这一转型过程（如图19-1所示），对于其他传统企业推进数字化转型具有极强的启示性。

　　最后，该案例可获取丰富的素材。研究团队成员为洛可可集团多位高管授课，并作为导师陪伴企业成长超过3年，能够获取集团创始人和相关业务负责人的一手访谈数据。研究团队还与阿里、钉钉取得了联系，对钉钉创始人和钉钉负责洛可可业务的管理人员开展了访谈，因而这两家企业的二手数据资料也十分丰富。这些资料保证了案例分析素材的"三角验证"。

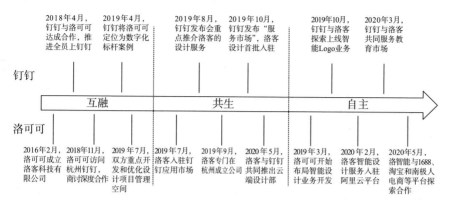

图 19 - 1　洛可可集团数字化转型进程

二、数据收集

本章研究数据的收集过程遵循 Yin（2013）"三角验证"的要求，涵盖一手访谈资料、二手数据资料和参与式观察三个主要方面，如表 19 - 1 所示。本章研究以二手资料为先导，主要涵盖案例企业的官方网站信息、行业研究报告、文献资料等方面，以便建立对案例企业的初步了解。在此基础上，研究团队参与了公司战略规划与执行会议、合伙人会议等，并对企业决策层进行了访谈，接受访谈人员包含了案例企业的十多名高管与项目负责人，能够得到企业广泛的决策信息。这些访谈的时间控制在 1～2 小时。考虑到数据收集的充分和完整，每家企业都进行了多次调研，调研时间长达 2.5 年，而且每次调研间隔 3～6 个月，以保证研究的稳健性。

表 19 - 1　研究数据

数据来源	数据内容		
	访谈对象	访谈时长（小时）	转录文稿字数（万字）
一手访谈资料	洛可可集团创始人及合伙人	4	5.6
	洛可可集团创始人	0.8	0.8
	洛可可集团创始人、洛客与钉钉合作负责人、洛智能负责人	4.5	4.7
	洛客与钉钉合作负责人	1.5	2.8
	洛智能负责人	2.5	3.3

续表

数据来源	数据内容		
	访谈对象	访谈时长（小时）	转录文稿字数（万字）
一手访谈资料	钉钉开放平台负责人	1.5	2.6
		2	2.9
	钉钉创始人	1	1.8
	钉钉共创客户	3	3.8
二手数据资料	洛可可、洛客官方网站；钉钉官方网站；文献资料；行业研究报告等		
参与式观察	参加 2019 年钉钉未来组织大会；到钉钉企业访问并聆听企业战略宣讲；实际使用钉钉 参加洛可可战略研讨会；到洛可可北京和洛客杭州公司访问；购买洛客智能 Logo 服务		

三、数据分析

本章研究采用 Gioia 等（2013）的结构化数据处理方式，从访谈数据中通过多层次编码（coding）提炼出构念，再建立起各种构念之间的关系，然后总结归纳出理论。在这一过程中，编码重心始终围绕参与者推进数字化转型的过程展开。理论抽样帮助我们识别了数据中出现的新构念，有效指导了数据收集，直到理论完善。本章研究的数据分析包括以下三个主要阶段。

第一阶段梳理了洛可可与钉钉共创的时间脉络，识别出关键事件，再尝试从数据编码中识别分析框架。通过不断迭代，最终归纳出参与者与平台企业互动的三个过程：一是互融过程，即参与者与平台主导者进行价值观碰撞、理解各自业务逻辑、利用平台赋能提升运营效率的初步合作过程；二是共生过程，即参与者与平台主导者进行新业务开发合作，不再是简单利用平台的能力输出，而是双方共同开创出新的业务模式；三是自主过程，即参与者利用与平台主导者合作沉淀的能力，与多元主体开展"互融"和"共生"合作，构建起"自主"生态。

第二阶段是对数据进行分析提炼，形成数据结构图（如图 19 - 2 所示）。首先，通过开放式编码，我们对数据进行了循环比较，主要聚焦双方的可观测行为、结果与外显关系。例如，发现洛客在进行数字化转型的初始阶段，组织内人员复杂，包括企业主、第三方设计师以及最终消费者，项目涉及人员的即时沟通存在障碍。为解决这一问题，洛客依托钉钉的即时通讯和服务群功能，以项目为单位智能生成工作组，以达到沟通无障碍、有记录的效果，本章研究将此归纳为一阶类别"沟通可视化"，而后类似归纳出了 22 个一阶概念。其次，本章研究以一阶概念为基础，反复地将数据、涌现出的主题以及文献做迭代处理，以识别出更具理论基础的主题。例如，在洛客加入钉钉生态后，并不只是单向"索取"钉钉所带来的用户流量与新市场开拓，而是"补足"了钉钉生态中无法提供设计服务的空白，因此洛客与钉钉间具有了一种"互补及依赖"的共存关系。因此，本章研究将此归为二阶主题"对平台企业的互补"与"对平台企业的依赖"。类似地，经过反复比较迭代，本章最终归纳出 7 个二阶主题。

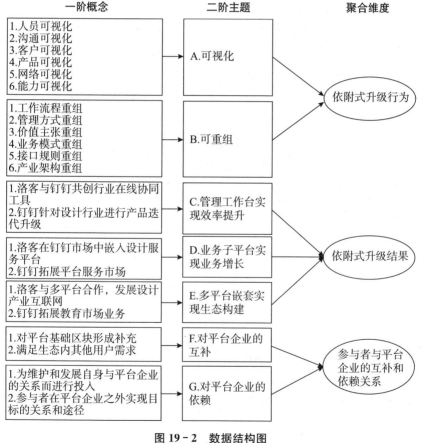

图 19 - 2　数据结构图

第三阶段是聚合维度，尝试构建平台生态系统参与者数字化转型的过程模型。我们将相关的二阶主题进行聚合，归纳为 3 个理论维度作为构建本章研究过程模型的基础。为了确保数据的可信度，本章研究采取了额外的优化措施。一方面，邀请并未参与本章研究的人员对数据中涌现出的构念和模型进行讨论，并对有争议的模块进行优化。另一方面，与企业高管保持联系，将研究进展中发现的构念以及初期模型与其分享讨论，获得企业方面的反馈意见，不断地对数据结构以及过程模型进行迭代调整。

上述阶段并不是线性递进的，而是不断穿插迭代，最终得到的过程模型如图 19 - 2 所示。

第三节　案例分析

本章归纳出参与者"依附式升级"的过程模型（如图 19 - 3 所示），揭示了参与者与平台企业一起推进自身数字化转型的三阶段过程，包括互融过程、共生过程和自主过程。互融是指参与者与平台企业推进所在行业的人员和沟通要素数字化，重组工作流程和管理方式，共同打造出一种给行业使用的数字化管理工作台。共生是指参与者与平台企业共同推进所在行业的客户和产品要素可视化，并针对客户需求，构建出一种具有新价值主张的业务模式。自主是指参与者与平台企业一起推进更大范围的网络和能力要素可视化及解构重组，多主体能够针对新的行业场景，更准确地判断彼此协作的价值和可能性，为整个行业拓展新的接口规则和产业架构，满足全行业各方更新升级的需求。需要注意的是，这三个过程并不是线性演进、彼此割裂的，后一个阶段将以前一个阶段的数字化要素为基础，螺旋递进。

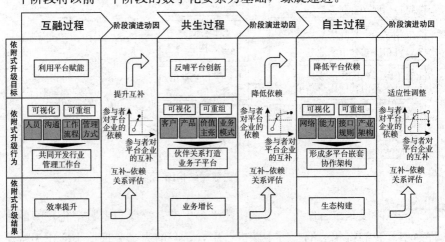

图 19 - 3　参与者"依附式升级"的过程模型

本章将按照三阶段展开，呈现洛可可"依附式升级"推进数字化转型的具体过程。

一、互融过程

在互融过程中，参与者推进数字化转型时面临资源和能力约束，希望利用平台赋能来加快数字化进程，重点是通过发展数字化管理工作台，将原本线下运营的业务线上化，利用数字技术提升业务运营的效率。在本案例中，洛可可推进自身转型，构建了洛客平台，并与钉钉合作构建行业管理工作台，改变了传统设计服务行业的线下管理模式，帮助洛客实现了与设计师、客户等多边主体的线上管理、在线交付，同时实现了整个项目管理的数字化闭环，并基于运营数据对设计服务流程进行了智能优化。相对于传统软件开发的服务外包模式，参与者与平台企业的互动模式从简单软件服务走向携手共同开发，双方基于长期信任而非短期项目服务开展合作。在此过程中，参与者提供行业经验和问题反馈，平台企业做定制开发。但从总体上说，平台企业仍处于赋能输出的主导地位，参与者处于数字化起步阶段，对平台企业是高依赖、低互补的关系。

具体而言，2014年洛可可就开始构建企业订单管理系统，尝试企业管理数字化。但是，洛可可依然沿用重线下运营、非标准服务的传统企业管理方式，致使企业管理数字化的推进十分缓慢。此外，洛可可是传统设计企业出身，其技术能力薄弱，较难承受数字化技术开发的高成本投入。2016年，洛可可成立洛客，搭建了共享设计师的互联网平台，但受限于固有思维与做法，继续开设线下运营中心拓展业务。正当洛可可及洛客的数字化转型之路陷入僵局时，钉钉进入了视线。钉钉是智能移动办公平台提供商，刚开始想要与各个行业的头部企业共创，开发适合特定行业管理情境的流程管理工具。针对共创的用户，钉钉基本是免费提供定制化开发服务。钉钉开放平台负责人说过钉钉共创客户的筛选标准："第一，在所处的行业里面应该是比较头部的企业……第二，它的互联网化、数字化的进程比较初期，并且诉求比较强烈……第三，它对钉钉这种方式是比较认同的，愿意跟钉钉一起做。"对应到洛可可，它是国内工业设计领域的龙头，并且率先导入钉钉系统，创建洛客新业务体现了其向互联网转型的坚定信念。洛可可创始人贾伟表示："今天，对于绝大多数企业或者绝大多数创业者而言，如果你不抓住数字化和智能化，我认为你在明天将成为时代的弃婴。"2018年11月，洛可可访问杭州钉钉，洛可可创始人贾伟和钉钉CEO陈航对彼此正在推进的事业十分认同，双方很快开启了合作。互融过程的案例分析如表19-2所示。

表 19－2 互融过程的案例分析

依附式升级行为		依附式升级结果 互融过程实现效率提升	互补和依赖关系评估	
可视化： A1. 人员可视化 A2. 沟通可视化	可重组： B1. 工作流程重组 B2. 管理方式重组	C1. 洛客与钉钉共创行业线协同工具 C2. 钉钉对设计行业进行产品迭代升级	参与者对平台企业的互补 F1. 对平台基础区块形成补充 F2. 满足生态内其他用户需求	参与者对平台企业的依赖 G1. 为维护和发展自身与平台企业的关系而进行投入 G2. 参与者在平台企业之外实现目标的关系和途径
A1. 线上化的 SOP 流程，使原先面对"黑箱"的客户能够随时"看见"。通过钉钉进入洛客云设计应用中的业务，客户在钉钉上选好设计品类下单后，系统会自动围绕项目发起一个 IM 群……客户就可在线上立项后，客户下单计划，以在群空间中看每项目进度的分工、时间进度与成员，群内也会自动推送每日事件提醒、每日进展报告，以及每一环节的确认、审批提醒。(洛客与钉钉合作负责人) A2. 钉钉数字化工作方式把洛客员工从繁杂、低效、混乱的沟通协同工作中解放出来，让他们专注于创造创新，真正打造一家有想象力的公司(钉钉 CEO)	B1. 前期咨询时就是个服务群，项目开始后自动在服务群上面关联一个服务性的项目空间，完全打通了沟通和项目管理，等于把从前到后把整个客户服务链路完全地在钉钉上实现。(洛客与钉钉合作负责人) B2. 企业所有的经营数据现在流程数据上线，通过图表化和决策呈现，然后可以让管理层实时看到运转的状况，然后来做快速反应和响应……时数据都体现在上面，其中还包含内部管理、人力资源等数据也可以通过这个方式看到。(洛客与钉钉合作负责人)	C1. 项目管理工具可以把整个交付过程管控起来，如果在这个阶段不满意，客户可以退款。我们让很清楚客户在哪个阶段不满意……现在，我们把整个管理过程也做了数字化(钉钉开放平台负责人) C2. 这些产品中的很多功能，比如说怎么去做人力管理，一些数字转化的管理等，其实都属于第三方合作伙伴……那么，它帮我们做下的共创的一方面是解决当下的需求和问题，另一方面我们一起来设计产品，它迭代产品(钉钉开放平台合作负责人)	F1. 当时，其实我们期望项目空间本身就是一个设计行业的基本方案，我们相信它能复制给更多的企业……其实，它是一个行业的解决方案……比如我们拥有对于这个行业经验，然后我们对于这个行业经编制到这个行业钉钉是属于钉钉的产品，但这个与钉钉合作个产品里面。(洛客与钉钉合作负责人) F2. 当时，钉钉本身就是一个上面有很多企业的平台，个项目洛可可又特别认同钉钉，所以就希望与钉钉变成合作伙伴，然后我们做钉钉上的企业提供设计业务(钉钉开放平台合作负责人)	G1. 我们是全力与钉钉合作，在这边也构建了团队，比如专门在钉钉上的产品经理、技术人员以及跟钉钉共同做的市场开发，业务人员，其中包括专门交付团队，专门对钉钉，把原来洛客的服务做了很多改造(洛客与钉钉合作负责人) G2. 尝试做完全数字化的公司，所以从整个设计的交付流程我们完全实现数字化……当运行得不是特别顺利，但运行的过程也请了第三方来开发，(洛客与钉钉合作负责人) 我们把整个沟通协同，包括服务履约交付的过程较擅长也是最核心的，是钉钉一起为钉钉上的数字化，只能钉钉去做一个能力，(钉钉开放平台负责人)

（一）依附式升级行为

洛可可与洛客利用了钉钉提供的组织在线和沟通在线解决方案，其本质是与共创对象一起推进人员和沟通的可视化。以人员和沟通的可视化为基础，洛可可和钉钉一起对原有的设计工作流程与管理方式进行了重组升级。

1. 人员可视化

人员可视化是将管理流程中所涉及人员的身份信息、岗位信息等进行标签化和在线化。在洛可可探索数字化转型多年、效果不佳的情况下，贾伟毅然做出摒弃原有企业协同工具、全员上钉钉的决定。一方面，钉钉是免费的企业协同工具，入驻钉钉可以降低协同系统开发与维护的成本；另一方面，统一协同平台打破了企业内因系统繁杂、独立而导致的信息孤岛局面。此外，钉钉基于洛客管理设计流程的需求开发了完备的 SaaS 系统，设计师、"邦女郎"和客户的行为全部上线，并在项目过程中进行管理。钉钉 CEO 陈航表示："客户在洛客平台成功发布任务后，就会自动创建基于该任务的专属沟通群，所有基于该项目的设计服务人员都会进入这个群，杜绝任务执行过程中'点对点'找人的情况，并且任务的相关节点都会以钉钉工作通知的形式进行提醒，实现任务执行流程的透明化，实时把控产品设计的每个环节，为设计提供更精准的方向。"

2. 沟通可视化

沟通可视化是将多主体沟通的过程全面在线化和可视化。"邦女郎"、"邦德"以及客户是洛客每一个订单的基本参与人员，"邦女郎"作为连接设计师与客户的中介，在每一个项目中都充当着"传话筒"的角色，客户与设计师无法直接沟通带来了沟通成本高、设计满意度低等问题。对此，钉钉提供了强大的即时通讯、审批流程和沟通群组功能。洛客依托钉钉构建了一个客户、设计师与项目管理者都能全程参与的标准化服务作业流程（standard operating procedure，SOP），实现了沟通可视化。钉钉开放平台负责人在访谈中提道："我们帮洛客做了什么？第一个就是把它内部的一些沟通协同都搬到钉钉上，然后把一些审批流程和考勤等也搬上来了……还把它的一些与人事或者财务相关的东西，也用钉钉现有的一些能力解决了……"

3. 工作流程重组

人员可视化与沟通可视化是基础，它们推动了参与者内外部管理工作上线，使原有工作流程重组升级。在内部协同管理方面，钉钉提供了在线审批、日志、群公告等功能，让洛可可实现了组织在线、协同在线，解决了洛可可因多团队导致的跨团队协调困难、人员复杂导致的组织架构冗余等问题。在外部协同管理方面，洛客与钉钉共创项目空间。洛客将设计服务过程分为三大管理区块，即客户管理、项目咨询和项目管理。钉钉对此提供在线解决工具，其中客户管理是钉钉生态内软件服务商针对洛客的定制开发，项目咨询是钉钉自身功能的优化和开发，项目管理是基于洛客原有业务管理系统的升级。依靠项目空间，洛客实现了从项目咨询到项目交付的整个设计流程标准化和在线化。洛客与钉钉合作负责人在描述整个工作流程时说："一旦项目开始，前面咨询时就是个服务群，项目开始后自动在服务群上面关联一个服务性的项目空间，然后把前面的沟通和后面的项目管理完全打通。项目空间中的所有流程节点和关键信息还可以投在服务群里。这样等于把从前到后的整个客户服务链路完整地在钉钉上实现……我们可以随时根据客户需要进行优化。"

4. 管理方式重组

人员可视化与沟通可视化推动了工作流程重组，而企业运营上线和沉淀数据驱动了企业管理方式重组升级。洛可可及洛客基本实现了在线运营，并通过钉钉工具沉淀了企业运营数据。洛客与钉钉合作负责人说："智能参谋使一个企业的所有经营数据和流转数据完全上线，并通过图表化和仪表盘的方式被呈现出来，然后有一张决策大图，可以让管理层在上面实时看到企业运转的整体状况，然后来做快速反应和响应……我们的内部管理，比如说人力资源数据、人事财务的一些资料流转，也可以通过这个方式看到。"在外部协同管理方面，一方面，大量的运营数据与客户需求数据沉淀，而通过数据分析与市场匹配机制，传统的设计工作也可以由数据驱动完成。另一方面，设计过程透明化，而且全程质量可控，如果客户对设计不满意，也可以随时叫停，实时数据记录，如此能够更好地对设计师进行管理。一位洛可可合伙人提道："这种方式有一大天然优势，你所有的工作都是数据决策，然后尽量建好人为的东西，这是全新的管理方式。"

（二）依附式升级结果

洛客与钉钉互融的结果是构建起设计行业的数字化管理工作台，实现了效率提升。管理工作台包括内部协同管理与外部协同管理两个方面的功能，包含洛钉钉、智能参谋、服务群与项目空间等数字化管理工具。首先，内部协同管理主要使用两大管理工具：第一，钉钉平台原有的企业数字化协同能力。洛客原有的企业协同功能都搬到钉钉平台上，在线协同管理企业日常事务。第二，智能参谋。智能参谋实时监控企业运营情况，并沉淀数据，指导管理工作的开展。其次，外部协同管理帮助洛客实现了设计业务从获客到交付的全过程在线和透明可控。一般而言，设计项目的全过程包括获客、咨询、设计与交付四个阶段。钉钉平台中第三方提供的穿云系统可以帮助洛客对客户进行在线管理，钉钉根据群聊功能改造的服务群可以满足客户的咨询需求，钉钉与洛客共同开发的项目空间则可以对项目设计直至交付进行全程把控，从而颠覆了传统设计业务线下占主导的形式。钉钉赋能下的洛客将外部协同管理搬到线上，逐步沉淀设计行业的数据。

对于洛客而言，钉钉赋能帮助搭建了设计行业数字化管理工作台，实现了通过数字化提效降本的目标。钉钉开放平台负责人评价："对洛客内部来说，因为使用项目空间，其协同效率提高了，成本也降低了很多。"对于钉钉而言，通过共同开发的行业数字化管理工作台，一方面进入了新的行业领域，钉钉开放平台负责人在访谈中提道："这个产品（项目空间）被整合成通用化的数字管理工具，在不少类似行业和跨行业的企业中进行使用。"另一方面，促进了钉钉平台产品的迭代和升级，洛客与钉钉合作负责人在访谈中表示："那么，洛客跟钉钉的共创不仅解决了当下的需求和问题，也在帮助迭代产品。"

（三）阶段演进动因

尽管洛客为钉钉构建设计行业数字化管理工作台提供了行业经验，但在该阶段，钉钉是主导者。此时，洛客对钉钉是低互补、高依赖的关系。

1. 对钉钉平台的低互补

在互融阶段，洛客是钉钉的标杆客户，在钉钉为其开发设计行业数字化管理工作台的过程中，它为钉钉提供了行业经验；相对于软件服务外包模式，此举提升了它与平台企业的互补。例如，组建服务群要匹配各类设计的具体流程，否则就会降低用户体验。正如钉钉开放平台负责人所说："做包装设计跟做一个工业设计、做一个 Logo 设计、做一个 PPT 设计，它们的流程都不一样。我们（和洛客一起）梳理出来 40 多套流程，如果你对这些行业不熟悉，你是很难梳理出这些流程的。"但是，洛客在此阶段只是钉钉的一个客户，它提供的行业经验只是换取了自己对管理工作台的免费使用，但管理工作台的产权仍属于钉钉，钉钉可以自主地对其他主体进行输出。洛客并没有与钉钉生态的其他群体产生关联，没有为钉钉生态创造出更大的价值，因此互补性仍较低。

2. 对钉钉平台的高依赖

在与钉钉合作前，洛客也找过第三方为企业开发数字化办公工具，不仅成本居高不下，而且收效甚微，洛可可合伙人在内部战略会议中提道："在2016年开始的两年多时间里，转型进展十分缓慢，做得很累……在与钉钉合作后，有了钉钉的平台赋能，洛客的数字化转型过程大大加快。"在与钉钉的战略合作过程中，洛客为了有效对接钉钉，将此前负责与钉钉对接的公司中层升级为专门负责的合伙人。为了更好地理解钉钉场景，洛客专门在杭州成立了分公司。洛客与钉钉合作负责人更是直言："别人把钉钉当工具，我们把钉钉当器官。"可见，洛客在互融阶段对钉钉的高度依赖。

总体而言，虽然洛客从客户变为了钉钉的行业共创伙伴，但如果停留在管理提升层面，洛客在本质上仍是钉钉的一个客户，而难以成为共同开拓新业务的战略伙伴。如果洛客只是利用钉钉的平台赋能，无法为平台生态创造新的价值，终将被边缘化。因此，洛客尝试谋求与钉钉的进一步战略合作。

二、共生过程

在共生过程中，参与者能够与平台企业一起，共同开发新产品和新服务，帮助平台拓展新的场景和服务模式，提高用户黏性和促进生态繁荣，同时促进自身业务的增长。在本案例中，洛客与钉钉携手构建"服务市场"，推出云端设计部。钉钉服务于1 000多万家企业级客户，针对这一潜在市场，钉钉与洛客合作打造服务市场。为更好地理解钉钉场景，洛客在杭州设立机构并开发出适合的云设计服务，而洛客的这种云设计服务就成为钉钉服务市场里的"种子"，进而演变为钉钉生态中的设计业务子平台，对接钉钉生态用户的设计需求和外部海量设计师资源。在此阶段，参与者与平台企业的互动模式从平台企业对参与者的单方赋能走向彼此深度需要，参与者对平台企业是高互补、高依赖的关系。

具体而言，洛客与钉钉一起捕捉到业务合作的契机。第一，钉钉生态中聚集了大量企业，这些企业是有设计需求的。洛客与钉钉合作负责人表示："当时，钉钉已有超过1 000万家企业，然后这些企业其实有很多的设计需求。这些设计需求能不能在钉钉上被满足，通过我们被满足？当时，钉钉也做过一份调研，发现钉钉里面差不多有30%的用户可能有这方面的需求。"第二，钉钉尝试为生态中的千万企业级用户提供服务，但尚未构建出有效模式。钉钉开放平台负责人表示："说实话，开拓钉钉的服务市场还是有些门槛的，难度还是有些大。"钉钉开拓服务市场的难点在于如何与客户做深度连接，洛客与钉钉合作负责人对此发表了自己的看法："钉钉的工具性特别强，其实用户就是想用它去做打卡，或者用它来做沟通。如果钉钉想要与更多企业做深度连接，就需要一个服务性质的业务。"共生过程的案例分析如表 19-3 所示。

（一）依附式升级行为

洛客在钉钉服务市场中成功布局设计业务的关键在于了解到客群特征以及产品标准化。对此，钉钉提供了企业需求数据分析与数字技术支持的解决方案，并与共创对象一起推进客户可视化和产品可视化。然后，以客户可视化和产品可视化为基础，洛客和钉钉针对目标市场提出了新的价值主张，并开发了与之相匹配的新业务模式。

1. 客户可视化

数据可帮助锁定目标客群，明确客户需求特征，而客户可视化能够指导参与者进行市场分析。首先，锁定目标客群。钉钉针对平台内客户服务需求展开的调研结果表明：30% 以上的企业拥有设计需求，而且大多为中小微企业。对此，洛客与钉钉合作负责人给出了自己的看法："我觉得钉钉提供了用户视角，因为钉钉会做一些调研，主要是它想要做服务市场，当时的调研结果是设计服务确实需求比较旺盛，然后给了我们比较大的信心。钉钉会从中给我们找客户，而我们要的用户画像就是初创，然后我们会聚焦到 100 人以内，这些人都是从钉钉平台上找出来的，也就是帮我们找到了客户。"其次，双方一起挖掘具体需求的特征。洛可可合伙人表示："一个特别大的焦虑，就是我觉得自己不懂市场，没有接触过这样的客群。我觉得，如果这个项目失败，一定是因为我失败的，就是不够接地气，不知道人家在想什么。"洛客与钉钉在共同讨论和分析后发现：这一类中小企业的设计需求往往更小更简单，比如品牌 Logo 设计、包装设计等。若从洛客传统的工业设计企业视角出发，往往很难捕捉到这样具化的设计需求，而钉钉平台中沉淀的运营数据为洛客指明了业务开发方向。

2. 产品可视化

依托数字技术模块化拆解产品，产品可视化可以大幅降低参与者的开发成本。洛客在钉钉平台中的产品布局可细分为两个方面。一方面，洛客带着设计师资源入驻钉钉平台，依托项目空间在线提供设计服务，实现"服务产品"全程透明可视。洛客与钉钉合作负责人说："我们把洛客平台

表 19 - 3　共生过程的案例分析

依附式升级行为		共生过程的案例结果	互补与依赖关系评估	
可视化： A3. 客户可视化 A4. 产品可视化	可重组： B3. 价值主张重组 B4. 业务模式重组	业务子平台实现业务增长 D1. 洛客在钉钉应用市场中嵌入设计服务平台 D2. 钉钉拓展平台服务市场	参与者对平台企业的互补 F1. 对平台基础区块形成补充 F2. 满足生态内其他用户的需求	参与者对平台企业的依赖 G1. 为维护和发展自身与平台企业的关系而进行投入 G2. 参与者在平台企业之外实现目标的关系和途径
A3. 钉钉上面有 1 000 多万家企业……它们的需求内容非常丰富，从工业设计、到包装、再到品日常的海报设计，诸如 P 图的单子都有。因为钉钉客户以中小企业为主。它们的设计需求比较简单……因此我们的重点推出了 Logo、VI 和包装设计作为主打产品，将其余复杂类型的设计作为拓展服务（洛智能负责人） A4. 你看这么多创业方向，可以做 Logo、可以做名片、可以做模板，当时，模板已经有，后来还可以做 IP 设计等。后来，我就发觉，规模比较大的，容易标准化，我们肯定先选优优、得这些客易标准化的，最后，我们肯定青选择了 Logo 设计（洛智能负责人）	B3. 创新一定是在新的价值网上，而新的价值网通常叫做新技术在驱动……我们的价值网通常叫给每一个企业里面搭建一个设计部，就像它有多东西了，我把它引进来，做成我们现在服务客户的一个工具（钉钉开放平台负责人） B4. 你在上面（云端设计部）购买充值服务，我们 1 分 1 分，3 万元，5 万元，10 万元 4 个档，而后就设计服务，并且还有折扣。由老板先买单，在买完单后，员工就可以自主下单。在自主下单工就所有的行为要通过审批采购完成。这样就解决了透明采购的问题（洛智能负责人）	D1. 我们的第二次发布会做了一个新的东西叫云端服务部——我们可以给每一个企业里面搭建一个设计部，就像它有多东西了，我把它引进来，做成我们现在服务客户的一个专门设计团队。我们就可以在钉钉上为它提供一个云端设计（钉钉开放平台负责人） D2. 因为钉钉原先就是强调组织内部的一些数字化办公。云端服务中心做上去，可以把整个的数字化去，他所有的边界都拓展（钉钉开放平台负责人）	F1. 因为我们要做服务的话，就必须用这些标准化的东西，然后我们看它可以已经有那么多东西了，我把它引进来，做成我们现在在服务客户的一个工具（钉钉开放平台负责人） F2. 2019 年 9 月，应钉钉邀请，洛客决定在杭州开设分部，依靠钉钉技术人员架构作，在钉钉软件内架基本组件，应用市场，为钉钉客户提供设计服务（钉钉开放平台负责人）	G1. 洛可可那在 9 月之前投入的主要是一些业务的人员。然后，加在一起有三四个人。发的人员开始投入，大概在 7 个以下。我们这边在 12 月到 1 月这个阶段，大概产品加技术的话，只有三四个人（钉钉开放平台负责人） G2. 后台就是技术加数据，但数据刚刚开始。在数据方面，我们一起有阿里云正在合作，当然也包含跟钉钉合作。我想，因为自己在这方面挺弱的，现在团队更偏互联网技术的，所以，从严格意义又上讲，数据是从今年才刚刚开始做（洛可可合伙人）

上海量的设计师入驻到钉钉生态里，提供在线服务。"但是，洛客在钉钉平台内的设计业务很快就出现了"水土不服"的情况。洛客与钉钉合作负责人指出："最初，我们在钉钉上面放了洛客的标准服务。但后来发现不行，因为钉钉上的企业跟外面的企业还是不太一样，上面有大量的小微企业。对于小微企业，如果你用原来的产品来服务它们，其实是满足不了它们的需求的。"客户可视化帮助洛客找到了"跑不通"的原因，也为洛客在钉钉平台中的产品转型指出了方向——钉钉应用市场需要更轻的设计服务产品。另一方面，洛客运用基础的智能设计方案，根据设计行业经验拆解设计产品的"形、色、意"，实现"设计产品"可视化。洛智能负责人表示："其实，核心就是对设计足够了解，然后把它拆解出来，再让它沉淀在技术里面（在此基础上，可以提供智能设计产品）。"

3. 价值主张重组

以客户可视化与产品可视化为基础，参与者与平台企业针对客户需求设定了新的价值主张。起初，洛客以设计服务供应商的身份进驻钉钉的应用市场，当时洛客的价值主张十分明确：为钉钉内的中小微企业客户提供在线设计服务。但是，钉钉的应用市场主要是为 SaaS 供应商搭建的，洛客与钉钉合作负责人表示："（应用市场）以前都是卖 SaaS 比较成熟，管理员开通一个应用，然后因为它关系到这个公司的经营决策，所以由（信息部门）管理员开通，老板决策付费。"但是，负责使用设计服务的并不是企业的信息部门。对此，洛客与钉钉共创服务市场模式，洛客成为服务市场中的种子供应商。双方的价值主张是："如何提升服务质量、服务效率和服务体验，满足钉钉生态千万企业的设计需求。"随着洛客对用户需求理解的加深，洛客内部的价值主张进一步升级，洛智能负责人在访谈中说道："人工智能一定可以使每一件物品都被设计，人工智能一定可以让每个人享受设计的价值。所以，我们相信人工智能普惠的并不是设计，人工智能本质上普惠的是美好。"我们要采用智能设计的方式做"更省、更快、更对"的设计，以满足客户需求。

4. 业务模式重组

客户可视化与产品可视化驱动了参与者与平台企业价值主张的重组，进而指导了业务模式的创新升级。钉钉开放平台负责人说："（洛客）因为跟钉钉或者说跟阿里这边的一些合作，它在自己的方向上其实也是在逐渐调整，或者说是做一些更深入的变革。"最初，洛客只是把钉钉视为流量口子。洛客将原本平台中的业务放到钉钉应用市场中在线提供，希望获取其中的流量。很快，洛客就对单一的设计服务模式进行了优化，具体包括：将钉钉应用市场中的业务迁移到服务市场中；加入智能设计服务板块，提升设计服务效率；针对钉钉服务市场调整产品以及产品价格，以满足更多企业的需求。洛客与钉钉合作负责人说："因为钉钉上的企业跟外面的企业还是不太一样，上面有大量的小微企业。如果你用原来的价格服务它们，其实是行不通的。随后，我们就第一次把洛客上的价格从最低的18 000 元调到了 3 000 元，这是一个特别颠覆的改变，然后我们推出了 12 个产品包，涉及包装设计、Logo、VI 等。"对于钉钉而言，洛客的入驻也为它带来了推出新产品的灵感，而服务市场就是双方共创的新模式。此后，钉钉和洛客还共创了"云端设计部"。也就是说，由洛客提供行业经验，由钉钉提供平台基础架构，为每一个企业搭建虚拟的云端设计部并配备设计总监，而企业可以低成本地随时调用。

（二）依附式升级结果

洛客与钉钉在共生阶段开展了共同投资的紧密合作。面对新市场和新需求，双方重组构建了新的价值主张与业务模式。钉钉提供平台内用户画像、需求分析和平台基础设施，帮助洛客升级为钉钉服务市场中的业务子平台；洛客提供设计行业经验，帮助钉钉以设计服务为切入点构建服务市场，拓展平台业务边界，找寻新的生态价值增长点。

在此阶段，洛客的发展包含以下三方面：第一，配合钉钉共同探索服务市场，并成为其业务子平台嵌入钉钉生态。2019 年 8 月，钉钉宣布："钉钉和洛客将基于钉钉的开放平台，打造一个针对千万企业的高性价比设计方案。"洛客成为钉钉服务市场中的业务子平台，将钉钉生态的客户需求与洛客的外部设计师资源做对接。第二，开发出云端设计部业务，加深了洛客与钉钉之间的生态合作。洛客与钉钉合作负责人介绍："这是针对每个公司提供的一个新部门，它是个虚拟部门，部门里面的设计总监可以帮你解决所有的设计需求和前期的咨询与服务，这也为洛客增加了新的客户来源。"第三，智能设计的市场探索。洛客内部早已对智能设计业务有了规划和能力储备。在疫情期间，洛客将智能 Logo 产品上架钉钉服务市场并取得了不错的反响："当时，差不多一天有 2 000 多单，创造了洛可可历史上的最高纪录。一天差不多赶上我们原来一年订单量的总和。"这也强化了洛客在智能产品线上的发展信心。

在此期间，钉钉的发展包含以下两方面：第一，与洛客合作，拓展钉钉平台中的服务市场。此前，钉钉聚焦组织内部的数字赋能，能够满足的客户需求有限，因而打造服务市场来填补钉钉的功能缺失。第二，基于云端设计部的逻辑衍生出云端服务中心，用于拓展平台企业的业务边界。在云端设计中心的模式得到验证后，钉钉计划将该逻辑复制到财税、知识产权等领域，形成"云端财税部""云端知识产权部"等新服务，扩展平台企业的业务边界。钉钉开放平台负责人说："因为钉钉原先都是强调组织内部的一些数字化办公。云端服务中心做上去，不但能解决企业内部的问题，企业跟上下游的所有服务都可以放在钉钉上。"

（三）阶段演进动因

在共生阶段，洛客与钉钉的互动模式从钉钉赋能为主走向彼此需要。洛客凭借设计师资源及管理能力、设计行业经验累积，帮助钉钉以设计服务为切入点构建起服务市场；钉钉基于运营数据为洛客更好地服务钉钉生态提供市场分析。相较互融阶段，洛客有效提升了其在钉钉生态中的互补性。此时，洛客对钉钉是高互补、高依赖的关系。

1. 对钉钉平台的高互补

相较互融阶段，洛客从对平台基础区块的补充与满足生态内其他主体的需求两方面着手提高了对钉钉的互补性。一方面，洛客带着海量的设计师进入钉钉服务市场，并依托钉钉提供的用户画像，有针对性地为钉钉生态内的企业客户提供标准化、"接地气"的设计服务；另一方面，洛客与钉钉共创了云端设计中心，分享了设计行业经验，并在云端建立了小微企业的专属设计部门，满足了钉钉生态内众多小微企业的设计服务需求。洛客凭借其在设计领域的核心能力成为钉钉服务市场中的第一批种子服务商，极大地提高了其在钉钉生态中的互补性，确立了其在钉钉生态中的合法地位。正如钉钉开放平台负责人所说："洛客与钉钉合作主要扮演了三个角色，也可以理解为三个能力。第一，它提供了设计总监的角色，设计总监可以把控线上工作的交付质量；第二，它提供了'邦女郎'的项目经理角色，'邦女郎'可以把控项目进度。第三，它提供了设计师运营，包括海量的设计师资源以及对他们进行了比较有效的管理。"

2. 对钉钉平台的高依赖

整体而言，洛客对钉钉的依赖度仍旧较高。第一，洛客设计服务局限于钉钉服务市场。洛客服务客户的场景主要是在钉钉上，因而钉钉在业务协同中扮演了重要角色，包括提供了项目空间以及数字化的沟通、交付过程。第二，钉钉提供了基础技术架构。洛客没有单独开发产品的能力，云端设计中心还是需要依靠双方技术人员的合作。钉钉开放平台负责人指出，当时洛客非常配合钉钉的市场开拓与产品开发，不断增加人员投入："钉钉这边的投入，如果是稳定投入在这边的，可能是三四个人。到 5 月发布会之前，应该还是三四个人。然后，洛客那边的人开始变多了，有可能他们整个公司在那段时间都搬过来了。我估计应该有四五十个人。"

总体而言，洛客通过提供设计行业经验、设计师资源和管理能力，提高了其对钉钉的互补性，但与此同时，洛客的整个业务发展和收入获取都嵌入到钉钉平台架构中，对钉钉平台的依赖度仍很高。此外，经过此阶段，洛客开发出了智能设计产品线，初步具备了自主能力，因此洛客开始谋求为更多的生态主体创造更大的价值，以便降低对特定平台企业的依赖。

三、自主过程

在自主过程中，参与者作为具备自主能力的子平台，与多个平台企业合作，重构了产业架构，为各方带来了新增长，并反哺了平台企业；而平台企业与参与者共同推进了原有生态的价值更新。在本案例中，洛客进一步孵化出"洛智能"新业务板块，该业务板块主要与钉钉共同探索服务教育场景。此外，洛智能设计团队强化了自身智能设计能力，进而与阿里云、1688 和南极电商等多个平台生态探索新的业务合作，尝试打通"需求分析—品牌定位—产品创新管理—产品设计—生产—营销策划—销售"的产业链。在此阶段，参与者采取简单多栖战略，主要是作为子平台镶嵌于多个生态架构中，在保持对单个平台企业高互补性的同时降低了依赖度。

具体而言，疫情背景下对数字技术的广泛应用，为率先推进数字化转型的洛客带来了新机遇——洛客依然与钉钉维持着深度合作的伙伴关系，并在疫情期间一起寻找新的增长点。不同的是，经过共生阶段对机器智能设计的尝试，洛客逐步看清了智能设计的价值。首先，洛客发现，不同于传统的设计驱动理念，智能设计主要是产品技术驱动。洛智能负责人描述："反正隐隐约约觉得要抛弃掉以前对于设计的那种认知。如果采用产品技术驱动的话，就要颠覆掉以前对于设计的标准和对于设计的定义。我觉得，这就是说产品技术驱动和设计驱动在打架。"

此外，大规模的个性化定制涌入设计行业。洛智能负责人在访谈中表示："服装与大快消，其中大快消主要为食品、美妆与日化这些类目。它们的一大特色就是全年上新，而且平台也会要求它们全年上新。想想它们全年上多少新，然后再乘以商家数，这个量非常大。然后，我发现，其中存在大规模的个性化，这个事情不光是在理论上的，它是真实发生的。"洛客采取了相应的战略应对行为：一是成立洛智能来应对大规模个性化的设计市场，也就是利用机器智能提供需求量大的普惠设计；二是将视野瞄向更大的商业生态圈，寻找新的合作伙伴来开拓智能设计新场景。2019年，洛客在战略讨论会中确定了构建设计产业互联网的战略目标。洛可可合伙人提道："作为一个能长期发展的业务，你不能只依赖一个平台，你的初心就是不能依赖任何人。"自主过程的案例分析如表 19-4 所示。

(一) 依附式升级行为

洛客构建设计产业互联网的关键在于明晰设计产业架构和合作主体特征，其本质是通过网络主体与主体能力的可视化，推动接口规则与产业架构重组，服务新的客户场景和需求。

1. 网络可视化

在协作网络中的各个主体，包括参与者和各类平台企业均实现了在线化和主体特征的可视化，从而可以快速判断各主体间协作的潜在价值和可能性。依据合作逻辑，洛智能内部将达成合作的平台企业分为两类，即渠道逻辑和生态逻辑。洛客与钉钉合作负责人解释道："渠道合作很明确，你是一个成熟渠道，我有成熟产品放进去了，我希望在短时间内能变现。但是，共创（生态）就会有很多的共同投入，比如我在某阶段不计较产出等事情。"目前，洛智能主要的合作对象包括钉钉、阿里云、1688 和南极电商等。其中，阿里云和南极电商主要是根据渠道逻辑进行合作，洛智能看中的是平台上的商家流量；而钉钉和 1688 则是根据生态逻辑进行合作，洛智能希望能与这些平台深度共创，从零打造产品。洛智能负责人说："其实，阿里云主要偏渠道逻辑，成熟的产品能在上面直接变现。不会让你拿着产品进行测试。但在钉钉上，我们每个产品都是从零开始，先进钉钉，钉钉上线成功的产品再到其他地方去风生水起。所以，从这个层面上看，与钉钉相比，阿里云其实更偏渠道，钉钉更偏生态，1688 更偏向钉钉这个逻辑。"

2. 能力可视化

网络中的主体都将自身的能力进行标准化、在线化，封装为可以调用的能力模块。此前，洛客基本不具备技术基因，因此洛客就与达摩院合作，调用达摩院的技术。一方面，达摩院为洛客推进智能设计产品提供技术支持；另一方面，达摩院为洛客编写设计行业的智能算法，对设计行业

表19-4 自主过程的案例分析

依附式升级行为		依附式升级结果	互补与依赖关系评估	
可重组： B5. 接口规则重组 B6. 产业架构重组	可视化： A5. 网络可视化 A6. 能力可视化	自主过程的案例结果	参与者对平台企业的互补 F1. 对平台基础区块形成补充 F2. 满足生态内其他用户的需求	参与者对平台企业的依赖 G1. 为维护和发展自身与平台企业的关系而进行投入 G2. 参与在平台企业之外实现目标的关系和途径
B5. 这是全新的合作方式，无论它成败还是成功。此外，你需要跟他共创更多的梦想，其实它论是失败或者论是成功，你在这个过程中要尽到跟基于你的业务和经验，对他赋能，我们再想办法把要把资源拿出来。然后，我们再想办法把要把资源拿出来的（洛智能负责人） B6. 我都用智能设计去实现产品设计，比如说 ins 风，少女心等关键词。营销设计目去年是第四，教育行业都会故数字化场景改变，然后就依据这些数据这些生成出来了，所以，这里就是一个品牌在品牌的价值，营销的环节，它是营销的环节，营销可以流通的（洛智能负责人）	A5. 我们对于战场的看法、战场扮演了一个重要角色。比如说钉钉、1688、阿里云，其实它扮演了一些孵化的角色，孵化了一些产品出来，然后这些产品在场景里面实，也有其他的流量渠道，支付宝及钉钉、支付宝之类的（洛智能负责人） A6.（数字技术）能够让我们能从需求理解到设计去实现数据量，然后就依据这些个学习，我快介入智能推荐，用开竞争力所以这是一个通用的竞争力架构，这里面的核心是对设计让它沉淀在技术里面，然后比较重要的（洛智能负责人）	多平台做套实现生态构建 E1. 洛客与多平台合作发展，设计产业互联网 E2. 钉钉拓展教育市场业务 E1. 跟钉钉做了底层解决方案。就叫 SaaS 解决方案，即服务型解决方案；跟阿里云做了产品解决方案。跟淘宝、1688 做了营销场景。最后这种就叫商业闭环解决方案（洛智能负责人） E2. 2020 年，整个教育板块是钉钉最大的一个板块，去年还不是，疫情过后就是了。教育行业都会故数字化场景改变，在数字化场景里找这些应用，会诞生一个巨大的公司（洛可可钉钉合作负责人）	F1. 比如。此前面向教育用户，我们推了一个东西叫智能头像。因为教育用户其实还挺欢迎智能头像的，而且智能这个东西本身就是我们边的智能化结合得比较，所以就基于智能的头像做了可以拼接头像的一个东西（洛客可可负责人） F2. 一个能是跟钉钉这边，现在等于又孵化出了这个教育赛道……今年，教育这个赛道……业基本已经成型了……等于说这一块不是设计服务，而是产品。例如，小学生的书是智能书皮、智能数字化跳绳（就是数字化跳绳）、智能跳绳杯等（洛可可合伙人）	G1. 因为洛客的 AI 技术并非达摩院目前主要的研发方向，因此在构建核心技术竞争力的过程中，达摩院的贡献占比不到 1%，基本上都是我们团队自主研发的（洛智能负责人） G2. 一个是选择多了，但选择多了可能是表象……另一个是多平台钉钉在产业互联网上面跑通，淘宝（包括天猫）等平台深入的关系。这种更合建立更深入的关系能给我带来钉的东西。我就在这上面买产品，或者是这家类同开发一个什么产品（洛智能负责人）

的业务与所需能力进行拆解，从而赋能人类设计师。洛智能负责人表示："我必须用我十几年的经验把它算法化，其中包括我的数据库和设计原理。能不能把它算法化？能不能解构后变成图像生成？行业知识图谱能不能出来？这个是重中之重。"洛客与洛智能在这一过程中积累了一定的技术开发能力，为后期自行编写算法、开发产品奠定了基础。洛智能负责人说："这些（设计开发）不是达摩院的核心方向，所以最后就转成我们自己做，因而这里面的算法都是我们自己的。"洛智能对设计的"形、色、意"进行拆解，组成一系列设计算法，构成其核心竞争力。洛可可合伙人在访谈中介绍："形、色主要通过机器学习，意主要是我们设定的规则。第一，我们可以将元素入库。第二，可以像 AI 生成 Logo 一样，生成那个元素。"这些能力在可视化之后，就能与更多的平台生态去开展合作和商业创意的碰撞。

3. 接口规则重组

网络可视化与能力可视化是基础，它们改变了企业与外部生态的连接规则，而主体之间的合作可以根据用户需求设定互补资源的调用规则。对于洛智能而言，网络可视化有助于明确平台企业与洛智能的特质，能力可视化便于分析平台企业与洛客的能力互补空间。以洛智能与 1688 的合作为例，1688 是 B2B 电商平台，拥有大量的用户需求数据，对于洛智能开拓设计业务新场景至关重要。洛智能负责人描述："比如说 1688，我们想通过它的数据赋能以及我们的数据分析，让我们验证偏平面的品类（如月历、海报、包装），因为我们想打穿智能设计……"1688 平台希望依托洛客提供的行业经验实现新产品的设计开发。洛智能负责人在访谈中提道："他们是不懂产品的，他们也没有经验，但他们就一门心思说，你看我这些数据是很牛的，我们应该基于这些数据去开发什么。"因此，洛智能与 1688 实现了平台对接，洛智能调用 1688 的用户资源和需求场景，1688 调用洛智能的行业经验和设计能力。洛智能负责人表示："这是全新的合作方式。你需要跟他共创其梦想，无论是失败还是成功。你在这个过程中要尽到提醒的义务，并基于你的业务经验对他赋能。然后，我们再想办法把需要的资源拿出来。"

4. 产业架构重组

网络可视化与能力可视化改变了参与者与平台企业的接口规则，帮助参与者推进了产业架构重组和自身地位的升级。设计产业主要包括品牌设计、产品设计与营销设计，数字化能力可以帮助洛智能构建三套中间算法，从而做三种智能设计，形成产业闭环。洛智能负责人表示："我想的核心是我们做三种智能设计、三套中间算法。第一个就是商机设计的算法，即把用户需求智能转化为具体设计思路；第二个是设计图转工程图的算法，即把设计思路智能转化为具体设计产品；第三个是营销产品的优化算法，即把产品设计智能转化为个性化营销方案。因此，这三种设计就是形象设计、产品设计和营销设计。"目前，洛智能的智能设计业务主要为Logo、VI 等品牌设计。未来，从产品设计切入，洛智能可以进入设计产业互联网，实现上下游的打通。此外，由于洛客基本没有产品营销基础，因此营销部分是其打通产业链最困难的部分，需要寻求与生态伙伴的共创。以南极电商与洛客为例，双方在产品研发方面实现了战略合作，南极电商采用洛客的设计能力帮助其商家进行产品的设计及颜值的提升，随后在商家之间内部共享。前者是前端营销商，后者是后端设计者，两者在全新的产业架构中实现了"无缝衔接"。

（二）依附式升级结果

对于洛客而言，自主阶段的两项任务为：一是依靠沉淀的运营数据和积累的技术能力，推动智能设计的快速发展；二是与多平台生态展开合作，重构设计服务产业架构。

在此阶段，洛客的发展主要体现在两方面：第一，成为具有自主能力的子平台，然后与多个平台企业合作，形成生态多栖的状态。洛智能在与钉钉、阿里云和达摩院的合作中积累了智能设计算法开发经验，培养了自主开发能力。随后，洛客在整个产业链上找寻生态合作伙伴，希望将智能设计推向更广阔的服务市场，并分别与阿里云、1688、淘宝与支付宝等平台合作，洛客在跨平台合作的同时也在不停地积累行业知识与技术能力，进而更好地为钉钉平台创造价值。例如，洛客针对钉钉教育市场客户提供了智能头像设计。第二，立足消费需求，重构产业架构，打造多平台嵌套协作架构。数字化带来了设计产业架构的升级，洛客与 1688、南极电商以及淘宝等电商平台的合作可以打通"需求分析—品牌定位—产品创新管理—产品设计—生产—营销策划—销售"的产业链，形成了多平台嵌套的协作架构。其中，洛客负责品牌定位、产品设计和营销策划，它与钉钉进行产品创新的嵌套协作，与 1688 进行产品生产的嵌套协作，与淘宝和南极电商等进行销售的嵌套协作。正如洛智能负责人所说："我们原来主做品牌设计，也就是将需求分析转化为品牌定位。未来，我们要介入产品设计和营销策划，用设计能力撬动和打通'研发—生产—销售'的产业链。"

在这一架构中，洛智能与其他平台企业合作的权力非对称程度将会大幅降低。

在此阶段，钉钉的发展包含以下两方面：第一，探索教育赛道，充分发挥洛智能的智能设计引流能力。在疫情期间，教育线上化让钉钉看到了新的潜在市场，它与洛智能合作为教育市场提供设计服务并取得了不错的效果。第二，钉钉能力提升，赋能阿里生态。钉钉与洛智能在为企业服务的过程中不断提升自己的能力，引起了阿里云等平台的注意。洛可可合伙人在访谈中提道："阿里云提出，想要把企业协同都放到我们这里来做。"

（三）阶段演进动因

在自主阶段，洛智能保持了对钉钉的高互补性，降低了对钉钉的依赖度。一方面，洛智能与钉钉在疫情期间共同探索了教育赛道。另一方面，洛智能不再局限于钉钉提供的单一服务场景，也不仅仅依靠钉钉获得技术支持，而是与阿里云、1688、南极电商等平台开展了多栖合作。

1. 参与者对平台企业的高互补

洛智能在继续优化其为钉钉服务市场提供的设计服务基础上，针对疫情期间教育线上化的情况，与钉钉共同探索了教育赛道。在产品迭代升级方面，洛智能根据钉钉服务市场中的客户需求不断对产品更新迭代。例如，智能 Logo 设计加入了人工调整业务，客户拿到设计图后可以在设计师的帮助下对产品进行细节优化。洛智能推出了智能海报、名片以及模板业务等以满足客户丰富的设计需求，并通过 1688 上的商家将设计变成了实体产品，如名片、月历等。洛智能的能力增长为钉钉接下来的新业务开发带来了反哺作用，比如教育行业里的学生客户特别喜欢智能头像设计，而教育行业客户所需的课程材料、教具等实体产品也可以通过洛智能的"设计＋轻供应链"得到满足。

2. 参与者对平台企业的低依赖

洛客通过探索与外部生态伙伴的合作途径，降低了其对钉钉的依赖度。在自主阶段前，洛客在技术赋能以及服务市场两方面对钉钉都有较高的依赖度，这不利于洛客在生态中进一步获取价值。第一，洛客找到了阿里云和达摩院寻求技术赋能，在积累了一定产品开发经验后，可以独立进行算法编写。第二，为了将智能设计业务推向更广阔的市场，洛客找到了阿里云、支付宝、1688 等合作伙伴，丰富了洛客智能设计业务的服务场景。洛智能负责人表示，在与钉钉合作的整个过程中，我们的心态发生了明显变化："我们的心态有变化是因为我们接触的平台越来越多，然后我们会对比各个平台，判断各个平台的商业化程度，然后该平台是一个什么样的场景，适合我们什么样的业务。所以，从上述情况来判断，我们会觉得钉钉的商业化会晚一些，而我们在钉钉上的收益也会来得晚一些。然后，阿里云会快一些，因为阿里云的商业化程度高一些。"

洛可可通过依附式升级，成功推进了数字化转型，并且降低了对钉钉的依赖度，但这并不意味着就要离开钉钉。洛可可合伙人表示："钉钉会是我们的大本营，在未来一直都会是。大本营的意思为，它是双方创始人都需要的长期深入合作……我们会继续探索新的业务模式。"事实上，互补和依赖关系只是短暂的平衡，变化才是常态。例如，教育赛道已经在拓展，随着钉钉的能力提升和业务场景的拓展，又会提升洛客对钉钉的依赖，双方又会开启新一轮的互融、共生、自主。特别是在多平台嵌套背景下，三边以上合作结构中的互补和依赖关系的变化将会更加迅速、更加复杂，需要参与者具备适应性调整的能力。

第四节　讨论与结论

本章的研究结论表现在"新战略"、"新组织"和"新关系"三个方面。"新战略"是指传统企业数字化转型的"依附式升级"战略；"新组织"是指未来产业组织形态将呈现出"多平台嵌套"的产业架构；"新关系"是指参与者与平台企业互补和依赖的二元关系。本章主要的研究结论和理论贡献包括：

一、研究结论

本章立足参与者而非主导者（平台企业）视角，基于"互补-依赖"整合分析框架，构建起"传统企业加入平台生态系统以推进数字化转型"的过程模型。

与现有数字化转型研究相比，本章研究提出了一种"依附式升级"的新战略。该战略将传统企业面临的资源和能力约束情境纳入考量，分析了传统企业如何依附平台来推进数字化转型。首先，现有研究在分析传统企业数字化转型时忽视了大量企业存在能力约束的前提（Svahn et al.，2017；Sandberg et al.，2020），而本章研究在这一前提下剖析了传统企业通过加入平台生态系统，然后利用平台企业赋能的方式，推进自身数字化转型的过程机制。其次，与现有分析企业利用平台赋能推进数字化转型的研究不同（Li et al.，2018），本章研究指出：参与者（传统企业）与平台企业的依附式升级包括互融、共生和自主的过程，而参与者需要处理好与平台企业的互补和依赖关系。王节祥和陈威如（2019）对共创、共生和共演过程开展了初步探讨，本章研究是在数字化新情境下对这一过程的具体剖析，明确了不同过程中的行为、结果和阶段演进动因。最后，依附式升级中的数字化行为可以概括为可视化（visualization）和可重组（reconfigurable）。现有研究关注了数字技术的类型和特征，包括信息技术、沟通技术等以及数据同质性、可重新编程性和可供性等（Lenka et al.，2017；Yoo et al.，2010）。但是，数字技术到底如何推进数字化转型结果的实现，中间还缺乏了对数字化行为的揭示。本章研究归纳出"可视化"和"可重组"两个数字化行为，可视化是可重组的基础，可重组反向推动要素的可视化，从而揭示了数字技术推动企业经营活动变革的中间机制。

与现有平台生态系统的研究相比，本章研究提出一种"多平台嵌套"的新组织形态，这突破了以往平台生态系统研究中单一平台主导架构的假定。平台主导者能够通过数字化管理系统帮助参与者升级为细分平台；参与者深耕领域，其经验和数据反哺平台，形成网络正反馈。具体而言，数字赋能技术（Teece，2018）使得平台支撑能力加强，可以应对更复杂多样的业态和环节，促进生态扩张。数字化促进参与者与平台企业的分工重构，平台赋能意味着参与者弱化自身底层技术能力的积累，而聚焦行业专属能力培育，占据细分赛道，演变为业务子平台，进而与更多的平台合作，形成"多生态互补"。越靠近底层的平台，标准化能力沉淀越明显，该平台越具有内部产品平台特征（Thomas et al.，2014）；越靠近商业应用层的平台，越需要满足个性化需求，该平台高度开放、多边架构的特征越明显。对于绝大多数企业而言，不管愿不愿意，未来都可能被卷入"多平台嵌套"架构，最明智之举是合理定位，尽快参与商业生态升级的过程。

与现有互补性理论和资源依赖理论的研究相比，本章研究发现：数字化正在重构产业互联网生态中参与者与平台的互补和依赖关系，而互补和依赖的理论割裂难以解释管理实践的发展。一方面，数字化新情境下生态主体间的互补关系正在从要素型互补走向创新型互补（Jacobides et al.，2018）。与此同时，主体间的共创不再是简单的资源和能力交易，而是整体的可视化和可重组。在传统情境中，主体要看清自身确切、实时的资源和能力是极为困难的；主体间的能力和资源贡献不能量化分析，其绩效难以有效衡量，因此共创产生的利益难以公平分配，如果在短期难以签订能够支撑长期不确定合作关系的"完全契约"，就会降低专用性投入的积极性（Williamson，1985）；依靠经验、拍脑袋的迭代和优化速度慢、效率低下。然而，数字时代的可视化和可重组使得上述问题迎刃而解。另一方面，数字化新情境下生态主体间的依赖关系正在从"单边依赖"走向"依赖且互补"（Teece，1986；Casciaro and Piskorski，2005）。在消费互联网阶段，大多数时候是参与者对平台企业的单边依赖，他们随时可能被边缘化；也有平台企业依赖参与者的情况，但参与者的转换成本极低，随时可能"弃船而逃"。然而，在产业互联网阶段，由于行业专属性知识极强，参与者与平台的共创特征凸显，双方的依赖关系不再是单边依赖，而是高度互补的彼此依赖（Jacobides et al.，2006）。例如，钉钉与洛客共创了数字化管理工作台，构建了企业设计服务市场，其企业级用户的黏性极强。在这种情况下，钉钉和洛客如果抛弃对方，都可能"自损八百"。共生背后更深刻的含义是"能不能共死"，"可能共死"方能真正促进"共生"。与现有研究对互补和依赖的割裂框架不同，本章研究是基于"互补-依赖"整合框架，对参与者的数字化转型过程展开剖析。

二、理论贡献

对企业数字化转型研究的贡献：第一，提出了传统企业数字化转型的"依附式升级"战略。本章研究注意到传统企业存在能力约束的现实前提，发现在此情境下传统企业可以选择加入平台生态系统，通过与平台企业合作，推进自身的数字化转型。第二，贡献了数字化转型的过程研究。现有研究聚焦数字化转型的概念、特征等理论框架搭建，或者关注技术采纳和应用（Sandberg et al.，2020），缺少战略和组织洞察。本章研究结合数字化技术特征（Yoo et al.，2010），提出了数字化行为的关键是可视化和可重组。数字化行为不是单纯接受平台赋能（Li et al.，2018），本章研究发现：传统企业的数字化转型要处理好与平台企业的互补和依赖关系，经历"互融、共生、自主"三大过程。

对平台生态系统研究的贡献：第一，丰富了从参与者视角出发的相关研究。现有研究将参与者的被动性作为前提假设，忽视了参与者的战略能动性（McIntyre and Srinivasan，2017）。在产业数字化的情境中，参与者与平台企业的关系变得更加复杂。在互联网平台企业的发展过程中，更需要依靠参与者的行业经验，而参与者在与平台企业的合作中也需要考虑互补和依赖关系。在产业架构重组中，参与者有机会升级为子平台，形成"多维平台嵌套"的产业架构。这一现象正受到最新研究的关注（Khanagha et al.，2022；王节祥等，2021）。第二，建立起平台生态系统与数字化研究的关联。当前，数字化研究和平台生态系统分别受到信息系统领域和战略管理领域学者的关注，但最新研究已开始呼吁关注这两个领域的交叉融合（Vial，2019；刘洋等，2020；陈冬梅等，2020）。本章研究响应了这一研究呼吁，探讨了传统企业通过"依附"于平台企业的方式实现数字化转型的过程机制。第三，对比了数字化新情境与传统情境下参与者治理之间的差异（如表 19-5 所示）。在传统情境下，平台企业主要将参与者视为被动主体，多以自身为主导，思考如何通过歧视性定价策略来快速吸引参与者，从而基于用户规模早日激发网络效应；而在数字化新情境下，平台企业是将参与者视作能动主体，与其共创模块架构，思考如何通过互融、共生、自主的阶段演进来满足参与者需求，从而基于关系共创，早日发挥数据网络效应的真正价值。

表 19-5　参与者治理的差异比较：数字化新情境与传统情境

维度比较	情境类型	
	传统情境	数字化新情境
基本假定	将参与者视为被动主体平台主导架构设计，提升交易撮合效率	将参与者视为能动主体平台与参与者共创模块架构，赋能参与者创新
应对策略	歧视性定价、补贴价格敏感用户	互融、共生、自主阶段演进
内在机制	基于用户规模，激发网络效应	基于关系共创，激发数据网络效应
适用平台	消费互联网平台企业	产业互联网平台企业

三、案例最新发展

洛可可从一家小而美的传统设计公司，依托大平台生态数字化转型为一家平台企业，并搭建了共享设计师平台，可在线上完成设计运营流程。在后续的发展中，洛可可与多个生态开展共创、提升自主能力，降低了对"依附"平台的依赖。面对产业数字化的发展浪潮，洛可可在数字业务领域探索新的增长空间，依托其智能设计能力来拓展业务边界。洛可可/洛客的最新发展如专栏 7 所示。

〜〜〜〜〜〜〜〜〜〜〜〜〜〜〜〜〜〜〜〜〜〜〜〜〜〜〜〜〜〜〜〜〜〜〜〜〜〜〜

专栏7 洛可可/洛客的最新发展

洛客平台进一步升级，欲将更专业、更专注的服务聚焦在对用户的深度理解上，即转向用户思维，站在用户视角构建产品创新，甚至让用户参与产品设计来达成共创，并熟练运用数字力和智能力，打造有生命力的用户型产品。洛客携手喜马拉雅，合作成立了声音实验室，发起设计声音之美的活动，让喜马拉雅的用户参与进来，一起为3亿用户做设计研发。这一活动覆盖了37.5万用户，有2.5万用户直接参与了耳机、音响、音箱的设计，原来需要170天的设计研发项目，这次仅用了11天就完成了，这就是共享平台的力量。洛客与谭木匠携手构建"谭木匠全球设计中心"，并找来5 000名女性用户参与梳子设计，最终历经四个月的设计成果远高于预期，而且销量甚佳。

为把设计和研发供应链都纳入业务体系中创造价值，确保自身在价值链上的话语权，洛客逐步整合了供应链。首先，洛客进行了质量标准化，形成了信用背书。由于工业设计会影响后端的生产和制造，一旦设计出问题，可能直接导致整款产品研制失败甚至企业死亡，很多企业不会轻易相信共享平台上的设计师。为此，洛客对设计工作进行了专业化分工，建立起了自己的质量标准化体系，既能保证设计师的工作质量，也能提升客户信任度。其次，洛客以共享设计平台为入口，整合产业链下游的生产、研发渠道，以设计订单撬动研发供应链订单，形成对B端客户的完整赋能闭环。在理想状态下，客户在洛客平台上寻找设计服务，有40%的客户可以在洛客平台上找到合作伙伴，有20%的客户会继续寻找生产制造服务，个别客户甚至可能在洛客平台上完成从设计到产品的全链条服务。

面对智能时代的来临，洛可可紧跟数字业务智能化步伐，欲以AI赋能设计。洛可可打造了"水母智能"，致力于打造企业级可商用智能设计交付平台，为中小微企业提供完整智能设计及柔性供应链解决方案。"水母智能"的智能设计服务包括智能形象设计、智能包装设计和智能商品设计，其目标客户主要包括中小微品牌方、消费品企业、新农村农户等。

"水母智能"将占用设计师大部分精力的、简单重复且不重要的工作用人工智能替代，让设计师专注于最重要的创意及创造性设计，每年平均减少20%～30%的设计时长。具体来说，该平台通过大数据计算和智能算法自动匹配生成设计意向方案，达成"智能＋设计"的高效结合，进一步提高了设计效率，客户只要简单描述需求，AI 机器人设计师便会立即创造出几十个设计结果，客户看到满意的即可下单购买。同时，洛可可还推出了普惠智能设计服务，专为小微企业、创业者、个体商户提供 Logo 设计。通过洛可可多年的设计数据积累，叠加 AI 智能化的技术，可以减少设计周期和成本，提高服务能力。不过，随着生成式人工智能的来临，"水母智能"又进入了新的变革周期。如何抓住此次浪潮提供的机会，将持续考验洛可可团队。

第二十章 数字化新情境下
平台生态系统治理的管理启示

本章希望回答的问题是，对数字化新情境下平台生态系统治理的理论分析和案例研究所形成的结论，对企业实践有什么启发？在政策监管和服务层面有何参考价值？

第一节 战略认知：依托平台企业推进产业数字化

一、产业数字化是传统企业与平台的"双边共创式赋能"

传统企业依托平台企业推进数字化转型，要逐步从"单边输出式赋能"走向"双边共创式赋能"。现有产业实践表明，通过平台企业赋能，有利于促进传统企业的数字化转型。本篇通过案例研究进一步指出：单纯利用平台企业的赋能，却不提升对平台企业的互补贡献，难以真正实现管理效率提升和业务增长。只有"利他"，才能更好"利己"，一味"利己"，终将被平台企业边缘化。其中，洛可可与钉钉的合作案例为传统企业提供了一条"互融、共生、自主"的转型路径，企业可以实施"三步走"战略，从"单边输出式赋能"逐步转向"双边共创式赋能"。通过互融过程，参与者与平台企业进行价值观碰撞、理解各自业务逻辑，达到认知层面的一致认同；通过共生过程，参与者与平台企业进行新业务开发合作，为平台生态系统创造新价值点；通过自主过程，参与者利用其与平台企业合作而积累的能力，构建"自主"生态，从而打造新业务孵化的"试验场"。在此基础上，传统企业可以利用自身行业经验"赋能"平台企业发展，由此与平台企业形成既互补又依赖的关系。

在上述共创过程中，传统企业需要明晰数字化转型的本质是以要素的可视化为前提，进而推进管理方式、业务模式和产业架构的可重组。大量传统企业不仅需要在可视化上"补课"，还需要在可重组上培育用户思维。其中，要素与流程的可视化是可重组的基础，用户追求个性化及快速变化的需求会倒逼要素的可视化及业务流程的重组。为此，大量传统企业需要进一步做好内部管理和业务流程的标准化、在线化，在数字化转型之前充分补充信息化知识，同时利用数字平台赋能来降低成本，加速这一进程。此外，企业要在实践中从产品思维过渡到用户思维，围绕用户在特定场景的需求进行定制服务，而不是盲目推进数字化。没有满足用户需求、不能带来业务增长和效率提升的数字化战略都是"空中楼阁"。为此，传统企业要坚持与数字平台进行双边共创，在互动交流过程中逐步从产品思维转向用户思维，并逆向思考数字化转型的推进节奏。

二、产业互联网平台生态的构建需要克服规模诱惑

在数字经济背景下，产业平台蓬勃发展，这类平台的管理者需要克服规模诱惑，保持战略定力，在特定业务场景上做深做实，再谋求规模化扩张。大量传统企业只依靠自身是难以推进数字化转型的，这为数字平台赋能的成长提供了市场机遇。与此同时，行业内长期形成的技术诀窍导致平台进入壁垒高。在这种情境下，平台成长的目标多是行业级的产业平台而非消费平台。此前，消费平台凭借其庞大的规模，享受着多市场经营的红利，这对于新兴平台管理者来说无疑是极具诱惑力的。对此，产业数字平台管理者需要有清醒认识：由于用户偏好独特，补贴策略并不能奏效，要克服平台成长过程中的短期诱惑，真正扎进行业做流程梳理、经验萃取和能力沉淀，注重用户体验和黏性，而不是短期规模增长。

此外，让产业平台警惕规模诱惑，并不意味着它就不需要成长。鉴于平台需要通过激发网络效应来增强自身价值，产业平台同样要追求规模化增长，但需要保持差异化身份标签的定位，可以采取与其他平台生态相嵌合作而非单纯依靠自身的方式做大规模。产业平台通过对细分领域的深耕和构建差异化身份标签，能够使竞争对手难以模仿和取代。但是，这也给平台业务扩张造成了边界约束，如何实现规模化增长成为难点。本篇通过案例研究指出：产业平台可以通过与其他平台生态相嵌合作的方式来实现业务拓展。对于产业平台没有涉及但有价值的业务场景，可以与其他平台构成互补关系，即以平台差异化身份标签为基础提供相应的产品和服务。在此过程中，产业平台可以迭代和升级能力，强化差异化标签及其影响

力，进而赢得更多的生态合作机会。可见，平台差异化构建与规模增长之间并不矛盾，两者是相互促进的关系。

三、数字化蕴含着传统企业升维成行业级平台运营商的机遇

数字化转型会推动产业架构的重组，在此过程中蕴含着传统企业升维成行业级平台运营商的机遇。未来的产业组织形态将演化为"多维平台嵌套"的架构——越靠近底层的平台，标准化能力沉淀越明显，平台越具有内部产品平台特征；越靠近商业应用层的平台，越需要满足个性化需求，平台高度开放、多边架构的特征越明显。平台企业通过赋能参与者（传统企业）进入多元业务场景，参与者借助平台升维，在细分领域内成为子平台，从而拓展了管理边界，两者嵌套式向外扩张，并依靠共创共赢的网络效应成为商业世界的主导组织形态。以先前火热的"淘工厂"平台为例，它把线下传统制造企业零散的生产能力聚合起来，按照档期等向线上商家提供出租服务，既弥补了淘宝商家在供应链运作方面的短板，又实现了传统制造企业产销能力的进一步提升。

从上述过程不难发现，不仅平台企业可以通过嵌入不同业务领域实现边界扩张，而且诸多传统企业亦能在合作中得到能力锤炼，从而更好地服务于行业生态。面对数字时代的竞争和挑战，越来越多的传统企业选择融入平台生态，通过数字技术提升内部运营效率，并广泛连接客户、上下游企业和相关部门，借助构建子生态为自身所在的传统行业提供增值服务，使其共享数字生态红利。其中，传统企业平台化转型的最大难点在于认知变革，即平台创新不仅是企业创新，更需要激发互补者创新。对于企业管理者来说，需要实现从企业战略到生态战略的升维，跳出价值链内部视角的局限，并通过培训交流、长期实践深化生态思维，最终实现企业认知升级。因此，在数字化革命浪潮下，传统企业更应看到其中潜藏的机遇，通过自身变革与拥抱平台赋能，加快数字化转型的进程，争取在自身升级的同时，也帮助所在行业或行业细分领域的企业共同升级。

第二节　实施要点：区分平台生态治理的情境差异

在产业数字化新情境下，平台企业原有的边界治理、生态开放度治理策略以及参与者战略都在数字技术的影响下，产生了一定程度的更新。基

于此，本节根据钉钉与洛可可的共创案例，提出平台企业刺激参与者创新的数字化共创阶段，并综合比较了消费互联网与产业互联网情境下的平台企业策略差异（如表20-1所示）。根据该表，产业实践者可以依托所在行业领域，重新规划自身企业与生态系统中平台企业有关的共创项目。接下来，本节将对平台企业激励参与者创新的不同阶段展开具体解释。

在数字化改造阶段，对参与者进行数字化改造并不是简单的IT系统升级，而是需要找出参与者在生产方式、组织方式、工作方式等方面的痛点，提出有针对性的数字化解决方案。这不仅要覆盖价值链的生产环节，也要包括相关的辅助环节，从而有规划地提升参与者组织架构的效率，逐步向技术架构、数据架构、管理架构深化，以实现在线化、透明化，为转型奠定必要的基础。以钉钉与洛可可为例，针对洛可可内部的沟通协同难题，钉钉为其提出了组织在线和沟通在线的解决方案：一方面，洛可可全员上钉钉，将管理过程中涉及的人员进行标签化、在线化，以实现管理流程的透明化；另一方面，借助钉钉强大的即时通讯与沟通群组功能，洛可可构建了一个客户、设计师、项目管理人员全程参与的标准服务作业流程，以实现多主体沟通行为的在线化。以人员和沟通的在线化为基础，洛可可基本实现了线上运营，并通过钉钉不断沉淀运营数据，以此驱动企业管理方式的重组升级。对于钉钉而言，通过与洛可可共同开发行业数字化管理工作台，钉钉进入了新的行业领域，促进了平台产品迭代。在此阶段，洛可可虽然已成为钉钉的行业共创伙伴，但它只在开发工作台的过程中提供了一定的行业知识，无法为钉钉创造更大的价值。为此，洛可可开启了与钉钉的进一步共创。

在嵌套式升级阶段，为了探寻新的生态价值增长点，平台企业需要与参与者联手为用户提供新的产品和服务，拓展原有平台功能边界。嵌套式升级是指平台企业提供技术支持与基础设施，帮助参与者升维成生态子平台，携手拓展新的服务场景与模式。平台企业通过在现有平台中嵌入共生子平台，弥补了无法顾及或没有关注的领域空白，从而让更多的外部用户加入平台。参与者持续深耕所在行业领域，领跑细分赛道，形成了网络正反馈。以钉钉与洛可可为例，针对生态中超过1 000万家的企业用户以及潜在的设计需求，钉钉与洛客（洛可可孵化的平台业务，匹配外部设计师和设计需求）进行了更深入的合作。钉钉为洛客提供了用户画像、需求分析以及技术支持：一方面，利用沉淀的运营数据进行用户需求分析，明确了洛客的业务开发方向；另一方面，依托数字技术，帮助洛客对产品进行模块化拆解，优化单一的设计服务。随着对用户需求理解的加深，洛客的价值主张不断升级，包括加入智能设计服务、提高设计效率、针对钉钉的用户特征调整服务价格等。对于钉钉而言，以设计服务为切入点，携手洛客共同探索服务市场。此外，洛客升级为服务市场业务子平台并嵌入钉钉生态，将洛客的设计师资源与大量的钉钉客户设计需求进行对接，拓展了钉钉的业务边界。此时，钉钉与洛客的互动模式从单方赋能转向彼此深度需要，形成了高互补、高依赖的关系。

在多平台协作阶段，通过跨平台的合作能够使企业在与多用户交互过程中获得的海量信息得到并联，产生强大的网络协同效应。多平台合作就是平台企业在与参与者维持深度合作的同时，推动参与者与多个平台生态寻求业务合作。参与者作为一个具备自主能力的新平台，通过与更大的平台生态展开合作，服务新的需求与场景，从而实现产业架构的重组，为各方带来新的增长。在第三阶段，洛客依靠沉淀的用户数据与积累的技术能力，孵化出"洛智能"板块，并与钉钉共同探索教育服务场景。同时，洛智能将视野瞄向了更多、更大的平台生态圈，开始与阿里云、1688、南极电商等多个平台探索业务合作，形成了多平台协作结构。新的合作伙伴带来了更多的用户数据、需求场景，洛智能得以不断开拓机器智能设计业务。对于钉钉而言，洛智能的跨平台协作，积累了更多的行业知识与技术能力，这些能力又反向应用到钉钉。比如在钉钉拓展教育服务市场时，洛智能为学生用户提供了智能头像设计。

从上述阶段不难发现，在消费互联网与产业互联网的情境下，平台企业激发参与者创新的策略存在差异，如表 20 - 1 所示。究其本质，消费互联网向产业互联网的发展并不是简单的业务延伸，而是面临从"中心化管理"向"去中心化治理"理念转变的挑战。在消费互联网时代，平台企业通过去中间化，消除了横亘在双边市场中的无效流程和环节，但形成了以阿里、腾讯等为代表的新中心。在平台与参与者高度不对称的权力结构下，平台企业单边主导生态更新，参与者以被动适应为主，是以"中心化管理"激发参与者创新的模式。进入"慢热"的产业互联网时代后，平台企业要构建产业互联网生态，就需要与参与者的共创。平台企业很难依托补贴策略吸引参与者进入，而是要与参与者融合来推进特定行业和领域的数字化改造。平台企业无法独立提供垂直化的解决方案，而是要赋能参与者，将其升维为子平台——底层平台开发共性技术和能力，商业应用层平台满足行业用户的个性化需求。为了大生态的持续更新，多平台间的协作十分必要，参与者与平台的角色模糊化，并在不同的需求场景中转换。由此可见，产业互联网平台需要采用"去中心化治理"模式，以激发参与者创新。

表 20-1　消费互联网与产业互联网情境下平台企业的策略差异

策略	情境	
	消费互联网情境	产业互联网情境
策略 1/阶段 1	**开放吸引** 呼唤、吸引多元的参与者加入，激发网络效应，达到平台"临界点"	**数字化改造** 进行深度的技术、数据融合，平台与参与者之间由"黑箱"向"可视"转变
策略 2/阶段 2	**自营打样** 进入参与者建设不足或用户需求增长旺盛的领域，鼓励参与者加大投入	**嵌套式升级** 平台企业赋能参与者升维，参与者帮助平台企业拓展生态版图
策略 3/阶段 3	**数据赋能** 利用平台企业的数据体系与技术基础，提升供需用户的交易和创新效率	**多平台协作** 参与者连接不同的平台生态，通过跨平台学习，促进大生态的能力和价值更新
差异本质	**中心化管理** 平台企业主导参与者创新，参与者被动适应平台战略更新	**去中心化治理** 平台企业与参与者协同推进生态构建和更新，两者的角色边界模糊化

第三节　政策建议：创建多层多维数字平台生态的监管体系

政府部门需要意识到数字化新情境下平台生态系统治理决策的复杂性。在数字技术的助力下，平台生态早已不是单层单维的简单形式，平台企业的边界治理、生态开放度治理决策以及参与者战略的实施，都呈现出新的发展趋势。本节将在详细阐释多层多维数字平台生态构建的基础上，以工业互联网平台为例，提出相应的政策建议。

一、打造多层多维嵌套的数字平台生态系统

面对数字化的潮流，各行各业已涌现出一大批赋能平台，为转型存在困难的传统企业提供定制化解决方案。在赋能平台的主导下，传统企

业通过加入数字平台生态而享受到数字技术红利，并与平台企业协同共创行业的最佳实践，为我国经济的高质量发展注入了创新活力。如今，不仅像阿里、腾讯等早期的互联网平台巨头企业已组建了成熟的数字平台生态，不断利用数字技术孵化创新创业平台，用以巩固自己的商业帝国地位，而且在传统的细分市场里也涌现出新兴的数字平台生态，它依托行业通用平台提炼的业务诀窍和经验，使整个行业在生态共创的帮助下迎来转型发展的新契机。伴随数字平台生态成为产业界新的共识，越来越多的传统企业开始关注平台生态，希望加入平台生态来推动自身数字化转型。

在此情形下，政府部门需要注重构建多层多维的数字平台生态，以促进数字经济的蓬勃发展。多层多维是指数字平台生态内呈现出多层级、多维度的特征，并由不同的核心数字平台主导。越靠近底层的平台，标准化能力沉淀越明显；越靠近商业应用层的平台，越需要满足个性化需求，平台高度开放、多边架构的特征越明显。数字赋能平台可借此进行跨行业渗透，通过在商业应用层、数据交换层和底层系统层的技术架构设计，满足不同行业的企业用户需求。此外，即便是在同一个行业里，数字赋能平台也可以"百花齐放"，而非"赢家通吃"。例如，在供应链的上下游，生产、交易、销售的各个环节都可以在需求推动下涌现出数字赋能平台，并基于自身业务沉淀经验，对处于该环节的传统企业进行整合、效率提升和数字管理变革。上述赋能平台各自延伸出自己的数字平台生态，并与其他的平台生态合作、交融，以此迸发出创新火花。政府部门通过关注多层多维数字平台生态，不仅有助于加快数字经济的效率提升，还有助于防止出现一家独大的平台垄断情形，稳步助力数字经济健康发展。

综合来看，要注重"有效市场和有为政府更好结合"，将市场"看不见的手"与政府"看得见的手"进行"双手"齐下、协同管理。为此，一方面，政府要尊重市场运行规律，发挥市场在资源配置中的决定性作用；另一方面，政府"看得见的手"主要是弥补市场配置资源的不足，为市场参与者提供平等竞争的法治市场环境，弥补市场失灵的缺陷。面对数字经济的发展，政府要在不过度介入的前提下为其提供公平竞争的市场环境，推进综合监管的公平公正公开；同时，也要创新制度建设，构建基础设施保障，加大资源投入，培养信息化、数字化人才，为推动数字经济发展提供"后备力量"。

二、对数字化新情境下平台生态系统治理的监管建议
——以工业互联网平台生态为例

结合产业数字化新情境下平台生态系统治理的实施要点，政府部门在传统企业数字化转型的过程中应做好基础设施的支撑服务，而构建工业互联网平台是重点工作。以浙江省为例，数字经济"一号工程"就提出"共性支撑—行业应用—总体集成"的建设思路，通过构建行业产业大脑来有效服务产业数字化转型。然而，从实践来看，行业产业大脑既面临着工业互联网平台建设的普遍性问题，也面临着政策保障不足、公共属性难以发挥的难题，导致用户生态、开发者生态以及数据生态构建难的问题十分突出。对此，本节提出以下政策建议：

（一）处理好市场需求和政府需求的目标关系

在行业产业大脑的双重功能中，服务好市场是基础性、根本性目标，只有广泛连接企业、深化用户服务，才能形成支撑政府决策的真实数据、有效数据。因此，行业产业大脑要以优化市场服务为先导，强化服务的针对性，做到"先提质后增量"；强化服务的延展性，培育一批能够集成到行业产业大脑门户的通用型 App，由此放大行业产业大脑的服务范围；强化服务的持续性，帮助中小企业做好数字化转型并走向数据资产管理，通过数据优化企业未来的战略决策。在上述过程中，切忌为追求平台规模业绩而放弃平台服务质量，要通过深化服务来保障行业产业大脑数据的真实有效；否则，只会引起平台用户的反感，最终沦为形象工程。

（二）处理好省级统建和地方试点的业务关系

省级部门统建"综合支撑"和"服务门户"，其重点是：（1）降低行业产业大脑的建设运营成本，建立平台构建的统一标准模型；（2）推广行业产业大脑的开发成果，在各行各业以及地方政府进行大力宣传。地方政府主抓行业产业大脑建设，其重点是：（1）提高所开发成果在"服务门户"的上线率，保证行业产业大脑的基础数据采集；（2）强化行业产业大脑的市场化运营，激励平台采取市场创新行为来推动业绩提升。面对差异化分工，省级部门应把握以下两点：（1）突出综合支撑的补缺性，重点围绕地方政府做不了、做不好的事情做文章，比如统一用户体系、统一标准以及基础设施、公共数据对接等；（2）增强服务门户的统筹性，推动行业产业大脑与"浙企""浙里"系列场景应用的融通，减少重复建设。

（三）处理好政府主导和市场运营的主体关系

行业产业大脑建设是政企合作、企企协同共建数据生态的过程。其中，政府部门是主导者、监管者，龙头企业是开发者、服务者，中小企业是参与者、使用者。只有正确处理好政府主导和市场运营的主体关系，才能建立强有力的政府监管，提供公平竞争的市场环境，激发多边主体的参与活力。具体来说，为激发市场主体活力，政府应强化政策导向的明确性，对有条件获评国家级跨行业、跨领域的综合型工业互联网平台强化保障；增强平台服务的公正性，对成果开发中涉嫌滥用市场支配地位、不正当竞争等行为加强监管；强化数据治理的安全性，通过数据加密、精准授权、全程留痕等方式确保数据安全。

（四）处理好短期破题与长远生态的发展关系

在力争通过试点实现短期破题的基础上，我们要清晰地看到，行业产业大脑建设不可能一蹴而就，需要做好长期的生态优化工作：一是增强选择的多样性。以未来工厂为牵引，从智能制造装备、工厂车间、信息工程服务、工业软件和大数据等不同层面开展支持，让全省企业数字化转型再上台阶，也让行业产业大脑建设主体的选择更具空间。二是增强人才培养的系统性。支持打造行业产业大脑人才实训基地，通过"新工科"建设等方式，开展多层次人才培训，累积一批复合型人才。三是增强生态的开放性。以赛事、项目、奖励等多种形式吸引全国乃至全球创业创新人才参与行业产业大脑建设，形成更多具有颠覆性的新企业、新业态。

结语　平台生态系统治理的未来展望

本书涵盖了平台企业的边界治理、平台企业主导的生态开放度治理、参与者治理以及三大治理主题在产业数字化新情境下的拓展，为平台生态系统治理研究勾勒出一个初步的完整体系。然而，数字化、平台化、生态化快速演进，各种新兴管理实践如雨后春笋般不断涌现。本章一方面是总结书稿的核心观点与创新，另一方面是归纳管理新实践，尝试透过现象来挖掘和提炼平台生态系统治理领域未来研究值得关注的新议题。

第一节　本书核心观点与创新

首先，本节介绍了全书第一篇到第五篇的核心观点与实践启示，对平台生态系统治理议题的内容进行了系统总结。其次，本节介绍了全书的学术特色与理论创新，明确了对平台生态系统治理文献的理论贡献，并点明了研究的不足之处。

一、核心观点与实践启示

在第一篇"平台企业边界治理"专题中，通过严谨的理论分析、案例研究和量化研究，提出以下核心观点：（1）经典企业边界治理的两大机制——交易成本机制与资源机制，对平台企业边界治理依然具有解释力；跨边网络效应作为平台企业的重要特征，会调节这两种机制的影响。（2）平台企业边界治理的解释机制取决于平台由何种属性主导——偏向交易属性的平台由交易成本机制主导；偏向创新属性的平台由资源机制主导；处于中间状态的平台则由网络效应与这两种机制的交互作用主导。在此基础上，我们提出了实践启示：（1）平台企业的边界选择（"只做平台"还是"兼做自营"）并无绝对的优劣之分，只是特定情境下的相机选择，新创平台企业不能盲目模仿在位企业的策略选择。（2）随着数字技术从消费领域向产业领域的推进，平台企业从交易属性为主向创新属性为主转变，它将基于资源机制对影响平台能力优势培育和利用的关键业务实施自制，即与消费互联网平台大量"只做平台"不同，产业互联网平台或将更多地"兼做自营"。

在第二篇"平台企业主导的生态开放度治理"专题中，得出以下核心观点：（1）平台生态开放度与绩效之间存在悖论，消除悖论需要细化平台供方开放度和需方开放度。（2）平台企业具有交易和创新二重性，平台生态开放度治理需要将需求多样性（更强调交易属性）和知识复杂度（更强调创新属性）情境变量纳入分析。在此基础上，我们提出了实践启示：（1）平台生态的治理者需要注意，对于平台企业而言，交易逻辑与创新逻辑均存在作用，平台属性与供需双边开放度的有效匹配是提升企业绩效的关键所在。（2）对于强交易属性的平台，用户需求多样性高，更需要供方开放度的提升；对于强创新属性的平台，知识复杂度需求高，更需要供需双边的高开放和知识共创。

在第三篇"平台企业边界与生态开放度治理的动态适配"专题中，得出以下核心观点：（1）平台企业在临界规模前倾向选择自制策略，临界规模后的策略选择取决于平台企业的议价能力和整合能力——能力越高，越倾向减少自制策略。（2）平台企业在临界规模前倾向选择提升开放度策略，临界规模后的策略选择取决于平台企业的议价能力和整合能力——议价能力和整合能力越高，越倾向选择提升开放度策略。在此基础上，我们提出了实践启示：（1）在转型经济背景下，传统产业升级需要跨界思维和平台思维，而依靠龙头企业跨界创业，构建起交易和创新双平台架构来支撑实体产业集群与互联网深度融合发展是一条理想路径。（2）平台企业主导的集群生态治理原则是摆脱传统消费电商平台的掣肘，实现小企业和大生态，并能在发展过程中进行平台企业边界治理和生态开放度治理策略的快速试错及迭代。

在第四篇"平台生态系统中的参与者治理"专题中，得出以下核心观点：（1）参与者对平台企业的互补性和依赖度存在同升同降的耦合困境，需要通过多重身份、多栖定制、平台镶嵌这三大解耦战略，在提升互补性的同时降低依赖度，由此真正提升绩效。（2）在平台情境中，参与者采用标杆式产品开发策略与从众式产品开发策略对其绩效有一定促进作用，而且不同平台的特征差异会影响这两种产品开发策略对参与者绩效发挥作用的边界，其中平台复杂度的边界作用尤为明显。在此基础上，我们提出了实践启示：（1）参与者可以利用多边关系，改变与平台企业的二元关系张力。（2）参与者要预判自身与平台企业的关系演变方向，进而预先做出响应。（3）参与者应关注所处平台生态系统的特征，及其对战略能动性发挥的长期影响。

在第五篇"数字化新情境与平台生态系统治理"专题中，得出以下核心观点：（1）在数字化新情境下，产业互联网平台企业的边界治理和生态开放度治理过程包括"探索市场缝隙""聚焦独立运营""强化功能模块"三个关键行为，即边界探索、协同聚焦和影响强化过程的螺旋演进。（2）在数字化新情境下，参与者可采用"互融、共生、自主"的"依附式升级"战略实现转型，即通过与平台企业可视化、可重组的数字化行为，逐步实现效率提升、业务增长和生态构建。在此基础上，我们提出了实践启示：（1）传统企业依托平台企业推进数字化转型，要逐步从"单边输出式赋能"走向"双边共创式赋能"。（2）在数字经济背景下，产业平台管理者需要克服规模诱惑，保持战略定力，在特定业务场景上做深做实，然后谋求规模化扩张。（3）数字化转型会推动产业架构的重组，在此过程中蕴含着传统企业升维成行业平台运营商的机遇。未来的产业组织形态将演化为"多维平台嵌套"的架构——底层平台沉淀标准化能力，商业应用层平台满足个性化需求。

二、学术特色与理论创新

本书关注平台生态系统治理议题，其学术特色与理论创新主要表现在以下方面：

第一，发展了平台企业兼具交易和创新二重性的视角。现有研究将这两种属性进行二元分立处理，重交易属性而轻创新属性。本书为平台生态系统研究重拾企业理论中的"交易"与"创新"二重性，并将其作为框架构建的深层基础。本书研究发现，从"交易"或"创新"任一视角审视平台生态系统的发展都是不全面的，只有综合两大属性才能将平台生态系统研究从主流的定价策略和垄断规制等产业组织研究中解放出来，将其引向微观组织治理和战略决策领域。本书在国内率先关注到平台生态系统的内部治理议题，旨在基于战略管理视角来打开平台企业内部运作的"黑箱"。

第二，整合了平台的特征属性——跨边网络效应与经典边界治理的分析框架。在平台生态系统情境下，单纯基于交易成本机制或者资源机制将无法解释平台企业的业务边界选择，本书构建起交易成本机制、资源机制与网络效应的整合分析框架。本书研究表明，经典交易成本机制和资源机制依然适用于平台生态系统情境，同时平台企业独有的跨边网络效应特征对边界选择的两种解释逻辑存在交互增强影响。本书研究从整体上加深了平台研究与经典企业理论的对话，并基于平台生态系统情境对企业边界研究做出了一定拓展，即强调网络效应、交易成本机制和资源机制对平台企业边界决策的交互作用。

第三，消弭了平台生态系统开放度与绩效的治理悖论。本书将开放度细化为供方开放度与需方开放度，引入基于交易属性的需求多样性和基于创新属性的知识复杂度作为情境条件，为平台企业主导的生态开放度治理悖论提供了有力解释。平台生态开放度与绩效的关系并不明确，现有研究甚至得出了截然不同的结果。本书通过研究表明：单一的平台交易属性或创新属性的解释力有限，只有根据平台属性、战略情景选择平台生态开放度，才能化解开放度与绩效之间存在的悖论。整体而言，本书研究将创新和开放度治理研究框架向平台生态系统情境进行了延伸，并对交易开放度和创新开放度进行了整合分析，拓展了原有的分析框架。

第四，拓展了时间维度分析，丰富了平台企业边界治理和生态开放度治理的动态适配研究。由于网络效应的累积特征，平台企业的成长表现出明显的阶段特征。本书分析了在临界规模前后平台边界治理和开放度治理策略的差异及其内在机制。现有研究大多基于静态视角探讨平台企业边界治理和生态开放度治理问题，而且结论存在一定分歧，主要原因可能是在平台成长的不同阶段侧重点不同，进而导致策略选择存在差异。本书将平台动态演进过程融入平台生态系统治理策略进行研究，发现平台企业的业务边界和其主导的生态开放度治理策略在临界规模前后存在明显差异，从而深化了动态视角下平台企业边界治理和生态开放度治理的相关研究。

第五，贡献了平台生态系统参与者视角，指出参与者是能动主体，而非被动接受治理安排的个体。以往研究较多关注平台生态系统的主导者，即平台企业，而将参与者视为被动接受治理安排的同质个体。本书系统分析了参与者的成长战略，关注参与者的生存状况，并从中提炼出提升参与者绩效的三大解耦战略，开拓了国内平台生态系统中参与者战略的研究。这与平台"反垄断"、推动平台经济规范健康发展的政策导向不谋而合。

第六，考察了产业数字化新情境对平台生态系统治理的影响。数字技术为平台生态系统治理创造了新情境，并引发了学术界的广泛关注。本书围绕数字化新情境开展了探索性案例研究，并尝试揭示产业互联网平台生态的治理机制，是国际上最早一批开展平台生态系统与产业数字化交叉融合研究的成果。本书展现了产业互联网平台企业独特的边界治理和生态开放度治理决策，以及参与者如何通过"依附式"升级战略实现数字化转型，洞察了数字时代平台生态系统的全新治理机制。

第七，全书充分体现了案例研究特色，突出以小见大、见微知著，强调案例研究与量化研究的交叉融合。案例研究是一种典型的研究方法，具有扎根实际、问题导向、理论逻辑与实践逻辑有机统一的特点，是回答时代之问、因应时代之变的有效途径。本书充分发挥课题组地处浙江的区位优势，与大型平台企业建立了密切联系，通过以小见大的方式，充分发挥"案例研究"的价值。本书采取深度调研的方式，归纳提炼平台生态系统治理过程中的问题和规律，把研究真正做在祖国大地上。与此同时，本书突出了案例研究和量化研究的结合，归纳与演绎的科学方法论，从而支撑了研究的严谨性和可靠性。

三、研究不足

尽管本书通过研究问题的普遍性和研究设计的严谨性提升了研究的信度和效度，但相关结论仍存在一定的适用边界，具体表现为：

第一，研究主题可以进一步丰富。尽管本书系统探索了平台企业的边界治理、平台企业主导的生态开放度治理、参与者治理等主题，并在产业数字化新情境下对上述主题进行了延伸讨论，但限于本书篇幅，并没有涵盖平台生态系统治理的所有议题（如绪论第二节所述），包括组织平台化转型、数字平台履责等内容。一方面，平台化不仅体现在外部生态层面，也越来越向微观组织深化，大量企业通过内部构建中台组织来支撑多样化的业务发展（王凤彬等，2019）。另一方面，平台企业主导的生态治理开始面临垄断治理等新议题。伴随共同富裕等政策的出台，推动平台经济规范健康持续发展是新要求，平台生态系统不仅需要创造商业价值，更需要承担社会责任（肖红军和阳镇，2020；邢小强等，2021），本书尚未触及这类主题。

第二，研究设计可以进一步聚焦。尽管本书通过系列案例研究丰富了平台生态系统治理的理论体系，但所选案例数量较多，并没有聚焦少数案例展开"钱德勒范式"的分析模式，使得整个研究结论的支撑证据显得有些"碎片化"。展望未来，如果能够聚焦几家典型平台生态系统案例开展深度剖析，完整地呈现相关生态治理议题的分析，将更具启发性，也更有传播力。当前，囿于研究资源的局限，我们的案例资料积累尚无法支撑对单个案例开展多主题的深挖。随着我们对阿里巴巴、美特好、全球蛙、树根互联等平台生态系统的持续跟踪访谈，希望未来能够向"钱德勒范式"致敬，在数字化、平台化、生态化研究领域，做出更有深度和影响力的成果。

第二节　管理实践新趋势

当下，经济发展进入一个数字化、平台化、生态化三浪叠加的时代，催生了新的管理现象。这一趋势出现在组织的各个层级：组织内部从科层制向平台化发展；组织间生态从"中心化管理"走向"去中心化治理"；数字平台生态成为基础设施，赋能创新创业活动。

一、组织的平台化发展成为趋势

平台成为继工厂、公司之后在数字技术革命背景下的组织形态，平台模式正在从业务模式、生态结构向组织内部延伸。回顾过往，平台商业模式大显身手，起步较早的平台企业（如阿里巴巴、京东、腾讯等）利用网络效应带来的"赢家通吃"，快速提升消费端的用户基础，并取得了巨大收益。Uber、滴滴等打车平台不生产汽车，而是在平台上聚集有闲置汽车的供给方和打车的需求方。租房平台 Airbnb、链家网没有自营的房产，而是整合出租房和租房客，以轻资产的运营模式加速资金流转。这些平台均取得了突出的市场表现。事实上，平台不单单是一种连接组织间交易和创新活动的架构，这一架构正在向组织内部延伸，组织的平台化渐成趋势。

进入数字时代，组织平台化常常是在内部构建一个数字中台，赋能前端业务提效和创新。如何分析和利用数据，在组织的不同部门之间产生协同效果，使其提升效率的同时又能满足灵活性的要求？为此，平台巨头（如阿里巴巴和腾讯）尝试打造数字中台。数字中台将企业管理的需求进行抽象，并打造成模块化、组件化的系统能力嵌入平台，以接口、组件的形式共享给不同的业务单元使用，实现了业务数据的统一采集、调度和可视化分析，解决了企业内部数据孤岛的问题。综合来看，数字中台对企业全流程的管理效率提升能够发挥作用。例如，服装品牌韩都衣舍每天都在开发新款产品，这涉及自主设计、样衣拍摄、上架、代工生产等多个环节，数字中台让这些不同环节的数据实时共享，提高了库存清点、面料补充的准确性。

数字中台建设一时成为企业转型的热点话题，但打造数字中台失败的企业并不在少数。企业在信息化建设的过程中，出现了很多数据孤岛的问题，导致不同业务部门之间的沟通不畅。打造数字中台能解决这一"痛点"问题，提升企业运作效率。一些企业只提供了前端的应用工具，但没有形成数据通畅运作的内部平台，造成了"中台乱象"，即大量声称构建数字中台的企业，并非实质性地打造了数字中台。与此同时，如何让数字中台不给前台业务"捣乱"也是难点。有些企业投了很多资源到数字中台建设，但企业的运作并没有围绕数字中台展开，不仅无法为前台应用提供数据支持，反而影响了前台业务的推进速度和效率。实际上，数字中台的建设并没有统一的标准答案，企业内部平台化的最终目的是为了在提升效率的基础上也能具有不断创新的能力，而这是一个长期存在的难题，在大企业内体现得尤为突出。

在 VUCA 时代，企业都希望快速响应数字变革的要求，而平台架构虽能适应快速变化的外部环境，但如何建设并没有统一路径，处于不同行业和地位的企业均在探索。比如值得买科技是一家消费产业的科技集团，它希望通过内部平台化，为消费者提供精准的消费内容，解决"什么值得买"的问题，同时组织能不断支撑新业务的孵化。在位企业也在进行内部平台化，以推动数字化创新。这些企业的转型难点在于本身的信息化水平不同，所处的数字化建设阶段不同，没有统一的转型路径。这就要求组织平台化，要结合企业的具体情况选择个性化、场景化的建设方案，如何把握过程节奏、选择合适策略，均是实践中的难点问题。

二、产业平台的去中心化发展成为趋势

"互联网＋"向产业端延伸，使传统产业数字化的浪潮来袭，而产业平台是重要的推动者。数字技术与传统的经营活动相结合，通过发挥数据的价值，可以重构原有的生产模式——数据能够推进信息的互联互通，促进生产的高效进行。企业需要具备快速收集数据、处理分析数据并利用数据进行决策分析的能力。在数字经济时代背景下，数字化转型并不局限于单个企业提升内部运行管理的效率，而是走向产业生态的整体转型。对于

传统行业内的中小企业而言，它们的技术能力有限且缺乏数字化转型所需的高科技人才，往往会选择借助产业平台赋能，以实现自身的数字化转型。但是，根据艾瑞咨询发布的《2019—2020 年中国产业互联网发展指数》，目前产业平台渗透程度低，整体发展水平仍处于初级阶段。

产业侧的平台化发展与消费侧显著不同，由于企业级用户的决策十分理性，因而价格补贴等传统方式无法有效地吸引这些企业快速加入平台，而产业平台没有数据规模则难以有效发挥价值。不同于快速兴起形成"赢家通吃"格局的消费互联网平台，产业互联网平台的网络效应激发困难、速度极慢。与此同时，传统行业差异化的生产场景，导致平台无法在短时间内提供可行的数字赋能解决方案，这让已经积累了用户基础的在位平台企业无法借助已有优势，进入产业端。例如，阿里集团凭借 1688 在消费者和商家方面的数量优势，向生产端延伸并打造了淘工厂，但反响平平，其可持续性存疑。这表明产业平台的生态构建是痛点和难点。

产业平台发展的难点在于产业数字化要求平台与参与者之间深度融合，以互利共生的合作关系共同为产业生态创造价值。产业平台并不是平台企业单边主导的，行业内企业作为参与者可以发挥重要作用。在产业生态内，平台企业只有与参与者建立更强的连接、更多的交互，才能为平台生态上下游创造出更大的协同价值。例如，树根互联打造的"根云平台"定位为工业互联网新基座。为了更好地理解工业运作的逻辑，树根互联在与客户合作时，就会深入了解客户需求、识别行业的痛点问题，在不断解决客户转型难点的过程中，沉淀"根云平台"的能力。在树根互联与客户合作的过程中，两者谁处于优势地位并不明显，而参与者对"根云平台"的发展同样起到重要作用。产业平台只有设计出更加完善、更符合客户需求的治理结构，才能吸引企业加入，才能启动平台，发挥数据规模化的价值。

在以平台企业为中心的治理模式下，平台和参与者的关系是向平台倾斜的。对产业平台而言，"去中心化"发展渐成"人心所向"，如此才能带来互惠共赢的生态协同效果。随着区块链技术的崛起以及产业的数字化转型速度加快，相信"去中心化"将成为发展趋势。平台企业依靠参与者提供行业知识，而参与者依赖平台赋能为数字化转型提供基础设施。随着参与者能力的提升，它也能成为产业平台中的一个"小中心"，成为赋能特定行业的平台。此外，"去中心化"是不是就没有中心？"去中心化"在激发各方积极性的同时，如何保证生态的持续健康发展，可能是下一步将要面临的问题。

三、数字平台的发展与监管融合成为趋势

随着数字平台的蓬勃发展，其资源和能力的集聚效应不断增加，引发诸多监管问题。平台经济一方面支持创新、改善效率，另一方面也出现了很多损害消费者利益和恶性竞争的行为，从而干扰了市场秩序。数字平台汇聚了众多商户和消费者，每天都在产生海量的交易数据，平台正确地利用数据分析能对消费者实现精准营销、帮助商户进行运营优化，以提升生产效率；但也有一些平台以不合法的手段获取用户个人信息、恶意并购、封杀竞争对手，甚至纵容假冒伪劣产品和黑灰产业。因为平台企业与传统企业存在差异，所以过去针对传统企业的监管体系在平台经济模式下不再适用，故监管部门正在制定新的规章制度来管控数字平台。

数字平台监管成为国家层面直接关注的热点问题。2020年12月召开的中共中央政治局会议和中央经济工作会议均明确要求"强化反垄断和防止资本无序扩张"。2021年，阿里巴巴、腾讯、字节跳动、百度、美团等互联网平台接受国家市场监督管理总局的调查。阿里巴巴因违反《中华人民共和国反垄断法》被罚款182.28亿元，国家市场监督管理总局责令阿里巴巴停止滥用市场支配地位行为；对美团实施"二选一"等涉嫌垄断行为立案调查。随后，我国出台了一系列政策保护网络安全：2021年6月通过《中华人民共和国数据安全法》；2021年7月国家互联网信息办公室发布《网络安全审查办法（修订草案征求意见稿）》；2021年8月通过《中华人民共和国个人信息保护法》……这些监管政策的出台，表明平台经济越来越受到重视，我国将以更完善的治理体系让平台经济有序发展、做强做优做大。

数字平台监管和促进发展相融合，渐成共识。平台监管的目的是更好地保障和促进平台稳定发展，而根据平台经济特征设定科学审慎的条例是平台监管的难点。虽然数字平台具备规模效应，能占据很大的市场份额，但平台企业是否通过抬高价格来影响正常的市场运作，需要进行考察。相反，在电商、网约车、外卖等行业，虽然市场格局已经基本稳定，但行业内依然竞争激烈，平台企业难以实施垄断行为。歧视性定价在线下市场也十分普遍，如何界定平台的差异化定价是垄断行为？平台设置的排他性协议是否会导致恶性竞争？这些问题都要求合理地分析平台经济的特征，遵循可长远发展的平台生态治理逻辑，而非采用简单的"一刀切"政策。在2021年之前，中国的平台监管更多地强调对平台反垄断的监管。自2022

年开始，中国的重要会议和政策文件开始转向对平台经济的监管与促进发展相结合。

数字平台承担更大的社会责任，在创新创业孵化上发挥更大的作用，是各方共同的期待。随着平台生态的数据累积和能力迭代，它在生产和消费领域占据了越来越重要的位置。平台生态为创业企业提供了用户资源、技术开发工具、数据赋能等，逐渐成为支撑创新创业活动的基础设施，"倒逼"企业不得不加入平台生态。数据显示，全球移动程序总体消费规模从 2018 年的 1 010 亿美元上升至 2020 年的 1 430 亿美元，参与移动程序开发的公司达 844 147 个。在此背景下，更需要数字平台承担起更大的社会责任。

第三节　未来研究展望

面对平台生态实践的新趋势，本节分别从组织、元组织、基础设施提供商的视角加以剖析，如图 1 所示。

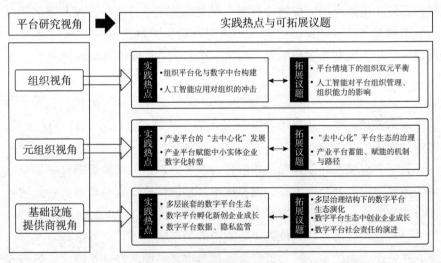

图 1　未来研究展望

一、组织视角下平台生态系统的研究拓展

组织平台化在数字时代的表现是大量企业着手构建数字中台。数字中台以模块化的结构特征促进了平台生态系统内的信息流通和数据交换，支

撑起平台生态系统内的数据协同。数字中台是一个数据和业务的调度与运营中心，为决策者提供可视化的反馈。数字中台将企业的共性需求进行数字化，并打造成可重复利用的同质化信息，然后分享给不同的业务单元使用（陈新宇等，2019）。

数字中台的实质是帮助企业实现效率和灵活性的二元平衡。二元性理论指出：企业在生产运营的过程中，常常需要处理相悖的业务活动。这些业务活动竞争有限的组织资源，从而形成组织内的二元性张力。二元性张力的本质是探索和利用之间的张力，并在不同的业务活动中呈现出不同的形态（Andriopoulos and Lewis，2009）。现有研究建议，企业可以采取结构分离的策略，使得不同业务单元可以承担不同的工作，以此保持对某种业务活动的聚焦，促使不同业务活动的同时展开。

企业可以依托结构分离模式，构建起一个既能满足共性标准又能满足个性创新的组织形态，那么数字中台是不是一种结构分离？也就是说，底层做"共性标准"，表层做"个性创新"，两者共同构成平台生态，实现二元平衡。数字中台内的数据是全域联通的，而前端业务则彼此分离，它可以利用数据 API 提供各种服务，从而降低了资源的重复利用，实现了动态调配。数字中台利用云计算等技术，实现了更快速度的决策，使得数字中台相较于传统的科层制运营部门更敏捷。由于数字产品是可重复利用并自我延伸的（Yoo et al.，2012），因而数字中台能不断地自我演进和提升，从而赋予了组织持续创新的能力。

那么，数字中台有何不同？如前所述，打造数字中台的企业是一种二元组织，它兼顾灵活性和有效性。而数字中台不同于一般的结构分离策略，其构建的数字平台是虚拟的模块化结构，是数字技术的产物。各模块之间的关系并不是完全独立或者紧密结合的，而且数字中台和前台应用之间是松散耦合的。数字中台由相互依赖但相对独立的小系统组成，这种结构模式提升了它对环境的适应性（Tiwana，2018），同时又能加强它对各模块的控制力（Anteby and Chan，2018）。松散耦合的关系不仅在组织内部平台化中可以观察到，而且在元组织视角下的平台企业和参与者关系中也有类似表征。

此外，随着人工智能（artificial intelligence，AI）在产业界掀起了应用热潮，企业如何利用 AI 等新兴数字技术来服务自身组织管理和能力构建（Kemp，2023），已成为当前研究的热点。前沿研究表明：平台企业可以借助 AI 等新兴数字技术改善消费体验、提供个性化服务以及简化运营流程等（Gregory et al.，2021，2022；Clough and Wu，2022），以此迅速吸引用户、扩大平台规模。需要注意的是，这些研究大多聚焦于平台企业的宏观业务架构，相对忽视了企业内部微观行为主体的能动性（Hou and Shi，2021；Varga et al.，2023）。面对日新月异、竞争激烈的 AI 挑战，平台企业的中高层管理者如何决策并应对，亟待未来研究的发展。

二、元组织视角下平台生态系统的研究拓展

元组织是指"把组织组织起来的组织"（Gulati et al.，2012），平台企业的确扮演着生态协调者的角色，带领广大的参与者一起去打仗。元组织视角下的平台研究强调平台企业在整个生态系统内并非单边主导的个体，而是需要处理与广大参与者的关系（Davis，2016）。平台生态系统不同于基于层级结构（hierarchy-based system）和基于市场（market-based system）的组织形式（Jacobides et al.，2018）。在市场和层级结构组织内，企业由稳定且单一的供应商提供产品，而平台生态系统的成员可以从不同的互补品生产商中选择（Hagiu and Wright，2015）。各成员之间存在模块化的互补关系，并依照一定的标准相互联系。因此，平台生态系统呈现出不同于传统市场结构的复杂结构特征，而且平台生态系统内的企业之间形成了复杂的竞合关系，致使平台生态系统的治理也更为复杂和社会化（Fang et al.，2021；Kretschmer et al.，2022）。平台企业在生态系统中作为协调者，一方面要激励参与者创新，另一方面要让参与者留在生态系统内。

平台在激励参与者时，主要关注与参与者的共创，以满足参与者的个性化需求（王节祥等，2024）。参与者是能动主体，会主动选择加入或者退出平台，调整与平台企业的互补-依赖关系，创造自身更高的绩效。参与者在平台内努力创新，有益于整个生态系统的价值创造（Jacobides et al.，2018）。对此，一部分平台企业倾向于采取"去中心化"的治理结构，以实现价值共创。另一部分平台企业采取了"去中心化"的平台生态系统治理结构（Chen et al.，2021），即让平台生态内的参与者自主设定目标和制定决策，以保护自身利益。"去中心化"平台追求的是所有成员整体价值的最大化，而非仅满足平台企业的自身需求，因此能够有效激励平台参与者改善治理流程和平台绩效。尽管适度的"去中心化"治理对于平台是有益的，但过度分散的结构会使平台生态系统无法就演进过程中的决策达成共识，导致成员之间的割裂，并会降低平台效率。如何在激励的同

时有效控制参与者，是平台生态系统内另一个重要的研究议题。

在平台生态系统内并非完全地"去中心化"，同样要发挥平台企业的主导作用来控制参与者。平台的技术和结构条件决定其拥有主导权，可以决定对参与者的赋能程度，也会影响参与者的成长速度（Hurni et al.，2022）。参与者依赖于平台，平台依赖于生态系统，而生态系统则由平台和参与者共同维持。因此，平台对参与者进行控制需要同时考虑自身行为和参与者行为。平台对参与者的控制行为主要有改变平台主导者行为和改变参与者行为两种方式。一方面，平台企业要协调不同类型的参与者在平台内的行为，监管参与者在平台上的行为，维持平台在行业内的声誉。另一方面，平台企业需要维持自身在平台内的主导地位，加强对参与者的管控能力。

数字技术为平台生态系统治理研究带来了新机遇，尤其是区块链技术的出现让"去中心化"平台更加重要，使参与者的权益受到重视（Chen et al.，2021）。只有参与者在平台上持续创新，才能确保平台生态系统的稳定发展。越来越多的平台企业选择将数字技术嵌入非数字的物理产品中，用以打造智能产品和工具，从而实现了一种融合创新的模式（Marion and Fixson，2021），为参与者带来了更大价值。凭借数字资源的可拓展性特征，这些智能产品和工具在被开发出来后，仍能增加新的功能（Giustiziero et al.，2021），从而助力参与者持续数字化转型。

三、基础设施提供商视角下平台生态系统的研究拓展

平台生态系统成了创新创业活动的基础设施（Nambisan and Baron，2021）。例如，苹果手机操作系统和安卓操作系统吸引了大量软件开发商利用平台提供的接口发布软件；哔哩哔哩平台上汇聚了大量的个体视频创作者（即平台的创业主体）以及为创作者提供视频制作支持的 MCN（multi-channel network）机构，这样就在平台生态系统内形成了支持创业可持续发展的多层级结构（Altman et al.，2022）。在产业端，参与者也积极与平台生态系统合作共创。例如，杰克缝纫机与树根互联平台合作打造服装制造领域的产业链赋能平台。树根互联作为底层的提供商，提供了数据采集、分析、输出等解决方案，并支持了杰克缝纫机在服装行业的创新创业；类似地，在数字平台生态中的创新创业现象变得愈发常见（王节祥等，2023）。这使得平台经济和数字技术的影响力日益扩大，平台企业履行的社会责任也超过了企业自身边界（邢小强等，2021；Yi et al.，2023）。面对复杂的主体行为，针对平台的外部监管必不可少。大数据不

仅能为平台生态带来价值，也能帮助政府部门的监管。在网约车市场，通过对网约车风险事件的数据采集、存储、分析、监督的动态过程，能够建立起风险预判和决策机制，也有助于建立透明化的监管决策体系（赵光辉和李玲玲，2019）。对数字平台的监管不能简单等同于反垄断监管，还要包括数据安全、劳动权益、税收监管等多个方面。反垄断监管不能等同于反垄断执法、实施，而是要加强法律和监管规则的完善。然而，外部监管对政府监管机构的要求很高，面对海量的互联网经营主体，如何培养训练有素的团队并形成监管合力，是外部监管的难题，因此理论研究提出了另一种监管模式。

"元监管"理论强调从第三方平台对平台进行监管，采取"以网管网"的策略（刘鹏，2021）。"元监管"强调的是一种更加灵活的干预方式，监管主体本身也是被监管的对象，每个层级的监管行为通过不同的维度来干预管理制度，以寻求共同制衡的模式。但是，这种模式也存在一定问题。数据是平台监管的核心，而平台之间难以建立起互信的数据共享机制，因为平台担心商业机密的泄露或引发与非合作企业之间的矛盾等问题。此外，在与第三方平台互相监管的模式下，政府的激励同样重要，因为平台监管是多方的共同责任，需要处理好生态内合作、竞争和制约之间的平衡关系。最后，监管始终是外部的影响，平台企业自身的履责意识才是平台生态系统能够良性发展的持续动力。

复杂的多主体平台生态系统承载了更多的社会属性，要求平台承担起社会责任。在平台企业快速发展的过程中，出现了一系列发展速度过快导致责任缺失的行为（肖红军和李平，2019）。现有研究尝试界定平台应该履行何种社会责任，指出平台是混合了多种组织的耦合体，因此在评价平台企业的社会责任时应当由传统的"单层"治理转向个体、结构和社会的"三层"治理模式，分别评价个体履责表现、内部责任治理和系统整体贡献（肖红军和阳镇，2020）。如果平台企业能在承担相应社会责任的同时带领参与者共同履行责任，也就是实现了价值增值，这代表了未来企业在面对复杂经济社会问题时的新方向（邢小强等，2021）。不过，平台生态的社会责任要如何落实到主体亦是难点，特别是在生态"去中心化"的背景下，这一问题将持续考验生态各方和监管主体的智慧。

主要参考文献[*]

[1] 陈德球，胡晴. 数字经济时代下的公司治理研究：范式创新与实践前沿 [J]. 管理世界，2022，38 (6)：213 - 240.

[2] 陈冬梅，王俐珍，陈安霓. 数字化与战略管理理论：回顾、挑战与展望 [J]. 管理世界，2020，36 (5)：220 - 236，20.

[3] 陈剑，黄朔，刘运辉. 从赋能到使能：数字化环境下的企业运营管理 [J]. 管理世界，2020，36 (2)：117 - 128，222.

[4] 陈劲，杨文池，于飞. 数字化转型中的生态协同创新战略：基于华为企业业务集团（EBG）中国区的战略研讨 [J]. 清华管理评论，2019 (6)：22 - 26.

[5] 陈仕华，郑文全. 公司治理理论的最新进展：一个新的分析框架 [J]. 管理世界，2010 (2)：156 - 166.

[6] 陈威如，王节祥. 依附式升级：平台生态系统中参与者的数字化转型战略 [J]. 管理世界，2021，37 (10)：195 - 214.

[7] 崔淼，周晓雪. 在位企业的能力构建与数字化战略更新：一项质性元分析 [J]. 研究与发展管理，2021，33 (1)：39 - 52.

[8] 郭海，李永慧，赵雁飞. 求同还是存异？最优区分研究回顾与展望 [J]. 南开管理评论，2020，23 (6)：214 - 224.

[9] 韩炜，杨俊，陈逢文，等. 创业企业如何构建联结组合提升绩效？：基于"结构-资源"互动过程的案例研究 [J]. 管理世界，2017 (10)：130 - 149，188.

[10] 焦豪. 数字平台生态观：数字经济时代的管理理论新视角 [J]. 中国工业经济，2023 (7)：122 - 141.

[11] 江小涓，靳景. 数字技术提升经济效率：服务分工、产业协同和

---

* 读者可到人大社网站查看本书的全部参考文献。

数实孪生 [J]. 管理世界，2022，38 (12)：9-26.

[12] 井润田，赵宇楠，滕颖. 平台组织、机制设计与小微创业过程：基于海尔集团组织平台化转型的案例研究 [J]. 管理学季刊，2016，1 (4)：38-71，136.

[13] 李三希，黄卓. 数字经济与高质量发展：机制与证据 [J]. 经济学（季刊），2022，22 (5)：1699-1716.

[14] 刘林青，谭畅，江诗松，等. 平台领导权获取的方向盘模型. 中国工业经济，2015 (1)：134-146.

[15] 刘鹏. 以网管网：第三方平台监管的兴起及其逻辑 [J]. 治理研究，2021，37 (5)：51-58.

[16] 刘洋，董久钰，魏江. 数字创新管理：理论框架与未来研究 [J]. 管理世界，2020，36 (7)：198-217，219.

[17] 马鸿佳，王亚婧. 制造企业平台化转型如何打破"数据孤岛"?：基于人-数交互理论的混合方法研究 [J]. 管理世界，2024，40 (4)：176-200.

[18] 彭毫，罗珉. 数字化平台战略：理论与实务 [M]. 北京：经济管理出版社，2021.

[19] 戚聿东，肖旭. 数字经济时代的企业管理变革 [J]. 管理世界，2020，36 (6)：135-152，250.

[20] 曲创，刘重阳. 平台厂商市场势力测度研究：以搜索引擎市场为例 [J]. 中国工业经济，2016 (2)：98-113.

[21] 单宇，许晖，周连喜，等. 数智赋能：危机情境下组织韧性如何形成?：基于林清轩转危为机的探索性案例研究 [J]. 管理世界，2021，37 (3)：84-104，7.

[22] 苏敬勤，吕禾雨. 平台数据治理策略如何助力商业价值创造?：基于关系连接视角 [J]. 经济管理，2024，46 (3)：5-21.

[23] 孙新波，张明超. 工业互联网平台赋能智能制造生态系统构建：基于海尔卡奥斯的案例研究 [J]. 经济管理，2023，45 (11)：5-26.

[24] 汪旭晖，张其林. 平台型网络市场"平台-政府"双元管理范式研究：基于阿里巴巴集团的案例分析 [J]. 中国工业经济，2015 (3)：135-147.

[25] 王凤彬，王骁鹏，张驰. 超模块平台组织结构与客制化创业支持：基于海尔向平台组织转型的嵌入式案例研究 [J]. 管理世界，2019，

35（2）：121－150，199－200.

[26] 王节祥，陈威如，江诗松，等. 平台生态系统中的参与者战略：互补与依赖关系的解耦 [J]. 管理世界，2021，37（2）：126－147，10.

[27] 王节祥，陈威如，龚奕潼，等. 工业互联网平台构建中如何应对"个性与共性"矛盾？：基于树根互联的案例研究 [J]. 管理世界，2024，40（1）：155－180.

[28] 肖红军，李平. 平台型企业社会责任的生态化治理 [J]. 管理世界，2019，35（4）：120－144，196.

[29] 肖静华，胡杨颂，吴瑶. 成长品：数据驱动的企业与用户互动创新案例研究 [J]. 管理世界，2020，36（3）：183－205.

[30] 谢康，夏正豪，肖静华. 大数据成为现实生产要素的企业实现机制：产品创新视角 [J]. 中国工业经济，2020（5）：42－60.

[31] 解学梅，韩宇航，俞磊. 如何跨越平台创新鸿沟：平台生态系统超模块创新体系的价值创造机制研究 [J]. 管理世界，2024，40（7）：175－204.

[32] 邢小强，汤新慧，王珏，等. 数字平台履责与共享价值创造：基于字节跳动扶贫的案例研究 [J]. 管理世界，2021，37（12）：152－176.

[33] 依绍华，梁威. 传统商业企业如何创新转型：服务主导逻辑的价值共创平台网络构建 [J]. 中国工业经济，2023（1）：171－188.

[34] 余江，孟庆时，张越，等. 数字创新：创新研究新视角的探索及启示 [J]. 科学学研究，2017，35（7）：1103－1111.

[35] 张骁，刘润喆，吴小龙，等. 元赋能：工业互联网平台驱动企业商业模式创新能力构建研究 [J]. 管理世界，2024，40（7）：26－45，83，46.

[36] Adner R, "Ecosystem as Structure: An Actionable Construct for Strategy" [J], *Journal of Management*, 2017, 43（1）: 39－58.

[37] Altman E J, Nagle F, Tushman M L, "The Translucent Hand of Managed Ecosystems: Engaging Communities for Value Creation and Capture" [J], *Academy of Management Annals*, 2022, 16（1）: 70－101.

[38] Boudreau K J, "Promoting Platform Takeoff and Self-Fulfilling Expectations: Field Experimental Evidence"[J], *Management Science*, 2021, 67（9）: 5953－5967.

[39] Cenamor J, Frishammar J, "Openness in Platform Ecosystems:

Innovation Strategies for Complementary Products" [J], *Research Policy*, 2021, 50 (1): 104148.

[40] Cennamo C, Santaló J, "Platform Competition: Strategic Trade-offs in Platform Markets" [J], *Strategic Management Journal*, 2013, 34 (11): 1331 - 1350.

[41] Cennamo C, "Competing in Digital Markets: A Platform-Based Perspective" [J], *Academy of Management Perspectives*, 2021, 35 (2): 265 - 291.

[42] Chen Y, Richter J, Patel P C, "Decentralized Governance of Digital Platforms" [J], *Journal of Management*, 2021, 47 (5): 1305 - 1337.

[43] Clough D R, Wu A, "Artificial Intelligence, Data-Driven Learning, and the Decentralized Structure of Platform Ecosystems" [J], *Academy of Management Review*, 2022, 47 (1): 184 - 189.

[44] Daymond J, Knight E, Rumyantseva M, et al., "Managing Ecosystem Emergence and Evolution: Strategies for Ecosystem Architects" [J], *Strategic Management Journal*, 2023, 44 (4): 1 - 27.

[45] Fang T P, Wu A, Clough D R, "Platform Diffusion at Temporary Gatherings: Social Coordination and Ecosystem Emergence" [J], *Strategic Management Journal*, 2021, 42 (2): 233 - 272.

[46] Farronato C, Fong J, Fradkin A, "Dog Eat Dog: Balancing Network Effects and Differentiation in a Digital Platform Merger" [J], *Management Science*, 2024, 70 (1): 464 - 483.

[47] Gawer A, "Digital Platforms' Boundaries: The Interplay of Firm Scope, Platform Sides, and Digital Interfaces" [J], *Long Range Planning*, 2021, 54 (5): 102045.

[48] Giustiziero G, Kretschmer T, Somaya D, et al., "Hyperspecialization and Hyperscaling: A Resource-Based Theory of the Digital Firm" [J], *Strategic Management Journal*, 2023, 44 (6): 1391 - 1424.

[49] Gregory R W, Henfridsson O, Kaganer E, et al., "Data Network Effects: Key Conditions, Shared Data, and the Data Value Duality" [J], *Academy of Management Review*, 2022, 47 (1): 189 - 192.

[50] Hou H, Shi Y, "Ecosystem-as-Structure and Ecosystem-as-Coevolution: A Constructive Examination" [J], *Technovation*, 2021 (100): 102193.

[51] Hurni T, Huber T L, Dibbern J, "Power Dynamics in Software Platform Ecosystems" [J], *Information Systems Journal* [J], 2022, 32 (2): 310 - 343.

[52] Jacobides M G, Cennamo C, Gawer A, "Towards a Theory of Ecosystems" [J], *Strategic Management Journal*, 2018, 39 (8): 2255 - 2276.

[53] Jacobides M G, Cennamo C, Gawer A, "Externalities and Complementarities in Platforms and Ecosystems: From Structural Solutions to Endogenous Failures" [J], *Research Policy*, 2024, 53 (1): 104906.

[54] Jovanovic M, Sjödin D, Parida V, "Co-evolution of Platform Architecture, Platform Services, and Platform Governance: Expanding the Platform Value of Industrial Digital Platforms"[J], *Technovation*, 2022 (118): 102218.

[55] Kemp A, "Competitive Advantage through Artificial Intelligence: Toward a Theory of Situated AI"[J], *Academy of Management Review*, 2024, 49 (3): 618 - 636.

[56] Khanagha S, Ansari S, Paroutis S, et al., "Mutualism and the Dynamics of New Platform Creation: A Study of CISCO and Fog Computing" [J], *Strategic Management Journal*, 2022, 43 (3): 476 - 506.

[57] Kretschmer T, Leiponen A, Schilling M, et al., "Platform Ecosystems as Meta-Organizations: Implications for Platform Strategies" [J], *Strategic Management Journal*, 2022, 43 (3): 405 - 424.

[58] Li L, Su F, Zhang W, et al., "Digital Transformation by SME Entrepreneurs: A Capability Perspective" [J], *Information Systems Journal*, 2018, 28 (6): 1129 - 1157.

[59] McIntyre D P, Srinivasan A, Chintakananda A, "The Persistence of Platforms: The Role of Network, Platform, and Complementor Attributes" [J], *Long Range Planning*, 2021, 54 (5): 101987.

[60] McIntyre D P, Srinivasan A, "Networks, Platforms, and Strategy: Emerging Views and Next Steps" [J], *Strategic Management Journal*, 2017, 38 (1): 141 - 160.

[61] Nambisan S, Baron R A, "On the Costs of Digital Entrepreneurship: Role Conflict, Stress, and Venture Performance in Digital Platform-Based Ecosystems" [J], *Journal of Business Research*, 2021 (125): 520 - 532.

［62］Nambisan S，Lyytinen K，Majchrzak A，et al.，"Digital Innovation Management：Reinventing Innovation Management Research in a Digital World"［J］，*MIS Quarterly*，2017，41（1）：223 – 238.

［63］O'Mahony S，Karp R，"From Proprietary to Collective Governance：How do Platform Participation Strategies Evolve?"［J］，*Strategic Management Journal*，2022，43（3）：530 – 562.

［64］Ozalp H，Cennamo C，Gawer A，"Disruption in Platform-Based Ecosystems"［J］，*Journal of Management Studies*，2018，55（7）：1203 – 1241.

［65］Panico C，Cennamo C，"User Preferences and Strategic Interactions in Platform Ecosystems"［J］，*Strategic Management Journal*，2022，43（3）：507 – 529.

［66］Reiter A，Stonig J，Frankenberger K，"Managing Multi-tiered Innovation Ecosystems"［J］，*Research Policy*，2024，53（1）：104905.

［67］Rietveld J，Schilling M A，"Platform Competition：A Systematic and Interdisciplinary Review of the Literature"［J］，*Journal of Management*，2021，47（6）：1528 – 1563.

［68］Shi X，Shi Y，"Unpacking the Process of Resource Allocation within an Entrepreneurial Ecosystem"［J］，*Research Policy*，2022，51（9）：104378.

［69］Song P，Xue L，Rai A，et al.，"The Ecosystem of Software Platform：A Study of Asymmetric Cross-side Network Effects and Platform Governance"［J］，*MIS Quarterly*，2018，42（1）：121 – 142.

［70］Stallkamp M，Schotter A P J，"Platforms without Borders? The International Strategies of Digital Platform Firms"［J］，*Global Strategy Journal*，2021，11（1）：58 – 80.

［71］Taeuscher K，Rothe H，"Optimal Distinctiveness in Platform Markets：Leveraging Complementors as Legitimacy Buffers"［J］，*Strategic Management Journal*，2021，42（2）：435 – 461.

［72］Teece D J，"Profiting from Innovation in the Digital Economy：Enabling Technologies，Standards，and Licensing Models in the Wireless World"［J］，*Research Policy*，2018，47（8）：1367 – 1387.

［73］Dyck M V，Lüttgens D，Diener K，et al.，"From Product to

Platform: How Incumbents' Assumptions and Choices Shape Their Platform Strategy"[J], *Research Policy*, 2024, 53 (1): 104904.

[74] Varga S, Cholakova M, Jansen J J P, et al., "From Platform Growth to Platform Scaling: The Role of Decision Rules and Network Effects over Time"[J], *Journal of Business Venturing*, 2023, 38 (6): 106346.

[75] Vial G, "Understanding Digital Transformation: A Review and a Research Agenda"[J], *The Journal of Strategic Information Systems*, 2019, 28 (2): 118 - 144.

[76] Warner K S R, Wäger M, "Building Dynamic Capabilities for Digital Transformation: An Ongoing Process of Strategic Renewal"[J], *Long Range Planning*, 2019, 52 (3): 326 - 349.

[77] Wen W, Zhu F, "Threat of Platform-Owner Entry and Complementor Responses: Evidence from the Mobile App Market"[J], *Strategic Management Journal*, 2019, 40 (9): 1336 - 1367.

[78] Xie X, Han Y, Anderson A, et al., "Digital Platforms and SMEs' Business Model Innovation: Exploring the Mediating Mechanisms of Capability Reconfiguration"[J], *International Journal of Information Management*, 2022 (65): 102513.

[79] Yi J, Li J, Chen L, "Ecosystem Social Responsibility in International Digital Commerce"[J], *Journal of International Business Studies*, 2023, 54 (1): 24 - 41.

[80] Zhu F, Liu Q, "Competing with Complementors: An Empirical Look at Amazon.com"[J], *Strategic Management Journal*, 2018, 39 (10): 2618 - 2642.

图书在版编目（CIP）数据

平台生态系统治理：边界开放度、参与者能动与数
字化新情境/王节祥等著. -- 北京：中国人民大学出
版社，2024. 12. -- ISBN 978-7-300-33221-5

Ⅰ. F490.6

中国国家版本馆 CIP 数据核字第 2024VZ5661 号

国家社科基金后期资助项目

平台生态系统治理：边界开放度、参与者能动与数字化新情境

王节祥 等 著

Pingtai Shengtai Xitong Zhili：Bianjie Kaifangdu、Canyuzhe Nengdong
yu Shuzihua Xinqingjing

出版发行	中国人民大学出版社			
社　址	北京中关村大街 31 号		**邮政编码**	100080
电　话	010 - 62511242（总编室）		010 - 62511770（质管部）	
	010 - 82501766（邮购部）		010 - 62514148（质管部）	
	010 - 62511173（发行公司）		010 - 62515275（盗版举报）	
网　址	http://www.crup.com.cn			
经　销	新华书店			
印　刷	唐山玺诚印务有限公司			
开　本	720 mm×1000 mm　1/16		**版　次**	2024 年 12 月第 1 版
印　张	23.75 插页 1		**印　次**	2024 年 12 月第 1 次印刷
字　数	392 000		**定　价**	98.00 元